AF402330

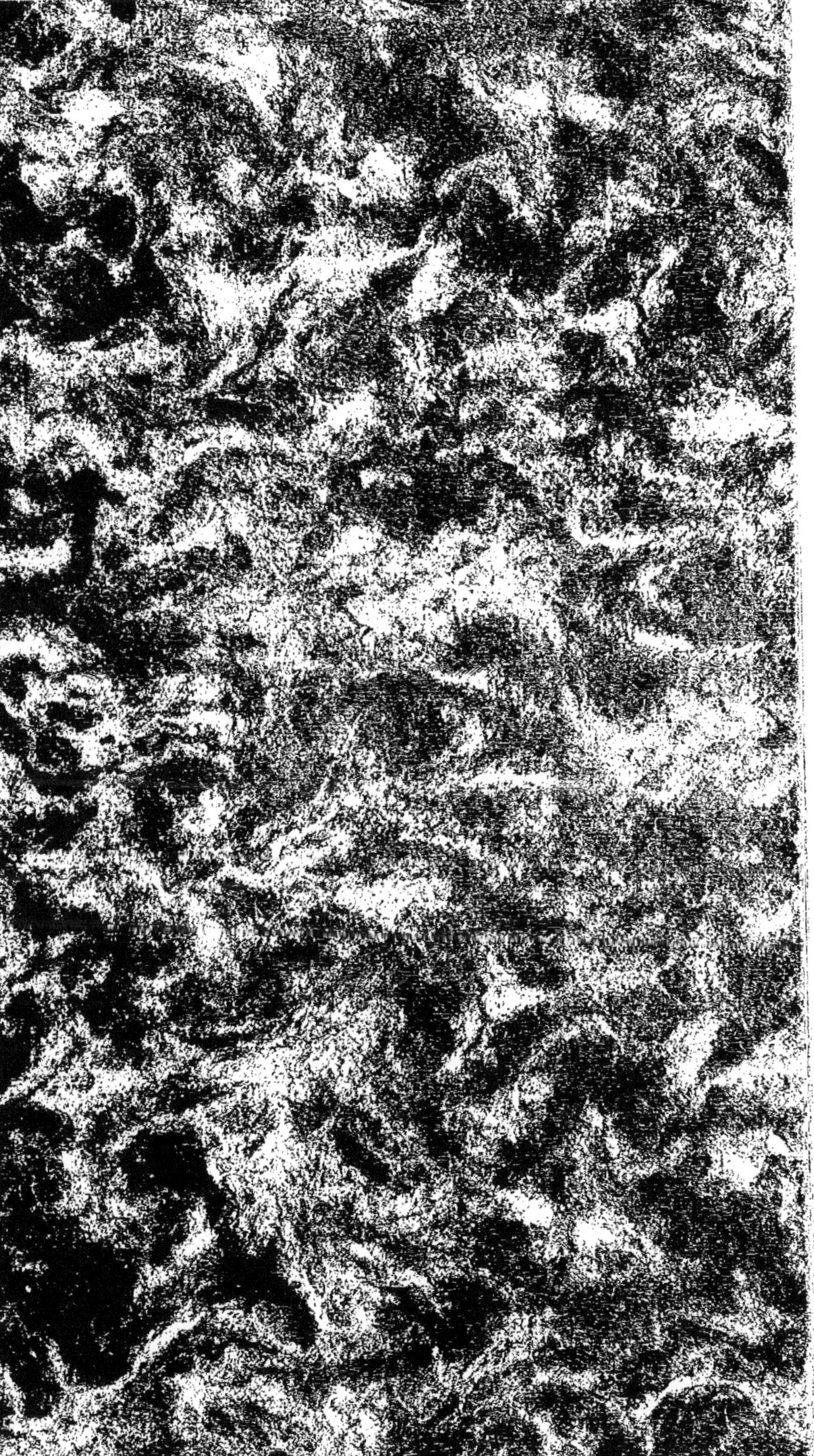

DICTIONNAIRE
HISTORICO-ARTISTIQUE
DU PORTUGAL.

—

DICTIONNAIRE

HISTORICO - ARTISTIQUE

DU PORTUGAL

pour faire suite à l'ouvrage ayant pour titre :

LES ARTS EN PORTUGAL,

Lettres adressées à la Société artistique et scientifique de Berlin et accompagnées de documens ;

PAR

LE COMTE A. RACZYNSKI.

PARIS

JULES RENOUARD ET Cie, LIBRAIRES–ÉDITEURS,

ET COMMISSIONNAIRES POUR L'ÉTRANGER,

RUE DE TOURNON, No 6.

1847

LA

LITHOGRAPHIE CI-CONTRE

REPRÉSENTE LE TABLEAU DE

VASCO FERNANDEZ DE VISEU,

Dont il sera question aux pages

93, 95, 293.

AVIS DE L'AUTEUR.

Chaque fois que je cite les *Lettres*, c'est de mon ouvrage intitulé *Les Arts en Portugal*, *lettres adressées à la société artistique et scientifique de Berlin*, etc., qu'il s'agit.

Lorsque je cite simplement *le Patriarche*, je veux parler de l'article qui lui est consacré dans ce Dictionnaire. Quand je cite le *Patriarche (Liste des artistes)*, ce n'est plus à mon article que je me réfère, mais à l'opuscule publié par le Patriarche et intitulé *Liste des artistes*, etc., 1839.

Sans doute, j'ai quelquefois négligé de citer les passages de mes Lettres qui se rapportent aux artistes dont je m'occupe ici ; mais on peut toujours vérifier facilement s'il est question dans celles-ci de tel ou tel nom auquel j'ai consacré un article dans ce Dictionnaire : on en trouvera l'indication dans la table alphabétique dont elles sont suivies.

Quand un nom n'est pas écrit en lettres majuscules, c'est qu'il se rencontre ailleurs, placé dans un autre ordre : par exemple, Paez de Amara (Grégoire) devra se trouver à Amaral (Grégoire Paez de).

On regardera peut-être comme superflue la peine que je me suis donnée de citer le même personnage deux, trois fois, ou même davantage, en transposant les noms de famille avec les noms de baptême, tantôt d'une façon, tantôt d'une autre ; mais, dans les auteurs portugais, on rencontre souvent les noms de baptême seuls; dans les dictionnaires, dans les tables de matières ou dans les listes, on les trouve toujours avant le nom de famille. Assis, Cyrillo, Vasco s'emploient seuls pour désigner l'individu, soit dans les catalogues, soit dans d'autres livres.

Cependant il a bien fallu adopter un système fixe et conforme à l'usage de tous les pays. J'ai donc joint à chaque nom de famille l'article qui s'y rapporte; mais les noms de baptême de ces mêmes individus, sous lesquels il faut les chercher dans les auteurs portugais, se trouvent aussi indiqués dans ce Dictionnaire, en leur place, avec renvoi aux noms de famille. Toutes les fois qu'un individu n'est connu que sous un seul ou sous plusieurs noms de baptême, force a été de placer après un de ces noms l'article qui s'y rapporte. Dans bien des cas, j'ignore quel est parmi les cinq ou six noms portés par un individu, celui dont on avait l'habitude de se servir pour le désigner, à une époque antérieure. En indiquant le même personnage sous ses différens noms, je n'ai donc point fait un travail inutile: j'ai facilité les recherches, et cela n'a grossi mon livre que d'une dizaine de pages.

LISTE CHRONOLOGIQUE

DES ROIS DE PORTUGAL.

Nota. Cette liste indicative de l'époque du règne de tous les Rois de Portugal, est établie pour faciliter la recherche des dates.

	A RÉGNÉ	
	depuis	jusqu'en
Le comte Henri...................................	1095	1112
Alphonse Henriques.............................	1112	1185
Sanche I...	1185	1211
Alphonse II......................................	1211	1223
Sanche II..	1223	1245
Alphonse III.....................................	1245	1279
Denis I..	1279	1325
Alphonse IV.....................................	1325	1357
Pierre I...	1357	1367
Ferdinand I......................................	1367	1383
Jean I...	1385	1433
Édouard..	1433	1438
Alphonse V.......................................	1438	1484
Jean II..	1484	1495
Emmanuel...	1495	1521
Jean III...	1521	1557

	A RÉGNÉ	
	depuis	jusqu'en
Sébastien..	1557	1578
Henri (Cardinal).....................................	1578	1580
Le Prieur do Crato, D. Antonio, n'a pas été partout reconnu.		

———

	A RÉGNÉ	
Philippe II d'Espagne............................	1581	1598
Philippe III..	1598	1621
Philippe IV..	1621	1640

———

	A RÉGNÉ	
Jean IV	1640	1656
Alphonse VI.....................................	1656	1683
Pierre II...	1683	1706
Jean V...	1706	1756
Joseph (*Pombal*)..............................	1756	1777
Marie I..	1777	1816
Jean VI..	1816	1826
Dom Pedro (1)..................................	1826	1834
Marie II...	1834	

(1) Je remplis tout l'espace de temps qui sépare Jean VI de Maria II par D. Pedro, car ce n'est pas l'histoire des révolutions du Portugal que j'écris, et trop de luttes et de révolutions ont signalé cette époque.

DICTIONNAIRE
HISTORICO - ARTISTIQUE
DU PORTUGAL.

A

Abraham (Hondius), voyez Hondius (Abraham).

Abraham (Prim), voyez Prim (Abraham).

Abreu (les frères), *sculpteurs en bois d'*Évora, avant 1750 et jusqu'à cette année. On voit de leurs ouvrages dans la Chartreuse et au couvent de Saint-Joseph. (*Lettres, p.* 442.)

Abreu Gorjaõ (Jean de), *peintre*, pourrait bien être Abreu (Jean-Nunes de) dont il est parlé ci-après. Le Patriarche dans sa *Liste des artistes*, rubrique *Peintres*, cite de lui un dessin qui se trouve dans les mémoires de Malte, et qui porte la date de 1734.

Abreu (Jean-Nunes de), *peintre*, appelé vulgairement *do Castello*, était un peintre quasi-universel ; mais la partie dans laquelle il excellait était l'architecture et les ornemens. Il a peint les plafonds de *Menino Deos* et de l'entrée de l'église da Graça. Il a fait aussi les figures dans cette dernière église. José Bernardes et Serra ont fait les fleurs. Il était le maître de Félicien Narciso ; il mourut en 1738. (*Cyrillo, p.* 183.)

Academ. R. da Histor. Portug. (*Histor. da*), voyez Patriarche.

Academia R. das Sciencias de Lisboa (*Memorias de Litteratura da*), voyez Patriarche.

Acosta (Gaétan), *sculpteur*, né en Portugal en 1710. Arrivé à Séville avec de faibles notions de son art. Il se mit à travailler pour son propre compte, en cherchant à imiter les extravagances de Cornejo et de Barbas. Il mourut en 1780. (*Bermudez, t.* 1, *p.* 2.)

Bermudez cite plusieurs ouvrages de Gaétan, et les critique sévèrement. Il prodigue à leur auteur le reproche de *mauvais goût* et *d'ignorance*. Il appelle ces ouvrages des *monstruosités*. Il dit que les statues de Gaétan *sont comiques et qu'elles jouent la pantomime.*

Adolescencia (Prendas de), voyez PATRIARCHE.

ADRIEN BALBI, voyez BALBI (Adrien).

ADRIEN VAN NIULANT, voyez NIULANT (Adrien van).

AFFONSO, voyez ALPHONSE.

Agiologio Lusitano (par GEORGE CARDOSO), voyez PATRIARCHE.

AGUIAR (JEAN-JOSEPH), *sculpteur*, né à Bellas, étudia le dessin à l'école du château de Lisbonne. Il se rendit à Rome en 1785 avec Joachim Fortunato de Novaes et avec Joseph Alves de Oliveira, pensionnés comme lui par l'Intendance. Il suivit, dans cette ville, les leçons de Labruzzi, professeur de dessin, et celles de Joseph Angeli, sculpteur. Ce dernier ayant été atteint d'aliénation mentale, Aguiar devint élève de Canova. Il rentra ensuite dans sa patrie où, après la mort de François Antoine, sculpteur de la fonderie, il fut admis à lui succéder. Il exécuta dans ce même atelier quelques siéges de chœur en bronze ouvragé, destinés pour Mafra. En 1805, il remplaça Joachim Machado et fut préféré à François Leal, qui occupait déjà cette place. Il est auteur de la statue du Roi, qui se trouve à l'Arsenal dans la salle des Moules. Il fait actuellement (1823) les sculptures du palais d'Ajuda. (*Cyrillo, p.* 276.)

AGUILAR (EMMANUEL MARQUES (1) D'), voyez MARQUES D'AGUILAR (Emmanuel).

AGUILAR (DOM JOSEPH VEREA ET), voyez VEREA ET AGUILAR (Dom Joseph).

AIALA OU AYALA (JOSEFA D'), nom de Josefa d'Obidos, voyez OBIDOS (Josefa d').

ALA (JEAN DOS SANTOS), *peintre*, voyez GONSALVES (André). Il fut disciple d'André Gonsalves. Il peignit les images du Rosaire qu'on portait dans les processions de l'église de Saint-Dominique, et fit encore les peintures du plafond de l'église *das Commendadeiras da Incarnaçaõ*, ainsi que deux tableaux de la vie de la Vierge, qui se trouvent à l'église de Jésus ; enfin, on connaît de lui divers portraits des vénérables de la Chartreuse, etc. Il imitait son maître avec une grande franchise de touche. (*Cyrillo, p.* 91.)

ALBERT DÜRER, voyez DÜRER.

ALBERTO (LÉON-BAPTISTE), *auteur* de l'ouvrage intitulé : *Los diez libros de Architectura*, voyez SALVA (Vincent).

ALCANTARA (PIERRE D'), *peintre de paysages*, voyez MAGINA (Jacques).

(1) *Marques*, nom de famille.

ALDOVRANDO, *auteur* du *Musæum metallicum.*

ALEXANDRE CESARI, voyez CESARI (Alexandre).

ALEXANDRE GERALDES, voyez GERALDES (Alexandre).

ALEXANDRE GIUSTI, voyez GIUSTI (Alexandre).

ALEXANDRE GOMES, voyez GOMES (Alexandre),

ALEXANDRE DE GUSMAÕ, *graveur*, voyez GUSMAÕ (Alexandre) et CARNEIRO DA SILVA (Joachim).

ALEXANDRE HERCOLANO, voyez HERCOLANO.

ALEXANDRE VERZANUS, voyez SIGISMUNDIS.

ALEXANDRINO (cardinal), nonce du Pape, *auteur* d'un *Voyage en Espagne et en Portugal* (1571). (*Lettres, p.* 330.)

ALEXANDRINO (PIERRE DE CARVALHO), *peintre*, naquit en 1730. Cyrillo lui consacre un long article, *p.* 120-123. Il n'a jamais été en Italie, et a su tirer profit des exemples d'André Gonsalves, dont il était le voisin à Lisbonne. Il peignait avec une grande facilité, à l'huile, à fresque et à la détrempe, en grand, en petit, d'après des estampes, d'après nature et d'imagination. Il a orné de peintures de riches voitures dont une fut envoyée à l'empereur de Maroc. On lui a préféré longtemps Ignace de Oliveira, Negreiros, Roque, Rocha et Bruno ; mais quand il eut exécuté son grand tableau du Sauveur du monde qui se voit à la cathédrale, il n'eut plus de rival (*Cyrillo*). Ce tableau en effet n'est pas sans mérite. Le nombre de ses ouvrages que possèdent les églises de Lisbonne est immense. Il était aussi fécond que Bento Coelho ou André Gonsalves. J'en ai parlé dans mes *Lettres*, p. 291, 292, 521 *et autres,* qui sont marquées dans la table alphabétique de ces mêmes *Lettres.* Parmi les *Macchianti* de son époque, il est un de ceux dont les ouvrages m'ont le moins déplu.

Pierre Alexandrino mourut en 1810. Il a travaillé jusqu'à la fin de ses jours. Il a eu pour élèves :

Joseph-Antoine Parodi, son parent ;

Vasco-Joseph Vieira ;

Théodore, qui fit des miniatures et mourut jeune ;

Joachim-Joseph de S. Payo ;

Joseph-Ignace de S. Payo, fils du précédent et petit-fils de Michel-Antoine, qui était également peintre ;

Henri-Joseph da Silva ;

Philibert-Antoine Botelho.

ALMEIDA (B. D'), *graveur.* C'est ainsi qu'il se trouve cité par le Patriarche dans sa *Liste des artistes,* rubrique *Graveurs,* en se référant à la signature qui se voit au bas du frontispice du *Theatro Historico, Genealogico e Panegirico da casa de Sousa,* imprimé à Paris en 1694, et où on lit : *B. de Almeida incid.* 1693. *P. Giffart fecit sculptor* *regius.* Il me semble que cet Almeida n'est autre que Blaise d'Almeida.

ALMEIDA (BLAISE D'), *peintre, sculpteur et dessinateur.*

Nous ne savons de Blaise d'Almeida que ce que nous rapporte l'abbé Diogo Barboza Machado. Lisbonne le vit naître ; il professa dans cette ville la peinture et la sculpture ; ses dessins sont généralement estimés. Il existe de lui deux manuscrits portant la date de 1695, intitulés, l'un : *Géométrie pratique*, l'autre : *Géométrie d'Euclides ou élémens de mathématiques.* Le premier est une traduction de l'œuvre espagnole du Père Ignace Strafford, jésuite. (*Barboza Machado*, Bibliothèque lusitanienne, *t. 4, p. 82, collection 1. — Taborda, p. 208.*) — Voyez ALMEIDA (B. de).

ALMEIDA, *peintre*, voyez FONSECA (Antoine).

ALMEIDA (FÉLICIEN D'), *peintre*, vivait vers 1684. Il est le dernier peintre, à ce que nous apprend Cyrillo, dont traite le manuscrit de Félix da Costa (1696). « Dans la chapelle de *Nossa Senhora Madre de Deos da Secretaria da Guerra*, il existe des tableaux qui sont peints plus ou moins dans son style. » (*Cyrillo, p. 80.*)

ALMEIDA (FÉLIX-VINCENT D'), *architecte et sculpteur de la Maison royale*, frère du sculpteur Joseph d'Almeida, vivait vers la moitié du dix-huitième siècle (*Cyrillo, p. 256*). Il est mort, suivant M. Santos, graveur, vers 1769.

ALMEIDA (FRANÇOIS-THOMAS D'), *graveur*, voyez TARTOLOZZI.

Il est maintenant (1845) professeur agrégé à l'Académie des Arts. Il a exécuté plusieurs gravures, parmi lesquelles nous citerons une tête en profil de Raphaël, et dernièrement le trait du Saint-Bruno de Sequeira, et de l'Annonciation, provenant de l'église de Paraiso, qui se trouve baptisée à l'Académie du nom de Gran-Vasco (*Communication de M. Santos, graveur de l'Académie*). Il est âgé de près de 70 ans.

ALMEIDA FURTADO, dit LE GATA (JOSEPH DE), voyez GATA (Joseph d'Almeida Furtado, dit le).

ALMEIDA (GAÉTAN-ALBERT **NUNES** D'), *graveur en médailles*, voyez SANTOS (Simon-François dos).

Il est cité par le Patriarche, dans sa *Liste des artistes*, p. 14, comme auteur d'une médaille de Camoëns de l'année 1821.

ALMEIDA (J. B. D') GARRET, voyez GARRET.

ALMEIDA (IGNACIA D') modeluit en cire et en terre, voyez COSTA (Louis da).

ALMEIDA (JOSEPH D'), *sculpteur*, né vers 1700, mort en 1769. Cyrillo, p. 253, dit de lui qu'il fut le premier sculpteur portugais du dix-huitième siècle qui sut bien sculpter en pierre. Cependant, je dois faire observer que toutes les statues en pierre que j'ai rencontrées en Portugal, dans les constructions gothiques et Emmanuéliennes, sont toujours on ne peut plus appropriées au style de l'architecture dont elles font partie; et que sous ce rapport elles ont un mérite incontestable, quoique considérées séparément elles ne soient pas irréprochables. Joseph de Almeida a également beaucoup sculpté en bois. Les ouvrages que Cyrillo cite de lui sont très-nombreux. Il a eu pour disciples :

Francisco Xavier;

Francisco Antonio;

Antonio Machado.

Almeida mourut en 1769, âgé de 60 ans. (*Lettre* 10, *app.* 5.)

« Almeida a orné de sculptures quelques-uns des carrosses qui ont servi à l'entrée à Rome de l'ambassadeur portugais Mello e Castro. Voyez le livre intitulé *Embaixada de Mello e Castro,* 1 vol. in-fol. On voit dans ce livre les dessins de ces carrosses. » (*Communication de M. le vicomte de Juromenha.*)

Le chanoine Villela da Silva fait de lui l'éloge le plus enthousiaste : il cite plusieurs de ses ouvrages. (*Lettres, p.* 243.)

Je suppose que c'est le même qui est cité à l'article Oliveira Bernardes (Ignace d') et qui a accompagné ce dernier à Rome.

D'après le professeur Rodrigues, il a été à Rome l'élève de Charles Monald, et il était l'émule d'Alexandre Giusti qui avait été élève de Conca et de Maini. (*Lettres, p.* 440 *et* 441.)

La statue de saint Paul de la chapelle de Necessidades lui est attribuée. (*M. Ferdinand Denis,* l'Univers, 1366me *livraison, p.* 405.)

M. le professeur Assis signale particulièrement parmi ses nombreux ouvrages le saint Jean-Baptiste qu'on voit à Bemposta ; le saint Onufre de *Trinidade,* et le saint Paul dont il vient d'être parlé.

ALMEIDA (Théodore d'), *auteur* de l'ouvrage intitulé : *Recreaçuõ Filosofica,* voyez Patriarche.

ALPHONSE, *peintre* cité sans autre indication dans mes *Lettres, p.* 214. Il vivait en 1540.

Alphonse (Alvares), voyez Alvares.

Alphonse (Domingues), voyez Domingues (Alphonse).

Alphonse (Eanes), voyez Eanes (Alphonse).

ALPHONSE (George), *peintre.* Il a vécu sous le règne du roi Emmanuel et de Jean III; demeurait à Santos-Domingos et était beau-frère du peintre François Henriques, ainsi qu'il appert des enquêtes faites relativement à ses travaux. (*Taborda, et ces mêmes enquêtes dans les archives royales. — Communication de M. le vicomte de Juromenha.*)

Alphonse (George), peintre de la *Casa-Real,* sous le roi Emmanuel, en 1508, et sous Jean III, vivait encore en 1540 (*Lettres* 214, 216, 217). On peut voir (*Lettres, p.* 222) l'ordonnance de Don Jean, fils du roi Emmanuel, de l'année 1508, qui fut confirmée en 1529 par le même prince devenu roi sous le nom de Jean III. C'est sa patente de peintre de la Cour, examinateur et priseur avec un traitement de 10,000 réis par an. Cette patente prouve de combien d'estime, à cette époque, l'art de la peinture jouissait déjà en Portugal.

ALPHONSE (GONSALVES), voyez GONSALVES (Alphonse).

ALPHONSE OU **AFFONSO** (LAURENT), *sculpteur, official*, tailleur de pierre, était employé aux travaux du couvent du Carme. Suivant les informations reçues à son égard par le connétable Pereira, il était un des meilleurs de cette époque. (*Communication de M. le vicomte de Juromenha.*)

ALPHONSE (LOPES), *peintre,* voyez LOPES (Alphonse), *peintre.*

ALPHONSE (LOPES), *sculpteur,* voyez LOPES (Alphonse), *sculpteur.*

ALPHONSE (MONTEIRO), voyez MONTEIRO (Alphonse).

ALPHONSE DE MORAES, voyez MORAES (Alphonse de).

ALPHONSE (PIERRE), voyez PEDRO ALFONSO.

ALPHONSE (PIRES), voyez PIRES (Alphonse).

ALPHONSE RODRIGUE, *architecte,* chargé de l'érection d'une des chapelles de Belem, vers 1517. (*Lettre* 14me, *app.* 2.)

ALPHONSE (SANCHES COELHO), voyez COELHO (Alphonse-Sanches).

ALVARES (ALPHONSE et BALTHASAR), *architectes,* cités tous deux par Barboza Machado, en 1751, comme des artistes qui font honneur au Portugal (Voyez *lettre* 10me, *p.* 247). Cyrillo les cite p. 161. Voyez aussi ALVARES (Balthasar).

Le Patriarche, dans sa *Liste des artistes portugais*, dit d'Alphonse Alvares qu'il était architecte du roi Sébastien. Il existe un *Alvara* de 1571 dans laquelle ce roi l'appelle *Mestre das minhas obras.* Il a fait le plan du monastère de Bento qui était projeté vers cette même année, ainsi que cela se voit dans le livre *Benedictina Lusitana,* t. 2, p. 419. A l'article ALVARES (Balthasar) nous voyons que ces plans sont aussi attribués à ce dernier.

ALVARES DE ANDRADE (LOUIS), voyez ANDRADE (L. A. de).

ALVARES (BALTHASAR), *architecte,* fit, en 1598, le plan et les dessins de l'église et du couvent de Bento, aujourd'hui palais des Cortès. (*Communication de M. l'abbé de Castro; extrait de la* Corografia Portuguesa, *t.* 3, *par Antoine Carvalho da Costa*). Cyrillo fait mention de lui, p. 161.

Il est aussi cité par le Patriarche dans sa *Liste des artistes* sous la rubrique des *Architectes,* et d'après cet auteur, il aurait également fait le

plan du collége de Bento à Coïmbre, ainsi que cela se voit dans les archives de la secrétairerie de la Congrégation sous la date de 1600. Frère
Leaõ de Saint-Thomas, dans son *Benedict.*, t. 2, p. 428, l'appelle *fameux architecte.*

ALVARES DA CUNHA (ANTOINE), *cosmographe.* Il fut le quinzième seigneur *da Taboa*, et écuyer tranchant de Jean IV, d'Alphonse VI
et de Pierre II. Il naquit à Goa en 1626 et mourut à Lisbonne en 1690.
Il a rédigé l'Atlas où sont décrits géographiquement le Portugal et ses
souverains. Les forteresses des Indes, présentées dans des cartes, sont
de lui. (Voyez *Barboza*, Bibliotheca Lusitana, *t. 1, p. 199. — Communication de M. le vicomte de Juromenha.*)

ALVARES DE COLMENAR, voyez COLMENAR (Alvares de).

ALVARES père , (EMMANUEL), *peintre*, était jésuite. Le père
François de Souza, dans son *Oriente conquistado*, part. 1, p. 185,
l'appelle *peintre insigne.* Il dit qu'il a laissé beaucoup de souvenirs de
son pinceau , et entre autres le tableau représentant la conversion de
saint Paul, qui se voyait au collége des Jésuites, à Goa. » (*Patriarche*,
Liste des artistes, *p. 42.*)

« Il fut admis dans la compagnie du collége de Coïmbre en 1549 , et
mourut à Goa en 1616. » (*Barboza*, Bibl. Lusit, *t. 3, p. 172.*)

ALVARES (LOUIS), *peintre* de Lisbonne, au service du Roi. Il lui fut
délivré une patente de peintre à la détrempe, de doreur, faisant aussi des
reliefs en or bruni. Aux termes de cette patente, il a succédé dans l'emploi
de peintre à Antoine de Barros en 1601 (*Livre 7 de Philippe II*,
f. 222. — Communication de M. le vicomte de Juromenha.)

Ce Louis Alvares paraît être le même que Louis-Alvares de Andrade.
Voyez ANDRADE (L. A. de).

ALVARES (PIERRE), *orfèvre* fameux de la ville de Guimaraẽs
vers 1480. (*Communication de M. l'abbé de Castro ; extrait de ta
Corografia Portuguesa, t. 1, p. 31.*)

ALVARO EGAS, voyez EGAS (Alvaro).

ALVARO MOURATO, voyez MOURATO (Alvaro).

ALVARO DE PEDRO, voyez PEDRO (Alvaro de).

ALVARO PIRES, voyez PIRES (Alvaro).

ALVARUS , *enlumineur*, vivait au temps du roi Emmanuel. Le
livre 11e de *l'Estremadure* porte son nom sur la feuille enluminée
du frontispice , avec la date de 1527. Dans mes *Lettres*, p. 217, j'ai
rapporté, à cet égard, une communication intéressante de M. le vicomte
de Juromenha.

ALVERCA (JEAN D'), *sculpteur* , maître tailleur de pierre des
travaux royaux, était mort en 1466 (*Livre 14 d'Alphonse V, fol. 4. —
Communication de M. le vicomte de Juromenha.*)

Alves (Joachim J. B.), *architecte*, agrégé à l'Académie de Lisbonne en 1846, âgé de 40 ans à peu près. (*Lettres*, *p.* 115.)

Amado (Antoine), *sculpteur en bois*. Il est mort à l'âge de plus de 70 ans, vers 1820. (*Communication de M. le professeur Assis.*)

Amaral (Grégoire-Paez do), auteur de l'ouvrage intitulé *Exemplares de letra ingleza*, voyez Patriarche.

Amaral (Michel-Antoine), *peintre de portraits*, voyez Pinto Pereira (François).

Amarante (S. Gonsalve), voy. Gonsalve (S.) de Amarante.

Amarel (Antino), voyez Antino Amarel.

Amaro de Valle, voyez Valle.

Amatucci (Charles), *sculpteur*, voyez Barros Laboraõ (Joachim-Joseph de).

Ambroise-Joseph Geraldes, voyez Geraldes (Alexandre).

Anaclète-Joseph Narcisse, voyez Narcisse (Joseph-Antoine).

Anastase-Bruno-Joseph de Valle, voyez Valle (Anastase-Joseph-Bruno de).

Andloi (T. Bomvfus). Ce nom se lit sur un fourreau d'épée, dans l'un des moindres tableaux du chœur de l'église de Jésus, à Sétubal, à main gauche du spectateur. Cette église renferme 17 tableaux (les chroniques en citent 19) qui paraissent tous du même auteur; de ce même Andloi, si toutefois ce nom est celui du peintre. Ils sont un don de la reine Éléonore, sœur du roi Emmanuel et veuve de Jean II, à qui l'empereur Maximilien, son cousin, en avait fait présent. Ces tableaux gothiques sont au nombre des meilleurs que le Portugal possède dans ce genre, et ils sont d'une bonne conservation. Je n'ai pu découvrir les noms d'Andloi et de Bomvfus dans aucun livre traitant des arts. (Voyez *Lettres*, *p.* 124 *et* 125, *et d'autres passages de mes Lettres, qui sont indiqués dans la table alphabétique sous le nom de Sétubal.*)

Andrade (Gaétan-Ayres d'), *peintre*, professeur substitut de dessin à l'Académie, a exposé à Lisbonne en 1843; il était alors âgé de près de 56 ans. Il est cité dans mes *Lettres*, p. 94, 104, 114.

Andrade (Jérome d'), *peintre;* il excella dans la peinture de l'architecture et des ornemens. Il se trouvait toujours au nombre de ceux qui, à son époque, exécutaient les meilleurs travaux de la cour. Il traça, dirigea et exécuta le plafond, en perspective, de l'église de Saint-Paul, aidé de Joseph-Thomas Gomes, Vincent Paul, Gaspard-Joseph Rapozo. Il était né à Lisbonne en 1715; il entra dans la confrérie de Saint-Luc en 1746, et mourut le jour de Noël de l'année 1801 (*Cyrillo, p.* 207). Il a prononcé l'oraison funèbre de Victorin-Emmanuel de Serra.

Andrade (Louis-Alvares d'), *peintre*, naquit à Lisbonne; il a fait des tableaux représentant la Sainte-Trinité. Il a été le principal promoteur des processions *dos Passos da Graça* (des pas de la grâce), qui commencèrent en 1587. Il mourut à Lisbonne en 1631. » (*Cyrillo*, *p.* 73.)

Suivant Taborda, il serait mort dans un âge très avancé et aurait pris des leçons de frère François de Bovadilha qui mourut en 1580. Son fils Luc de Andrade a écrit son histoire.

ANDRADE (MICHEL-LEITAÕ D'), voyez LEITAÕ.

ANDRÉ-AVELINO FERREIRA, voyez FERREIRA (André Avelino).

ANDRÉ DE BARROS, auteur de l'ouvrage intitulé : *Vie du Père Antoine Vieira*, voyez PATRIARCHE.

ANDRÉ CONTUCCI , voyez CONTUCCI (André).

ANDRÉ (EMMANUEL), *peintre*, fut élève du peintre Garcia Fernandes. Il vécut sous les règnes de D. Jean III et de D. Sébastien. En 1569, il peignit le cloître de la cathédrale. Il vivait encore en 1574.

Parmi les papiers qui ont appartenu aux Pères de la Trinité , et qui sont déposés aujourd'hui aux archives royales, il existe un document de justification par lequel lesdits Pères prouvèrent que Fr.-Miguel Contreiras, de leur ordre, avait été le premier fondateur de la Miséricorde, et que, en commémoration de cette pieuse institution, ce frère avait été peint dans le tableau placé sur le maître-autel de la Miséricorde, qui eut sa première installation à la cathédrale ; que l'on voyait également son portrait sur les anciennes bannières de la Miséricorde de Lisbonne et de Santarem, et que, même à cette époque (1574), on remarquait deux religieux de cet ordre sur le grand tableau du maître-autel, où était représentée Notre-Dame près d'un pape et d'un évêque. En vertu de cette justification , lesdits prêtres demandèrent par une pétition la conservation de cet usage, duquel résultait tant de crédit pour leur ordre.

Au nombre des seize ou dix-huit dépositions de témoins qui forment cette enquête, on lit la suivante : Manuel André, peintre, demeurant au Rocio , lequel a juré de ne dire que la vérité, toute la vérité, ayant été interrogé sur la pétition, répond qu'il n'en sait rien ; mais que, pendant le temps de l'épidémie (1), lui témoin peignit le cloître de la cathédrale de cette ville, et qu'il avait vus, peints sur la porte d'une chapelle réputée communément pour celle de la fondation de la Miséricorde, les insignes de cette institution pieuse; que dans un autre lieu, entre autres personnes qui s'y trouvaient peintes, était un moine vêtu de blanc, paraissant être de l'ordre de la Trinité; qu'il ne savait ce que cela signifiait; qu'il se souvient que pendant qu'il était élève

---

(1) Il veut parler de la peste de 1569.

de Garcia Fernandes, auteur du tableau de la Miséricorde, il vit dans une chambre une caisse de la Miséricorde où était peint un moine vêtu de blanc, et qu'il ne savait à quoi l'attribuer ; comme aussi qu'il avait vus, peints sur le tableau du maître-autel de la Miséricorde, deux moines également vêtus de blanc ayant l'apparence de Trinitaires, et qu'il ne savait rien de plus à cet égard. Cette déposition est signée Manuel André Hieronymus. La justification porte la date du 25 août 1574. (*Communication de M. le vicomte de Juromenha.*)

ANDRÉ GONSALVES, voyez GONSALVES (André).

ANDRÉ MONTEIRO, voyez MONTEIRO.

ANDRÉ MONTEIRO, voyez NUNES (Simon-Gaétan).

ANDRÉ PEREIRA DOS REIS, voyez PEREIRA DOS REIS (André).

ANDRÉ PIRES, voyez PIRES (André).

ANDRÉ REINOSO, voyez REINOSO (André).

ANDRÉ DE REZENDE, voyez REZENDE.

ANDRÉ RODRIGUES, voyez RODRIGUES (André).

ANDRÉ SACCHI, voyez SACCHI (André).

ANDRÉ VACCARI, voyez VACCARI (André).

ANDRÉ VETERANO, voyez VETERANO (André).

ANDRÉ (frère) **XIMENES,** *auteur* de l'ouvrage intitulé *Descripcion del real monasterio de San Lorenzo del Escorial,* etc., voyez XIMENES (André) et SALVA (Vincent).

ANDRINO (1) (JEAN-RODRIGUES), *peintre,* voyez MAGINA et TABORDA, p. 219.

ANDRINO (THEODORA-MARIA), *peintre,* voyez THEODORA-MARIA ANDRINO, MAGINA et TABORDA, p. 219.

ANES est le même nom que ANNES ou EANES. Il signifie descendant ou fils de JEAN. Si vous ne trouvez pas un de ces noms où vous le cherchez, vous le trouverez écrit ANNES ou EANES.

ANES (DOMINIQUE), *architecte* dont l'activité s'est exercée à Porto au temps d'Alphonse IV (1325-1340).

ANGUISCIOLA (ANNA), *femme peintre.* Guarienti a vu un tableau d'elle à Lisbonne, portant la date de 1570. (*Lettres, p.* 515.)

ANNA ANGUISCIOLA, voyez ANGUISCIOLA (Anna).

ANNA (frère JOSEPH PERREIRA DE SANTA), voyez PERREIRA (frère Joseph) DE SANTA-ANNA, et TABORDA (Joseph da Cunha).

ANNES, voyez ANES ou EANES.

ANNES OU **EANES** (JEAN), *peintre du roi Alphonse V,* en 1454.

(1) *Andrino* est un sobriquet qui veut dire couleur d'hirondelle.

Dans sa patente de peintre du Roi, que Taborda cite p. 145, on voit le cas que ce souverain faisait de lui; car il l'exempte de beaucoup de charges fixées par la loi. Eanes exerçait son art dans les magasins de Lisbonne. (*Lettres, p.* 206-211.)

ANNES (MARTIN), *architecte et sculpteur*, maître des travaux royaux de Lisbonne. Il doit avoir travaillé surtout au temps d'Alphonse V et de Jean II; car, en 1504, il était déjà très vieux et Pierre Nunes fut nommé pour le remplacer toutes les fois que son âge avancé le rendrait nécessaire. (*Livre* 23 *du roi Emmanuel, fol.* 45).

En 1477 ce même Martin Annes, tailleur de pierre et habitant de Santarem, obtint la place de maître des travaux royaux de la même ville, et fut confirmé dans cet emploi en 1496. (*Livre* 23 *du roi Emmanuel, fol.* 3. — *Communication de M. le vicomte de Juromenha.*)

ANNES OU **EANES** (PIERRE), *architecte*, maître des œuvres des possessions d'Afrique : Ceuta, Alcaçar, Tanger et Arzilla. 5 de septembre 1473. (*Livre* 33 *d'Alphonse V*. — *Communication de M. le vicomte de Juromenha.*)

C'est évidemment un autre que le précédent.

ANNES OU **EANES** (PIERRE), *peintre*, accompagna aux Indes Alphonse d'Albuquerque, ainsi qu'il appert du mandat ci-dessous du viceroi : « Jacques Pereira, intendant (*feitor*), je vous charge de donner à Pero Annes une demi-arroba de vermillon, afin qu'il l'emporte avec lui à Ormuz où il peindra ce qui est nécessaire. Cochim, 31 de janvier 1510. » (*Corp. Chron., parte* 2ᵃ, *paquet* 20, *document* 154). Il a dû être un peintre très ordinaire. (*Communication de M. le vicomte de Juromenha.*)

C'est évidemment un autre que les deux précédents.

ANNES OU **EANES** (RODRIGUES), *architecte*, maître des travaux en pierre de la ville de Santarem. (*Livre* 34 *d'Alphonse V, fol.* 181. — *Communication de M. le vicomte de Juromenha.*)

ANNIBALINHO, *peintre de décorations et chanteur italien* sous Jean V, vers 1750. (*Cyrillo, p.* 188.)

ANNUNCIAÇAŌ (THOMAS JOSEPH DE), *peintre*, élève de l'Académie de Lisbonne en 1843. J'ai vu de lui des dessins très bien faits. Il était alors âgé de 24 ans à peu près; il ne manque à ce jeune homme que d'être encouragé pour devenir un artiste de mérite. (*Lettres, p.* 115.)

ANTINO AMAREL, *peintre*, qui, suivant Murphy (voyez le volume de ses *Travels* qui porte la date de 1795, p. 95), avait fait, à Alcobaça, les portraits des souverains du Portugal. Cet auteur les critique sévèrement. Ce nom ne me paraît pas bien écrit. Il faudrait peut-être lire Antonio Amaral, et ce pourrait bien être Michel-Antoine Amaral, peintre de portraits, élève de Pinto Pereira (François). Voyez ces deux noms dans ce dictionnaire.

Antiguidádes de Braga, par D. Jeronimo Contador de Argote, voyez Patriarche.

Antinori (Jean), *architecte,* il en est parlé au mot Santos (Eugène).

Antoine Alvares da Cunha, voyez Alvares da Cunha (Antoine).

Antoine Amado, voyez Amado.

Antoine de Barros, voyez Barros (Antoine de).

Antoine Bocarro, voyez Bocarro (Antoine).

Antoine Campello, voyez Campello (Antoine).

Antoine Canevari, voyez Canevari et Ludovice (Frédéric).

Antoine Carvalho da Costa, voyez Costa (Antoine Carvalho da).

Antoine de Castilho, voyez Castilho (Jean).

Antoine Charles, *architecte,* il en est parlé au mot Mardel (Charles).

Antoine Correa Barreto, voyez Barreto (Antoine Correa).

Antoine da Costa e Oliveira, voyez Costa (Antoine da) e Oliveira.

Antoine Emmanuel, *peintre,* il en est parlé au mot Valle (Bruno Joseph de).

Antoine-Emmanuel da Fonseca, voyez Fonseca (Antoine).

Antoine Fernandes, auteur de l'ouvrage *Arte da Muzica de Canto, de Orgaõ, e a Theoria do Manicordio,* voyez Fernandes (Antoine) et voyez Patriarche.

Antoine Fernandes (Jacques), voyez Fernandes (Antoine-Jacques.)

Antoine Fernandes Rodrigues, voyez Rodrigues (Antoine-Fernandes).

Antoine Ferreira, voyez Ferreira (Antoine).

Antoine Fonseca, voyez Fonseca (Antoine).

Antoine (François), *sculpteur,* voyez François (Antoine) et Almeida (Joseph d').

Antoine-François Rosa, voyez Rosa.

Antoine Gaétan da Silva, voyez Félicien Narcisse.

Antoine Gaétan de Souza, voyez Souza (Antoine Gaétan).

Antoine Godinho, voyez Godinho (Antoine).

Antoine Gomes, voyez Gomes (Antoine).

Antoine de Hollanda, voyez Hollanda.

Antoine-Jacinte-Xavier Cabral, voyez Cabral (A. J. X.).

Antoine-Jean Coelho, voyez Coelho (Antoine-Jean).

— 13 —

Antoine-Joachim de Figuerido, voyez Figueiredo (Antoine-Joachim de).

Antoine-Joachim Padraõ, voyez Padraõ (A. J.)

Antoine-Joseph-Faustin Botelho, voyez Botelho (A. F.)

Antoine-Joseph Pereira, voyez Pereira.

Antoine-Joseph dos Santos, voyez Figueiredo (Jean de).

Antoine-Joseph de Valle, voyez Santos (Simon-François dos).

Antoine Leite, *auteur* de l'ouvrage intitulé : *Historia da apariçaõ, e milagres da Lapa*, voyez Patriarche.

Antoine Lobo, voyez Baccarelli (Vincent).

Antoine Machado, voyez Almeida (Joseph d').

Antoine Machado, voyez Machado (Antoine).

Antoine Machado Sapeiro, voyez Machado (Antoine Sapeiro).

Antoine Maciel, voyez Maciel (Antoine).

Antoine-Marie de Oliveira Monteiro, voyez Bartolozzi.

Antoine Mendes, voyez Mendes (Antoine).

Antoine Moro, voyez Moro (Antoine).

Antoine de Oliveira Bernardes, voyez Oliveira Bernardes (Ignace de).

Antoine Paiva, voyez Paiva (Antoine).

Antoine Pecoraro, voyez Pecoraro (Antoine).

Antoine Pereira, *graveur*, voyez Pereira (Antoine), *graveur*.

Antoine Pereira, *peintre* (1628), voyez Pereira (Antoine).

Antoine Pereira, *peintre* (1755), voyez Pereira (Antoine).

Antoine-Pierre da Rocha, voyez Rocha (Pierre-Antoine).

Antoine Pimenta Rolin, voyez Baccarelli (Vincent).

Antoine Pinto, *graveur*, voyez Pinto (Antoine).

Antoine Pinto Pereira, *auteur* de l'ouvrage intitulé : *Historia da India, etc.*, voyez Patriarche.

Antoine Ponz, voyez Ponz (Antoine).

Antoine Ribeiro dos Santos, voyez Ribeiro (Antoine) dos Santos.

Antoine Rodrigues, voyez Rodrigues (Antoine).

Antoine dos Santos da Cruz, *sculpteur*, voyez Cruz (Antoine dos Santos da), voyez Magina et Silva (Jean-Chrysostome-Polycarpe de).

Antoine dos Santos (Joachim), voyez Félicien-Narcisse.

Antoine da Serra, voyez Serra (Antoine da).

Antoine da Silva Geraldes, voyez Geraldes (Alexandre.)

Antoine Simoens, voyez Baccarelli (Vincent).

Antoine Sisenando, *peintre* (1788), voyez Sisenando (Antoine).

Antoine Sisenando, *graveur*, vers 1660, voyez Carneiro da Silva (Joachim).

Antoine Taca, voyez Taca (Antoine).

Antoine Texeira Rebello, *traducteur* de l'ouvrage intitulé *Artilharia*, voyez Patriarche.

Antoine Vieira, voyez Vieira (Antoine).

Antonio, voyez Antoine.

Antunes (Jean), *architecte*. Ayant égard à ce qu'il a servi avec distinction pendant 16 ans comme apprenti architecte civil, et la place d'architecte de la Maison royale étant vacante par la mort de François de Silva Tinouco, le Roi le nomme à cet emploi, 18 de juillet 1669. (*Communication de M. le vicomte de Juromenha.*)

Apparicio (abbé), cité par Cyrillo comme amateur cultivant avec succès l'art de la peinture. Il est mort en 1787. Taborda, p. 237, l'appelle célèbre peintre de portraits.

Aragaõ (Joachim-Pierre), *sculpteur* de l'Académie de Lisbonne. En 1843 il était âgé à peu près de 42 ans. (*Lettres, p.* 104, 115.)

Araujo (François de Paule) de Cerqueira. Voyez Cerqueira (François de Paule Araujo de).

Araujo (Joachim dos Santos de), *architecte et décorateur*, voyez Nunes (Simon Gaétan).

Archange Foschini, voyez Foschini.

Arcos (duchesse de), voyez Guadelupe.

Armas (Edouard de), voyez Duarte de Armas.

Arrebino, *peintre*, voyez Avelar (Braz).

Arriet, Allemand, *enlumineur et calligraphe*. Dans l'ouvrage de D. Antonio Caetano de Souza, *Historia Genealogica da Casa Real Portuguesa*, que j'ai consulté à la Torre do Tombo, je lis, t. 1er, dans l'introduction (*apparato*), p. cxciii: « Dans la maison des grands armoristes (*armeiros mores*) (1), se conserve le livre des armoiries, qui « fut fait par maître Arriet, Allemand, et qui est plus parfait que celui « qui existe à la *Torre do Tombo.* »

Ce dernier a été commandé par D. Emmanuel, ainsi que cela est dit dans le prologue de ce livre, et il a été exécuté par Antoine Godinho, écrivain de la Chambre (*Escrivaõ da Camera*). Il ne porte pas de date.

______

(1) Cette dignité est héréditaire dans la famille da Costa depuis le roi Emmanuel. Le comte de Mesquitella descend de D. Alvaro da Costa qui a été le premier revêtu de cette dignité.

Dans le titre écrit en lettres d'or qu'enlacent des arabesques noirs, exécutés à la plume avec beaucoup d'art, l'auteur de la *Historia Genealogica* a cru lire le nom de *Fernaõ das Minas*, et c'est à lui qu'il attribue la partie calligraphique et les enluminures de ce livre d'armoiries, mais au lieu de ce nom c'est *perfeiçam das armas* (perfection des armes) qu'on y lit. Cette méprise se conçoit, car les caractères, à force d'être riches et ornés, sont assez illisibles.

Le livre des armoiries de la Torre do Tombo a été aussi attribué à Duarte d'Armas, mais c'est un de ces quiproquos dont nous avons fourni tant d'exemples, et que nous-mêmes nous n'aurons certainement pas toujours pu éviter. Voyez JOSEPH (frère Simon de Saint-).

ARRUDA (FRANÇOIS DE), *architecte*. Il fut maître des travaux du boulevard de Restello de Belem; cela résulte d'un document où l'on apprend qu'il reçut de Jacques Rodrigues 763 pierres taillées pour ledit boulevard (*Corp. Chron. p. 3, paquet 6, doc. 35*). François d'Arruda est encore désigné comme tailleur de pierre, maître des œuvres du district d'Alemtejo et des palais de la ville d'Evora; il obtint, à la date du 10 mai 1531, la patente de mesureur des ouvrages du royaume, ainsi que des murs, monastères et églises, après la mort de Jacques d'Arruda, qui était en possession de cet emploi. (*Livre 9 de Jean III, fol. 37.*) — Il existe aussi aux archives le titre d'une pension de 16,000 reis, accordée en 1545, à François de Arruda, cavalier de la Maison royale, maître des œuvres royales (*Livre 25 de Jean III, fol. 51*).—On y trouve encore un titre d'une pension de 10,000 reis, donnée à François d'Arruda, chevalier du Christ, pour les réparations de l'aqueduc d'Evora, appelé *de Prata* (d'argent) (*Livre 38 de Jean III, fol. 159*), et un permis d'aller à dos de mulet. (*Livre 20 de Jean III, fol. 8.* — *Communication de M. le vicomte de Juromenha.*)

ARRUDA (JACQUES DE), *architecte*. On trouve dans les archives plusieurs documens qui se rapportent à cet artiste. Ce sont: un Alvara ou ordonnance par laquelle le Roi le nomme maître des travaux du chœur et de la sacristie d'un couvent (1510). (*Corp. Chron., part. 3, paquet 4, doc. 16*).

Une patente de mesureur (*Medidor*) des travaux du royaume (*livre 18 du roi Emmanuel, fol. 113*).— Une lettre adressée au Roi par Jacques d'Arruda, maître des travaux d'Azamor, au sujet des ouvrages du château d'Azamor (1514). (*Corp. Chron. part. 1, paquet 13, doc. 14.*)

La patente de maître de tous les travaux que le Roi fait faire dans l'Alemtejo, dont Jacques de Arruda devra tracer les plans et diriger les travaux (1521). (*Livre 18 du roi Emmanuel, fol. 112.*)

Il fut nommé maître des travaux des palais d'Evora, après la mort de Martin Lourenço (1525). (*Livre 8 de Jean III, fol. 49.*)

On trouve, sous la date de 1525, un Alvara relatif au payement de ce qui lui est dû par le Roi. (*Corp. Chron., part. 1, paquet 32, doc. 2.*)

Il était mort en 1531. (*Communication de M. le vicomte de Juromenha.*) — Voyez FRANÇOIS DE ARRUDA.

ARRUDA (MICHEL DE), *architecte militaire, maître des œuvres de fortifications de ce royaume*, servait sous Jean III. Au temps de Jean de Castro, le Roi l'envoya à Moçambique pour y construire une forteresse, ainsi que cela se voit dans une lettre originale du Roi portant la date de 1546. Il fut envoyé en Afrique en 1549 pour construire le fort de Seinal pour la défense de Alcacer. (*Andrade*, Chronique de Jean III, *p. 4, chap. 25. — Patriarche*, Liste des Artistes, *rubrique* Architectes, *article* Miguel de Arruda.)

Il était maître des travaux royaux, emploi dans lequel il fut remplacé par Antoine Rodrigues, et vivait sous le [règne de Jean III. Il était aussi maître des fortifications du royaume. (*Liv. 55 de Jean III, fol. 120.*)

Il a tracé le plan de la nouvelle forteresse que le Roi fit construire à Moçambique au temps du vice-roi Jean de Castro, ainsi que cela résulte d'une lettre écrite par le Roi à ce gouverneur (1545), et qui se trouvait en original entre les mains du dernier cardinal Patriarche.

En 1541 il se rendit à Ceuta avec Benedicte de Ravenna pour fortifier cette place, ainsi que cela résulte d'une lettre de D. Alphonse de Noronha, gouverneur de Ceuta. (*Corp. Chron., part. 1, paquet 6, doc. 125.*)

En 1549, il fut de nouveau envoyé en Afrique, quand le roi voulut que le fort de Seinal fût élevé pour la sûreté d'Alcacer. (*Andrade*, Chron. de Jean III, *part. 4, chap. 55.*)

Il était mort en 1565. Voyez ANTOINE RODRIGUES.

Dans une lettre adressée à l'ambassadeur Laurent Pires de Tavora, l'infant D. Louis développe les raisons pour lesquelles le Roi voulait abandonner Alcacer-Ceguer, après avoir fortifié Seinal; il lui recommande d'examiner cette affaire avec D. Pierre de Mascarenhas, avec son neveu Jean de Mascarenhas, avec Michel de Arruda et Jacques Telles, grands ingénieurs; et d'après le conseil de tous, il fut résolu qu'on abandonnerait Alcacer et Seinal et qu'on garderait Tanger. (*Annales de Jean III, par frère Louis de Souza. — Communication de M. le vicomte de Juromenha.*)

Arte minima, voyez PATRIARCHE.

ASENSIO, *auteur* de l'ouvrage intitulé : *Coleccion de Muestras de Letra bastarda, escritas y grabadas*, voyez SALVA (Vincent).

ASSIS, *professeur*, voyez RODRIGUES (François d'Assise).

ASSISE (FRANÇOIS D') RODRIGUES, voyez RODIGUES. On l'appelle communément Assis.

Assumpçaõ Velho (Joachim d'), chanoine, *auteur*, a donné, dans les *Mémoires de l'Académie,* une description détaillée de Mafra. La première pierre de cet édifice fut posée en 1717, et la basilique fut consacrée en 1730. (*Ferdinand Denis*, l'Univers, 1366ᵉ *livraison*, p. 401.)

Augustin-Florian Suarez, voyez Suarez (A. F.).

Augustin de Guadri, voyez Grossi (Jean).

Augustin-Joseph da Trinidade, voyez Trinidade.

Augustin de Santa-Maria (frei), voyez Maria (Frei-Augustin de Santa-).

Augustin Marques, voyez Marques (Augustin).

Augustin Rebello da Costa, voyez Rebello da Costa (Augustin).

Augustin Rodrigues, voyez Rodrigues (Augustin).

Augustine Barboza da Silva, voyez Barboza da Silva (Augustine).

Aveiro (*duchesse d'*), voyez Guadelupe.

Avelar (Braz ou Blaise d'), *peintre*, cité par Cyrillo (p. 17) parmi les plus anciens peintres portugais. Il l'appelle Braz d'Avelar, faisant suivre ce nom de celui de N. Danzilha, sans les séparer par une virgule. Cela peut n'être qu'une faute typographique.

Taborda, en s'appuyant sur frère Joseph Pereira de Santa-Anna, dit (p. 152) qu'Avelar florissait vers 1510. Il dit : « Il est hors de doute qu'il a peint pour le monastère de Belem ; le chroniqueur frère Emmanuel-Baptiste de Castro fait mention de ses ouvrages de Belem sous le simple nom d'Avelar, sans doute le même qui nous occupe. Peut-être existe-t-il encore dans le même monastère d'autres ouvrages de cet artiste. Carvalho nous apprend, dans sa *Chorographie*, t. 3, p. 660, en se référant à l'autre chroniqueur, que, au-dessus de l'escalier de l'entrée principale, il existait des peintures d'Avelar et d'Arrerino. Cependant quel est celui des deux qui fit le Christ s'affaissant sous le poids de la croix, c'est ce que nous ne saurions affirmer avec certitude. » Cyrillo attribue ce tableau à Campello. Voyez Campello.

Taborda suppose qu'Avelar fut un des artistes envoyés en Italie par D. Emmanuel pour se perfectionner dans les arts ; mais il n'appuie cette supposition d'aucune preuve.

Avelar (Joseph d') **Rebello**, *peintre* portugais, vivait, selon Guarienti, vers 1640. (*Lettres, p.* 324.)

Cyrillo cite à son sujet le passage suivant de Félix da Costa Meesen : « Il fut homme d'un grand talent. Sans maître, et seulement par ses dispositions naturelles, il acquit une grâce particulière et beaucoup de pratique. Il fut capable de peindre le tableau de *Jésus parmi les docteurs,* qu'on voit à Saint-Roch, et d'autres bons tableaux qui lui valurent la croix d'Avis. » Cyrillo continue ainsi : « Jean IV aimait à le voir peindre, et dans l'*alvara* par lequel il lui conféra la décoration d'Avis, il l'appelle le meilleur peintre de son époque. Entre les années 1639 et 1648, il fit 72 grands tableaux de la vie du Christ qui couvraient le plafond de l'église *dos Martyres*. Ces peintures ont été remplacées par des stucs. Le saint Jérôme de la bibliothèque de Belem est de lui. Dans l'entrée de S. Bento il y a de lui un *Triomphe de la Vierge* d'une grande dimension. » (*Cyrillo, p.* 76.)

Cet auteur cite encore beaucoup d'autres ouvrages de J. d'Avelar.

Taborda lui consacre un article, p. 201-203.

Le Patriarche, dans sa *Liste des artistes*, rubrique *Peintres*, article *José do Avellar*, dit qu'il a exécuté beaucoup de tableaux à la Bibliothèque Patriarcale, et qu'il devint tellement riche qu'il fit construire toutes les maisons qui forment la rue d'Avelar. Le même fait est rapporté par Guarienti. (*Lettres, p.* 324.)

La vie de saint Georges, en plusieurs tableaux, dans la sacristie de l'église de Belem, lui est attribuée. (*Lettres, p.* 288.)

Un des meilleurs tableaux de l'église de Saint-Roch est celui de la première chapelle à gauche en entrant. Il représente Jésus parmi les docteurs, et il est attribué à ce peintre. (*Lettres, p.* 288.)

AYALA, AYALLA ou AIALE (JOSEPHA DE), voyez OBIDOS.

AYRES (GAETAN) D'ANDRADE, voyez ANDRADE.

AYRES DO QUENTAL, ou QUINTAL, voyez QUENTAL (Ayrez do).

AZEVEDO (RAIMOND-JOSEPH D'), *sculpteur d'ornemens en bois*, a travaillé aux orgues de Mafra, et il est mort septuagénaire vers 1825. (*Communication de M. le professeur Assis.*)

AZURARA (EANES-GOMES DE), voyez EANEZ-GOMEZ DE AZURARA.

AZZOLINI (JACQUES), *architecte et peintre décorateur*, vint d'Italie, sa patrie, sur l'invitation de Bibiena, pour l'aider dans les travaux du théâtre royal. Quand le tremblement de terre survint (1755), il se rendit à Coïmbre, où il s'occupa, comme architecte civil, de l'achèvement du Séminaire. En 1767 ou 1768, il fut appelé à Lisbonne pour diriger les décors scéniques du théâtre royal d'Ajuda, emploi qu'il exerça jusqu'en 1786 ou 1787, et c'est à cette même époque qu'il mourut, âgé d'environ 70 ans.

En outre des décorations théâtrales de Lisbonne, il fit les tours de Saint-François de Paule et un dessin pour le Manége royal. Déjà malade à l'époque où l'on mit en scène l'opéra d'*Assur*, il proposa que chacun de ses élèves fît une décoration, afin qu'on pût juger celui qui serait capable de le remplacer. José-Carlos Binheti fit un temple et Manoel Piolti un palais royal. Ces deux ouvrages furent préférés à tous les autres; mais la chose en resta là, et il mourut sans qu'on se fût décidé en faveur de l'un ou de l'autre concurrent. » (*Cyrillo*, *p*. 190.)

B

B. F. A. 1637. — Marque et date d'un tableau représentant la *Samaritaine* dans un paysage, chez M. de Saldanha e Castro, comte de Penamacor, à Lisbonne (Voyez *Lettres*, p. 318, article *Carlo de Hoech*, et note). Voici ce que j'ai dit dans cette note : « J'ai vu chez M. de Saldanha e Castro un très-joli tableau représentant la *Samaritaine* dans un paysage, et portant la marque B. F., n° 1637. Je serais cependant tenté de croire que c'est de ce tableau que parle Guarienti. Il doit y avoir quelque quiproquo que je ne m'explique pas bien. Peut-être ce Carlo de Hoech avait-il encore un autre nom de baptême. Il nous est permis de douter de l'exactitude de Guarienti. Au reste, ma supposition ne repose pas non plus sur des fondemens assez solides pour oser vous la donner comme une vérité, ni même comme une probabilité. »

Dans Negler je ne trouve pas de Charles de Hoech, mais bien Charles de Hoeck ou Hoecke, qui vivait à la même époque. C'est le sujet du tableau et la date, qui ont fait naître en moi la supposition que j'ai énoncée plus haut et qui n'est pas autrement justifiée. Il y a évidemment ici quiproquo, mais il est possible que ce soit moi, et non pas Guarienti, qui en sois coupable.

BACCARELLI (VINCENT,) Italien, *peintre de perspective et d'architecture*, vint à Lisbonne vers la fin du dix-septième siècle, où il eut beaucoup de commandes. Cyrillo cite, comme le meilleur de ses ouvrages, le plafond qu'on voit à Saint-Vincent et qui est de l'année 1710. Après avoir exécuté beaucoup d'ouvrages à Lisbonne, il retourna dans sa patrie. Le meilleur de ses élèves était Antoine Lobo, père du peintre François Xavier. Antoine Lobo était le maître de Antoine Pimenta Rolin, de Braz de Oliveira et d'Antoine Simoens, tous trois distingués dans la même partie que Baccarelli. (*Cyrillo*, *p*. 181-183.)

On peut, je crois, considérer Baccarelli comme ayant introduit en Portugal ce genre de peintures, dont le Portugal fournit beaucoup d'exemples très satisfaisans. Il existe un grand nombre de plafonds dans les édifices royaux, dans les églises et dans les maisons particulières qui prouvent que leurs auteurs étaient sortis d'une bonne école. Cette école n'était autre que celle de Baccarelli, transmise de génération en génération jusqu'à l'époque de Jean VI, où furent exécutés les ornemens et les décorations du palais d'Ajuda (vers 1820), qui sont, parmi tout ce qui se voit de peintures dans ce palais, ce qu'il y a de moins mauvais. Maintenant, tout ce qui se peint de bien ici en perspective et en architecture est dû au talent de MM. Rimbois et Cinati. Cependant un jeune Portugais, M. Monteiro, montre les plus heureuses dispositions, et ne peut manquer de devenir fort habile dans cette partie, si ses progrès ne sont pas arrêtés par la stérilité du terrain sur lequel il est destiné à exercer son talent, et par les difficultés sans nombre qui s'opposent aux progrès de l'art.

Le tableau de saint Antoine qui orne le maître-autel de l'église de Varatojo est attribué à Baccarelli. (*Lettres, p.* 245.)

BALBI (Adrien), *auteur* de l'*Essai statistique* (Paris, 1822). Il renferme quelques renseignemens succincts sur les arts en Portugal.

BALSAMAõ (Vasco-Pinto de). M. de Balsamaõ, âgé à peu près de 40 ans, appartient à une des plus anciennes familles de Lamego. Il est frère du vicomte de Balsamaõ. Comme conservateur de la Bibliothèque de Lisbonne, il s'est livré à beaucoup de recherches historiques. Je lui dois un grand nombre des documens qui m'ont servi à dissiper les nuages dont j'ai trouvé les arts du Portugal enveloppés. L'application, le zèle et la bonne foi caractérisent chacune de ses recherches et chacun de ses renseignemens.

Balthasar Alvares, voyez Alvares (Alphonse et Balthasar) et Alvares (Balthasar).

Balthasar Fernandes, voyez Fernandes (Balthasar).

Balthasar (Louis), voyez Louis (Balthasar).

Balthasar Telles, *auteur* de l'ouvrage intitulé : *Chronica da Companhia de Jesus*, voyez Patriarche.

BAPTISTE (Louis), *peintre de perspective, d'architecture et d'ornemens*, vers 1781, mourut, âgé de 60 ans, en 1785. Dans l'article de Cyrillo sur ce peintre, nous trouvons encore les noms des peintres d'ornemens Joseph-Thomas Gomes, Joseph-Gaetan Cyriaco, Jean de Rhodes ; de son élève Baptiste-Manoel Macario, qui a peint les fleurs du plafond de la chapelle principale de Bemposta et qui mourut fort jeune, et de Eusèbe Lopes, frère de ce dernier, qui dirigeait l'école *da Ribeira das Naos*, et qui mourut en 1818, âgé de 50 ans. (*Cyrillo, p.* 207.)

Baptiste-Emmanuel Macario, voyez Macario (Baptiste-Emmanuel).

BARATA (Emmanuel), *calligraphe*, « d'après le philologue François-Dias Gomes (t. 4 des *Mémoires de l'Académie*), *a été la plus insigne plume qu'on eût connue jusqu'à lui en Europe*. Il vécut au temps de Camoëns et fut maître d'écriture du roi Sébastien. On lui doit l'ouvrage intitulé : *Arte de escrever*, 1571. » (Voyez *Patriarche*, Liste des artistes, *p.* 7.)

« Manoel Barata, né à Lisbonne, est un des plus célèbres maîtres d'écriture qui aient fleuri à son époque. Il était le maître du prince Jean, fils du roi Jean III. Il publia en 1572 *l'Art d'écrire*, in-4°, et grava aussi un recueil de divers genres d'alphabets. Cet ouvrage est loué par Manoel Faria e Sousa dans ses *Commentaires des rimes de Camoëns*. Il n'a paru qu'après la mort de Barata, et il porte le titre suivant : *Exemplares de diversas sortes de letras tirados da Polygrafia de Manoel Barata, escritor portuguez, acrecentadas pelo mesmo autor, etc., dirigido a D. Theotonio, duque de Bragança, etc., por Antonio Alvares*, 1590, *in-4°*. » (Bibliotheca lusitana *de Barbosa Machado, t. 3, p. 190.)*

BARBOSA MACHADO (DIOGO OU JACQUES), *auteur*, a fait, en 1752, un rapport sur la *Carta apologetica* de Joseph Gomes da Cruz (*Lettres, p. 137*). Il est aussi auteur de la *Bibliotheca lusitana* (1741-1759). Cet ouvrage important se compose de 4 volumes in-folio, dont le dernier sert de supplément aux autres; il cite, par ordre alphabétique, tous les auteurs portugais et leurs ouvrages, tant imprimés que manuscrits.

BARBOSA MACHADO (IGNACE), « auteur du *Tractado historico juridico do aqueducto de Lisboa* (*Communication de M. l'abbé de Castro*). » D'après Antoine Gaétan de Sousa, ce fut l'architecte Emmanuel Maya qui fournit les plans de ce bel aqueduc. Cyrillo, p. 193, en attribue la construction à Charles Mardel.

M. Santos a trouvé dans la *Bibliotheca lusitana*, t. 2, p. 532, qu'Ignace Barbosa était le frère de Diogo.

BARBOSA DA SILVA (AUGUSTINE), *auteur*. « Elle savait parfaitement le latin. C'est en cette langue qu'elle a écrit la vie des cinq premiers rois de Portugal. Elle était aussi habile en architecture. Elle florissait vers 1672 et a écrit un Traité d'architecture et d'arithmétique qui a été imprimé à Castella, sous le nom de Pierre de Albornoz. » (*Bibliothèque lusitanienne*, t. 1, p. 54. — *Communication de M. le vicomte de Juromenha. — Theatro heroino, t. 1, p. 114.*)

BARNABÉ XIMENEZ, voyez XIMENEZ (Barnabé).

BARREIROS (GASPAR), « *cosmographe*, neveu du célèbre historien des Indes, Jean de Barros. Ce fut son oncle qui l'engagea à écrire.

« Chorographie de plusieurs endroits qui se trouvent sur la route que Gaspar Barreiros a parcourue, pour se rendre, en 1546, de Badajos à Milan (*Coïmbre, 1561, par Jean Alvares*); observations cosmographiques de beaucoup d'endroits des côtes d'Espagne, avec tous leurs champs et promontoires. Manuscrit. » (*Communication de M. le vicomte de Juromenha.*)

BARRETTO, natif de Porto, *peintre*. J'ai vu, dans la collection de tableaux de la ville de Porto, un tableau de lui dans le style de Camuccini ou de David. Il représente la mort de Cléopâtre. (*Lettres, p.* 586.)

BARRETO ou **BARRETTO** (Antoine) **CORRÊA**, *graveur de paysage*, élève de Comte, agrégé à l'Académie de Lisbonne, âgé, en 1843, de 30 ans. (*Lettres, p.* 115.)

Barreto (Joseph-Teixeira), voyez Teixeira Barreto (Joseph).

Barreto (Pierre) de Rezende, voyez Rezende (Pierre Barreto de).

Barros (André de), auteur de l'ouvrage *Vida do Padre Antonio Vieira*, voyez Patriarche.

BARROS (Antoine de), *peintre*, florissait, suivant Taborda, vers 1596, et se trouvait au service de Philippe II, ainsi que cela se voit dans une charte des Archives royales, livre 30 des donations de ce Roi, feuille 169. « Il peignait à la détrempe et était doreur. Il faisait aussi des reliefs en or bruni. Il existe une patente de Philippe Ier de Portugal (II d'Espagne), en date du 29 février 1596, par laquelle Barros est nommé peintre de ce roi, aux conditions auxquelles l'avait été Gaspard Carvalho, roi d'armes des Indes, auquel il succéda dans cet office après que celui-ci fut mort. Cette patente porte qu'il n'aura ni frais d'établissement, ni frais d'entretien, Carvalho n'en ayant pas reçu non plus. Il est à supposer que Barros est mort en 1601, car ce fut en cette année que Louis Alvares lui succéda. » (*Communication de M. le vicomte de Juromenha.*)

Barros (Antoine-Benoît Faria e), voyez Morgado de Setubal.

BARROS (Eleuterio-Emmanuel de), *graveur*, élève de Joachim Carneiro da Silva, de l'école de gravure qui fut formée à Lisbonne en 1769. Il a étudié à Rome. C'est lui qui a apporté de Rome le grand tableau de Batoni qu'on voit sur le maître-autel de l'église d'Estrella. Cyrillo cite aussi de lui des dessins et des tableaux, p. 294.

BARROS FERREIRA (Jérôme de), *peintre d'architecture, de fleurs, d'ornemens et de portraits en miniature, et architecte.*

Né à Guimaraens en 1750, il apprit à peindre sous Michel-Antoine d'Amaral, et acquit bientôt quelque réputation. Il dessinait facilement et peignait fort bien les fleurs et les ornemens. Il était plein de zèle et d'enthousiasme pour son art, et occupé sans cesse à en accélérer les progrès. Dans ce but il admettait chez lui gratuitement tous ceux qui voulaient profiter de ses leçons.

Il était également versé dans l'architecture et avait un talent particulier pour les portraits en miniature, qu'il faisait très ressemblans. Il en fit entre autres, un de son ami le peintre Antoine Caetano, qui porte un témoignage favorable de son talent à saisir la ressemblance. Son coloris est bon, et tient un peu de l'école flamande, ainsi qu'on le voit dans quelques-unes de ses bambochades.

Je citerai de lui les ouvrages suivans : les figures du plafond de la bibliothèque du coùvent de Saint-Dominique ; l'architecture et le tableau de la chapelle de Sainte-Brigitte dans l'église de Lumiar ; le plafond de la salle à manger de l'hôtel du marquis de Marialva ; le portrait de la Reine qu'il fit pour la comtesse de Vimeiro quand elle était supérieure du couvent dos Santos ; les portraits du père et de la mère de D. Michel Pereira Forjas ; les appartemens de ce dernier, à Cruz-de-Pedra, et le plafond d'un des appartemens du marquis de Niza, Xabregas.

Il mourut le 30 octobre 1803, à l'âge de 54 ans, et laissa deux enfans, Silence-Chrétien et Vigilance-Perpétue, qu'il avait eus de son mariage avec Antoinette-Engracia de Deos e Silva, native de Lisbonne. (*Taborda, p.* 238.)

Quand Pedro Alexandrino abandonna la peinture des voitures pour s'occuper de sujets plus élevés, J. de Barros le remplaça avec succès dans cette partie, et représenta sur les carrosses des enfants, des dieux de la Fable, des sujets allégoriques, etc. Il peignait aussi des ornemens, des portraits, des caricatures ; il a fait également des gravures à l'eau-forte. Dans ce dernier genre, il fut le premier maître de Gregorio-Francisco de Queiros. Il aimait la lecture, et traduisit du français *l'Art de la Peinture,* par C. A. du Fresnoy, publié en 1801. Le manuscrit de cet ouvrage, qui contient 50 pages écrites en entier de la main du traducteur, se trouve actuellement à la bibliothèque de l'Académie des Beaux-Arts de Lisbonne. Il a été offert par le fils de Barros, Silence-Chrétien de Barros, graveur de ladite Académie. J. de Barros a fait aussi la description d'un plafond peint par lui-même dans l'hôtel de Niza. Ses ouvrages dans les édifices publics sont : la voûte de l'autel des *Trinas,* au Rato ; celle de Sainte-Brigitte, dans la paroisse *do Lumiar ;* quelques figures du plafond de la bibliothèque de Saint-Dominique, etc., etc. (*Cyrillo, p.* 127.) — Voyez aussi QUEIROS (Grégoire-François).

BARROS LABORAÕ (JOACHIM-JOSEPH DE), *sculpteur.*

Il naquit à Lisbonne en 1762 et n'avait que dix ans quand il entra comme élève dans l'atelier de Jean Grossi, où il fut occupé pendant quatre années à faire des ébauches et à modeler. Il passa ensuite à l'école de Jean Paul (1), sculpteur en bois. Il servit d'aide à Raymond da Costa et au père Jean Chrysostome (2); puis à Manuel Vieira, chez qui il modelait et terminait de nombreux ouvrages. Bientôt après il s'établit dans son propre atelier, où il modela saint François et sainte Claire, qui furent exécutés par François Xavier, élève de Joseph d'Almeida et d'Antoine Machado. Les ouvrages de Laboraõ sont si nombreux qu'il ne

---

(1) Je présume que c'est Jean-Paul da Silva.
(2) Je présume que c'est Jean-Chrysostome-Polycarpe da Silva.

nous est pas possible d'en faire ici l'énumération. Nous ne ferons mention que du bas-relief en marbre de l'église de Bemposta, et d'une Renommée avec les portraits de Leurs Majestés, placée à l'obélisque de Bellas.

Le marquis *Regedor*, grand appréciateur des arts, fut tellement charmé de ce dernier ouvrage, qu'en outre d'une rétribution pécuniaire qu'il lui fit tenir, il sollicita et obtint son admission dans l'ordre de Saint-Jacques et ne cessa pas de le pousser dans sa carrière.

Le Roi le récompensa aussi en lui accordant l'emploi qu'exerçait Giusti à Mafra, avec les honoraires dont jouissait son prédécesseur. Les travaux de Mafra languissaient depuis quelque temps quand les Pères de Saint-Vincent entrèrent dans ce monastère. Ceux-ci firent procéder lentement à l'achèvement des lunettes des voûtes, d'après les modèles de Leal (1), et ce furent Braz Toscano de Mello, Roberto-Louis da Silva et son fils qui furent chargés de l'exécution. Laboraõ activa un peu plus ces travaux, mais ils furent encore interrompus par l'invasion des Français. Laboraõ travailla ensuite aux statues du palais de Notre-Dame d'Ajuda, où il fit les figures allégoriques de l'Honnêteté, de la Diligence, du Désir, et divers ornemens. Il fut aidé dans ces travaux par ses fils et élèves Manuel-Joachim et Joseph-Pierre de Barros, ainsi que par son autre élève Gaspar-Joachim da Fonseca, natif de Vizeu (2).

Il mourut le 30 mars 1820, à l'âge de 58 ans, et repose dans la salle du chapitre de Saint-Antoine des Capucins.

Charles Amatucci fit également pour le même palais (1818) la statue de la Libéralité. Il était à Lisbonne depuis 1804 et s'occupait à faire des portraits en cire. En 1807, il fut admis au service de la maison royale, aux honoraires de 400,000 reis annuels, et exécuta le portrait du Roi en médaillon pour les orgues de Mafra. Quoique jeune et d'une constitution forte, il fut enlevé subitement, en 1809, par un anévrisme. (*Cyrillo, p.* 274.)

BARROS (EMMANUEL-JOACHIM DE), *sculpteur*, fils de BARROS LABORAÕ (Joachim-Joseph de), voyez l'article précédent.

BARROS (JOSEPH-PIERRE), *sculpteur*, autre fils de BARROS LABORAÕ, voyez BARROS LABORAÕ.

BARTHÉLEMY-ANTOINE CALISTE, voyez CALISTO (Barthélemy-Antoine).

BARTHÉLEMY CARDENAS, voyez CARDENAS.

BARTHÉLEMY CAUDERAS, voyez CARDENAS (Barthélemy).

BARTHÉLEMY DA COSTA, voyez COSTA (Barthélemy da) et FIGUEIREDO (Jean de).

(1) Je présume François Leal.
(2) Il vint à Lisbonne à l'âge de 7 ans et a étudié sous Barros pendant sept années.

Barthélemy (frère) Ferreira, voyez Ferreira (frère Barthélemy).

Barthélemy dos Martyres (frère Dom), *auteur*, voyez Jeronimo (Frère-Henri de *S*).

Barthélemy dos Martyres *Vida do vener. arcebispo de Braga,* par frère Louis de Sousa, voyez Patriarche, et Jeronimo (frère Henri de *S*.).

Barthélemy Rodrigues, *peintre*, voyez Rodrigues (Barthélemy).

Barthélemy Rodrigues, *architecte*, voyez Rodrigues (Barthélemy).

Barthélemy Velho, voyez Velho (Barthélemy).

Bartolozzi (François), *graveur*. C'est dans *Cyrillo*, p. 289, que j'ai trouvé les renseignements qui vont suivre : Bartolozzi est né à Florence vers 1727. Il a été élève de Wagner. En 1762, il se rendit à Londres. Attiré à Lisbonne, en 1802, par D. Rodrigo Sousa Coutinho, il fonda dans cette ville une école de gravure, et y mourut en 1815. Il forma plusieurs élèves, savoir :

« Domingos-José *da Silva ;*

« Jean-Vicente *Priaz ;*

« Théodore-Antoine *de Lima ;*

« Antoine-Marie d'Oliveira *Monteiro ;*

« François-Thomas *d'Almeida ;*

« François-Antoine *da Silva.* »

D'après Nagler, Bartholozzi serait né en 1730 et mort en 1813. Cet auteur cite ses principaux ouvrages, au nombre de près de cent.

Bastos (frère Louis), *peintre*. Taborda, p. 172, cite à son sujet ce que frère Joseph Perreira de Santa-Anna rapporte dans sa *Chronique de l'ordre des Carmes*, p. 476 : « A l'époque où il vivait, Bastos était un des peintres les plus insignes de ce royaume ; et quoiqu'il ait commencé à manier les pinceaux comme amateur, ses dispositions naturelles étaient telles, qu'il devint maître dans cet art , au point de servir de modèle et d'objet d'admiration aux meilleurs artistes. »

Batoni (Pompée), *peintre*, né en 1708, mort en 1787. On voit de lui, dans l'église d'Estrella, d'importans ouvrages portant la date de 1781 (voyez *Lettres, p.* 292). C'est, je crois, à tort qu'on lui attribue le tableau du maître-autel de la cathédrale d'Evora. (*Lettres, p.* 355.)

« Dans la Bibliothèque de Jésus, aujourd'hui de l'Académie des Sciences, il existe un mémoire critique sur les tableaux de l'église d'Estrella. » (*Communication de M. le vicomte de Juromenha.*)

Bayle, *auteur* d'un *Dictionnaire*, voyez Patriarche.

Belem ou **Bellem** (frère Jérôme de), auteur de la *Chronica serafica da provincia dos Algarves* (1753), voyez *Lettres*, p. 346.

Belles, voyez Guillaume.

Bellori, *auteur*, voyez Loureiro (François de Sousa). Je présume que c'est le célèbre auteur et antiquaire Jean-Pierre Bellori, mort en 1700.

Bem (Thomas-Gaétan de), *auteur* des *Mémoires historiques et chronologiques de l'ordre des Théatins*. Il en existe une édition de 1792. (*Lettres, p.* 140, 145.)

Benavente (François de), *architecte*, a pris part aux constructions de l'église de Belem. Il fut chargé spécialement des colonnes de cette église; vers 1517. (*Lettre 14ᵐᵉ, app.* 2.)

Benedicta (D. Maria), appelée communément *Princesa Viuva*, tante de Jean VI, née en 1746 et morte en 1829. Elle s'est occupée de peinture. Son tableau qu'on voit à l'église d'Estrella est peu digne d'occuper cette place; mais considéré comme ouvrage d'amateur, celui que l'on conserve à Ajuda et qui représente le cœur de Jésus, n'est pas sans mérite. (*Lettres, p.* 269, 292.)

Benedicto Benedictus, voyez Benoit.

Benoit. Ce nom se rencontre quelquefois dans ce Dictionnaire sous celui de Bento, quand cette dernière dénomination a été acceptée par le public d'une manière générale et invariable; par exemple, Bento Coelho, ou le couvent de S. Bento.

Benoît ou Bento (Joseph de Sousa Farinha), voyez Farinha.

Benoît de Ravena, voyez Ravena (Benoît de).

Benoît de Sousa Campello, *peintre,* voyez Bernardes (Joseph).

Benoît Lutti, voyez Oliveira Bernardes (Ignace de).

Benoît ou Bento Morgantes, voyez Morgantes (B.).

Benjamin Comte, voyez Comte.

Bent (Jean van der). Suivant Guarienti, il était *peintre* hollandais, et né à Amsterdam en 1650. Il est mort en 1690. Guarienti a vu de lui des tableaux en Portugal. (*Lettres, p.* 523.)

Bento (l'auteur des quatre tableaux du monastère de S. Bento). L'Académie de Lisbonne possède quatre grands tableaux sur bois d'une belle conservation, représentant la *Disputa*, la *Visitation*, l'*Adoration des mages* et la *Présentation*. Ces superbes tableaux sont postérieurs à l'année de l'avénement au trône de Jean III (1521), comme le dénotent les monnaies représentées dans le vase que l'un des mages offre à l'enfant Jésus. Ce sont, avec le *couronnement de la Vierge* du palais épiscopal d'Evora, et le *St. Pierre* de Vasco Fernandes à Vizeu, les plus beaux ouvrages de peinture gothique que j'ai rencontrés en Portugal. On voit encore à l'Académie une *Circoncision* de moindre grandeur, qui est évidemment du même pinceau. Je ne sais pas quel est leur auteur. S'il était possible de le découvrir, ce serait d'un grand intérêt pour l'histoire de l'art. Il y a tout lieu de croire qu'ils ont été faits en Portugal, mais ils portent selon moi d'une manière irréfragable le cachet de l'influence allemande ou flamande. Voyez *Lettres*, p. 122, et dans d'autres endroits qui se trouvent indiqués dans la table alphabétique de mes *Lettres*, sous le nom de *Bento*.

BENTO OU BENOÎT COELHO, voyez COELHO (Bento).

BENTO CONTREIRAS, voyez CONTREIRAS (Bento).

BENTO OU BENOÎT VARCHI, voyez VARCHI.

BERARDI (JEAN), *peintre décorateur et graveur*. Il a précédé Bibiena dans l'emploi de peintre de décoration, vers 1753, et a gravé les estampes des *libretti* de théâtre. (Voyez *Cyrillo, p.* 189 *et* 190.)

BERARDO (JOSEPH D'**OLIVEIRA**). M. Berardo, *auteur*, âgé à peu près de quarante ans, habite Vizeu et est plein de zèle pour la gloire littéraire du Portugal. Homme très instruit et jouissant d'une position très indépendante, il se voue avec ardeur à l'étude. C'est lui qui a découvert l'extrait baptistaire de Vasco Fernandes, et qui s'est livré avec le plus de succès aux recherches qui ont eu pour but d'éclaircir les ténèbres dont l'existence de ce peintre était encore enveloppée en 1843. (Voyez *Lettres, p.* 300-308, 370, 371). Il a écrit des mémoires historiques sur Vizeu, dont le journal *Le Panorama*, vol. 5, n° 216, p. 183, renferme des extraits.

BERMUDEZ (JEAN-AUGUSTIN-CEAN), *auteur* du *Dictionnaire historique des beaux-arts*. L'édition de cet excellent ouvrage que je possède, est de l'année 1800 (Madrid). Bermudez cite dans son prologue un grand nombre d'auteurs auxquels il a emprunté ses renseignemens, et parmi lesquels il nomme particulièrement Antoine Palomino et Antoine Ponz. (Voyez *Lettres, p.* 147.)

BERNABE, voyez BARNABÉ.

BERNARD (maître), *architecte*, qui a exercé son art à Coïmbre et qui est cité dans un manuscrit de 1168 intitulé : *Livro preto*. (*Lettres, p.* 421.)

BERNARD BRITO (frère), voyez BRITO.

BERNARD (frère) DE CRUZ, voyez CRUZ (frère Bernard de).

BERNARD EDOUARD, *sculpteur*, « élève de Machado (Joachim) de Castro. » (*Communication de M. le professeur Assis.*)

BERNARD FERNANDES GAYO, voyez FERNANDES (Bernard).

BERNARD FOIT, voyez FOIT.

BERNARD DOS SANTOS, voyez SANTOS (Bernard dos).

BERNARDA FERREIRA DE LACERDA, voyez LACERDA (B. F.)

BERNARDES (JOSEPH), *peintre de fleurs*, voyez ABREU (Jean-Nunes de). Bernardes fut élève de Serra. Il peignit les fleurs, des ornemens et l'architecture. Il eut pour disciples Jérôme Gomes Teixeira, François Gomes Teixeira et Bento de Souza Campello, et mourut vieux en 1780. (*Cyrillo, p.* 196.)

Bernardes (Oliveira), voyez Oliveira.

Bernardes Oliveira (Antoine de), voyez Oliveira Bernardes (Ignace de).

Bernardes Oliveira (Ignace de), voyez Oliveira Bernardes (Ignace de).

Bernardin da Costa Lemos, voyez Costa Lemos et Rocha (Joachim-Emmanuel).

Bernardin (Fr. Gaspar de *S.*), *auteur* de l'ouvrage *O itinerario da India*, voyez Patriarche.

Bernardin de Santa-Rosa, voyez Rosa (Bernardino de Santa-).

BERNINI, *architecte et sculpteur* italien, auquel sont attribués les anges en marbre de Carrare, qui soutiennent l'écusson au-dessus de la grande porte de l'église de *Loreto* (*Lettres, p.* 440). Je ferai observer que le chevalier Bernini est mort en 1680, et que l'ancienne église de Loreto ayant été détruite par le tremblement de terre de 1755, cette assertion devient inadmissible ; à moins que les anges n'aient été faits à une autre époque, et que la place qu'ils occupent maintenant ne leur ait été assignée postérieurement et contrairement à leur première destination. On va même jusqu'à soutenir que ces anges ont été retirés des décombres dans l'état le plus parfait de conservation ; en effet, on n'y découvre pas la plus petite restauration, cela est bien plus inadmissible encore. L'un de ces deux anges, celui de droite, ne me semble pas indigne de Bernini, mais, tout compté, il me paraît très peu vraisemblable que ce morceau de sculpture soit de lui. La tradition qui attribue ces anges à Bernini a été transmise par Alexandre Giusti à Joachim Machado, et par celui-ci au père du professeur François d'Assis Rodrigues. Alexandre Giusti ayant été élève de Maini et ce dernier de Algardi, contemporain de Bernini, cette tradition, d'après l'avis du professeur Rodrigues, est digne de foi. D'après le même professeur, il y aurait à Bellas une fontaine qui doit être l'œuvre de Bernini.

BERTHELOT (Denis) de Honfleur, *cosmographe, peintre et dessinateur*, voyez Rezende (Pierre-Barreto de).

BIBIENA (Jean-Charles), Italien, *peintre de décorations*, a peint des sujets architectoniques, et la perspective dans le théâtre royal de Lisbonne, qui fut détruit en 1755 lors du tremblement de terre. Il n'avait commencé à servir le roi D. Joseph que deux ans auparavant. Avec lui, vinrent d'Italie Marcos, qui peignait avec talent les figures à la détrempe, et Paulo, fameux peintre de batailles et de paysages. (*Cyrillo*, *p.* 173, *et* 188-190.)

Bibliotheca Lusitana, par Barbosa Machado, voyez ce nom.

Bill, *stucateur*, voyez Grossi (Jean).

Billing (Clément), *graveur*. « Dans le livre *Emprezas de S. Bento*, de frère Jean dos Prazeres, Bénédictin (1685), on voit un frontispice signé Clément Billing f. ; dans un autre ouvrage intitulé *Cordel triplicado*, des estampes du même graveur; et dans un livre sur la musique intitulé *Arte minima* (1685), une estampe signée Clemente Billing. » (*Patriarche*, Liste des artistes, *p.* 15.)

Binheti, (Joseph-Charles), Italien, *peintre décorateur* vers 1780, voyez Azzolini (Jacques), et *Cyrillo*, p. 191 et 238.

Bispo Conde, voyez Patriarche et Francisco (Dom).

Blaise d'Almeida, voyez Almeida (Blaise de).

Blaise d'Avelar, voyez Avelar (Blaise d').

Blaise (ou Braz) de Mendonça, voyez Mendonça.

Blaise Nunes, voyez Nunes (Blaise).

Blaise d'Oliveira, voyez Oliveira (Blaise de) et Baccarelli (Vincent).

Blaise Pereira, voyez Pereira (Blaise).

Blaise de Prado, voyez Prado (Blas de).

Blaise Toscano de Mello, voyez Toscano (Blaise) de Mello.

Blas, voyez Blaise.

Bocarro (Antoine), *cosmographe,* gardien des archives royales des Indes, et chroniqueur général du même pays. Il était successeur de Jacques *do Couto*, et a continué ses *Décades des Indes*. On lui doit le livre des plans de toutes les forteresses, villes et établissemens des Indes orientales, avec la description de leur situation géographique et de ce qu'ils contiennent en fait d'artillerie, de garnisons, de gens d'armes, de vaisseaux; les revenus et les dépenses; les profondeurs et les bas-fonds des rades et des fleuves, et tout ce qui relève de la couronne d'Espagne. Ce livre, de grand format et dédié à Philippe IV d'Espagne et III de Portugal, renferme les plans enluminés de 52 forteresses. Il en existe deux exemplaires, dont l'un se trouve dans la bibliothèque du duc de Cadaval. (Voyez Bibliotheca Lusitana, t. 1er, *p.* 221. — *Communication de M. le vicomte de Juromenha.*)

Bolleu, *peintre,* voyez Guillaume.

Bomvfus, voyez Andloi (F. Bomvfus).

Bonaventure Peters ou Peeters, voyez Peeters (Bonaventure).

Bosarte, *auteur* de l'ouvrage *Viage artistico a varios pueblos,* etc., voyez Salva (Vincent).

Botaca, Botaça, Botaqua, voyez Boytaca.

Botelho (Antoine-Joseph-Faustin), *peintre*, voyez Botelho (Phili-bert-Antoine).

Botilhi (Emmanuel) **Ribeiro**, *auteur*. C'est le nom de Pereira (Emmanuel-Ribeiro) tel qu'il est écrit dans la *Bibliothèque lusitanienne*; mais dans le manuscrit on lit aussi le nom de Pereira (*Communication de M. Berardo*). Nous avons adopté le nom de Pereira (Emmanuel-Ribeiro). Voyez l'article consacré à ce dernier.

Botelho (Nicolas-Tolentino), *peintre*, voyez Geraldes (Alexandre).

Botelho (Paul), *sculpteur*, voyez Salla (Félix).

Botelho (Philibert-Antonio), *peintre*, naquit à Lisbonne en 1760. Il étudia la peinture sous Pedro Alexandrino, et exécuta à l'huile et à la détrempe beaucoup d'ouvrages dans les églises, maisons particulières et théâtres. En 1806 il peignit toutes les figures qu'on voit sur le plafond appelé *do Costa* dans le palais d'Ajuda. Il a peint jusqu'en 1808, époque où sa vue devint trop faible pour travailler lui-même. Il continua cependant encore à diriger les travaux de son fils Antonio-José-Faustino. (*Cyrillo*, p. 138.)

Boutaca, Boutaqua, voyez Boytaca.

Bouteux (Michel le), *architecte et graveur,* fut un des artistes qui, au temps de Jean V, vinrent en Portugal et y ranimèrent les arts. Dans les *Mémoires de Malte*, on voit une carte de cette île signée *Michael le Bouteux, architectus regis sculpsit*, 1736 (*Patriarche, Liste des artistes, p. 5 et* 19.)

Boytaca ou **Boytaqua** (maître), *architecte*.

Voici ce que nous apprend à son égard M. le vicomte de Juromenha : « Maître Boytaca, architecte du célèbre monastère de Belem, était aussi préposé aux travaux de charpente. Nous ne saurions dire avec certitude s'il était Portugais ou étranger. Cependant la *Chronica serafica* (1753) (1) dit qu'il avait été appelé d'Italie par Jean II afin d'exécuter pour lui des travaux architectoniques. La signature de Boytaca que nous avons vue à la Torre do Tombo, nous semble écrite avec les caractères qui étaient alors en usage en Portugal. Une personne native de Leiria et parfaitement au fait des localités qui l'avoisinent, m'a assuré qu'il existe près de Batalha un village ou hameau appelé *Boytaca* ou *Boutaca*, situé sur le revers d'une hauteur, aux environs du couvent, et se composant seulement de quelques maisons (2). Si ce hameau exis-

(1) Voyez *Lettres*, p. 346.
(2) Cela m'a été confirmé par D. Joseph de Camara, ancien gouverneur civil de Leiria.

tait antérieurement à l'époque de Boytaca, il serait évident que l'architecte aurait pris le nom du lieu de sa naissance. Son nom est écrit par corruption de différentes manières, mais la véritable est *Boytaca*, puisque c'est ainsi qu'il signait lui-même son nom.

« Il fut architecte du couvent de Jésus de Sétubal, fondé par Justa Rodrigues, nourrice du roi Emmanuel. La première pierre de ce couvent fut posée en 1490.

« Le roi Jean II, accompagné de la reine Dona Léonor, vint plus tard à Sétubal, et fit réformer par maître Boytaca le plan de l'église qu'il voulait plus large. On fit dans ce but un modèle en bois d'après le dessin de Boytaca. Après avoir dîné, le roi alla avec l'architecte mesurer le terrain pour le cloître. Au décès de Jean II le maître-autel était terminé ; le reste de l'église fut continué au temps de D. Emmanuel, sous la direction de ce même Boytaca et sur les instances de la nourrice du roi. La sacristie supérieure et la salle du chapitre furent exécutées sous Philippe Ier. En 1498, le roi Emmanuel lui accorda une pension de 8,000 reis, dont il devait jouir seulement à partir du jour où il se marierait. Cette pension était une récompense des services qu'il avait déjà rendus dans son art, et nommément des travaux du couvent de Jésus à Sétubal.

« Il séjourna à Arzilla, place où commandait le comte de Borba, qui, attendu les services militaires que Boytaca y rendit, le fit chevalier. Cette promotion fut confirmée par D. Emmanuel en 1511. En 1514 il passa une seconde fois à cette place comme architecte, ainsi qu'à Alcacer, Tanger et Ceuta, pour y faire le mesurage des travaux dont il avait été chargé.

« En 1515, le roi Emmanuel lui accorda également pour ses bons services une pension de 12,000 reis.

« Les documents où nous puisons ces faits se trouvent aux archives royales. En voici un :

« D. Emmanuel, à tous ceux qui verront la présente Charte, nous faisons savoir que considérant les services que Botaca, maître des travaux de pierre, nous a rendus en son art, ainsi que dans les travaux du couvent de Jésus de Sétubal, couvent que fit bâtir Justa Rodrigues, ma nourrice, qui a intercédé pour lui, et voulant lui faire grâce et merci, nous avons pour bon de lui accorder à partir du 1er janvier prochain 1499, une pension de 8,000 reis par an. Lisbonne, le 25 mars 1498. (*Livre de D. Emmanuel, feuille* 81.)

« Les autres patentes qui sont indiquées plus haut portent les dates suivantes : Almeirim, le 5 janvier 1511 (*livre 3 de D. Emmanuel, fol.* 50, *v°*) ; et Lisbonne, le 30 avril 1515. (*Livre 2 de D. Emmanuel, fol.* 44).

« Il se trouve encore aux archives royales un paquet portant le titre de « Recettes et dépenses des travaux du roi à Çafim et à Azamor, *pa-*

quet n° 11. Il contient un cahier in-4° au titre de « Ce livre est celui des mesurages que Bataca et Bastiaõ Louis, écrivain, allèrent faire à Arzilla, Alcacer, Ceuta et Tanger en 1514. » Il commence ainsi : « Maître Butaca et moi Bastiaõ Louis, nous partîmes de Lisbonne le vendredi 25 mai 1514, nous arrivâmes le vendredi 9 juin de la même année à Alcacer. » — Ce même livre rapporte les mesurages qu'ils exécutèrent dans les susdites places pour les travaux qui devaient s'y exécuter. Chacun de ces mesurages est signé par ledit maître et par l'écrivain.

« Il est parlé, dans le paquet des pensions de l'infant D. Louis (1554), de Jérôme Botaca, qui était serviteur de ce même infant (*Paquet* 10, *feuille* 66). Ce Jérôme Botaca était le fils de l'autre. »

« Ce nom doit être écrit Boytaca, puisque c'est ainsi que nous le fait connaître la propre signature de maître Boytaca; mais nous le voyons aussi écrit Boytaqua, Botaca, Botaqua, Boutaca, Boitaca. D'après les uns il aurait été appelé d'Italie par Jean II; d'après les autres il serait Portugais. M. de Varnhagem m'a dit le premier que près de Batalha il y a un endroit qui s'appelle Boutaca. Le nom en effet n'est pas italien. A la page 228 de mes *Lettres*, vous avez pu voir que d'après les documens des années 1509, 1512, 1514 et 1519, il était gentilhomme de la maison du roi, et qu'il était déjà décédé en 1528. Pages 230 et 343, j'ai dit que « dans les archives de la Torre do Tombo, *caza da Coroa, armoire* 26, se trouve une liasse de papiers roulés (1), contenant les comptes des dépenses des constructions de Belem, qui prouvent que Botaca était Italien et qu'il était le premier (2) architecte du monastère de Belem. » M. le vicomte de Juromenha, qui a compulsé en ma présence les documens en question, n'a pu découvrir nulle part qu'il fût désigné comme Italien. Ce qu'il y a d'incontestable et ce que l'on peut voir pages 331 et 343 de mes *Lettres*, c'est qu'il était constructeur de Belem et architecte de Batalha (1499-1519). Le *Panorama* du 9 décembre 1843 se réfère à ces derniers documens. L'auteur de l'article suppose que Botaca pourrait bien être la corruption du nom Potassi, auquel la tradition attribue les plans et la construction du monastère de Belem. Il ne me paraît pas que l'on puisse admettre cette supposition avant qu'elle soit appuyée de preuves. D'après le document que j'ai cité dans mes *Lettres*, p. 346, et qui porte la date de 1630, et surtout d'après celui de l'année 1498 cité ci-dessus, il est certain qu'il fut chargé par Jean II en 1492, de la construction du couvent de Jésus à Sétubal. Ce qui me paraît prouver le mieux qu'il n'était pas Italien, c'est que je ne pense pas qu'il existe un nom italien dont la consonne initiale soit suivie de

______

(1) Ce sont plusieurs dossiers réunis dans un gros paquet, mais ils ne sont aucunement roulés.

(2) Il ne me paraît pas prouvé qu'il ait été le premier constructeur du couvent de Belem.

oy-oi, ou, formant la même syllabe, tandis que c'est un des sons les plus caractéristiques de la langue portugaise, par exemple : le nom propre *Sousa,* et les mots *cousa, doudo, boi* ou *boy.*

L'assertion relative à sa nationalité italienne, qui est contenue dans la *Chronica Serafica* (1753), et même celle qui est renfermée dans le manuscrit de *l'Abesse* (1630), n'étant appuyée d'aucune preuve ni d'aucune citation contemporaine, ne suffisent pas pour établir cette nationalité. Elles le peuvent d'autant moins que le nom de Boytaca est évidemment portugais, et que plusieurs siècles séparent les dates de ces deux renseignemens, de l'époque à laquelle ils se rapportent ; mais ce qu'il est permis d'admettre, c'est que Boytaca a été envoyé en Italie pour y faire ses études, pour s'y perfectionner dans son art, et qu'il en a été rappelé pour être chargé des travaux de Sétubal. Il ne m'est pas non plus démontré qu'il ait été le premier constructeur de Belem, quoique les dates ne s'opposent pas à cette supposition, puisque ce couvent commença à s'élever en 1500. Ce qu'il y a de sûr, c'est qu'il a été un des architectes de Belem, et que Jean de Castilho lui a succédé. Voyez JEAN DE CASTILHO.

BRAGA, *peintre,* vivant à Porto. M. Braga est directeur *ad interim* de l'Académie de Porto et peintre d'histoire. Il a été à Rome vers l'année 1822. Voyez *Lettres,* p. 390, et FONSECA (Antoine).

Braga (Antiguidades de), par D. Jeronimo Contador de Argote, voyez PATRIARCHE.

BRAGA (JEAN-JOSEPH), *sculpteur* de Porto, qui mourut du choléra pendant le siége de cette ville. Il modelait en terre, avec un talent très supérieur, des enfans dans diverses attitudes. Les deux enfans qu'on voit dans la collection de M. Allen sont de lui : l'un est endormi et l'autre vient de se réveiller. (*Museo Portuense, n*° 10, *p.* 154. — *Patriarche,* Liste des artistes, *p.* 53.)

M. le baron Le Mercier a acheté, en 1845, un enfant modelé en terre et couché sur une espèce de chaise longue ornée d'arabesques, que je serais très tenté d'attribuer à ce même Braga. L'enfant peut avoir 22 centimètres de longueur, et sa couchette 33. Si cet ouvrage de sculpture était en effet de Braga, il me ferait concevoir une opinion très favorable de son talent.

Braga (Memorias Eccles. de), par D. Rodrigo de Cunha, voyez PATRIARCHE.

BRANTÔME (PIERRE DE BOURDEILLES surnommé), *auteur,* cité par M. le vicomte de Juromenha comme ayant écrit sur le Portugal.

Breviar. Rom. (Horæ diurnæ), voyez PATRIARCHE.

BRAZ, voyez BLAISE.

Brito (frère Bernard), *auteur* des *Elogios dos Reis de Portugal*, 1603, et *da Monarchia Lusitana*, 1597 (voyez *Lettres, p.* 148). Il a aussi écrit une *Chronica de Cister* qui renferme des renseignemens sur cet ordre et sur beaucoup d'antiquités du Portugal, 1602, et la *Geografia antiga da Lusitania*, en 8 vol. Alcobaça, 1597. Voyez aussi le jugement que porte sur lui Loureiro (François de Souza) à l'article qui est consacré à ce dernier.

Brito fait mention d'un tableau du temps d'Alphonse IV (1325-1357) qui représentait l'Adoration des mages et qui était au couvent d'Odivellas. On y voyait les portraits du Roi et de son fils D. Pedro. Le même auteur parle d'un portrait de Sanche II (1223-1245). (*Lettres, p.* 204.)

Broune (Isabelle), *peintre.*

Elle florissait au dix-huitième siècle et était fille de Duarte Pequerim et d'Elsa Pequerim, et parente d'Isabelle-Maria Rita. Elle était mariée à Pierre Broune, médecin de la ville de Porto, et figure dans le catalogue des *Héroïnes* comme très distinguée dans la peinture à l'huile et *singulière pour les portraits au naturel* (*Theatro heroino*, tom. 1er, p. 534, et *Description de Porto*, chap. 10, p. 370). Elle vivait encore vers 1740 à Porto, où l'on estime beaucoup ses ouvrages qui sont d'un goût excellent et que l'on recherche avidement pour les plus riches galeries. (*Taborda, p.* 223.)

Bruno (F. S.), *graveur.* Dans l'ouvrage intitulé *Estrangeiros no Lima* (Coïmbre, 1785 et 1791), on voit plusieurs estampes signées *F. S. Bruno sc.; F. S. Bruno, gravore, Porto; Bruno Fez, Porto.* (*Patriarche*, Liste des Artistes, *p.* 15.)

Bruno-Joseph de Valle, voyez Valle (Bruno-Joseph de).

Buonarotti (Michel-Ange), *architecte, peintre et sculpteur.* François de Hollande étant à Rome (1539-1549) s'exprime en ces termes sur la voûte de la chapelle Sixtine, qui, à l'époque où il en parle, n'était pas achevée : « Dans cette voûte, quoique Michel-Ange n'ait fait que cet ouvrage et l'ait commencé dans sa jeunesse, on trouve l'ouvrage de vingt peintres réunis. » (*Lettres, p.* 22.)

Butron, auteur de l'ouvrage intitulé *Discursos apologeticos, etc.*, voyez Salva (Vincent).

C

C. C. *Règle de S. Benoit (Regra de S. Bento)* 1633. Ouvrage sur le frontispice duquel on voit gravé un S. Benoît, avec un ange qui lui présente une mitre. Cette estampe porte la marque C. C. (*Communication de M. le vicomte de Juromenha.*)

Cabral (Antoine-Jacinthe-Xavier), voyez Fonseca (Antoine-Emmanuel da). Il a été maître de dessin au collége de Santo-Antonio do Recife, capitale de la province de Pernambuco, et a écrit un ouvrage intitulé : *Explicaçaō do quadro alegorico da regeneraçaō* (1) *da Monarquia Portugueza* (Lisbonne, 1822). Cet artiste vit maintenant à Rome, où il fait le commerce des tableaux. (*Communication de M. Santos, graveur.*)

Cacegas (frère Louis), auteur des manuscrits qui ont servi à *l'Histoire de l'ordre de S. Dominique*, par frère Louis de Sousa. Il a vécu à la fin du seizième et au commencement du dix-septième siècle. (Voyez *Lettres, p.* 84, 336.)

Caceres (Jean), *sculpteur*, demeurant à Funchal. Maître tailleur de pierre des travaux royaux de l'île de Madère. Patente de 1513. (*Livre 42 du roi Emmanuel, fol.* 66. — *Communication de M. le vicomte de Juromenha.*)

Cadaval (*As ultimas acçoēs do Duque de*), par le duc de Cadaval D. Jayme, son fils. Voyez Patriarche.

Cadés, *peintre*. Ce nom se trouve écrit au bas d'un bon tableau provenant du palais de Ramalhaō que j'ai vu en 1844, au palais de Bemposta, à Lisbonne. Il représente *Jean Ribeiro Valença, préchant aux Gentils.* Je suppose que ce Cadés est le même que Joseph Cadés dont parle Nagler, et qu'il dit avoir été peintre romain, né de parens français. Il est mort, suivant ce même auteur, en 1801, n'ayant pas encore atteint l'âge de 50 ans. (Voyez *Lettres, p.* 270.)

Caetano, voyez Gaétan.

Caldeira (Édouard), *calligraphe*, a copié un manuscrit portugais portant la date de 1612, et intitulé *Genealogia universal da nobilissima Caza de Sandoval*, qui se trouve à la Bibliothèque royale de Paris. On croit aussi qu'il est auteur des belles miniatures dont est orné ce magnifique volume; peut-être aussi en a-t-il seulement copié le texte. La couverture en vermeil de ce volume est à elle seule, de l'avis de M. Ferdinand Denis, un chef-d'œuvre d'orfévrerie qui fait honneur aux artistes de Lisbonne. (*Lettres, p.* 207.)

Calisto (Barthélemy-Antoine), *peintre*. Il a appris à peindre sous Rocha, a travaillé à Ajuda et est mort en 1821. C'est un de ceux qui allèrent à Rome pour s'y perfectionner, et celui qui retira de ce voyage

---

(1) Dans le moment où j'écris ceci (31 octobre 1846), nous sommes témoins de l'anarchie et de la guerre civile, et depuis 26 ans, ce malheureux pays n'a été tranquille qu'à de courts intervalles. Chaque révolution ajoute à ses malheurs, et il est difficile d'en prévoir le terme. Voilà ce que l'on appelait, en 1822, une régénération. *Vera rerum vocabula amisimus.*

le moins de profit. Il fut aussi un de ceux qui, à Ajuda, ont contribué le plus à compromettre le Portugal sous le rapport de la peinture de cette époque, qui, du reste, en Allemague, n'était pas plus glorieuse. (*Cyrillo, p.* 144).

CALVART (DENIS), Flamand, *peintre*. Suivant Guarienti, il est mort en 1619. Cet auteur a vu de Calvart, à Lisbonne, un tableau très beau, fait à l'imitation de Raphaël. (Voyez *Lettres, p.* 321.)

CAM GASPARD voyez CAô et LOPES (Grégoire).

CAMARA (GEORGE DA), prêtre, réputé *artiste* et *poète* qu'on appelait le Martial portugais, mourut en 1649. Il est cité par Barbosa, Souza, et Augustin da Costa. (*Taborda, p.* 195.)

CAMPANA OU **CAMPAGNA** OU **CAMPANNA** (PIERRE), *peintre*, d'après Guarienti originaire de Bruxelles, vécut à Rome et fut ensuite invité par Charles V à passer en Espagne. Le Portugal possède, d'après le même auteur, des ouvrages de ce peintre ; mais je n'y ai jamais rien vu qui ressemblât aux tableaux de ce maître. Il mourut dans sa patrie en 1570, suivant Bermudez, en 1580 suivant d'autres. (Voyez *Lettres, p.* 312, 327, 508, 513.)

CAMPELLO, d'après Cyrillo (ANTOINE), d'après Taborda (EMMANUEL), *peintre d'histoire portugais*, florissait au temps de Jean III, vers 1540. Il a étudié à Rome.

Cyrillo, en s'appuyant sur Félix da Costa Mœesen, lui attribue le *Portement de la Croix* qu'on voit à Belem au-dessus de l'escalier, et qui a été restauré à plusieurs reprises et très mal. Ce même auteur suppose que le *Couronnement d'épines* (1), et la *Résurrection* qui se trouvent dans le même monastère pourraient bien être de Campello. D'après Meesen, Campello aurait été un *Seguace* de Michel-Ange. (*Cyrillo, p.* 56 *et* 57.)

D'après Taborda, p. 167, et le Patriarche, *Liste des artistes*, p. 43, le nom de baptême de ce peintre serait Emmanuel.

Loureiro (directeur de l'Académie), dit de lui qu'il a étudié à Rome, de même que Gomes, Diaz et Vanegas. Voyez *Lettres*, p. 169, 240, 287, 317, et autres indiquées dans la table alphabétique de mes lettres.

Guarienti lui consacre un article. (Voyez *Lettres, p.* 317.)

CAMPELLO (BENOIT DE **SOUZA**), *peintre de fleurs*, voyez BERNARDES (Joseph).

CAMPELLO (EMMANUEL), voyez CAMPELLO (Antoine).

CAMPO (JOSEPH-JOACHIM DE), *sculpteur en bois*. Il m'a été indiqué

---

(1) On peut voir à l'article *Gaspard Diaz* que ce tableau est aussi attribué à ce dernier et à l'article *Braz de Avelar* qu'il lui est également attribué ou à Arrerino.

par le professeur François d'Assis Rodrigues. Il vivait à la fin du dix-huitième siècle.

Campos Dias (Jean Domingues *de*), voyez Domingues (Jean) et Joseph (Jean).

Campos (Emmanuel de), *auteur* de l'ouvrage *Elementos de Geometria de Euclides*, voyez Patriarche.

Candido (Dominique-Antoine), *graveur*. Voyez Santos (Simon-François dos).

Canevari (Antoine), *architecte romain*, fut chargé par Jean V, vers 1717, de faire le plan des constructions de Mafra ; mais le projet qu'il fournit ne fut point exécuté. Il a bâti, à Lisbonne, la tour de l'horloge et a fini ses jours dans le royaume de Naples. (*Cyrillo, p.* 180). Voyez aussi Ludovice (Frédéric).

Cangalhas (François-Antoine **Ferreira**), *architecte*, voyez Mardel.

Canova. Dans l'église de Lorete, on voit deux anges qui sont attribués à ce sculpteur, quand il était fort jeune. (*Communication de M. le professeur François d'Assis Rodrigues*, qui tient ces renseignemens de son père, et celui-ci, d'un des fils de Ludovice, l'architecte de Mafra.)

Caõ ou Cam (Gaspard), *peintre*. Taborda nous apprend qu'il devint peintre de Jean III, en 1539, à la place de Alvaro Pires. Sa patente se trouve dans les archives royales, (*Chancellerie de Jean III, livre* 26, *fol.* 31). Suivant Cyrillo, p. 59, il était fils de Pires, auquel il succédait. (Voyez *Lettres, p.* 192 *et* 248).

Carça (Jacques de), au temps de Jean III, vers l'an 1551. Dans mes *Lettres*, p. 215, il n'est pas positivement désigné comme artiste ; mais M. le vicomte de Juromenha a découvert plus tard dans des documens du couvent du Carme, un reçu de 1554 qui prouve qu'il a construit le chœur de cette église. Dans ce reçu, il est appelé *Escudeiro fidalgo da Caza d'el Rei ;* maître des œuvres de *Marcaria* du roi, (sculpteur), et habitant de Lisbonne. Ce Diogo de Carça est le même que le Patriarche appelle Diogo da Carta. Voyez Carta (Jacques de).

Cardenas (Barthélemy de), *peintre*, élève d'Alphonse Sanches Coelho. Tous ses ouvrages sont en Espagne. Il mourut à Madrid en 1606, âgé de 59 ans. Il était Portugais et artiste très distingué. Palomino prétend que Cardenas était d'origine espagnole, mais né en Portugal. (*Cyrillo, p.* 70.) Bermudez lui consacre un article et cite ses ouvrages.

Cardini (Jean), *graveur*. Dans la collection des portraits des grands hommes de la nation portugaise, on voit celui d'Alphonse Henriques, signé *Joaõ Cardini, sculp. em Lisboa.* (*Patriarche*, Liste des artistes, *p.* 18.)

Cardoso (père), *auteur* du *Dictionnaire géographique*, voyez
Gran-Vasco. (*Communication de M. le vicomte de Juromenha.*)

Cardoso ou **Cardozo** (Emmanuel), *sculpteur*, auquel est attribué
l'encadrement (peut-être a-t-on voulu dire les ornemens de sculpture)
qu'on voit dans la chapelle de Sainte-Rita, à l'église de Saint-Augustin
de Santarem. Ce renseignement est tiré de l'*Histoire de Santarem edificada*. (Voyez *Lettres, p.* 249).

Cardoso (George), auteur de l'*Agiologio Lusitano* cité par le
Patriarche, *Liste des artistes*, p. 12, article *Nicolao Francez*, et par
M. Ferdinand Denis, dans l'*Univers*, 1633e livraison, p. 387, 391.

Cardote (Dona Ignacia Pimenta), voyez Pimenta Cardote.

Carlos (frei), *peintre* et moine, vivait et travaillait en Portugal
vers 1535, comme le prouve un tableau portant cette date et sa signature. D'après Taborda, il appartenait à l'ordre de S. Jérôme et prononça
ses vœux en 1517; il était Flamand de nation. (Voyez *Lettre* 7e).

M. Roquemont, qui a possédé un tableau signé de frei Carlos, trouve
que ce tableau avait une grande analogie avec le Calvaire de Vasco Fernandez dont je lui ai fait voir la gravure.

Taborda indique comme étant de Frei Carlos les ouvrages suivans :
« Dans la sacristie du monastère de Santa-Marinha da Costa la *Mise au
tombeau ;* dans la chapelle de Saint-Eustache du monastère d'Espinheiro, fondé par Marie de Castro, divers ouvrages de cet insigne moine;
dans la sacristie (je suppose de la même église), une *Annonciation*
d'un grand mérite ; dans le réfectoire, entre les deux grandes fenêtres,
un tableau avec les figures de Notre-Dame-d'Espinheiro, de saint Jérôme et de saint Augustin. *Mais par-dessus tous ses tableaux, celui
qui est le plus merveilleux, est celui qui représente la* crèche. *On le
voit au-dessus de l'autel, dans la maison appelée anciennement* a
casa dos ferros. » A Belem on voit de lui la Vierge et l'enfant Jésus
avec sainte Marie-Madeleine et saint Jérôme en habit de cardinal. Ce tableau se trouve au-dessus de l'hôtel de la *casa dos Reis*, mais il est
malheureusement retouché de manière à ne plus faire honneur à son
auteur. Un autre tableau de lui qu'on voit également à Belem et qui à
l'époque où Taborda a publié son livre (1815), était mieux conservé que
l'autre, est celui de la chapelle du dortoir. Il a été transporté d'Espinheiro par frère Antoine de Campos » (*Taborda, p.* 157). Voyez *Lettres*,
p. 127, et d'autres passages de cet ouvrage qui se trouvent indiqués dans
la table alphabétique).

Carniole (Jean delle). Suivant Guarienti, il était *graveur sur
pierre*. Cet auteur a vu de lui un bel ouvrage en Portugal. (Voyez *Lettres*,
p. 324).

CARNEIRO DA SILVA (JOACHIM), *graveur.*

Nous avons déjà dit ailleurs qu'après la mort du roi Sébastien les arts tombèrent en décadence. Ce fut seulement après la paix d'Utrecht, en 1715, que D. Jean V put songer à les ranimer et à protéger les sciences. En 1720 il créa l'Académie royale d'histoire; en 1722 il fonda à Sétubal celle de géométrie. Ces institutions ayant besoin de graveurs, quelques étrangers furent appelés en Portugal par l'intermédiaire de D. Jean da Silva, comte de Tarouca, ambassadeur à la Haye. Gabriel-François-Louis Debrié était Français; il fit beaucoup de planches pour l'histoire généalogique et grava en 1739 les portraits du roi et de la reine, que Rang avait peints. Il eut un fils, né à Lisbonne, qui exerça comme lui la profession de graveur.

François Harrewyn, de Bruxelles, grava les portraits de D. Jean IV, de D. Alphonse VI, de D. Pedro II, et de D. Jean V : ces figures sont de grandeur naturelle.

Alexandre de Gusmaõ de la compagnie de Jésus, au Brésil, grava d'une manière satisfaisante une Nativité.

François Vieira (1) et Quilhard firent aussi des planches assez nombreuses. C'est à ce dernier qu'on doit la gravure d'un vaisseau lancé à la mer en 1727. Jean V entouré de beaucoup de monde y est représenté sur le pont, et c'est à ce prince qu'est dédiée cette gravure. Elle est exécutée dans la manière de Leclerc. Quilhard fit encore une autre planche d'une riche composition, représentant la marche funèbre du duc de Cadaval.

Rochefort et Michel le Boiteux (2), travaillèrent également pour le Portugal. Le premier grava le baptême de D. Jean V, et le second la façade de Mafra. Cette estampe a 4 palmes, et a été faite en 1752.

Quelques Portugais se consacrèrent aussi à la gravure : Rocha père et fils (3), Padraõ et Jean Silverio Carpinetti, son élève, qui grava les portraits de D. Joseph I, et de la reine D. Maria-Victoire; Jérôme de Barros Ferreira; le chevalier Faria, grand dessinateur à la plume, qui grava à l'eau-forte un beau Saint Antoine prêchant aux poissons; François Vieira Portuense; Joseph Lucio, et beaucoup d'autres.

En 1769 s'ouvrit à Lisbonne une école de gravure, attachée à l'Imprimerie royale, sous la direction de Joachim Carneiro da Silva, qui est né à Porto en 1727. C'était un véritable artiste. Il alla à Rio-Janeiro à l'âge de 12 ans et y apprit le dessin chez Jean Gomes, natif de Lisbonne et graveur de l'hôtel de la Monnaie. Il aimait la musique, jouait de la flûte et fréquentait constamment les concerts avec Jean Henri de Souza,

(1) Je suppose que c'est Vieira Lusitano qui, comme on peut le voir à son article gravait à l'eau-forte.

(2) Il faut lire, je crois, le Bouteux. *Voy.* Bouteux (Michel le).

(3) Je suppose que c'est Joachim Emmanuel et un de ses fils.

qui devint plus tard trésorier général. Après 17 années de séjour au Brésil, il revint à Lisbonne en 1756. L'année suivante il se rendit à Rome et suivit l'école de dessin de Louis Sterni qui était un bon peintre. En 1760, D. François d'Almeida ordonna au nom du Roi à tous les Portugais de sortir de Rome, et Carneiro da Silva se transporta à Florence où il continua ses études, dédaignant un emploi à la Monnaie qui lui était offert par le marquis de Pombal.

Dès son entrée à l'Imprimerie royale, comme nous l'avons dit, il lui fut alloué 400,000 réis d'honoraires et une gratification de 100,000 pour chaque élève qu'il aurait formé. Il eut pour élèves Antoine Sisenande, qui fut atteint de folie à Rome ; Ventura da Silva, son neveu ; Gaspar Froes Machado ; Eleuterio-Emmanuel de Barros ; Nicolas-Joseph-Baptiste Cordeiro, qui s'appliqua ensuite à la peinture et mourut encore jeune d'une maladie de poitrine ; Joachim-Joseph Ramalho, mort jeune en 1795, et qui était également peintre ; Joseph Galdino de Mattos, qui commençait à se faire connaître, quand, dans un accès de jalousie, il se suicida à l'aide d'un burin ; et Emmanuel da Silva Godinho, qui grava beaucoup d'images de dévotion.

Quand Ponzoni, maître de dessin au collége des nobles, se retira de ce poste, il y fut remplacé par Joachim Carneiro. Ce fut ce dernier qui rédigea les statuts pour l'école royale de dessin, où Joachim Manuel da Rocha enseignait le dessin du corps humain, et où Joseph da Costa était professeur d'architecture. Joachim Carneiro suppléa Rocha et reçut 200,000 réis d'honoraires. Rocha étant décédé, Eleuterio-Emmanuel de Barros le remplaça jusqu'en 1811, époque où sa santé s'étant affaiblie, il eut pour suppléant Faustin-Joseph Rodrigues. La place de Joseph da Costa fut occupée par son élève Germano.

Joachim Carneiro, dès son arrivée, vers 1762, grava un Saint Joseph portant l'enfant Jésus dans ses bras. En 1767, il grava Notre-Dame du Rosaire dans le genre de Maratti. En 1675, il grava la statue équestre sur une planche de trois palmes. Il fit encore un grand nombre d'autres ouvrages, soit avant, soit après cette époque. Il a dessiné les estampes de l'ouvrage écrit sur l'équitation, par Manuel Carlos de Carvalho ; ces planches sont au nombre de plus de 70. Il en a gravé plusieurs à Lisbonne, et se rendit à Madrid pour y faire graver les autres. Après avoir terminé ce travail, il revint à Lisbonne. On doit encore à ce laborieux artiste, le portrait du prince D. Joseph, et quelques estampes copiées des ouvrages de la princesse Benedicta, et de l'Infante Dona Marianne. Avant son départ pour Madrid, il s'était démis de son poste à l'École de gravure, qui bientôt après cessa d'être occupé.

Il a traduit plusieurs ouvrages français : *Élémens de géométrie par M. Clairaut*, Lisbonne, 1772 ; *le Traité théorique des caractéres typographiques*, 1802 ; *le Jour, la Nuit et le Crépuscule, manuscrit ;*

et quelques autres. Enfin, il a fait de nombreux et beaux dessins, au crayon, à la plume, à l'encre de Chine et à la sépia. La collection de Borba renferme de lui, l'Acclamation de D. Maria I (5 palmes) et celle de Pilar, représentant l'ambassade de Pologne près de Sa Sainteté. Il est mort en 1818, âgé de 91 ans. Ses cendres reposent au couvent des Carmes. (*Cyrillo, p.* 281).

Le Patriarche, *Liste des artistes,* p. 17, indique Joachim Carneiro da Silva, comme l'auteur des gravures qui se trouvent dans le Breviar. Rom.

J. Carneiro a fait à ses frais le voyage de Paris, pour se perfectionner dans son art. Il a été professeur de gravure à l'Imprimerie royale et à l'établissement littéraire de *l'Arco do Cego.* La gravure du monument du roi Joseph est de lui. *(Communication de M. Santos, graveur de l'Académie.)*

CAROBENE, *peintre d'arabesques et d'émaux*, voyez GERALDES (Alexandre).

CARPINETTI (JEAN-SILVERIO), *graveur*, voyez PADRAÕ.

« Dans la *Recreaçaõ Philosophica,* du père Théodore de Almeida (1757), on voit plusieurs estampes signées, *carp. sculp. Lisboa.* La belle estampe qui représente le marquis de Pombal, porte les inscriptions suivantes : *Dignum laude virum musa vetat mori,* et *Parodi vultum expressit. Carpinetti Lusitanus delineavit et sculp.* 1759. (*Patriarche,* Liste des artistes, *p.* 15.)

CARTA (JACQUES DE), *sculpteur.* Les chaires du chœur, dans la chapelle principale de l'église du Carme, à Lisbonne, sculptées en relief avec une grande variété de belles figures et de sujets rendus avec vérité, ont été commandées, en 1548, au plus insigne maître qu'il y eût dans le royaume, nommé Diogo de Carta. (Chronique du Carme, *par frère Joseph Pereira de S. Anna, t.* 1, *p.* 578, *et* Mémoires *de frère Emmanuel de Sá, p.* 390. — *Patriarche,* Liste des artistes *p.* 10.)

Cet article s'applique aussi à Carça (Jacques de), et c'est peut-être par erreur que le Patriarche l'a appelé *Carta.* Voyez CARÇA (Jacques de). Il est possible aussi que ce soit cette dernière manière d'écrire ce nom qui n'est pas exacte.

CARVALHO DA COSTA (ANTOINE), voyez COSTA (A. C. da).

CARVALHO (DOMINIQUE) **PEREIRA**, *peintre*, établi à Porto. Il avait été à Rome en même temps que Fonseca (Antoine-Emmanuel). Il a restauré le tableau de la Fontaine de la miséricorde à Porto. Voyez *Miséricorde,* le passage intitulé *Anacéphaléose.*

CARVALHO (EUGÈNE DOS SANTOS de), voyez SANTOS (Eugène dos) DE CARVALHO.

CARVALHO (GASPAR), *peintre à la détrempe, doreur,* faisait aussi des reliefs en or bruni, au temps des rois Sébastien et Philippe Ier. Il était roi d'armes (1) et mourut en 1596, année où lui succéda Antoine Barros. *(Communication de M. le vicomte de Juromenha.)*

CARVALHO (JOSEPH MONTEIRO DE), voyez MONTEIRO DE CARVALHO (Joseph).

CARVALHO (JOSEPH) **ROSA**, *peintre de décors et de fleurs*, voyez FÉLICIEN NARCISSE.

CARVALHO E NEGREIROS (JOSEPH-EMMANUEL DE), fils de l'architecte Eugène dos Santos de Carvalho, naquit en 1751, et mourut en 1815.

En 1804, il obtint la patente d'architecte des palais royaux et du couvent de Batalha *(Chancellerie de Marie I, liv. 71, f. 298.— Communication de M. le vicomte de Juromenha.)*

Il ne faut pas le confondre avec Emmanuel da Costa Negreiros, architecte, qui mourut en 1750, et dont le frère s'appelait Joseph.

CARVALHO (ONUFRE OU INOFRE DE), *architecte*. Diogo do Couto, *Déc.* 7, année 1559, liv. 7, chap. 10, p. 135, parle de ce grand architecte portugais, que le roi Sébastien a envoyé pour rétablir les fortifications d'Ormuz. Dans ce même ouvrage, il est question d'une machine de guerre en bois, que ce même architecte fit construire. *(Patriarche, Liste des artistes, p. 5.)*

CARVALHO (VALENTIN DOS SANTOS E), voyez SANTOS E CARVALHO (Valentin dos).

CARVALHO (PIERRE DE), « *architecte,* que l'abbesse du couvent de Madre de Deos de Lisbonne, demanda à la reine Catherine, pour continuer les travaux dudit couvent (1551). » *(Corp. chron., partie Ire, paquet 87, doc. 37. — Communication de M. le vicomte de Juromenha.)*

CASTANHEDA, *auteur* du liv. int. *Historia da India,* cité par le Patriarche, dans sa *Liste des artistes,* p. 6, article *Thomas Fernandes.*

CASTELLO (DO), voyez ABREU (Jean Nunes de).

CASTILHO (ANTOINE DE), voyez CASTILHO (Jean de). Il paraîtrait, d'après l'article consacré à ce dernier, que le premier était architecte.

CASTILHO (JACQUES DE), *architecte*. On trouve aux archives royales, plusieurs pièces qui se rapportent à cet artiste ; ce sont : Une patente de maître des travaux du palais de Coïmbre, datée d'Evora, 1524.

---

(1) Le roi d'armes ou chef des hérauts d'armes, figurait dans les grandes cérémonies et délivrait les lettres de noblesse. Les formalités et les affaires qui se rattachaient au blason étaient de son ressort. *(Note de l'auteur.)*

Un ordre du Roi, adressé à Nicolas Leitaõ, de prélever sur les revenus du monastère de Sainte-Croix, et de payer à Castilho et a maître Nicolas, cent cruzades d'or, pour prix des statues qui manquaient à la porte de l'église du même monastère. Ladite somme, jointe à ce qu'ils avaient déjà reçu, devait compléter ce dont on était convenu pour la construction dudit frontispice » (*Lettres missives, paquet Ier, n_o 395.*)

Ce Jacques de Castilho était frère de Jean de Castilho. Il reçut la patente de maître des travaux du palais de Coïmbre, après la mort de Marc Pires, et il obtint les mêmes conditions qui avaient été accordées à son prédécesseur. (*Coïmbre, 1527, livre 14 de Jean III, fol. 70 et livre 37, fol. 22.*)

Une patente de bourgeois de Porto, et maître des travaux royaux de Coïmbre (*Coïmbre 1527, livre de Jean III, fol. 12.*)

En qualité de maître des travaux du palais de Coïmbre, il reçut, en 1526, une permission d'aller à dos de mulet (*Livre 12 de Jean III, fol. 117. — Communication de M. le vicomte de Juromenha.*)

CASTILHO (JEAN), *architecte*, naquit à la fin du règne de Jean II (vers 1490). Il était gentilhomme de la maison du Roi (*fidalgo da casa real*).

En 1519, il fut chargé par le roi Emmanuel, des constructions de la sacristie et de la bibliothèque du couvent d'Alcobaça. Dans l'ordonnance qui lui confère ces travaux, il est déjà nommé maître des constructions du Roi. (*Archives royales*, Corpo chronologico, *partie* 1re, *paquet* 24, *documens 4 et 101.*)

Par alvara du 23 sept. 1522, Jean III accorde à Jean de Castilho, maître des constructions de Belem, mille cruzades à compte de l'accord nouvellement conclu avec lui, pour la construction des voûtes et colonnes de la nef. (*Corpo chron. partie* 1re, *paquet* 28, *doc.* 90.)

Par alvara du 4 juin 1528, il fut nommé maître des travaux de Batalha, après la mort de maître Mathieu, et aux mêmes conditions qui avaient été accordées à celui-ci. (*Livre 14 de la Chancellerie de Jean III, fol.* 138.)

Dans le livre 34 de la Chancellerie de Jean III, fol. 2, existe une quittance donnée à Jean de Castilho, pour tous les travaux qu'il a exécutés sous les deux règnes d'Emmanuel et de Jean III, jusqu'en 1541, savoir : dans le monastère de Belem ; dans les palais du bord de l'eau : balcons de la salle, escalier, chapelle et chambres de la reine Catherine ; chapelle du monastère de saint François à Lisbonne ; fondemens de la chapelle du magasin ; un balcon à Santos et divers autres moindres travaux ; puis le portail, les fenêtres, la balustrade du puits, les réparations du jardin, les ouvrages de l'infirmerie des pestiférés ; les constructions en pierre qu'on fit faire dans l'arsenal, pour mettre à sec les vaisseaux des Indes ; les ouvrages qu'il a exécutés à Thomar : le chœur, la salle capitulaire, le grand arc de l'église, le portail de l'entrée principale, et les appartemens de la Reine ; les moindres travaux qu'il fit aux usines de cette même ville, ainsi que tous les ouvrages qu'il fit dans les monastères d'Alcobaça et de Batalha, etc.

Il a fait en outre le bastion de Mazagaō, ouvrage qui, d'après ce qu'il dit lui-même dans une lettre adressée au Roi, est un des plus forts et des plus beaux qu'il y ait en Espagne, et qui, dans l'état où il se trouvait, pouvait résister non-seulement au Chérif, mais même au Turc, quelle que fût sa puissance. Il fit ce travail en 1542. (*Corpo chron.*, *partie* 1re, *paquet* 71, *document* 52.)

Il existe aussi dans les archives royales, une lettre relative aux ouvrages de Thomar, de l'an 1551, ainsi que différens titres de pensions, en argent et en blé, dans la Chancellerie de Jean III et de Sébastien.

Il mourut en 1581, âgé de plus de 80 ans, ainsi que cela se voit dans l'apostille d'un titre de pension de 52,000 réis acheté par Castilho d'André Corço, le 9 mai 1580, et qui fut annulé, à sa mort, le 30 août 1581.

Tout cet article m'a été communiqué par M. le vicomte de Juromenha.

Le Patriarche, dans sa *Liste des artistes*, consacre un article à Jean Castilho. Il dit que Barbosa Machado, dans sa *Bibliothèque lusitanienne*, tom. 1, p. 235, l'appelle « le *fameux architecte de son temps ;* » il ajoute que dans la *Bibliothèque historique*, Antoine de Castilho est désigné comme ayant été son fils.

Il est certain que ce Castilho n'a pu être le premier maître des travaux de Belem, puisque ces constructions ont été commencées le 21 avril de l'année 1500 ; mais il ne m'est pas démontré que cet honneur appartienne à Boytaca, et il est tout aussi peu prouvé que ce Boytaca ait été Italien, voyez Boytaca. Il paraît aussi évident que Barbosa Machado se trompe, quand il dit que Castilho était le *savant* architecte en titre de D. Emmanuel : car ce prince est mort en 1521, et Castilho devait être bien jeune alors. Ces observations se rapportent à ce que je lis dans l'*Univers*, 1366me livraison, p. 509. Pour moi, il m'est prouvé que Boutaca était architecte de Belem, avant Castilho, mais non qu'il en a été le premier architecte ; cependant les dates ne rendent pas cette supposition impossible.

Castilho (Jérôme de), *architecte.* « Il est nommé dans un ordre du Roi, relatif à la forme du bastion de Mazagaō. » (*Corp. chron.*, *partie* 1re, *paquet* 72, *doc.* 68.)

Il était fils de Jacques de Castilho. Voyez la patente de son père, comme maître des œuvres du palais de Coïmbre. (*Communication de M. le vicomte de Juromenha.*)

Castilho (Valérien de Frias de), voyez Frias de Castilho.

Castro (l'abbé). M. l'abbé Castro e Sousa a publié beaucoup d'opuscules qui rendent témoignage du goût qu'il a pour les recherches historiques. Il m'a fourni plusieurs renseignemens relatifs aux arts de ce pays. On les trouve épars dans ce *Dictionnaire* et dans mes *Lettres*.

Castro (Denis de Mello e), *auteur* de l'ouvrage intitulé : *Historia panegyrica*. Voyez Patriarche.

Castro (Emmanuel de), *peintre.*

Il était Portugais, élève de Claude Coelho. Il passa en Espagne, en 1698. Après la mort de Barthélemy Peres, il fut nommé peintre de Charles II, en considération de son grand mérite et des nombreux ouvrages qu'il avait faits pour plusieurs églises. Dans le chœur de l'église de la Trinité à Madrid, se trouvent de lui deux grands tableaux, dont l'un représente *la sainte Vierge entourée d'une gloire d'anges chantant en chœur*, et l'autre, *la Rédemption des captifs, avec Notre-Dame*, dans la partie supérieure du tableau. Il est l'auteur du plafond de la chapelle *dos Remedios.*

Emmanuel de Castro fit aussi deux tableaux pour l'église de Saint-Jean-de-Dieu, et peignit à fresque la voûte de la première chapelle latérale de l'église de Saint-Philippe-Néri. Il faut cependant convenir que ces ouvrages manquent de correction de dessin et qu'il y règne peu de noblesse dans la composition, Ponz, dans le tome V de son *Voyage en Espagne,* fait une mention spéciale de cet artiste. Taborda, p. 214, avance que Bermudez, dans son *Dictionnaire historique*, t. 1er, p. 299, a placé Emmanuel de Castro, au nombre des plus illustres professeurs qui ont exercé la peinture en Espagne, et que ce maître est mort à Madrid, en 1712.

Je n'ai pas trouvé dans Bermudez, que cet auteur ait placé Emmanuel de Castro au nombre des plus *illustres professeurs qui ont exercé la peinture en Espagne*. Il serait plus exact de dire qu'il l'a placé parmi les artistes bons ou mauvais. Bermudez dit que Charles II le nomma son peintre, en considération de son *habileté.* Taborda substitue à ce mot celui de *grand mérite.* Au reste, les critiques renfermées dans Bermudez sont fidèlement traduites par Taborda.

Le Patriarche dans sa *Liste des artistes*, p. 42, en se référant à Ponz dit : Dans l'hôpital d'Antoine Martins, il existe deux grands tableaux signés, *Manoel de Castro, Professor portuguez.* Les peintures à fresque de la coupole et des lunettes sont du même pinceau. On voit chez les *Trinitarios Calçados* une *sainte Vierge avec des anges,* et la *Délivrance des prisonniers avec la Vierge dans une gloire,* signées de *Manoel de Castro portuguez.* Le même auteur cite encore d'autres tableaux du même peintre, chez les *Mercenarios calçados,* et chez les pères de l'Oratoire.

Castro étudia la peinture à Madrid, chez Claude Coelho, peintre célèbre, originaire de Portugal. Charles II d'Espagne, satisfait de plusieurs de ses ouvrages, le nomma son peintre, en remplacement de Barthélemy Peres, décédé en 1698. *(Cyrillo, p. 81.)* Bermudez l'appelle peintre portugais et disciple de Coelho. Il dit qu'il est mort à Madrid, en 1712.

CASTRO (frère EMMANUEL-BAPTISTE DE) *chroniqueur* de l'ordre des moines du monastère de Belem.

CASTRO (JEAN-BAPTISTE), auteur de la *Mappa de Portugal*, dont il existe une édition de 1763, et du *Roteiro terrestre de Portugal* (1767).

CASTRO (JOACHIM MACHADO DE), voyez MACHADO (Joachim) DE CASTRO et GIUSTI.

CASTRO (ISABELLE DE) était fille du premier marquis de Fronteira et comtesse de Açumar. Elle était remplie d'érudition. Elle peignait et écrivait à merveille. Elle mourut en 1724. *(Patriarche*, Liste des artistes, *p. 41.)*

CASTRO (PALOMINO DE), auteur du *Museo pictorico*, voyez PALOMINO DE CASTRO Y VELASCO.

CASTRO (SALLAZAR), *écrivain espagnol*, voyez *Lettre* 7.

CATALDUS SICULUS, Poésies latines et épîtres, Lisbonne, 1500. M. Ferd. Denis croit que cet ouvrage est le premier monument de la typographie portugaise imprimé à Lisbonne, avec date. *(Lettres, p.* 524.)

CATHERINE VIEIRA , *peintre*, voyez VIEIRA DE MATTOS.

CATHERINE (frère LUC DE SAINTE-), *auteur* des *Mémoires de Malte*, voyez *Malta (Memorias de)*.

CAUDERAS (BARTHÉLEMY), selon Guarienti, *peintre* portugais, mais d'origine espagnole. Il mourut en 1606, âgé de 59 ans. Guarienti cite de lui des tableaux qui se trouvaient en Espagne (voyez *Lettres, p.* 516). Il me paraît évident que ce Cauderas n'est autre que Cardenas, qui se trouve également cité par Nagler. Cardenas est né en Portugal; mais il a passé sa vie en Espagne et y est mort. Voyez CARDENAS.

CAZAES, voyez CAZAL.

CAZAL OU **CAZAES** (VASCO-FERNANDES DE), nom que plusieurs écrivains ont prétendu être celui du peintre connu sous le nom de Gran-Vasco; mais cette opinion a été détruite par les recherches qui ont eu lieu récemment sur cet artiste célèbre. Voyez *Lettres*, p. 175 et suivantes; 183 et suivantes, et aussi, dans ce *Dictionnaire,* les articles *Gran-Vasco* et *Vasco Fernandes*.

CAZAL (frère GASPAR DE), *auteur* de *Historia de Santarem*. Il était évêque de Funchal (1551-1557), membre du conseil de Jean III, confesseur de ce prince et de son fils D. Jean; il mourut évêque de Coïmbre en 1585. Il avait aussi été évêque de Leiria (1577), et il est le fondateur de la cathédrale de cette ville.

CAZALI (JEAN-VINCENT), *architecte florentin, sculpteur et peintre*, mourut en 1593, âgé de 54 ans. Il fut appelé par Philippe II pour rétablir diverses forteresses. (Dictionnaire d'architecture, *par C. F. Roland le Virloys, Paris*, 1770. — *Patriarche*, Liste des artistes, *p. 4.*)

CENACULO VILLAS BOAS (Dom frère EMMANUEL DO), *auteur*. L'archevêque d'Evora D. Frei Manoel do Cenaculo Villas Boas, mort en 1815, a laissé après lui une haute réputation de vertu et d'érudition. On conserve à la bibliothèque d'Evora de nombreux manuscrits de cet auteur. Il a publié une *Histoire littéraire* de son ordre (de *S. Francisco da terceira ordem*) et beaucoup de lettres pastorales. La plus renommée est celle qui porte le titre de : *Cuidados litterarios do prelado de Beja*. Il est aussi auteur des Mémoires historiques de l'utilité de la chaire, *Ministerio do pulpito*, Lisbonne, 1776 (voyez *Lettres, p.*138). Il avait été évêque de Beja, avant d'occuper le siége archiépiscopal d'Evora; il n'a obtenu cette dernière dignité qu'à l'âge de 80 ans, et l'a gardée pendant dix ans. Parmi ses manuscrits, le plus intéressant et en même temps le moins connu est *la Vie de Santo Sisenando, martyre de Beja*. Dans cet écrit il a introduit des renseignemens précieux sur les antiquités celtiques et phéniciennes du Portugal.

Cenaculo dit dans ses *Mémoires historiques*, de l'utilité du *Ministerio do pulpito*, appendice, § 4, article *Peinture*, p. 134 : « Je ne saurais décrire le caractère de la peinture dans ce siècle, non-seulement parce que c'est une chose étrangère à ma profession, mais aussi parce que vraiment nos auteurs ont été peu soigneux de nous transmettre ces détails. » Voyez *Lettres*, p. 148, et d'autres passages qui se trouvent consignés dans la table alphabétique de ces mêmes *Lettres*.

Ces renseignemens m'ont été fournis par M. Rivara, bibliothécaire d'Evora, qui accorde un soin particulier aux manuscrits de l'archevêque Cenaculo et en a fait l'objet de ses investigations.

CENTURION, l'auteur des quatre tableaux de Thomar qui se trouvent à l'Académie, et sur l'un desquels on voit représentée la rencontre du Christ avec le centurion. (Voyez THOMAR. — Voyez aussi *Lettres*, *p.* 123.)

Je ne me rappelle plus qui m'a fait observer que Cam ou Caõ pourrait bien être l'auteur de ces quatre tableaux, fondant cette supposition sur la présence d'un chien qui se voit couché sur le devant d'un de ces tableaux et qui pourrait bien être une marque parlante de l'auteur. L'époque où Cam a vécu et celle à laquelle ces tableaux paraissent appartenir, ne s'opposent pas à cette supposition. Voyez Cam.

Cerco (Successo do segundo) de Diu, ouvrage par Jeronimo Corte-Real, voyez Patriarche.

Cerqueira (François de Paule-Araujo de), *sculpteur*, professeur suppléant de l'Académie de Lisbonne en 1843, âgé alors de 39 ans. Il est fait mention de lui dans mes *Lettres*, p. 96, 104, 114.

Cerveira (Pierre), *architecte*, dont l'activité s'est exercée à Porto, au temps d'Alphonse IV (1325-1340).

César Famin, voyez Famin (César).

Cesari (Alexandre), appelé *il Greco*, *graveur sur pierres fines*, dont Guarienti a vu divers ouvrages à Lisbonne (voyez *Lettres*, *p*. 314). Nagler le cite avec éloge.

Cesarino (Jean-Henri), *sculpteur d'ornemens*, agrégé à l'Académie de Lisbonne, âgé, en 1843, de 34 ans. (*Lettres, p*. 115.)

Chagas (Philippe das), voyez Nunes (Philippe).

Chantoforo (Pierre), voyez Grossi (Jean).

Charles (frère), voyez Carlos (frei).

Charles Amatucci, *sculpteur*, voyez Barros Laborao (Joachim-Joseph de).

Charles (Antoine), voyez Antoine (Charles) et Mardel.

Charles Fontana, voyez Fontana (Charles).

Charles de Hoeck ou Hoech, voyez Hoeck (Charles de).

Charles Maratti, voyez Maratti (Charles).

Charles Mardel, voyez Mardel.

Charles-Marie Ponzoni, voyez Ponzoni, et Costa (Joseph da) e Silva.

Charles de Rochefort, voyez Rochefort (Charles de).

Charles di Volgar, voyez Volgar (Charles di).

Chatranez (Nicolas), *sculpteur*, vivait vers 1534; il est auteur des ornemens de sculpture de l'autel du couvent de Cintra à Pena (voyez *Lettres*, *p*. 221). Il paraît que ce Chatranez n'est autre que le sculpteur et l'architecte Nicolas. Voyez Nicolas, *architecte*, et Nicolas, *sculpteur*.

Chiape (Jean-André), « *peintre*, vivait encore à Porto en 1818. Il paraît qu'il était disciple de Jean Glamma. Le tableau de la *Mère des douleurs* qui se trouve au Musée de Tibaës est son ouvrage. » (*Patriarche*, Liste des artistes, *p*. 38.)

Christo (Escripturas da orden de), voyez Seco (Pedro-Alvares).

Christoforo, voyez Christophe.

Christophe de Figueiredo, voyez Figueiredo (Christophe de).

Christophe Lopes, voyez Lopes (Christophe).

Christophe de Moraes, voyez Moraes (Christophe).

Christophe Moretto, voyez Moretto (Christophe).

Christophe Rodriguez, voyez Rodriguez (Christophe).

Christophe d'Utrecht, voyez X. V. et Utrecht (Christophe d').

Christovaõ, voyez Christophe.

Chronique du connétable de Portugal Don Nuno Alvaro Pereira principiador (qui a commencé) *da caza de Bragança* (1) (1554). Ce livre est dédié à D. Teodosio, duque de Bragança. Lisbonne, 1623.

« Le frontispice de cet ouvrage représente un portique avec un écusson renfermant le chiffre du Christ, et sur le revers de cette feuille une gravure en bois donne le portrait du connétable en pied, armé d'une épée.

« Un autre portrait demi-corps se trouve dans le milieu de l'ouvrage avec l'inscription suivante : « Ceci est le portrait au naturel du connéta-« ble lorsqu'il était en religion au Carme de Lisbonne, où il repose. »

« Ces deux gravures doivent être la reproduction des portraits de l'ancien manuscrit, qui, s'il n'est pas contemporain du connétable, doit être au moins, à en juger par le style, contemporain du roi D. Édouard. Les pages 71 et 72 donnent de la manière suivante l'énumération des édifices que D. Nuno Alvaro a fait construire. Il fonda à ses frais différentes églises, savoir : l'église de Sainte-Marie et de Saint-George, à l'endroit où se trouvait la bannière du connétable le jour de la bataille royale (2) ; le monastère du Carme, à Lisbonne ; les églises de Sainte-Marie de Villa-Viçosa, de Monsarras, de Portel et de Sourel. Il fit achever l'église *de Santa das Martes* d'Estremos, commencée par le roi Ferdinand ; il fonda la chapelle du monastère de Saint-Augustin de Villa-Viçosa et beaucoup d'autres œuvres méritoires. » (*Communication de M. le vicomte de Jurumenha.*)

Chronique (Chronica geral da Eneida segunda de Marco-Antonio Cocio Sabelico dès o começo do Mundo) (1553), voyez Cocio Sabelico (Marc-Antoine).

Cinati, *architecte* italien, *dessinateur et peintre*, âgé à peu près de 35 ans, voyez Rambois et Silva (J. da).

Cintra pinturesca (1838, Lisbonne). Cet ouvrage a paru sans nom

____

(1) Sa fille a épousé le comte de Barcellos, fils naturel de Jean Ier et chef de la maison de Bragance.

(2) C'est ainsi qu'on appelait la bataille d'Aljubarota.

d'auteur; mais je tiens de M. le vicomte de Juromenha lui-même qu'il en est l'auteur.

CLADERA, *auteur* de l'ouvrage intitulé *Investigations histori-ques sur les principales découvertes des Epagnols*, etc., voyez PA-TRIARCHE.

CLAMA, voyez GLAMA OU GLAMMA.

CLAUDIO COELHO, voyez COELHO (Claudio).

CLÉMENT BILLING, voyez BILLING (Clément).

CLOVIO (JULES), *enlumineur italien* du seizième siècle, voyez FRANÇOIS DE HOLLANDE, à l'article *François de Hollande, artiste*. Il était originaire de Croatie. Nagler lui consacre un article. François de Hollande l'appelle Jules de Macédoine.

COCIO SABELICO (MARC-ANTOINE), auteur des chroniques inti-tulées *Chronica geral da Eneida segunda des o começo do mundo até o nosso tempo*, traduit du latin en portugais par Dona Léonore, fille du marquis de Villa-Real D. Fernando, dédié à la reine Catherine de Portugal, femme de Jean III. Le frontispice de cet ouvrage repré-sente un portique, et sur le revers de la feuille on voit les armes roya-les. Cet ouvrage a été imprimé à Coïmbre en 1555. (*Communication de M. le vicomte de Juromenha.*)

Codex Titulorum S. Eccl. Lisbon., par Alexandre de Gusmaõ, voyez PATRIARCHE.

COEGLIO, voyez COELHO.

COELHO (ALPHONSE-SANCHES), *peintre*. Suivant Palomino, cet ar-tiste était Portugais; suivant Bermudez, il serait né dans le royaume de Valence et serait aussi mort en Espagne. Guarienti l'appelle Alonso-Sanches Coeglio (*Lettres, p. 314*). Bermudez écrit son nom Coello; chacun adoptant l'orthographe qui, dans son pays, s'accorde le mieux avec la manière dont ce nom doit être prononcé. Coelho était peintre de por-traits et d'histoire sous Charles-Quint et sous Philippe II d'Espagne. Bermudez, qui lui consacre un long article, suppose qu'il étudia à Rome. En 1552 il passa en Portugal avec Antoine Moro et il entra au service de Jean III. L'Escurial possède de lui des ouvrages importans qu'il fit dans un âge avancé. Il s'en trouve aussi beaucoup d'autres à Madrid et ailleurs. Je n'en connais pas en Portugal qui lui soient attribués. Gua-rienti rapporte qu'un tableau de Coelho représentant deux figures seu-lement, a été payé, en 1733, à Lisbonne, 400 ducats d'or. Il mourut à Madrid, suivant Nagler et Bermudez, en 1590; il était né au commen-cement du seizième siècle (Voyez BERMUDEZ, à l'article *Sanche Coello (Alonso)*. « Suivant Cyrillo, p. 69, la fille de Coelho, Isabelle, a été peintre de portraits et est morte à Madrid deux ans après son père. Coelho vivait dans l'intimité du Roi, qui l'appelait dans ses lettres le Titien portugais et son fils bien-aimé. » Bermudez cite cette seconde dénomination, mais il ne dit pas que Philippe ait eu coutume de l'appeler *Titien portugais*. Coelho excellait surtout dans les portraits.

D'après tout cela, il me paraît que cet artiste appartient à l'Espagne, mais qu'il n'est pas étranger au Portugal, tant à cause de son origine présumée qu'à cause de son activité artistique, qu'il a aussi exercée dans ce dernier pays.

COELHO (ANTOINE-JEAN), dernier *sculpteur en bois* d'Evora. La banquette qu'il a exécutée pour la Chartreuse d'Evora a remplacé celle d'argent qui a été enlevée par les Français en 1807. Cette banquette se trouve maintenant à la cathédrale d'Evora. (*Lettres, p.* 442.)

COELHO DA SILVEIRA (BENTO), *peintre*. Guarienti l'appelle Benito Caelio (*Lettres, p.* 316). Cyrillo, p. 83-86, cite un grand nombre de ses ouvrages faits postérieurement à l'année 1648. Il est mort très-vieux, vers 1708. On m'a assuré qu'il existe de lui quelques tableaux à Evora, entre autres le tableau de la Cène dans la *capella mor* de l'église Saint-Antoine. Ce dernier tableau, peint en 1697, est authentique, car il est cité dans la vie manuscrite de l'archevêque d'Evora, Dom Frei Louis da Silva, comme ayant été commandé par lui-même. Cette vie a été écrite par un anonyme, contemporain et domestique de l'archevêque. La *talha*, sculpture en bois de l'autel principal de la même église, est également de 1697. Cette *talha* est d'une grande richesse. Guarienti dit de Bento Coelho, qu'il fit à lui seul autant de tableaux que tous les peintres portugais réunis. (Voyez *Lettre* 13.)

Voici le jugement que Cyrillo porte sur cet artiste :

« Ce grand peintre a eu, comme le Tintoret, trois manières : celle d'or, celle d'argent et celle de fer. De la première nous n'avons vu qu'un seul tableau représentant *Judith et Holopherne*, peint sur cuivre, et qui pourrait rivaliser avec les ouvrages de Van Dyck. A son époque d'argent appartiennent les tableaux de la sacristie de la *penha de França*, ceux de Saint-Georges, ceux de *Madre de Deos*, des commanderies de l'Incarnation, de S. Bento, de Francezinhas et autres : ceux-ci sont très-empâtés, montrent de belles teintes qui se conservent vives et fraîches et sont touchées hardiment. » Cyrillo ne cite aucun tableau de la troisième manière. « Son coloris était fort beau; mais comme ce peintre n'était que praticien et ne faisait presque jamais qu'improviser, il n'a pu éviter d'être maniéré et incorrect.

Taborda, p. 216, cite aussi un grand nombre de ses ouvrages.

Les tableaux que j'ai vus de ce peintre sont noirs et d'une touche négligée. On ne peut lui refuser une certaine *maestria*.

Deux tableaux de la première chapelle, à main droite en entrant, à l'église de Saint-Roch, lui sont attribués et ne sont pas très mauvais; ils représentent *Jésus apparaissant à la Vierge* et l'*Ascension*. (*Lettres, p.* 290.)

Les tableaux représentant la vie de la Vierge dans l'*Ermida dos Freis de Deos* lui sont attribués par Taborda (*Lettres, p.* 521). Je les ai trouvés médiocres.

COELHO (CLAUDIO), *peintre espagnol*, né à Madrid, mais de parens portugais. Suivant Nagler, il était fils de Faustin Coelho, bronzeur portugais qui s'était établi à Madrid. Il fut élève de Ricci, peintre de la cour de Philippe IV d'Espagne, et le grand tableau représentant la *Procession des saintes reliques*, qui se trouve à l'Escurial, est de lui. Il mourut en Espagne en 1693 (Voyez *Lettre* 15). Bermudez lui consacre un long article. Il était une des célébrités de son époque, la plus glorieuse pour l'Espagne sous le rapport de la peinture. Taborda, p. 209-214, contient aussi un article sur Claudio Coelho. Après lui est venu Luca Giordano, et l'Espagne n'a pas eu à se louer de l'influence que ce dernier a exercée sur les arts. Enfin Guarienti en a également parlé. (*Lettres, p.* 318.)

COELHO (EMMANUEL-RODRIGUES), *auteur* de l'ouvrage intitulé : *Flores de musica*, voyez PATRIARCHE.

COELHO (ISABELLE), *peintre de portraits*, fille d'Alphonse-Sanches Coelho, voyez l'article consacré à ce dernier.

COELHO DA ROCHA, voyez ROCHA.

COELLO, voyez COELHO.

Coimbra de 1654 (*Estatutos da Universidade de*), ouvrage fait par une commission composée de l'évêque-comte D. François de Lemos, recteur et réformateur de l'Université; de l'évêque d'Evora, frère Emmanuel do Cenaculo, et du docteur Joseph Monteiro da Rocha, sous la présidence du marquis de Pombal. Voyez PATRIARCHE.

COLI (JEAN), suivant Guarienti, *peintre* italien, contemporain de Filippo Gherardi. Il a travaillé, conjointement avec ce dernier, à un tableau que Guarienti a vu en Portugal. (Voyez *Lettres*, p. 311 et 522, article *Filippo Gherardi*, où les mots *hanno dipinto* se rapportent à ce même Gherardi et à Jean Coli.) Nagler cite un ouvrage de ces deux artistes, signé G. C. F. G., c'est-à-dire Giovanni Coli et Filippo Gherardi.

COLMENAR (ALVARES DE), un des auteurs qui ont laissé des vues de l'ancien palais des rois de Portugal, renversé par le tremblement de terre de 1755. Cet édifice était situé sur l'emplacement qu'occupe la place du Commerce, appelé communément *Terreiro do paço*, et par les Anglais *Black-horse-square*. (*Ferdinand Denis*, l'Univers, 1366e livraison.)

COMTE (BENJAMIN), *graveur*, professeur de gravure de l'Académie de Lisbonne en 1843, âgé de près de 80 ans, très habile dans son art. Il a fourni plusieurs ouvrages dignes d'éloges. Je l'ai cité dans mes *Lettres*, p. 114. C'est un artiste distingué et jouissant de beaucoup de considération. Il est Suisse de naissance. Ses principales gravures, exécutées à Lisbonne, sont : Jupiter et Leda, Adonis, Vue du couvent de Batalha, et Vue de l'aqueduc de Lisbonne. Je connais ces deux dernières gravures, dont la grandeur est à peu près de 65 centimètres sur 49 : elles sont remarquablement belles.

CONINGH (SALOMON), *peintre* d'Amsterdam, suivant Guarienti. Cet auteur a vu à Lisbonne un tableau portant la date de 1640 et la signature de Coningh. (Voyez *Lettres, p.* 327.)

CONJATI, cité dans des documens des années 1428, 1431 et 1443, comme ayant pris part aux travaux de Batalha, sans désignation de profession. (*Lettres, p.* 228.)

CONSTANCE VAN UTRECHT, voyez UTRECHT (Constance van).

CONSTANTIN-JOSEPH DOS REIS, voyez REIS (Constantin-Joseph dos).

CONTREIRAS (frère BENTO) « était un insigne *enlumineur* dont a fait mention frère Emmanuel de Sá, dans ses *Mémoires historiques de la province des Carmes de Portugal*, p. 390, n° 573. D'après ces Mémoires, Contreiras aurait enluminé avec le plus grand art les livres de chœur du couvent des Carmes, à Lisbonne. (Voyez *Lettres, p.* 435.)

CONTUCCI (ANDRÉ), du mont Sansovino, *architecte et sculpteur,* appelé aussi le Sansovino, fut envoyé par Laurent de Médicis à Jean II, à la demande de ce dernier, et il passa neuf ans en Portugal. Il a exécuté, selon Vasari, beaucoup d'ouvrages de sculpture et d'architecture, et principalement à Lisbonne, un superbe palais, avec quatre tours, et beaucoup d'autres édifices. Il modela aussi en terre, pour être exécutée ensuite en marbre, la bataille que le Roi livra aux Maures. Il est mort dans sa patrie, en 1529, âgé de 68 ans. (Voyez *Lettres, p.* 208, 315, 344.)

Conversaçoẽs sobre a Pintura, Esculptura et Architectura, voyez PATRIARCHE.

COR (O.), *graveur.* Le Patriarche, *Liste des artistes,* p. 20, cite plusieurs gravures des années 1745 et 1746, signées de lui ; il croit qu'il est un de ces étrangers qui vinrent en Portugal sous Jean V pour relever les arts. C'est probablement *Cor Olivarum* de Nagler, qui, entre autres portraits, a gravé celui de l'infant D. Antoine de Portugal, en 1746. Ce nom Olivarum, ne serait-il pas une traduction de Oliveira ou Olivier?

CORDEIRO (JEAN), *architecte,* « maître des travaux du palais de Cintra (1486). » (*Liv. 1 de Jean II, f.* 19. — *Communication de M. le vicomte de Juromenha.*)

CORDEIRO (Nicolas-Joseph-Baptiste), *graveur*, voyez Carneiro da Silva (Joachim).

Cordel triplicado, etc., voyez Patriarche.

Corneille de Vos, voyez Vos (Corneille de).

Corneille Schud, voyez Schud (Corneille).

Cornelio, voyez Corneille Schud, Corneille de Vos.

Corrêa (Antoine) Barretto, voyez Barretto.

CORREA (Emmanuel), *graveur*. Une gravure qui fut publiée à l'occasion de la canonisation de sainte Mafalda, en 1792, porte cette signature. (*Patriarche*, Liste des Artistes, *p.* 19.)

CORREA (Gaspar), *auteur* de l'ouvrage intitulé : *Lendas (Légendes) das Indias*, ouvrage manuscrit, voyez Pires (François) et Patriarche.

« Je présume, dit M. le vicomte de Juromenha, qu'il a servi quelquefois de secrétaire à Alphonse d'Albuquerque, car son écriture se rencontre dans les mandats de ce vice-roi. Son ouvrage se compose de quatre volumes in-folio; le premier s'est perdu, et le dernier finit au gouvernement de Georges Cabral; il renferme les plans des principales places fortes des Indes, et les portraits des vice-rois, dessinés par lui.

« En parlant de Jean de Castro, il dit : Comme il était désireux de
« faire des choses mémorables qui perpétuassent sa renommée, il a
« trouvé à propos de laisser un monument à la mémoire des gouverneurs
« passés, et il m'a fait appeler, moi Gaspar Correa, qui savais dessiner,
« et qui avais connu tous les gouverneurs anciens administrateurs de
« ces provinces, et m'a chargé de dessiner le portrait de chacun d'eux.
« Je m'en occupai donc, assisté par un homme de cette terre qui avait
« beaucoup de talent naturel. Celui-ci, avec le secours des informations
« que je lui donnais, fit leurs portraits si ressemblans, que quiconque
« les avait vus les reconnaissait aussitôt. Le gouverneur se fit aussi re-
« présenter au moment de son entrée triomphale. Tous ces portraits
« ont été peints sur bois, séparément, et de grandeur naturelle; les
« gouverneurs y sont représentés armés de cuirasses; quelques-uns
« ont les armures dont ils s'étaient véritablement servis, et par-dessus,
« des vestes noires en soie, à paremens d'or très beaux, avec leurs
« riches épées; au-dessus de leurs têtes on voyait leurs écussons avec
« tout ce qui constitue leurs armes; aux pieds de chacun était écrit son
« nom en lettres d'or, ainsi que l'époque de son gouvernement. Jean
« de Castro mit ces portraits dans les salles de ses maisons qui étaient
« ornées de tentures : cela faisait un très bon effet, aussi tous les am-
« bassadeurs et négocians étrangers avaient-ils grand plaisir à les aller
« voir; les Rois eux-mêmes et les seigneurs les envoyaient chercher
« pour les voir réunis. Dans une des salles, le gouverneur avait fai
« placer des armes gigantesques, auxquelles il faisait donner des forme

« horribles pour épouvanter les Maures qui venaient les voir. Le gou-
« verneur était admirateur passionné du vice-roi, premier gouverneur
« des Indes, D. François d'Almeida, chef de la maison des Almeida de
« Portugal, homme d'un grand mérite, ainsi qu'il est dit dans cette lé-
« gende; aussi fit-il graver en son honneur une inscription de la te-
« neur suivante : « Réjouis-toi de ton bonheur, ô grande Lusitanie,
« terre fertile en guerriers; réjouis-toi, Portugal, d'avoir donné le jour
« à D. François d'Almeida, homme illustre qui fit la conquête de ces
« terres, et qui, les armes à la main, les soumit à la suprématie por-
« tugaise, pour le plus grand honneur du sceptre royal! » (*Légende de
Jean de Castro*, chap. 73.)

« Jean Hugo Linschott, qui partit de Lisbonne en 1584 avec la flotte
qui amenait l'archevêque de Goa, D. Vincent de Fonseca, pour le transporter dans son diocèse, assure qu'indépendamment de ces portraits,
on voyait aussi représentés en peinture, chez le même gouverneur,
tous les vaisseaux, depuis les premiers qui partirent pour les Indes
jusqu'à son époque (*Joannis Hugonis Landscotani navigatio in Orien-
tem (Francfort*, 1628). » (*Communication de M. le vicomte de
Juromenha.*)

CORREA (JÉROME), *sculpteur*, est appelé *insigne sculpteur*, dans
la *Chronique de Saint-Dominique*, t. 4, p. 99 et 101. Il y est dit que le
retable de la chapelle principale du temple du monastère de Bemfica est
son ouvrage. » (*Patriarche*, Liste des artistes, *rubrique* Sculpteurs,
article GERONIMO CORREA. — *Lettres, p.* 90.)

CORREA LAGE (Jérôme), voyez LAGE.

CORREA (NICOLAS-JOSEPH), *graveur*, voyez FIGUEIREDO (Jean de).

« **CORREIA DE MACEDO E SÁ** (HONORATO-JOSÉ), *architecte*,
naquit à Lisbonne, le 22 décembre 1754, et fut admis, à l'âge de neuf
ans, dans l'atelier d'architecture de l'Arsenal royal, où son père était
employé comme sculpteur et graveur..... Si nous mentionnions toutes
les maisons, hôtels et temples dont il a fait les plans, cela nous mène-
rait trop loin. Nous dirons donc seulement qu'en 1785 il fit le plan général de cette ville, dont les dessins existent à la typographie royale.
En 1812 il offrit à la régence du royaume le plan d'un monument à
ériger sur la place do Rocio, portant les portraits de Jean VI et de
Georges III, roi d'Angleterre. Ce plan fut accepté par le gouvernement. Pendant l'année 1819, il fit le tracé de Santa-Engracia, et
en 1821 celui de la fontaine da Cordoaria, que l'on construit actuellement (1821). (*Cyrillo, p.* 246.)

CORTE (JEAN DE LA), *peintre de batailles*. Suivant Guarienti, il serait
né en Espagne, mais probablement de parens italiens; il vivait dans
ce pays vers 1660, et était alors d'un âge fort avancé. Guarienti le croit

frère de César de la Corte. J'ai vu de lui à Lisbonne, dans l'hôtel du comte de Atalaia, quelques faibles ouvrages : ce sont cependant les mêmes que Guarienti a cités avec éloge. Je n'ai pu y découvrir aucune analogie entre ce peintre et Tintoretto, dont il doit, suivant Guarienti, avoir étudié les ouvrages. J'ai eu tort de dire (*Lettres, p.* 278) que ces tableaux représentent des faits de l'histoire de Portugal, assertion qui, du reste, se trouve contredite p. 324. Ces tableaux se rapportent à Charles V, ainsi que l'a dit Guarienti. Suivant Bermudez, il est né à Madrid en 1597, et il a perfectionné son coloris à l'école de Velasquez. Il a traité des sujets mythologiques; mais il excellait surtout dans les batailles, dans les paysages et dans la perspective. Il est père de Gabriel de la Corte. Bermudez ne dit pas qu'il fut frère de César de la Corte (ce que je ne trouve, du reste, ni dans Bermudez, ni dans Nagler), ni élève de Tintoretto; il ne dit pas non plus que ses parens aient été Italiens.

CORTE REAL (JÉRÔME). « Ce célèbre poëte portugais était habile dans l'art de la peinture. Lui-même, dans la dédicace de son poëme : *Second siége de Diu*, imprimé en 1574, s'exprime ainsi : « J'ai des-« siné de ma main les combats et tout ce qui se passa lors de ce péni-« ble siége, afin que l'invention de la peinture suppléât à la rudesse « des vers. »

« Louis-Alvares Pereira lui donne l'épithète de *Apelle victorieux.*

« Dans un sonnet de Bernardes, il est dit : « Il reçut sa voix d'Or-« phée, sa lyre d'Apollon, sa plume délicate de l'Amour, sa lance de « Mars, et son pinceau de la nature. »

« Enfin, Ferreira dit de lui qu'il a vaincu avec ses pinceaux la nature et l'art. » (*Patriarche,* Liste des artistes, *p.* 57.)

Après tant d'éloges ridicules, je serais bien disposé à féliciter celui qui en est l'objet de ce que ses dessins ne soient pas connus.

Il en a été question dans mes *Lettres,* p. 218.

COSTA (ANTOINE CARVALHO DA), *auteur* de la *Corographia portuguesa,* voyez ALVARES (Balthasar).

COSTA (ANTOINE DE) **E OLIVEIRA**, *peintre,* agrégé à l'Académie, âgé, en 1846, de près de 40 ans.

COSTA (BARTHÉLEMI DA), modelait en porcelaine et coulait en métaux (1775), voyez FIGUEIREDO (Jean de).

Il était lieutenant-colonel, et avait la direction de l'Arsenal. Il se chargea de couler la statue équestre du roi Joseph, et il l'a coulée d'un seul jet en 1774. « Murphy a observé qu'à l'exception de la statue de Louis XIV, placée sur la place Vendôme, aucune statue de bronze, à cette époque, n'était aussi grande. Il fut élevé au grade de lieutenant général. C'était un officier d'un mérite incontestable. » (*Ferdinand*

Denis, l'Univers, 1366e *livraison, p.* 406.) Voyez, pour les détails relatifs à la statue, les articles Santos (Eugène dos), de Carvalho, Machado (Joachim) de Castro, et Santos (Renaud-Emmanuel dos).

Costa (Emmanuel da), *architecte.* « Il a été architecte des palais de *Salvaterra de Magos* et d'*Almeirim*, et du monastère de Batalha, emploi auquel il fut promu en 1690. » Voyez Tinouco da Silva (Jacques) (*Communication de M. le vicomte de Juromenha*). Il ne faut pas le confondre avec Emmanuel da Costa Negreiros, architecte, qui lui était postérieur.

Costa (Emmanuel da), *peintre décorateur,* voyez Nunes (Simon-Gaétan).

Il s'associa, vers 1776, avec Verissimo-Antoine de Souza, qui dirigeait les peintures des carrosses de la cour, et plus tard il fut attaché comme peintre au théâtre du Salitre et ensuite à la salle de la rue dos Condes. Il a aussi peint des plafonds, et se rendit, en 1811, à Rio-Janeiro. Son frère, Joachim da Costa, était aussi son élève (*Cyrillo, p.* 227).

Costa (Emmanuel da) **Negreiros,** *architecte,* frère de Joseph, peintre. Emmanuel mourut en 1750 (*Cyrillo, p.* 205). Les deux frères entrèrent dans la confrérie de Saint-Luc en 1745. Emmanuel avait dans l'armée le grade de major. Cyrillo cite plusieurs de ses ouvrages. Il ne faut pas le confondre avec Costa (Emmanuel da), architecte en 1690.

Costa (Félix da) **Meesen,** *peintre* et *auteur* d'un manuscrit intitulé : *Antiguidade e Nobreza da Pintura*, 1696, cité souvent par Cyrillo, mais dont il m'a été impossible de retrouver les traces. D'après Cyrillo, ce manuscrit ne traite que de dix-neuf peintres, et André Reinoso, Joseph d'Avelar Rebello, Josepha d'Obidos et Félicien de Almeida, qui vivaient vers 1650-1680, sont les derniers peintres qu'il cite en s'appuyant sur cet auteur. Félix da Costa faisait partie de la confrérie de Saint-Luc vers 1705, et mourut en 1712. Cyrillo, p. 83, parle d'un tableau peint par da Costa dont il est fait mention ailleurs, et sans autre preuve (*Lettres, p.* 146 *et suiv.*).

Costa (Jérôme da), *sculpteur,* né à Braga, voyez Silva (le père Jean-Chrysostome-Polycarpe da).

Costa (Joachim da), *peintre,* voyez Pilman (Jean) et Costa (Emmanuel da).

Costa (Joseph da) **Negreiros,** *peintre,* mort en 1759, âgé de 45 ans. « Il était élève de André Gonsalves et frère de Negreiros (Emmanuel da Costa). Il a peint le tableau de la *Conception* pour le Trésor royal, le même sujet pour le Sénat de la chambre, et une troisième fois pour le magasin de la Fonderie ; de même qu'une *Sainte-Anne* pour l'oratoire de ce même établissement. Il a peint un *Saint-Roch* pour la chapelle *da Ribeira das Naos*, une *Sainte-Thérèse* pour les Carmélites de Carnide, une *Notre-Dame de la Piété* pour une des chapelles de la cathédrale; ce même sujet pour l'ermitage de Resgate; un Christ pour la *Casa do Despacho do Menino Deos*. Il a peint aussi des plafonds et exécuté d'autres travaux. Il aimait la chasse, et n'a pas vécu longtemps. Entré dans la confrérie de Saint-Luc en 1745, il mourut en 1759. Il eut pour élèves Bruno (Joseph) do Valle et Simon Baptiste. » (*Cyrillo, p.* 112.)

COSTA (JOSEPH DA) SEQUEIRA, voyez SEQUEIRA (Joseph da Costa).

COSTA (JOSEPH DA) **E SILVA**, *architecte*, né en 1747. Il entreprit la construction du théâtre de S. Carlos, en 1792, et fut chargé de faire le plan du palais d'Ajuda, dont la construction fut ensuite définitivement confiée à Fabri. Il mourut en 1802 (*Cyrillo, p.* 234-238.— Voyez *Lettre* 14). Il a étudié à Rome.

Dans l'article que Cyrillo a consacré à cet artiste, il est fait aussi mention du dessinateur milanais Charles-Marie Ponzoni, de l'architecte bolonais Lant, tous deux maîtres de Costa.

A propos du plus grand théâtre de Lisbonne et du Portugal, je ne puis mieux faire que de citer ce que M. Ferdinand Denis (*l'Univers*, 1366e *livraison*, p. 407) nous apprend sur l'art dramatique du Portugal :

« A partir de l'année 1502, où Gil Vicente venait représenter ses *Autos,* et mieux encore, ses pastorales dans la propre chambre de la Reine, jusqu'en 1793, époque à laquelle s'éleva ce bel édifice, il y aurait de curieuses choses à dire sur le matériel du théâtre en Portugal et sur les bâtimens consacrés aux représentations dramatiques. Cervantes, avec sa verve inimitable, nous a donné en quelques mots l'idée la plus originale de ce qu'était le théâtre de la Péninsule au temps de Juan de Encina et même de Torres Naharro. Il y eut peu de différence dans les représentations populaires des deux pays. Cependant nous avons la certitude que les vastes salles des universités, ou les salons magnifiques des châteaux royaux, servirent primitivement à la représentation dramatique des pièces érudites d'Antonio Ferreira et de Sá de Miranda. La fille savante de D. Manoel, qui accueillait dans son intimité Sigœa et Paula Vicente, n'ignorait pas que cette dernière était l'actrice la plus habile de son temps, et elle dut plus d'une fois mettre en évidence son talent dans les pièces originales du père. Le fils de D. Manoel, ce noble D. Louis, qu'on avait surnommé les *Délices du Portugal*, s'occupait de poésie dramatique, puisqu'on lui attribue *Don Luiz de los Turcos*, et il put faire représenter ses pièces dans un palais dont tous ses contemporains nous rappellent le faste et nous vantent la magnificence. Mais là dut s'arrêter le goût des représentations dramatiques : c'est du moins ce que des recherches particulières nous font supposer. Le cardinal-roi fit bien jouer à Coïmbre quelques pièces érudites, lorsqu'il n'était encore que prince royal et qu'il avait présentes à l'esprit les leçons du savant Klenard; mais les fonctions épineuses de grand-inquisiteur, et plus tard l'embarras croissant des affaires, finirent nécessairement par l'éloigner de ce genre de divertissement. Quant à Don Sébastien, en supposant que l'impulsion donnée en Europe au théâtre l'eût emporté sur son mysticisme habituel, la grande catastrophe de 1578 arrêta infailliblement toute représentation de ce genre. A l'avénement de la maison de Bragance, on eut sur le trône un prince essentiellement artiste, mais Don Jean IV s'occupait bien plus de la grande musique religieuse que de la musique dramatique, et rien ne nous indique encore un théâtre permanent à Lisbonne durant cette période. Ce n'est guère qu'au dix-huitième siècle qu'on vit s'élever dans la capitale du Portugal des salles spéciales, consacrées aux représentations dramatiques. Les pièces composées par l'infortuné Antonio Jozé exigeaient de toute nécessité une certaine pompe théâtrale, et toute la science du machiniste n'était pas de trop lorsqu'on représentait, vers 1740, au théâtre du *Bairo-Alto,* un de ces opéras dont le titre seul annonce la mise en scène compliquée.

« On nous pardonnera, nous l'espérons du moins, l'étendue de ce préambule; mais l'absence presque absolue de documens sur ce point, exigeait peut-être un chapitre à part. Nous en venons au principal théâtre de Lisbonne. Lorsque, sous le règne de Don Joseph, on vit arriver en Portugal cette fameuse Zamperini, dont la voix mélodieuse fut célébrée par tous les poëtes du temps, et dont les charmes jetèrent, dit-on, le trouble parmi certains dignitaires du clergé (1), elle alla s'établir avec sa troupe au théâtre de la *rue dos Condes* (ceci avait lieu de 1770 à 1774, et rien n'est approprié dans cette petite salle aux exigences de l'opéra); on finit par sentir la nécessité d'un théâtre plus vaste, et une compagnie s'étant formée, grâce à la réunion de plusieurs riches capitalistes, le théâtre de San-Carlos s'éleva dans l'espace de six mois (2). José da Costa e Silva, architecte habile, qui était allé étudier en Italie, en avait dessiné le plan : il est évident qu'il y eut chez lui quelque réminiscence d'un grand monument du même genre qu'il avait admiré jadis. Ce qu'il y a de certain, c'est que les travaux furent conduits avec une rare intelligence par Sébastien-Antoine da

<hr>

(1) « *Voyez* sur cette curieuse période du théâtre portugais une note étendue qu'on doit au savant et spirituel Lecussan Verdier. Il avait connu la célèbre cantatrice, et il a consigné ses souvenirs avec une malice pleine de bonhomie et de charme dans le petit commentaire qu'il a joint au poëme *du Goupillon.* »

(2) « *Voyez* à ce sujet les notes dont Lecussan Verdier a enrichi le joli poëme déjà cité. »

Cruz Sobral, et que le nouveau théâtre put être ouvert le 29 avril 1793, à l'occasion d'une solennité de la cour.

« M. d'Hautefort rend justice au talent dont José da Costa e Silva a fait preuve en cette occasion. « Tous les corridors, dit-il, sont voûtés, « ainsi que les escaliers qui conduisent aux loges ; les issues sont telle-« ment bien distribuées, qu'en un instant la salle peut être vide. La « scène est d'une profondeur immense : on y a vu manœuvrer quatre-« vingts chevaux à la fois. » Le goût des représentations dramatiques a fait de singuliers progrès à Lisbonne, et l'on met au rang des poëtes qui donnent le plus d'espérances M. Leal. »

Costa (Joseph-Lucio da), voyez Coxinho.

Costa Lemos (Bernardin da), *peintre*, voyez Rocha (Joachim-Emmanuel).

Costa (Louis da), *peintre*. « Cet insigne artiste peignait à la détrempe. Il naquit à Lisbonne, selon Taborda, le 16 mai 1595, et selon Barbosa Machado, *Bibliothèque lusitanienne*, t. 3, p. 87, en 1599. Il était fils de Louis da Costa et de Marie de Almeida. Il eut pour maître Sébastien Ribeiro, dont il suivit les leçons avec tant de succès, qu'on avait de la peine à distinguer les ouvrages du maître de ceux de l'élève. Il modelait, il fondait avec une égale perfection en cire et en étain ; il aimait la lecture, et a traduit de l'italien l'ouvrage en quatre volumes d'Albert Dürer, *sur la Symétrie du corps humain* (voyez *Lettres, p.* 473) ; il y ajouta le cinquième livre de Paul Galario Saludiano, dont le manuscrit (ainsi que le dit Barbosa dans la *Bibliothèque lusitanienne,* t. 3, p. 87, col. 1) était rempli d'estampes parfaitement bien faites par le traducteur. Il eut une fille, nommée Ignacia de Almeida, demoiselle vertueuse, comme le dit frei Augustin de Sainte-Marie dans son *Santuario Mariano*, t. 1er, p. 351. Cette personne modelait avec talent en cire et en terre. On lui attribue l'image de Notre-Dame agonisante qui est placée au coin de l'autel des Agonisans, dans l'église de Saint-Roch de Lisbonne. Louis da Costa eut d'autres enfans qui, comme elle, n'étaient pas sans talent. » (*Taborda, p.* 186.)

D'après le Patriarche, *Liste des artistes*, « il serait né en 1569 ; » mais cette date doit être une faute typographique ; car ayant été élève de Séb. Ribeiro, qui vivait sous le roi Sébastien (1557-1578), cela devient peu vraisemblable. Cependant l'autre version a aussi lieu de nous étonner : car si Costa était né en 1595, il n'aurait pu devenir l'élève de Ribeiro que vers 1610, quand celui-ci devait avoir plus de 70 ans ; en effet, si Ribeiro exerçait son art sous le roi Sébastien, il n'est pas probable qu'il soit né postérieurement à l'année 1540.

Costa Meesen (Félix da), voyez Costa (Félix da) Meesen.

Costa Negreiros (Emmanuel da), *architecte*, voyez Costa (Emmanuel da) Negreiros.

Costa Negreiros (Joseph da), *peintre*, voyez Costa (Joseph da) Negreiros.

Costa (Raymond da), *sculpteur*, voyez Barros Laboraõ (Joachim-Joseph de).

Costa (Raymond-Joachim da), *graveur*, « disciple de Joachim Carneiro da Silva. Il était fort habile, dessinait assez bien, et gravait avec goût, tant en taille-douce qu'au pointillé. Il a fait de cette dernière manière le portrait du comte de Amarante (Silveira) à cheval, au moment où il livre bataille aux Français, et le portrait de l'infante Isabelle-Marie. Il a été nommé professeur de dessin à Porto vers l'année 1830 ; il a perdu cette place pour des causes politiques et a travaillé ensuite pour la Banque et pour des particuliers. » Il habite encore Porto, mais il ne travaille plus, étant très-avancé en âge et ayant perdu la vue. (*Communication de M. Santos, graveur de l'Académie.*)

Costa (Rebello da), voyez Rebello da Costa.

Costa Sequeira (Joseph da), voyez Sequeira (Joseph da Costa).

Courato, cité dans un document de 1514 comme ayant pris part aux travaux de Batalha, sans désignation de profession. (*Lettres, p.* 228.)

Coutinho (Emmanuel de Sousa), voyez Sousa (*frère* Louis de).

Couto (Jacques do), *auteur* d'un ouvrage intitulé *Decadas*, cité par le Patriarche, dans sa *Liste des artistes,* p. 6 et autres, voyez Carvalho (Onufre de).

Couto (Mathieu do), *architecte,* qui vivait sous le règne de Philippe IV, était architecte de l'Inquisition. Il existe dans les Archives royales un livre grand in-folio qui renferme quatre planches représentant les Inquisitions de Lisbonne, de Coïmbre, d'Evora et de Goa, dessinées par Couto, avec le titre qui suit plus bas et qui est renfermé dans un portique servant de frontispice à l'ouvrage, et orné de figures allégoriques. Voici ce titre :

Livre des plans de tous les édifices de l'Inquisition dans ce royaume et aux Indes, commandé par D. Ferdinand de Castro, évêque et inquisiteur. 1634, par Mathieu do Couto, architecte de l'Inquisition du royaume. » (*Communication de M. le vicomte de Juromenha.*)

Coxinho, le petit boiteux, *graveur*. C'était sous ce nom que l'on connaissait Joseph Lucio da Costa, graveur, qui faisait aussi des miniatures de boîtes, d'anneaux et de médaillons. Il était né en 1765. (*Cyrillo, p.* 292.)

Dans le *Traité d'artillerie*, traduit en 1792, on voit beaucoup de gravures signées *Lucius sculpsit, Lisboa*, 1792. (*Patriarche*, Liste des artistes, *p.* 18.) Il est cité dans l'article CARNEIRO DA SILVA sous le nom de JOSEPH LUCIO.

CRABETH, voyez GUALTIERI.

CRUZ (ANTOINE DOS SANTOS DA), *sculpteur en bois,* voyez MAGINA.

« On l'appelait o Algarvio, parce qu'il était né à Faro. Il était disciple d'Emmanuel Vieira et maître de Melchior-Gaspar dos Reis, qui mourut en 1845, à l'âge de 70 ans » (*Communication de M. le professeur Assis*). D'après cela on peut admettre que l'activité artistique Cruz de s'exerçait à la fin du dernier siècle.

CRUZ (frère BERNARD DE), *auteur* de Chroniques, cité par le Patriarche, dans sa *Liste des artistes*, rubrique *Architectes*, p. 5 et autres. M. Ferdinand Denis cite sa *Chronique du roi Sébastien.* (*Lettres, p.* 201.)

CRUZ (JOSEPH-GOMES DA), *auteur* de la *Carta apologetica e analytica pela ingenuidade da pintura,* voyez *Lettres,* p. 137 et 473, et l'article LOUREIRO (François de Sousa).

CRUZ (MARCOS DE), *peintre.*

« C'est le plus célèbre de tous les peintres portugais, mais en même temps le plus inconnu (1). Diogo Barbosa Machado, dans la censure de la Lettre apologétique et analytique de la Peinture, de Joseph-Gomes da Cruz, le place parmi les meilleurs peintres portugais, entre Diogo Perreira et Bento Coelho (2), et c'est pour cela que nous lui assignons cette place sans pouvoir dire au juste à quelle époque il florissait. L'érudit évêque de Beja et archevêque d'Evora, fait aussi une mention honorable de cet artiste dans les Mémoires historiques du *Ministerio de Pulpito,* p. 135. Guarienti, Pons, Conca et Bermudez ne nous fournissent sur lui aucun détail; nous n'avons même pu en découvrir aucune trace dans les autres historiens portugais. La tradition rapporte que le tableau de *Sainte-Madeleine de Pazzi,* que renferme aujourd'hui l'église du couvent du Carme, est de lui. Frère Manuel de Sà, en décrivant ce tableau dans les Mémoires historiques de cet ordre, dit, chap. 10, l. 2, n° 251, que ce même ouvrage se trouvait dans l'ancienne chapelle de la même sainte, dans la nef, du côté de l'Épître. Si ce tableau est véritablement l'œuvre de Marco da Cruz, il atteste en effet le mérite de ce peintre. » (*Taborda, p.* 215.)

Marcos da Cruz a fait, suivant Cyrillo, p. 79, beaucoup de tableaux d'église qui furent, pour la plupart, détruits lors du grand tremblement de terre de 1755. Il vivait vers 1649-1678. (Voyez *Lettres, p.* 137, 241.)

---

(1) *De maior nome e mais desconhecido :* c'est bien extraordinaire.

(2) Comme si ces deux peintres étaient ceux qui font le plus d'honneur aux arts du Portugal.

Le Patriarche, *Liste des artistes*, p. 43, dit, en s'appuyant sur l'archevêque Cenaculo, qu'il florissait sous le règne de Jean III. Ce serait cent ans plus tôt; mais je suis disposé à croire que le Patriarche voulait dire Jean IV, car Marcos da Cruz doit avoir été le maître de Bento Coelho, qui est mort en 1708 : d'ailleurs il doit avoir fait partie de la confrérie de Saint-Luc entre les années 1649 et 1674, ce qui trancherait la question.

CRUZ (MARIE DA), *peintre*.

« Marie da Cruz était issue d'une famille illustre. Elle fit profession dans l'ordre de Sainte-Claire, au couvent *das Chagas* de la ville de Lamego. Douée par la nature d'un grand talent pour la peinture, elle rivalisait avec les artistes les plus accrédités; elle peignait d'après nature et avec une grande fidélité tout ce qu'on lui présentait. Dans la chapelle du *Desterro*, qu'elle fit ériger à ses frais dans le cloître dudit couvent, elle a peint le tableau de Notre-Dame et celui de saint Joseph, ouvrages remarquables; elle exécuta elle-même les dorures de l'autel de la même chapelle; et elle mourut en odeur de sainteté en 1619. » (Voyez *Theatro Heroino*, t. 2, p. 214.)

CRUZ MOREIRA (LOUIS DA), voyez MOREIRA (L. da Cruz).

CUNHA (ANTOINE-ALVARES DA), voyez ALVARES DA CUNHA (Antoine).

CUNHA (DOMINIQUE DA), *peintre* portugais. Cyrillo en citant, p. 73, Félix da Costa Meesen, dit de Cunha qu'il a étudié à Madrid et qu'il fut bon coloriste. Il naquit à Lisbonne en 1589. A l'âge de 34 ans, il se fit jésuite, et mourut en odeur de sainteté. Taborda lui consacre un long article et dit, p. 196, que l'église des Jésuites possédait plus de cinquante tableaux de son pinceau, qui furent tous détruits lors du tremblement de terre de 1755. Le père Bernardin Sampayo a écrit sa vie. Il en est aussi question dans d'autres ouvrages cités par Taborda, et dans la *Liste des artistes* du Patriarche, où il est dit que le père Antoine Leite, dans son *Histoire de l'apparition et des miracles de Lapa* (1639), parle de vingt-cinq tableaux de cette église, qui, d'après le Patriarche, doivent lui être attribués. Voici textuellement l'éloge que le moine fait de ces tableaux : « On y admire l'accord des teintes, la touche, l'art de mêler les couleurs, la justesse des draperies, la vivacité des expressions, le naturel des figures, les proportions du corps, la symétrie des membres, la grâce des physionomies, l'élégance des cheveux, les lignes de la perspective. Il faut surtout louer la vivacité particulière et la propreté du tableau de la pastourelle Jeanne avec sa petite corbeille remplie d'épis. »

Quand je rencontre de ces phrases qui portent le caractère d'une absence complète de tout sentiment artistique chez leur auteur, je ne puis me défendre d'éprouver un sentiment diamétralement opposé à celui qu'elles ont eu l'intention de faire naître.

Suivant le Patriarche, Cunha a étudié à Madrid chez Eugène Caxez, peintre de Philippe II. De retour en Portugal, il reçut beaucoup de commandes des grands de ce pays, et principalement du grand-inquisiteur, François de Castro, et du grand-chambellan.

Cunha (Joseph da) Taborda, voyez Taborda.

Cunha (Laurent da) « était le meilleur *peintre*, dans le genre d'architecture et de perspective, que le Portugal ait jamais possédé. Sous le rapport de l'habileté pratique, il égalait peut-être Baccarelli, et il le surpassait en théorie. Il alla en Italie et en revint en 1744. Comme peintre de décoration, il était l'émule de Bibiena. Il a orné de peintures beaucoup d'églises de Lisbonne. Il mourut en 1760. » (*Cyrillo, p.* 196-198.)

Cunha (Pierre d'Alcantara da) d'Eça, voyez Eça.

Cunha (Simon-Gaétan da), *architecte* et *peintre décorateur*, voyez Nunes (Simon-Gaétan).

Cusco (Joseph-François del), Napolitain, était un habile *peintre d'émaux* établi à Madrid au temps de Charles III (*Cyrillo, p.* 232).

Il paraîtrait, d'après ce qu'en dit Cyrillo (p. 233), qu'il a aussi travaillé à Lisbonne.

Custodio de Sá, voyez Sá (J. Custodio de).

Cyprien da Silva, voyez Silva (Cyprien da) et Figueiredo (Jean de).

Cyriaco (Joseph-Gaétan), voyez Baptiste (Louis).

Cyrillo Volkmar Machado, *peintre* et *auteur*, est né à Lisbonne en 1748; il a étudié à Séville, et s'est rendu ensuite à Rome; il revint à Lisbonne en 1777. Il a traité le plus souvent des sujets allégoriques. Le palais d'Ajuda, les églises de Lisbonne et les maisons des grands, en fournissent de nombreux exemples. Il obtint du Roi une pension de 720,000 réis, 1000 thalers (4,330 francs). En 1796, il alla exécuter divers travaux à Mafra. En 1814, il prit part aux travaux d'Ajuda. A l'âge de plus de 70 ans, il recevait encore beaucoup de commandes. Il est mort en 1823. Sa collection de Mémoires relatifs aux arts a été publiée, la même année, par le chanoine Villela da Silva. D'après l'abbé de Castro, un des carrosses de la cour a été peint par lui. Ma *Lettre* 27e lui est entièrement consacrée et rend compte de sa *Collection de Mémoires*, que j'ai tant de fois citée à propos des artistes du dix-huitième siècle et qui renferme aussi quelques renseignemens sur les époques antérieures.

Cyrillo, p. 104-107, nous donne quelques détails sur sa famille. Jean-Pierre Volkmar naquit à Lisbonne en 1712. Son père, qui était Allemand, se maria à Lisbonne et eut beaucoup d'enfans. La sœur de Pierre Volkmar, Maria-Rosa, épousa un Machado, et c'est de ce mariage qu'est né notre peintre et auteur. Jean-Pierre peignait à l'huile. Il

mourut en 1782. « Ceux de ses ouvrages qui se sont conservés sont :
à Saint-Michel d'Alfama, le *Christ guérissant les hydropiques;* dans le
chœur des *Padres trinos,* la *Trinité couronnant la Vierge;* dans la
maison de M. Joseph Lobo, des *Ermites* à fresque. »

Il eut pour disciples son frère Henri-Pierre et Cyrillo Volkmar Machado, fils de sa sœur.

La *Lettre* 27 renferme une analyse des ouvrages de Cyrillo et indique les sources où il a puisé ses renseignements.

A l'église de Loreto, à Lisbonne, on voit de lui, dans des niches, les
Apôtres, peints en grisaille *(Lettres, p.* 287). On voit aussi plusieurs de
ses ouvrages au palais d'Ajuda *(Lettres, p.* 266). Je cite de lui, p. 403,
un tableau du maître-autel de l'église de Coraçaõ de Jésus, auquel je
trouve peu de mérite. Il est souvent fait mention de lui dans mes *Lettres,* ainsi qu'on peut s'en assurer par la table alphabétique de ces mêmes
Lettres. C'était un faible peintre, et son livre me paraît une bien maigre
production.

D

Damien de Goes, voyez Goes.

Damien de Froes Perym, voyez Froes Perym (Damien de).

Daniel Segers, *peintre,* voyez Segers (Daniel).

Dansilha (1) ou **Danzinha**, *peintre* et *architecte,* voyez
Avelar (Braz de).

Ce nom, que Cyrillo met à la suite de celui de Braz de Avelar sans
le séparer par une virgule, se voit séparé de l'autre chez Taborda,
p. 154. Cet auteur l'appelle François Dansilha et il dit qu'il était peintre du roi Emmanuel vers 1513, ainsi qu'on peut le voir dans le tome 4
des *Preuves de l'Histoire généalogique de la maison royale,* par D. Antoine-Gaétan de Sousa (voyez la lettre que le duc de Bragance,
D. Jaime, écrivit d'Azamor au roi Emmanuel, après avoir pris possession de cette ville). On y lit le passage suivant : « Cette ville est trop
« grande pour pouvoir se défendre avec peu de monde..... Un tableau
« de la ville sera envoyé à Votre Altesse. J'ai fait faire cette peinture
« par Dansilha. » *(Doc.* 106, *liv.* 6, *p.* 43).

Dansilha était natif de Biscaye, il a travaillé aux fortifications d'Almeida
et se chargea, en 1508, pour 1,550,000 réis, d'y élever des murailles.
(Corp. chron., part. 3e, *p.* 16, *doc.* 25, voy. *maître Mathieu.—Communication de M. le vicomte de Juromenha, et de M. Santos, graveur.)*

David Téniers, voyez Téniers (David).

(1) Le nom de Dansilha est un sobriquet et veut dire danseur, sauteur.

DEBRIÉ (GABRIEL-FRANÇOIS-LOUIS) ,père et fils, *graveurs*.

« Le père fut un des graveurs appelés en Portugal sous le règne de Jean V. Dans l'*Histoire généalogique, Mémoires des Templiers*, nous trouvons des estampes et des vignettes de lui, avec les dates 1732, 1735, 1737, 1754, etc. ; mais comme Cyrillo dit que Gabriel-François avait un fils, né à Lisbonne et graveur comme lui, on ne peut pas toujours distinguer avec certitude si la signature est du père ou du fils ; en effet nous trouvons tantôt la signature entière, tantôt le seul nom de famille. Par exemple :

G. F. L. Debrié *invenit et sculps.* 1737;

Debrié, *inv. et f.* 1754;

Debrié, *delineator et sculptor regius.* 1754;

G. F. L. Debrié, *del. et sculps.*

Les estampes de la *Géométrie d'Euclide*, par P. Emmanuel de Campos, sont gravées par Debrié en 1735. » (*Patriarche*, Liste des artistes, *p.* 16.) Voyez CARNEIRO DA SILVA (Joachim).

DENIS (le roi), né en 1261, mort en 1325, est le premier souverain que je vois cité dans l'histoire du Portugal comme ayant manifesté du goût pour l'architecture (voyez *Lettres, p.* 410). Dans le château de Leiria, qu'il a habité, on découvre, aux portes et aux fenêtres, des traces du goût architectonique dont j'attribue les premiers symptômes marqués à ce souverain. « Le scel royal de ce prince, qui se conserve aux archives de France, est superbe. Si la gravure de la matrice était l'œuvre d'un artiste portugais, elle dénoterait à un haut point le degré de culture dans les arts que le Portugal aurait déjà atteint à cette époque. Des pierres gravées en ornent les deux faces. Une fragile empreinte nous dit peut-être mieux aujourd'hui que de grands monumens ce qu'il y eut de délicatesse et de grâce dans l'ornementation de ce temps » (*Ferdinand Denis*, l'Univers, 1366ᵉ *livraison, p.* 393). Le château de *Freixo de Espada á Cinta* est un autre témoignage en faveur de l'opinion que je viens d'énoncer (voyez *Lettres, p.* 410). Voici ce que M. Famin m'a communiqué au sujet des sceaux et monnaies de ce prince : « Les archives de la *Torre do Tombo* possèdent deux sceaux du roi D. Denis. L'un se trouve attaché à un contrat d'échange de biens avec le monastère de Saint-Jean de Tarouca (*Casa da Coroa, tiroir* 14, *liasse* 1) ; l'autre, à des lettres de donation en faveur de l'infant D. Alphonse (*Casa da Coroa, tiroir* 14, *liasse* 3).

« Jusqu'ici on ne connaissait qu'une pièce de monnaie de ce prince. Elle est en argent, de la grandeur à peu près d'une pièce de 1 franc, mais beaucoup plus mince. Sur la face, les *quinas* et la légende : *Dionisi, regis Portugaliæ et Algarbi.* Sur le revers, la croix, et la légende : *Adjutorium nostrum in nomine Domini qui fecit cœlum et terram.*

« Des historiens portugais disent que D. Denis fit frapper la *dobra cruzada,* la *peça* et la *livra,* et le *forte,* le *meio forte* et la livre en argent ; je ne pense pas que ces pièces aient jamais été trouvées ; elles n'existent, du moins, nulle part à ma connaissance. Mais parmi les petites pièces de cuivre appelées *deniers* qui couraient sous les rois de la première dynastie et qui, jusqu'à présent, ont toutes été attribuées à Alphonse IV, j'en ai trouvé et j'en possède plusieurs qui appartiennent certainement au roi Denis. Elles portent sur la face, autour de la croix, la légende D. REX PORTVGAL, etc. »

Denis Berthelot de Honfleur, voyez Berthelot (Denis) de Honfleur, et Rezende (Pedro Barrete de).

Denis Calvart, voyez Calvart (Denis).

Denis (Ferdinand), conservateur de la bibliothèque Sainte-Geneviève, à Paris, est occupé d'un *Essai sur l'histoire de l'art par les peintures des manuscrits,* qui doit paraître incessamment. La nature du sujet et l'érudition de l'auteur ne peuvent manquer de rendre cette publication une des plus importantes et des plus curieuses qui puissent paraître sur les arts. Aucun étranger, je crois, à aucune époque, ne s'est occupé autant que M. Ferdinand Denis, du Portugal. Voici la liste de ses ouvrages :

Résumé de l'histoire littéraire du Portugal, suivi du Résumé de l'histoire littéraire du Brésil. Paris, 1826, 1 vol. in-18. Se trouve chez Aillaud et Théophile Barrois.

Théâtre portugais, dans la collection des chefs-d'œuvre des théâtres étrangers, 1823, 1 vol. in-8°. Épuisé.

Tableau chronologique de la littérature portugaise, dans l'Atlas des littératures, publié par M. Jarry de Mancy, 1827, 1 feuille in-fol. Se trouve chez J. Renouard et comp.

Scènes de la nature sous les tropiques et de leur influence sur la poésie, suivies de Camoens et José Indio. Paris, 1824, 1 vol. in-8°. Complétement épuisé et fort rare. Ce livre sera probablement réimprimé.

Camoens et ses contemporains, traduction des poésies diverses de Camoens, dans une traduction des Lusiades, publiée par MM. Ortaire Fournier et Dessaules. Paris, 1 vol. format Charpentier. Chez Gosselin.

Chroniques chevaleresques de l'Espagne et du Portugal. Paris, 1839, 2 vol. in-8°. Chez Ledoyen, Palais-Royal, et Desforges, rue des Grands-Augustins, 25.

Inez de Castro, et le *Jaloux (o Cioso),* d'Antonio Ferreira, traduit dans la Collection du théâtre européen, 1 broch. gr. in-8°. Épuisé.

Luiz de Souza, roman, 2 vol. in-8°, 1837. Ce livre a été brûlé dans l'incendie de la rue du Pot-de-Fer (rarissime).

Le Portugal. Paris, 1845 et 1846. 1 vol. in-8° à deux colonnes, dans la collection intitulée *l'Univers*. Chez Didot frères.

Le Monde enchanté, ou Cosmographie et histoire naturelle fantastique du moyen âge, 1 vol. in-32, chez Mlle Desrez, rue Fontaine-Molière, 37. Il est question dans ce livre de quelques traditions curieuses relatives au Portugal.

Le même auteur a publié plusieurs ouvrages sur le Brésil; en voici les titres :

Le Brésil, ou Histoire, mœurs, usages et coutumes des habitans de ce royaume. Paris, 1821-22 (en société avec M. Hipp. Taunay), 6 vol. in-18. Épuisé.

Résumé de l'histoire du Brésil. Paris, 1825, 1 vol. in-18. Chez Théophile Barrois.

Le Brésil, 1 vol. in-8° à deux colonnes, faisant partie de la collection intitulée *l'Univers*. Chez Didot frères.

Mes lecteurs peuvent trouver dans mes *Lettres*, p. 192, 202, 207, 523 et 524, quelques renseignemens sur les intéressantes découvertes que M. Ferdinand Denis a faites, et sur les objets d'art ayant rapport au Portugal qu'il a réunis.

Les livraisons 1295-1366 de *l'Univers pittoresque*, accompagnées d'un grand nombre de gravures, sont exclusivement consacrées au Portugal et elles sont l'œuvre de M. Ferdinand Denis.

Voici la liste des sujets se rattachant aux arts, sur lesquels la dernière livraison de cette publication nous fournit des renseignemens :

Statues présumées antérieures à la domination carthaginoise;

Monumens druidiques;

Monumens d'origine romaine ;

Cathédrale de Braga , Vizeu ;

Cathédrale de Coïmbre;

L'église de Cedofeita ;

Le château de Feira;

Chapelle des Templiers de Pombal, vestiges d'architecture sarrasine ;

Château d'Alcobaça;

Ermitage de N. S. du Secours;

Castello de Cham;

Monumens contemporains du fondateur de la monarchie, église de Nossa Senhora d'Almacava;

Monastère d'Alcobaça ;

Sainte-Croix de Coïmbre;

Quinta das lagrimas, et la fontaine des Amours;

Ruines du château de Leiria;

Couvent du Christ , à Thomar;

Santa-Maria do Olival;

Cathédrale de Lisbonne;

Batalha;

Cintra;

Tour de Belem;

Couvent et église de Belem;

Ancien palais des rois, au *Terreiro do paço;*

Aqueduc d'Elvas;

Aqueduc de Lisbonne;

Palais das Necessidades;

Statue équestre du roi Joseph;

La tour des Clercs, à Porto;

Théâtre de Saint-Charles;

Palais d'Ajuda;

Église d'Estrella.

J'ai souvent cité M. Ferdinand Denis dans mes *Lettres*, comme on peut s'en assurer en consultant la table alphabétique de ces *Lettres*, et plus souvent encore dans ce Dictionnaire.

Denis Ferreira, voyez Ferreira (Antoine).

Denis Fiammingo, voyez Calvart.

Denis de Mello e Castro, *auteur* de l'ouvrage intitulé *Historia panegyrica*, voyez Patriarche.

Deos (Jean de) ou Jean de Dieu, *peintre d'ornemens et de plafonds*, voyez Narcisse (Jean-Antoine).

Descripçaõ analytica da estatua equestre del rei D. José I, par *Joachim Machado de Castro,* voyez Patriarche.

Descripçaõ funebre das cxequias de el rei D. Joaõ V, ouvrage commandé à Rome par le roi Joseph en 1751, voyez Patriarche.

Desenho (Discurso sobre a utilidade do), 1788, par *Joachim Machado de Castro,* voyez Patriarche.

Dialogo da Vida Solitaria, voyez Patriarche.

Dias (Emmanuel), *sculpteur,* voyez Silva (J. C. P. da).

Dans la *Chronica do Carmo,* t. 1, p. 671, on lit ce qui suit : « L'image de Notre-Dame du Secours qui, vers 1745, existait dans une chapelle de l'église du Carme, était l'ouvrage du *fameux* Emmanuel Dias, et il l'a faite une des premières années où il exerçait son art. Nous en faisons mention, parce que son auteur, dans l'opinion de tout le monde, est le plus insigne sculpteur que possède le royaume » (*Patriarche,* Liste des artistes, *p.* 11). Le professeur Rodrigues croit que c'est lui qu'on appelait communément *Pai dos Christos* (Père des Christs), parce qu'il a fait un grand nombre de statues du Christ.

Dias (François) Gomez, voyez Gomez (François-Dias).

Dias (Gaspard), *peintre* portugais, vivait sous le règne de Jean III, vers 1534. Il fit ses études à Rome, c'est au moins une opinion accréditée en Portugal et souvent répétée dans mes *Lettres*, sur la foi d'autres auteurs. Félix da Costa Meesen (*Cyrillo*, *p.* 58) lui attribue le tableau de la chapelle de Saint-Roch, à l'église du même nom, représentant ce saint, à qui un ange apparaît. Ce tableau ne manque pas de style (*Lettres*, *p.* 241 *et* 291). Guarienti (*Lettres, p.* 524) lui attribue *La Venue du Saint-Esprit* de la même église, « tableau peint sur bois et signé par l'auteur. » Il dit l'avoir restauré en 1734. Or, ce tableau, qui se trouve maintenant à Saint-Roch au-dessus du maître-autel, et qui représente la venue du Saint-Esprit, est peint sur toile, n'est pas signé et c'est un bien faible ouvrage. C'est peut-être une copie et l'original peut avoir disparu. Cyrillo dit, p. 59, que « s'il existe de lui un ouvrage à Belem, ce doit être *le Christ dans le jardin des Oliviers;* car l'ange qui se voit dans ce tableau a de l'analogie avec celui de la chapelle de Saint-Roch. »

« Le célèbre philologue et critique François-Dias Gomes, dans son élégie 1re *aux Muses*, not. 11, dit que Gaspard Dias était contemporain de *Gran-Vasco*, disciple de Raphaël et de Michel-Ange; que son dessin était très correct; qu'il était distingué dans l'art d'exprimer les passions, et que son pinceau était suave, ce qui le fait considérer comme le Raphaël du Portugal. Il est auteur de deux grands tableaux du cloître de Belem, et de la Venue du Saint-Esprit, à l'église de Saint-Roch, qu'on dit avoir été peinte en 1534, puis restaurée par Guarienti en 1734, et qui est un de ses plus beaux ouvrages » (*Patriarche*, Liste des artistes, rubrique Peintres, article Gaspard Dias). Nous venons de voir que cette dernière assertion, relativement à la Venue du Saint-Esprit, se détruit d'elle-même.

Plus loin, le Patriarche cite les propres paroles du chanoine Villela da Silva. Voici cet extrait, qui me fait l'effet d'une singulière cacophonie : « Le tableau de Gaspard Dias qu'on voit sur l'autel de l'Enfant Jésus de l'église paroissiale de la ville de *Celorico da Beira* est un miracle de l'art par la suavité du pinceau et la vivacité des expressions. Le coloris est admirable, et Gaspard Dias prouve, par les perfections qu'on remarque dans cet ouvrage, qu'il possédait la poésie de l'art à un degré sublime : ce sont ces qualités qui lui ont valu le nom de Raphaël portugais et qui l'ont placé bien au-dessus de Vasco, de Pierre Pérugin, de Reinoso, d'Avelar et d'autres grands artistes qui, sous le règne d'or d'Emmanuel et de Jean III, firent tant d'honneur à la nation portugaise. »

Ailleurs, le chanoine Villela da Silva, *mirabile dictu,* compare Gaspard Dias, sous le rapport *du coloris et de l'expression*, à Rubens (*Lettres, p.* 244). Dans la *Noticia historica descriptiva* du monastère de Belem, sans nom d'auteur, p. 6 (Lisbonne, 1842), nous trouvons la date de 1534 se rapportant à ce peintre. C'est, je crois, M. de Varnhagen qui a composé cet opuscule.

Le Christ tombant sous le fardeau de la croix qu'on voit au-dessus du grand escalier du monastère de Belem porte la signature de Dias. Cependant je me défie ici des inscriptions : d'ailleurs ce tableau est indignement repeint. Voyez *Lettres,* p. 287, où il est aussi question d'un autre tableau de lui, *le Christ couronné d'épines,* portant la date de 1520. Le tableau du *Portement de la croix* est attribué par Cyrillo, sur la foi de Félix da Costa, à Campello. (*Cyrillo, p.* 56.)

Comment se fait-il que François de Hollande, qui a été en Italie entre les années 1538 et 1548, ne dise pas un mot de Gaspard Dias qui l'aurait précédé à Rome au moins de vingt ans, et qui déjà aurait exécuté d'importans ouvrages à Lisbonne en 1520 et 1534, c'est-à-dire avant que François de Hollande ait entrepris son voyage d'Italie?... Je ne mets pas en doute l'existence de Gaspard Dias; mais tout ce qui a été dit sur ce peintre, voire les inscriptions, me paraît sujet à controverse.

DIAS (PANTALÉON), *architecte*. Il florissait sous le règne de Jean II. Il est cité hypothétiquement comme peintre, mais positivement comme architecte de Jean II, à qui il fournit le dessin de la châsse d'argent de saint Pantaléon, à Porto, et de l'église de Saint-Antoine, à Lisbonne. (Voyez *Lettres, p.* 211, 219, 333.)

DIEGO, voyez JACQUES.

DINIS, voyez DENIS.

DINIS (EMMANUEL), *auteur*. Taborda, en se référant à Bermudez, qui, à son tour, cite François de Hollande et l'appelle Denis, dit de Dinis qu'il était *peintre,* qu'il fut élevé dès le plus bas âge en Espagne, et qu'en 1563, il traduisit en langue castillane le manuscrit de François de Hollande, *de Pintura antiya,* qui se conserve dans la bibliothèque de *S. Fernando.*

DIOGO, voyez JACQUES.

DIONISIO, voyez DENIS.

Discurso sobre a utilidade do Desenho, par *Joachim Machado de Castro,* voyez PATRIARCHE.

Distribuiçaõ dos Premios....., voyez PATRIARCHE.

Diu (Successo do segundo cerco de), par *Jeronimo Corte-Real,* voyez PATRIARCHE.

DOMINGUES (ALPHONSE), *architecte,* natif de Lisbonne, le premier maître des bâtisses de Batalha dont, d'après le Patriarche (*Liste des artistes*), on aurait connaissance par un document de 1402. (Voyez *Lettres, p.* 225.)

Frère Emmanuel dos Santos, dans sa *Monarchie lusitanienne*, t. 8, p. 784, dit qu'il était architecte du couvent de Batalha et qu'il était né à Lisbonne. (Voyez *Patriarche*, Liste des artistes, *p.* 1.)

DOMINGUES (Dominique) fut le premier *architecte* des travaux d'Alcobaça, commandés par le roi Denis, ainsi que cela résulte d'une inscription gravée sur une table de marbre placée en face de l'entrée du chapitre. Cette inscription se trouve copiée dans la *Monarchie lusitanienne*, t. 6, liv. 19, chap. 44, p. 487. La pose de la première pierre eut lieu l'an vulgaire 1310 (*era* 1348) (*Patriarche*, Liste des artistes, *p.* 2). Voici le texte de cette inscription : *Sub E. MCCCXLVIII. Idus aprilis Dñus P. Nuni Abbas Monasterij de Alcobatia, posuit primarium lapidem in fundamento claustri ejusdem loci, præsente Dominico Dominici Magistro operis dicti Claustri,* etc.

DOMINGUES (Jean) **DE CAMPOS DIAS**, appelé communément Joaõ da Belida, *sculpteur en bois* et *peintre* de tableaux de dévotion, mort en 1826, à l'âge de 63 ans. Élève d'un sculpteur napolitain nommé Padua, qui exerçait également les deux professions, il a sculpté et peint les images qui servent dans les processions de la Cendre du couvent de *S. Francisco da Cidade.* Le père du professeur Assis lui confiait ses ouvrages en bois et en terre pour les lui faire enluminer. (*Communication de M. le professeur François d'Assise Rodrigues.*)

Dominique Anez, voyez Anez (Dominique).

Dominique-Antoine Candido, voyez Santos (Simon-François dos).

Dominique-Antoine Sequeira, voyez Sequeira (Dominique-Antoine).

Dominique da Cunha, voyez Cunha (Dominique da).

Dominique Domingues, voyez Domingues (Dominique).

Dominique Fernandez, voyez Fernandez (Dominique).

Dominique-François Vieira, voyez Vieira (Dominique-François), et Vieira (François), appelé Vieira Portuense.

Dominique Guerra, voyez Guerra (Dominique).

Dominique-Joseph da Silva, voyez Silva (Dominique-Joseph da), et Bartolozzi.

Dominique Laurent, voyez Salla (Félix).

Dominique da Mota, voyez Mota (Dominique da).

Dominique Nunes, voyez Oliveira Bernardes (Ignace de).

Dominique Pellegrino, voyez Pelegrino.

Dominique Pereira de Carvalho, voyez Carvalho (Dominique Pereira de).

Dominique (frère) Rodrigues, voyez Rodrigues (frère Dominique).

Dominique Rosa, voyez Rosa (Dominique), et Pinto Pereira (François).

Dominique dos Santos Moraes Sarmento, voyez Santos (Dominique dos).

Dominique Teixeira Barreto, voyez Teixeira Barreto (Dominique).

Dominique Vieira Serraõ, voyez Vieira Serraõ (Dominique).

Dominique Zampalocchi, voyez Zampalocchi (Dominique).

DOURADO (Ferdinand Vaz), *enlumineur* et *cosmographe*. Il était gouverneur d'une place forte et vivait sous Jean III et sous D. Sébastien. Il est auteur de l'Atlas enluminé donné par D. Theotonio de Bragance au couvent da Cartuxa d'Evora ; on conserve aujourd'hui, aux archives royales, cet Atlas qui est généralement connu sous le nom de *Carte da Cartuxa.*

Le frontispice de cet atlas est divisé perpendiculairement en deux parties égales. Un *Ecce Homo* occupe le côté droit ; à gauche sont les armes des Costa, avec ce titre en portugais :

« Mappamundo que fez Fernaõ Vas Dourado fronteiro n'estas par-
« tes, que trata de todos os reinos, terras, ilhas, que ha na redondeza
« da terra com suas derrotas e alturas per esquadria. Em Goa, 1571. »
Autour de ce frontispice on lit encore en latin :

« Universalis et integra totius orbis Hydrographia ad verissimam Lu-
« sitanorum traditionem descriptio Ferdinandus Vaz Dourado, cosmo-
« grafo auctore, in civitate Goa, anno 1571. »

(*Communication de M. le vicomte de Juromenha. — Vid. B. Lusit., t. 1, p. 64.*)

DRAPERIES (*peintre aux bonnes draperies*). C'est ainsi que j'ai désigné dans mes *Lettres*, p. 122, et dans d'autres endroits, l'auteur d'un tableau de l'Académie de Lisbonne, appartenant à la catégorie de ceux qu'on attribue ici à Gran-Vasco. Je n'ai pas cité ce tableau pour son mérite, mais pour montrer que parmi tous ceux que l'on dit de ce peintre, beaucoup sont dus à divers artistes.

Droz (Jules), *sculpteur* français, voyez Rezende (Pierre Barreto de).

Duarte, voyez Édouard.

DUARTE D'ARMAS était *dessinateur* et serviteur de D. Emmanuel vers 1507. J'ai entendu ici attribuer à Duarte d'Armas (voyez *Lettres, p.* 231) un livre renfermant les armoiries de la noblesse de Portugal, qui se trouve aux archives de la Torre do Tombo, mais cela est inexact (voyez *Arriet*). En revanche, il est véritablement auteur du livre qui se trouve également aux archives et qui renferme les dessins des forteresses du Portugal dont les noms suivent :

Castro Marim, Alcoutim, Mertola, Serpa, Moura, Nondell, Mouraõ,

Monçarraz, Terena, Alandroall, Julha manha ou Juromenha, Olivença, Elvas, Campo maior, Ouguella, Arronches, Monforte, Açumar, Alegrete, Portalegre, Alpalhaõ, Castel de vide, Marvaõ, Niza, Castellobranco, Montalvaõ, Idanha nova, Segura, Salvaterra, Pena garcia, Monsanto, Penamaior, Sabugal, Villar maior, Castello mondo, Castello bom, Almeida, Castello-Rodrigo, Freixo de Espada á cinta, Mogadouro, Penaroia, Miranda do Douro, Vimioso, Outeiro, Bragança, Vinhaes, Monforte do rio livre, Chaves, Montalegre, Portello, Piconha, Castro laboreiro, Melgaço, Monçaõ, Lapélla, Valença do Minho, Villanova da Cerveira, Caminha, Barcellos, Cintra.

Voici le titre de ce livre: « Ce livre renferme les forteresses qui sont « situées sur la frontière du Portugal et de la Castille, il a été fait par « Duarte d'Armas, écuyer de la cour du très haut, puissant, sérénissime « roi et seigneur Dom Emmanuel Ier, roi de Portugal et des Algarves, « en deçà et au delà des mers, en Afrique, seigneur de Guinée; et de la « conquête, et navigation, et commerce, de l'Éthiopie, Arabie, Perse « et de l'Inde, etc. »

Ces dessins sont faits à la plume. Je reproduis ici celui de Freixo de Espada á Cinta, qui présente d'étonnantes fautes de perspective.

M. le vicomte de Juromenha m'a communiqué les renseignemens suivans à l'égard de Duarte d'Armas :

« Le roi Emmanuel l'a envoyé, en 1507, à Azamor, à Çale et à Larache, afin de lever les plans des embouchures de rivières et des situations de ces places, pour le cas où il voudrait faire la guerre aux rois de Fez, Mequinez et Maroc, ainsi que le raconte Damien de Goes dans sa *chronique du roi Emmanuel,* l'appelant *grande pintor* (1). Le même écrivain, dans sa *chronique du roi Jean,* dit qu'il fut envoyé par le roi à l'île de Corvo ou de Marco pour y dessiner *la célèbre statue* et l'apporter en Portugal. »

Cyrillo, p. 55, rapporte que cette statue se trouvait au sommet d'une montagne et servait de signal aux navigateurs. C'était un jeune homme à cheval, couvert d'un manteau, avec la tête découverte, tenant d'une main la crinière du cheval et ayant l'autre étendue du côté du couchant. La statue fut brisée avant même d'être embarquée, et les fragmens se sont perdus.

Taborda lui consacre un article, p. 152.

Dufourcq. Français, *peintre de paysages*, né en Portugal, âgé de 40 ans à peu près. J'ai cité de lui avec éloge, dans mes *Lettres*, p. 96,

---

(1) Voici encore une preuve de cet abus de mots que nous rencontrons ici si souvent. A en juger par les dessins de Duarte d'Armas qui se trouvent à la Torre do Tombo, il ne manquait pas d'habileté, mais il y a loin de là à être grand.

un tableau appartenant au marquis de Vianna. Il en a fait beaucoup d'autres que possèdent différentes personnes de Lisbonne, entre autres, M. le comte Luckner, chargé d'affaires de Danemark, et deux excellentes aquarelles appartenant au baron Le Mercier.

DURER (ALBERT) (1471-1528) a exercé sur la peinture, en Espagne et en Portugal, une grande et utile influence, qui s'est prolongée presque vers la fin du seizième siècle. M. Antoine de Saldanha e Castro possède un très-beau tableau représentant la *Bataille de Pavie*, et qui, d'après une tradition établie dans la famille, mais difficile à soutenir, serait l'ouvrage d'Albert Durer. (Voyez *Lettres, p.* 274-277; voyez aussi *Galiegos.*)

E

EANES est le même nom que Anes ou Annes, et signifie fils ou descendant de Jean. Si on ne trouve pas ce nom écrit Eanes, on le trouvera écrit Anes, Annes ou Eaunes.

EANES (ALPHONSE), un des *architectes* du couvent du Carme, à Lisbonne, à qui, conjointement avec Gonçalo Eanes et Rodrigo Eanes (tous trois cités dans la chronique comme étant des plus fameux dans leur art), le connétable Pereira, dans la première moitié du quinzième siècle, confia cette construction. Le connétable fit un accord avec eux et avec les employés de la taille des pierres, par lequel ces artistes ou ouvriers s'obligeaient à travailler journellement, sans pouvoir s'absenter, hors le cas où on ne leur payerait pas régulièrement ce qui leur était dû. Cette pièce nous apprend comment ils étaient payés. On donnait à chaque serviteur (servidor) 10 réis; au préposé, qui était réellement préposé (official que era official), 30 réis. Tel était le payement du *maître*, désigné par le mot *official* répété deux fois; car les autres *official* ne recevaient que 15 réis par jour, et gagnaient ainsi par jour à peu près deux *alquer* et demi de blé, l'alquer valant 5 réis (1). (Voyez *Chronique des Carmes*, par frère Joseph Pereira de Santa-Anna (1751). — *Communication de M. le vicomte de Juromenha.*)

EANES (GIL), *statuaire* (imaginador) à Batalha, en 1465. Voyez *Lettres*, p. 228.

EANES GOMES DE AZURARA, *auteur*. Un manuscrit du quinzième siècle, se trouvant à la Bibliothèque royale de Paris, et intitulé

---

(1) Maintenant l'alquer de froment vaut à peu près trois francs, de sorte que ce que l'*official* gagnait, équivaut maintenant à sept francs et demi environ, et le salaire de l'*official official* à dix-huit francs.

Conquête de Guinée, renferme un beau portrait de l'infant D. Henri. Ce manuscrit est de Gomez Eanez ou Eannes de Azurara. La *chronique de Guinée*, récemment découverte par M. Ferd. Denis, a été publiée par le vicomte da Carreira, avec des notes du vicomte de Santarem, et un Glossaire de M. Roquete. Voyez *Lettres*, p. 195 et suivantes, 207 et 523, où se trouvent des renseignemens curieux sur différens manuscrits portugais conservés dans la Bibliothèque de Paris.

EANES (GONSALVE), *enlumineur* de la cour d'Alphonse V. Il fut remplacé en cette qualité par l'enlumineur Vasco, en 1455 (voyez *Lettres, p.* 161). M. le vicomte de Juromenha pense qu'il vivait déjà sous le règne du roi Édouard (1433-1458). (*Lettres, p.* 205, 224.)

Il ne serait pas impossible que ce peintre et l'architecte portant le même nom fussent un seul et même individu, de même que nous avons vu François de Hollande également habile dans ces deux genres.

EANES (GONSALVE), un des architectes du Carme, à Lisbonne, que le connétable Pereira a chargés des travaux de ce couvent, dans la première moitié du quinzième siècle, voyez Alphonse EANES. (*Communication de M. le vicomte de Juromenha.*)

EANES (JACQUES), *architecte*, constructeur des tours de l'église collégiale de Caminha, en 1556, à la fin du règne de Jean III. (Voyez *Lettres, p.* 413.)

EANES (RODRIGUE), un des *architectes* du couvent du Carme de Lisbonne. Je ne sais si c'est le même Rodrigue Annes qui, sous Alphonse V, était maître des travaux en pierre de Santarem. Voyez Alphonse EANES. (*Communication de M. le vicomte de Juromenha.*)

EANES (VASCO), *peintre*. Confirmation de l'acte par lequel il fut adopté par Éléonore Vas, femme de Jean Alphonse, orfèvre, demeurant à Lisbonne (1450). (*Livre 8 de l'Estramadure, fol.* 297. —*Communication de M. le vicomte de Juromenha.*) Cet Eanes pourrait bien être l'enlumineur Vasco de l'année 1455.

EÇA (PIERRE D'ALCANTARA DA CUNHA D'), *sculpteur*, agrégé à l'Académie de Lisbonne. On m'a dit qu'il a beaucoup de talent. Il était âgé, en 1843, de plus de 40 ans. (*Lettres, p.* 115.)

ÉDOUARD DE ARMAS, voyez DUARTE DE ARMAS.

ÉDOUARD BERNARD, voyez BERNARD (Édouard).

ÉDOUARD CALDEIRA, voyez CALDEIRA.

ÉDOUARD MENDES, voyez MENDES (Édouard).

ÉDOUARD NUNES DE LEAÕ, voyez LEAÕ.

ÉDOUARD PHILIPPE, voyez UDUARTE (Philippe).

EGAS (ALVARO), *graveur* à la Monnaie de Porto, fils d'Egas Gonsalves, qu'il remplaça dans le même emploi, attendu le grand âge de ce dernier, le 7 mars 1488. (*Liv. 19 de Jean II, fol.* 67. — *Communication de M. le vicomte de Juromenha.*)

Egas Gonsalves, voyez Gonsalves (Egas).

Eleuterio-Emmanuel de Barros, voyez Barros (Eleuterio).

Élie Sébastien Pope, voyez Pope.

Elsden (Guillaume), *sculpteur* anglais qui fut chargé par les moines d'Alcobaça de cacher par des colonnes grecques, l'architecture gothique du chœur de l'église. (*Murphys Travels* (1795), *p.* 92.)

Elveni (Jean-Joseph), *sculpteur*, élève de Giusti (Alexandre), admis à son école en 1756. (*Cyrillo, p.* 263.)

Emmanuel (le roi), né en 1469, mort en 1521, a donné aux arts un très grand élan en Portugal. Les nombreuses constructions exécutées par ses ordres attestent son goût et sa libéralité. J'ai énuméré dans mes *Lettres*, p. 337 et suivantes, les travaux architectoniques de son règne. Cet éloge ressortira bien mieux encore de la dernière partie de mon travail, de celle qui sera consacrée au tableau général des arts du Portugal. On verra alors que la plus grande part de gloire sous ce rapport appartient aux règnes de D. Emmanuel et de son successeur Jean III. Au reste, si j'étais empêché de terminer ma tâche, chacun pourra, pour peu qu'il trouve que le sujet en vaille la peine, entreprendre ce travail avec mes *Lettres*, avec ce Dictionnaire, et surtout avec le secours de M. Ferdinand Denis et de M. le vicomte de Juromenha.

Emmanuel (maître), *peintre* au temps de Jean III, vers l'an 1555. (Voyez *Lettres, p.* 215.)

Emmanuel (père) Alvarez, voyez Alvarez (père Emmanuel).

Emmanuel André, voyez André (Emmanuel).

Emmanuel Antoine, *peintre*, voyez Antoine (Emmanuel), et Valle (Bruno-Joseph do).

Emmanuel (frère) Baptiste de Castro, voyez Castro (frère Emmanuel-Baptiste de).

Emmanuel Barata, voyez Barata (Emmanuel).

Emmanuel Campello, voyez Campello (Antoine).

Emmanuel de Campos, *auteur* de l'ouvrage *Élémens de géométrie d'Euclides*, voyez Patriarche.

Emmanuel Cardoso ou Cardozo, voyez Cardoso (Emmanuel).

Emmanuel de Castro, voyez Castro (Emmanuel de).

Emmanuel do Cenaculo, voyez Cenaculo.

Emmanuel Correa, voyez Correa (Emmanuel).

Emmanuel da Costa, *architecte* vers 1690, voyez Costa (Emmanuel da), architecte.

Il ne faut le confondre ni avec Emmanuel da Costa, peintre décorateur en 1776, ni avec Emmanuel da Costa Negreiros, architecte, mort en 1750.

Emmanuel da Costa, *peintre décorateur* vers 1776, élève du peintre décorateur Nunes (Simon-Gaétan), voyez l'article de ce dernier, et Costa (Emmanuel da).

Il ne faut le confondre ni avec Emmanuel da Costa Negreiros, ni avec Emmanuel da Costa, architecte vers 1690.

Emmanuel da Costa Negreiros, *architecte,* mort en 1750, et qu'il ne faut confondre ni avec Emmanuel da Costa qui était, vers 1780, élève de l'architecte décorateur Nunes (Simon-Gaétan), ni avec Emmanuel da Costa, architecte vers 1690, voyez Costa (Emmanuel da) Negreiros.

Emmanuel Dias, voyez Dias (Emmanuel), et Silva (J. C. P. da).

Emmanuel Dinis, voyez Dinis (Emmanuel).

Emmanuel Faria et Sousa, voyez Faria e Sousa.

Emmanuel Fialho, voyez Fialho.

Emmanuel Franco, voyez Franco (Emmanuel).

Emmanuel (D. François), *auteur* de l'ouvrage intitulé *Hospital das Lettras,* voyez Patriarche.

Emmanuel-François Monteiro, voyez Monteiro (Emmanuel-François), et Magino.

Emmanuel (François), *facteur d'orgues* et *dessinateur.* Je crois qu'il vivait dans le dix-huitième siècle. Voyez Guerreiro (George).

Emmanuel Gaétan, *peintre,* voyez Gaétan (Emmanuel), et Geraldes (Alexandre).

Emmanuel-Gaétan de Sousa, voyez Sousa (Emmanuel-Gaétan).

Emmanuel Henriques, voyez Henriques (Emmanuel).

Emmanuel Honoré, *sculpteur d'ornemens en bois.* Il était fort estimé et eut pour maître Antoine-Pierre da Rocha. Il est mort en 1827, âgé de 50 ans environ. (*Communication de M. le professeur Assis.*)

Emmanuel-Joachim de Sousa, voyez Sousa (Emmanuel-Joachim de).

Emmanuel Joseph (père), *peintre,* voyez Gonsalves (André).
Il ne faut pas confondre ce père Emmanuel-Joseph avec Emmanuel-Joseph Gonsalves. Ils étaient tous deux élèves d'André Gonsalves.

Emmanuel Joseph, *stucateur,* voyez Joseph (Emmanuel), et Salla (Félix).

Emmanuel-Joseph Gonsalves, *peintre*, voyez Gonsalves (Emmanuel-Joseph), et Gonsalves (André).

Emmanuel était fils et élève d'André. Il ne faut pas le confondre avec le père Emmanuel Joseph, qui était aussi élève d'André Gonsalves.

Emmanuel Laurent, *sculpteur*, élève, vers 1770, de Joachim Machado de Castro (*Cyrillo, p.* 264). « Il est mort au commencement du dix-neuvième siècle. » (*Communication de M. le professeur Rodrigues.*)

Emmanuel-Louis-Rodrigues Vianna, voyez Vianna (E. L. R.), et Figueiredo (Jean de).

Emmanuel Macario, voyez Baptiste (Louis).

Emmanuel Machado, voyez Machado (Emmanuel).

Emmanuel (frère) de Maria Sanctissima, voyez Maria Sanctissima.

Emmanuel Marques d'Aguilar, voyez Marques d'Aguilar (Emmanuel).

Emmanuel Maya, voyez Maya et Mardel.

Emmanuel Mendes, *auteur* d'un livre sur le plain-chant, voyez Mendes (Emmanuel), et Patriarche.

Emmanuel Nunes da Silva, *auteur* de l'ouvrage intitulé *arte minima*, voyez Silva (Emmanuel Nunes da), et Patriarche.

Emmanuel Pereira, voyez Pereira (Emmanuel).

Emmanuel Piolti, voyez Piolti (Emmanuel).

Emmanuel (frère) Ponsao, *auteur* de l'ouvrage intitulé *Liber Passionum*, voyez Patriarche.

Emmanuel (frère) da Purificaçaõ, voyez Purificaçaõ (frère Emmanuel da).

Emmanuel-Renaud dos Santos, voyez Santos (Emmanuel-Renaud dos).

Emmanuel-Ribeiro Pereira, voyez Pereira (Em. Rib.).

Emmanuel-Rodrigues Coelho, *auteur* de l'ouvrage intitulé *Flores de Musica*, voyez Patriarche.

Emmanuel-Rodrigues de Oliveira, voyez Oliveira Bernardes (Ignace de).

Emmanuel-Rodrigues dos Santos, voyez Santos (Emmanuel-Rodrigues dos).

Emmanuel (frère) de Sá, voyez Sá (frère Emmanuel).

Emmanuel (frère) dos Santos, *auteur* de l'ouvrage intitulé *Monarquia luzitana*, voyez Patriarche.

Emmanuel Severim de Faria, voyez Faria (Emmanuel-Severim de).

Emmanuel da Silva Godinho, *graveur*, voyez Silva (Emmanuel da) Godinho, et Carneiro da Silva (Joachim).

Emmanuel de Sousa Coutinho, voyez Sousa (frère Louis de).

Emmanuel Tavares, voyez Figueiredo (Jean de).

Emmanuel Teixeira, *sculpteur*, voyez Teixeira (frère Emmanuel), et Ferreira (Antoine), sculpteur.

Emmanuel Vieira, voyez Vieira (Emmanuel), et Silva (J. C. P. da).

Encarnaçaõ (D. Thomaz da), *auteur* de l'ouvrage intitulé *Histoire ecclésiastique lusitanienne*, voyez Patriarche.

Enguidanos (Joseph) **Lopes**. *auteur* de l'ouvrage intitulé *Colecion de las estatuas antigas*, etc., etc., voyez Salva (Vincent).

Eschewege (*le baron d'*), Allemand, issu d'une très ancienne famille, général au service du Portugal, a plus de 60 ans. C'est un homme instruit, intelligent, honorable; l'architecture n'est pas sa spécialité, il s'en occupe en amateur qui y est porté par un goût très décidé, qui y a fait quelques études et dont l'esprit est en général très cultivé. Je suis cependant loin d'approuver les constructions que ce général a exécutées à Pena, près de Cintra. J'ai déjà dit mon avis sur ces constructions dans mes *Lettres*, p. 332, 405, et note, p. 505.

Escripturas da ordem de Christo, voyez Seco (Pedro-Alvares).

Éséchiel-Anselme Romaõ, voyez Romaõ (Éséchiel-Anselme).

Espaventa (Joseph-François), *stucateur*, voyez Salla (Félix).

Estaço (Gaspard), *auteur* qui a écrit sur les antiquités de Braga; il est cité par M. Ferdinand Denis dans *l'Univers*, 1366e livraison, p. 386, à propos des monumens romains du Portugal.

Estatutos da Universidade de Coimbra, de 1654, ouvrage fait par une commission composée de l'évêque comte D. Francisco de Lemos, recteur et réformateur de l'Université; de l'évêque d'Evora, F. Manoel do Cenaculo, et de D. Joseph Monteiro da Rocha, et présidée par le marquis de Pombal, voyez Patriarche.

Estercio Philippe, voyez Philippe (Terzo).

Estevaõ, voyez Étienne.

Estrangeiros no Lima, voyez Patriarche.

Estrata ou Estraten, *peintre*, voyez Straten (George van der).

Étienne-Gonsalves Neto, voyez Neto (Étienne-Gonsalves).

Étienne Paes, voyez Paes.

Étienne Vasques, voyez Vasques (Étienne).

Eugène de Frias, voyez Frias (Eugène de).

Eugène dos Santos de Carvalho, voyez Santos (Eugène dos) de Carvalho, et Mardel.

Eusèbe de Mattos (frère), voyez Mattos (frère Eusèbe de).

Evora, *auteur* du grand tableau d'Evora représentant le *Couronnement de la Vierge*. Ce tableau se trouve dans le palais archiépiscopal et c'est le plus bel ouvrage de peinture gothique que j'aie vu en Portugal. Il participe du style de Jean Van Eyck et paraît de la même époque ou d'une époque peu postérieure. (Voyez *Lettre* 15.)

Evora (Ferdinand d'), *architecte*. Le 15 décembre 1450 le roi Alphonse V fit donation à Ferdinand d'Evora et à ses successeurs de certaines maisons qui se trouvaient près de Batalha, pour les bons services qu'il avait rendus dans la construction de cet édifice (*Archives royales, livre* 8 *da Estremadura, fol.* 290). Ce Ferdinand d'Evora était déjà mort en 1477, comme il appert d'une charte adressée en cette année à maître Guillaume, par laquelle ce dernier lui est substitué en qualité de maître des travaux de Batalha (*Archives royales, livre* 18 *d'Alphonse V, fol.* 104. — *Communication de M. le vicomte de Juromenha.*)

Cet architecte était neveu de Martin Vasquez. Il est cité dans un document de 1448 comme maître des travaux de Batalha. Il en est question dans d'autres documens jusqu'en 1473. (Voyez *Lettres*, *p.* 226.)

Eyck (Jean Van), *peintre* flamand. Il passa en Portugal en 1428, à la suite de l'ambassade qui vint solliciter la main de Dona Isabelle, fille de Jean Ier, pour le duc de Bourgogne, Philippe le Bon, et il y fit le portrait de cette princesse. Dans le manuscrit de Gomes Eanes de Azurara, il est appelé maître Jean de Yel, *moço da camara* de Monseigneur de Bourgogne. C'est à ce mariage que se rattache l'institution de l'ordre de la Toison d'Or. La princesse Isabelle mourut en 1471. (*Lettres, p.* 195 *et suivantes.*)

F

F. X. F. « Dans l'*Hist. univ.* de Vallemont, traduite en portugais (1745), nous voyons plusieurs estampes signées F. X. F. F. En comparant les dates et le genre d'activité artistique de François-Xavier Fabri, ce ne peut être la signature de ce dernier. » (*Patriarche*, Liste des artistes, rubrique Graveurs, article F. X. F.)

Ce ne peut être non plus celle du graveur François-Xavier de Figueiredo, car son père est venu en Portugal vers 1749, âgé seulement de 24 ans. Voyez Figueiredo (Jean de). D'ailleurs le père et le fils étaient graveurs en médailles.

Fabri (François-Xavier), *architecte* italien. Il composait et traçait avec facilité divers dessins d'architecture et se servait parfois de Felisberto (Philibert-Antoine Botelho), pour en dessiner les figures (*Cyrillo, p.* 229). C'est lui qui fut le véritable constructeur d'Ajuda, bien qu'on lui eût associé Antoine-François Rosa, que ses plans aient été modifiés par Caetano, et que la direction des travaux ait été partagée entre lui et Costa. Il mourut en 1807. (*Lettres, p.* 322.)

FALCAÔ, *dessinateur*, a assisté Grossi (Jean), dans les travaux d'ornemens en plâtre que celui-ci a exécutés, vers 1755, au collége des Nobles à Lisbonne. Voyez Grossi (Jean.)

FALKENSTEIN, *auteur*, bibliothécaire de Dresde. M. Falkenstein m'a fourni sur la corporation des maçons libres, des renseignemens qui se trouvent consignés dans mes *Lettres*, p. 334.

FALLARDO (Jean), *sculpteur*, maître tailleur de pierres du palais *da Ribeira*, place qui devint vacante par la mort d'Augustin Rodrigues (1655). (*Livre 26 de Jean IV, fol.* 246.—*Communication de M. le vicomte de Juromenha.*)

FAMIN (César), *auteur*, consul de France, a écrit l'*Histoire des invasions des Sarrazins en Italie* (Paris, 1843). Il m'a donné beaucoup de renseignemens qui se trouvent épars dans mes *Lettres* et dans ce Dictionnaire. Il s'occupe maintenant de la numismatique du Portugal, et a déjà fait bon nombre de découvertes intéressantes. Sa collection de monnaies portugaises est peut-être la plus riche et la plus complète qui existe.

M. Famin m'a fourni sur ce sujet plusieurs observations historiques et artistiques que je vais rapporter ici.

On voit par les plus anciennes monnaies de Sanche Ier, qui régna de 1185 à 1212, que les rouelles ou besans placés dans les 5 écussons (*quinas*), étaient originairement au nombre de 3 ou 4; ce fut seulement vers la fin de ce règne qu'ils furent portés à 5. C'est donc sans fondement que les historiens portugais ont prétendu qu'à la suite de la journée d'Ourique Alphonse Henriques, père de D. Sanche, plaça 5 besans dans les armes de son royaume en souvenir des cinq plaies du Christ. J'ai reconnu encore que Jean IV, fondateur de la maison de Bragance, est le premier roi de ce pays qui ait adopté la couronne fermée à l'imitation des Philippe d'Espagne.

On remarque que les monnaies les plus grossièrement frappées, sont naturellement celles des époques les plus critiques de l'histoire portugaise. Sous Jean Ier, fondateur de la 2e dynastie (1383 à 1433), le *real branco* n'était pas seulement une pièce de mauvais aloi; c'était encore un objet sans mérite aux yeux de l'artiste. Les pièces frappées sous le règne malheureux de D. Sébastien sont généralement fort imparfaites, à l'exception toutefois de quelques rares pièces d'or de 500 réis, fondues par un artiste connu sous le nom d'*En-genhoso*. Cette imperfection se fait encore sentir dans les pièces frappées sous les règnes orageux de Jean IV et d'Alphonse VI. L'art numismatique décèle au contraire de notables progrès sous les règnes d'Alphonse V, de Jean II, d'Emmanuel et de Jean III (de 1438 à 1557). Là, figurent les belles pièces d'or pur connues sous le nom de *Portugaises, Cruzades, Saint Vincent, Saint Thomé*, etc. Je citerai encore les monnaies du règne de Pierre II, d'abord régent, puis roi (1665 à 1707), et surtout celles de Jean V (1707 à 1750). Ce monarque fastueux eut jusqu'à 14 espèces de monnaies d'or, savoir : 6 à la croix du Christ, et huit à l'effigie royale. M. Famin les possède toutes dans sa collection, et notamment deux exemplaires de ces magnifiques pièces que Jean V fit frapper en 1731, pour les offrir à la cour de Rome, en échange des priviléges ecclésiastiques qu'il en sollicitait. Elles pèsent 24 octaves d'or pur, ce qui leur donne une valeur intrinsèque d'environ 300 francs. Elles sont très rares.

Parmi les pièces frappées sous les règnes des temps modernes, celles de l'infant D. Miguel (*Michael I, rex Portugaliæ*, etc.), sont remarquables par l'élégance du dessin et la pureté du coin. J'en dirai autant d'une médaille de ce prince, qui porte la signature D. Chardigny.

FANCÉ, *sculpteur*, a fait les laides statues de *saint Pierre* et *saint Paul*, qui se voient au frontispice de l'église de Lorette à Lisbonne. (*Cyrillo, p.* 252.)

FARIA, *sculpteur* portugais du dix-huitième siècle, imitait Antoine Ferreira, mais il était très inférieur à cet artiste (*Lettres, p.* 441). Je présume qu'il modelait en terre, car c'est surtout dans cette partie que Ferreira a montré le plus de talent et je ne sache pas qu'il ait sculpté en pierre.

FARIA (le chevalier), *graveur*, dessinait aussi à la plume. Voyez CARNEIRO DA SILVA (Joachim), graveur.

FARIA (EMMANUEL SEVERIM DE), *auteur* de l'ouvrage intitulé *Noticias de Portugal* (*Lettres, p.* 524). Il est cité par M. Ferdinand Denis, à propos des monumens romains du Portugal, dans *l'Univers* 1633ᵐᵉ livraison, page 586, où il est appelé Severim de Faria.

FARIA (ISIDORE), *peintre*. Le chanoine Villela dit dans son livre intitulé *Celorico da Beira*, que « la ville de Celorico fut fondée par les Templiers en 1230. Dans l'église paroissiale de Saint-Pierre, le *célèbre* artiste Isidore Faria doit avoir déployé son *grand génie*. » C'est ainsi que s'exprime le chanoine, et il ajoute, que son tableau de *saint Pierre* est *inappréciable*, et que si ce *fameux* peintre avait un dessin plus correct, il aurait fait rejaillir sur Francaso, sa ville natale, autant de gloire qu'elle en a tiré de la naissance du grand historien Jean de Lucena. (*Lettres, p.* 244.)

FARIA (JOSEPH-LOUIS DE SOUSA), voyez SOUSA FARIA (Joseph-Louis de), *sculpteur*.

FARIA (LOUISE DE), *peintre*, fille du docte écrivain Emmanuel de Faria y Sousa, a fait le portrait très ressemblant de son père, qui a été gravé dans l'ouvrage intitulé *Retrato de Manoel de Faria y Sousa.* (Voyez § 16, *Patriarche*, Liste des artistes, article D. LUIZA DE FARIA.)

FARIA (SILVESTRE DE), *sculpteur* d'ornemens en bois. Il était fort estimé, et avait eu pour maître Ludovice, qui lui enseigna les ornemens et l'architecture. Il vivait vers le milieu du dix-huitième siècle et mourut avant l'année 1800. (*Communication de M. le professeur Assis.*)

FARIA E SOUSA (EMMANUEL), *auteur* de l'ouvrage intitulé *Europ. Portug.*, cité par le Patriarche, *Liste des artistes*, p. 12, article *Nicolas Francez*. M. Ferdinand Denis parle aussi de cet auteur, à propos des monumens romains du Portugal (voyez l'*Univers*, 1633me livraison, p. 386). Faria vivait au dix-septième siècle.

Ce nom a bien de l'analogie avec Farinha (Bento-José de Sousa); cependant, le nom de Faria e Sousa se trouve précédé, dans un autre endroit de la *Liste des artistes* du Patriarche, à l'article *Bernardo-Fernandes*, p. 14, du nom de baptême *Emmanuel,* tandis que Sousa Farinha s'appelait *Benoit-Joseph.*

Il est aussi l'auteur de l'ouvrage intitulé *Azia e Africa portugueza,* et d'autres ouvrages en prose et en vers. La plus intéressante de ses productions littéraires est son : *Commentaire de la Lusiade et des Rimes de Camoës.* Il y a joint deux biographies du poète, dans lesquelles il nous a fourni des éclaircissemens nouveaux, fruits de ses curieuses investigations. Ces commentaires forment quatre volumes infolio : deux se rapportent à la Lusiade, et les deux autres, publiés seulement après sa mort, se rapportent aux *Rimes.* L'un de ces derniers porte la date de 1685, l'autre, celle de 1689. En 1779, fut imprimée la collection complète de ses poésies, dont quelques-unes étaient inédites, et parmi celles-ci, une élégie consacrée à la mort de Catherine de Ataïde, maîtresse du poète. Il existe encore des autographes qui contiennent des morceaux inédits, échappés à l'édition de 1779. Ce sont ces fragmens, joints à d'autres que j'ai découverts ailleurs, qui forment une partie du travail entrepris sur Camoës, par M. le vicomte de Juromenha.

M. le vicomte de Juromenha tient de M. de Cueto, que dans la bibliothèque du duc de Villa Hermosa, à Madrid, on conserve des autographes du même auteur qui sont écrits en espagnol.

Faria e Sousa avait beaucoup de jactance. En commentant le sonnet
187 de Camoẽs, fait en l'honneur du célèbre calligraphe Emmanuel
Barata, il se place parmi ceux qui exerçaient le mieux la calligraphie, il
dit qu'il imitait parfaitement l'écriture de Barata, et que, quoique gau-
cher, il peut se vanter d'écrire avec une rapidité surprenante, si bien,
qu'il est capable d'écrire en un jour deux mains de papier sous la dictée,
et une, en écrivant sans qu'on lui dictât. Il ajoute : « Je sais former toute
sorte de caractères d'une manière si égale et si belle, qu'on me considère comme grand dans ce genre. » (*Communication de M. le vicomte
de Juromenha.*)

FARINHA (BENOÎT-JOSEPH DE SOUSA), *philologue* et professeur de
philosophie à Evora, a publié en 1785, sa *Collecçaõ das antiguidades
de Evora*. (*Lettres, p.* 363.)

FARRACHO (JEAN), « maître *tailleur de pierres*, chargé des travaux de S.-Julião de Setubal (1516). Voyez Livre des dépenses de ces
constructions aux archives royales. » (*Communication de M. le vicomte
de Juromenha.*)

FAUSTIN-JOSEPH RODRIGUES, voyez RODRIGUES (Faustin-Joseph).

FÉLICIEN DE ALMEIDA, voyez ALMEIDA (Félicien de).

FÉLICIEN NARCISSE, *peintre*, « disciple de Jean Nunes (1) et de
Baccarelli, peignait, à ce que dit Cyrillo (*p.* 195), avec beaucoup d'habileté l'architecture, les plafonds et les ornemens; on trouve, en effet, en
Portugal, dans les églises et dans les maisons particulières, un grand
nombre d'ouvrages de ce genre d'un effet satisfaisant. Ainsi, on peut
citer les plafonds de la bibliothèque de Coïmbre, du palais de Belem,
ceux de l'église de Lorette et beaucoup d'autres. Il fut assisté dans la
peinture du plafond de la Fonderie, par Antoine Cuetano da Silva
(mort en 1775), par Antoine dos Santos Joaquim (mort en 1777) et par
Joseph-Carvalho Rosa, qui y peignit les fleurs. Félicien Narcisse mourut
dans un âge avancé vers 1776. » (*Cyrillo, p.* 195.)

FELIPPE, voyez PHILIPPE.

FELISBERTE, voyez PHILIBERT.

FÉLIX, *orfèvre*, cité dans un manuscrit de 1168, intitulé *Livro
preto*, comme ayant exercé son art à Coïmbre. (*Lettres, p.* 421.)

FÉLIX DA COSTA MEESEN, voyez COSTA (Félix da).

FÉLIX LICHNOWSKI (prince), voyez LICHNOWSKI (prince Félix).

FÉLIX MACHADO DA SILVA CASTRO E VASCONCELLOS, marquis de
MONTE-BELLO, voyez MONTE-BELLO.

______

(1) Jean Nunes de Abreu.

Félix da Rocha, voyez Rocha (Félix), et Grossi (Jean).

Félix Salla, voyez Salla (Félix).

Félix-Vincent d'Almeida, voyez Almeida (Félix-Vincent).

Feller (l'abbé de), *auteur* du *Dictionnaire historique*, 1827 (*Lettres, p.* 148). Voyez aussi le jugement que porte sur cet auteur Loureiro (François de Sousa), à l'article qui est consacré à ce dernier dans le présent Dictionnaire.

Femine (Jules-César de), *peintre* génois, voyez Gonsalves (André).

Ferdinand de Portugal, S. M. le Roi, a fait depuis 1837, beaucoup de gravures à l'eau-forte, et dans le nombre, il s'en trouve d'excellentes : toutes portent un témoignage irrécusable de son talent. Le monogramme constant dont ses planches sont marquées est ℱ et la date. J'ai déjà parlé dans mes *Lettres*, p. 403 et suivantes, du talent distingué de ce prince, et du sentiment artistique dont il est doué.

Voici la liste je crois à peu près complète de ses gravures, si on en excepte ses premiers essais.

1837. *Deux marchandes de poisson* et un homme sur un âne. 85 millimètres sur 67.

1838. *Une chèvre et deux chevreaux* dans un paysage, avec l'inscription ℱ *fec.* 1838, d'après Verbœkhoven. Charmante gravure. 12 centimètres sur 8.

1838. *Un gros chien* couché auprès d'une cheminée, et deux autres chiens plus petits; deux cages et deux pots à fleur. 168 millimètres sur 128.

1839. *Deux chevaux*, menés par un homme au moment où ce dernier ouvre la porte de l'écurie pour les y faire entrer, avec l'inscription au-dessus de la porte : *Eugène Verbœkhoven pinx.* 1838, ℱ *fec.* 1839, Lisbonne. 243 millimètres sur 189. C'est une excellente gravure. Les bonnes épreuves en sont rares, l'eau-forte ayant mal mordu.

1839. *Un poney*, d'après nature, avec l'inscription : *Rolly, pony écossais*. Charmante gravure. 121 millimètres sur 155.

1839. *Un cheval au pâturage*, d'un dessin irréprochable. 114 millimètres sur 81.

1839. *Tête de cheval*, d'une belle exécution, avec l'inscription : *D'après un dessin de Charles-Adolphe Hess*. 162 millimètres sur 128.

1839. *Des enfans* se rendant à l'école, avec l'inscription : ℱ *fec.* 1839, *d'après un croquis de Charlet*. Charmante gravure. 121 millimètres sur 114.

1859. *Un cheval fatigué*, contre lequel s'appuie un paysan. Très jolie gravure artistement faite. 67 millimètres sur 67.

1859. *Bétail* dans un paysage. 168 millimètres sur 121.

1859. Divers *petits sujets*, réunis sur une planche de 202 millimètres sur 54.

1840. *Un aveugle* assis au pied d'un arbre avec l'inscription suivante : *Baron v. Lœvenfels del.* 1840, *in Cintra.* $\mathcal{F}$ *fec.* 1840. 121 millimètres sur 101.

1840. *Des fumeurs*, d'après D. Téniers. 121 millimètres sur 91. Au bas de cette gravure, sur la même planche, on voit un autre moindre sujet, et tout autour, diverses petites compositions. Toute la planche a 189 millimètres sur 202.

1840. *Un coq, des poulets, des fruits et des vases*, d'après un tableau portant la date de 1718. 189 millimètres sur 135.

1840. *Portrait* en pied *du baron d'Eschewege*, général au service de Portugal, dirigeant les constructions de la Pena. Il est représenté au milieu des masses de pierre de la montagne de Cintra. C'est sur cette montagne que sont situés le monastère de la Pena et les nouvelles bâtisses. Tout autour de cette gravure, sont dispersés divers sujets dans de moindres proportions. 189 millimètres sur 133.

1840. *Moïse* faisant jaillir l'eau du rocher, avec les inscriptions suivantes : $\mathcal{F}$ *fec.* 1840, *à Lisbonne. Imprimé par Eugène Brohy. F. de Wit pinx.* 1640.

1840. *Un Hongrois à cheval*, sautant un ruisseau ; avec les inscriptions suivantes : *Papara's Flucht aus der Halbinsel nach Ungarn. Dédié à mon bien-aimé frère Léopold, en souvenir d'un heureux temps passé.* 135 millimètres sur 155.

1841. *Le prince royal de Portugal*, et son frère le prince Louis-Philippe, assis à une table et déjeunant. 148 millimètres sur 114.

1841. *Un Sévillan* à cheval. 101 millimètres sur 94.

1841. *Un pauvre* assis au milieu d'arbres et de plantes. Divers moindres sujets forment un cadre autour de la composition principale. 142 millimètres sur 101.

1841. *Deux trompettes à cheval*, en costume de l'époque de Cromwell, avec l'inscription suivante : $\mathcal{F}$ *fec.* 1841, *d'après un dessin de Foussereau.* 175 millimètres sur 135.

1842. *Duel* entre deux guerriers de l'époque de Cromwell, auquel assistent d'autres guerriers à cheval. Ce sujet est encadré dans des arabesques d'une ingénieuse et jolie composition ; on voit autour, une infinité de petits sujets, parmi lesquels on remarque les fils du roi, D. Joaõ, et le prince Louis-Philippe. Au haut de la composition principale, on lit sur une feuille de papier l'inscription suivante : *Der dem Tod in's Auge schauen kann, der Soldat allein*

ist der freye Mann. Cette planche est très remarquable. 25 millimètres sur 202:

1842. *Une chambre,* dans laquelle sont épars des armes, des bocaux, un
tableau encadré, des meubles, etc. Cette scène est animée par deux
chiens. 135 millimètres sur 128.

1843. *Un cheval à l'abreuvoir,* son maître s'appuie contre une des colonnes qui bordent une fontaine couronnée de plantes grimpantes.
162 millimètres sur 121.

1843. *Un vieux maître d'école,* entouré de petits garçons, avec l'inscription : ℱ *fec.* 1843, *d'après le dessin de Charlet,* 17 *août,
avant notre départ pour Cintra.* Il n'y a pas d'artiste qui ne fût
bien aise d'avoir gravé cette planche. Au bas, on voit de petites
figures formant trois sujets différens, avec des inscriptions hon-
groises. 162 millimètres sur 108.

1843. *Un ours* dans un bois, ayant devant lui des livres, et plongé dans
ses réflexions, avec les inscriptions suivantes : ℱ *fec.* 1843, *à
Cintra, l'ours d'après nature. L'ours philosophe.* Deux épreuves
dont une retouchée. 135 millimètres sur 108.

1843. *Un cheval* d'après Fratin. Tout autour, différens sujets qui enca-
drent le morceau du milieu, et parmi lesquels on voit le portrait
de M. de Savigny, à cette époque secrétaire de la légation de
Prusse. Au-dessous de l'une de ces petites compositions, se lit l'inscription : *D. Salustio Vexal.* C'est une des meilleures planches
que le Roi ait faites : elle est digne d'un artiste consommé. 216 millimètres sur 175.

1843. *Un mulet,* un homme debout, et deux femmes; dans le fond,
plusieurs colonnes surmontées d'une balustrade, et une espèce de
cruzeiro en pierre, sur lequel est un écusson de forme ovale avec
une inscription. C'est une des gravures auxquelles je serais le moins
tenté de donner des éloges. 135 centimètres sur 121.

1843. Croquis du *portrait du duc Ferdinand,* père du roi; à gauche,
un guerrier ou chasseur d'Asie, à cheval; à droite, un autre debout,
dans de plus grandes proportions. 128 millimètres sur 67.

1843. *Un cavalier* faisant l'aumône à un pauvre; un brigand caché
derrière un arbre, et un enfant jouant avec un chien. Ce sujet est
encadré dans des arabesques et entouré de sujets détachés dans de
moindres proportions. Ces derniers surtout sont fort ingénieux et
gracieusement traités. 243 millimètres sur 162.

1843. *Les pèlerins* dans les murs de Rome, avec l'inscription : ℱ *fec.*
1843, *d'après le tableau de Paul de la Roche.* 189 millimètres
sur 128.

1843. *Des bœufs attelés* à une charrette et un paysan s'appuyant sur
son bâton, avec l'inscription : ℱ *fec.* 1842, *d'après un dessin*

de Klein. Divers petits sujets entourent cette gravure. 311 millimètres sur 216.

1844. D'après un dessin de d'Orcheviller. Devant une cabane en pierre on voit une *ménagerie ambulante,* dont le maître est assis sur un tonneau. Un âne chargé, devant lequel est couché un chien, porte deux singes; un troisième singe et un ours se tiennent près de leur maître. 243 millimètres sur 162.

1844. Une famille de *musiciens ambulans,* composée d'un homme, d'une femme et d'un petit garçon, avec l'inscription suivante : *Dessiné à Elvas* 1843, *gravé à Lisbonne* 1844. Sur la même planche, en bas : cinq officiers autour d'une table, mangeant et buvant; avec l'inscription : *Tafel bei Weschal.* 162 millimètres sur 108.

1844. Le *buste d'un Hongrois.* Au bas de la planche, un vénérable ecclésiastique qu'entourent des gnomes; à l'une des extrémités de la planche, des têtes d'hommes et un enfant. 216 millimètres sur 135.

1844. *Un coq et une poule.* Sur la même planche, des guerriers d'après un dessin de Madou. 216 millimètres sur 139.

1844. *Un Hongrois assis* et deux enfans. Sur la même planche, un voyageur à âne, suivi d'un garçon et un piéton suivi de son chien. 189 millimètres sur 135.

1844. *Un chasseur et son chien.* 202 millimètres sur 162.

1844. *Deux cavaliers* dans un paysage; sur un des bords de la planche, de petites figures. 202 millimètres sur 101.

1844. *Paysages,* cavaliers et chevaux. 162 millimètres sur 40.

1844. *Deux enfans* prenant leur leçon, et leur maître : contour; au-dessus, le portrait d'un gros personnage avec sa canne sous le bras.

1845. Au milieu de plantes du tropique, un *cheval qui prend la fuite;* sur le premier plan, sont assis à terre deux hommes, devant lesquels un tigre est couché. Contour 175 millimètres sur 121.

1845. *Un cabriolet* de l'époque de Louis XV, attelé d'un cheval : dans la voiture, un cavalier et une dame, derrière un petit nègre. 135 millimètres sur 87.

1845. *Un homme en costume de l'époque de Cromwell,* debout sur le dernier degré d'un escalier en pierre, et s'appuyant contre une balustrade. 169 millimètres sur 114.

1845. *Une brebis* debout et une chèvre couchée dans un paysage. 121 millimètres sur 94.

1845. *Un enfant* dans un fauteuil. 135 millimètres sur 81.

Le Roi s'est essayé cette année (1846), dans la peinture à la détrempe. Il a dessiné et peint toutes les petites figures qu'on voit dans les six paysages qui forment les dessus de portes du cabinet particulier de la Reine, au palais de Necessidades. J'en ai déjà rendu compte à l'article Silva (Joachim-Possidonio-Narcisse da), architecte.

Ferdinand d'Evora, voyez Evora (Ferdinand d').

Ferdinand Garcia, voyez Garcia (Ferdinand).

Ferdinand Denis, voyez Denis.

Ferdinand Fermosa, voyez Fermosa (Ferdinand).

Ferdinand Galiegos, voyez Thomar.

Ferdinand Gomes, voyez Gomes (Ferdinand).

Ferdinand das Minas, pseudonyme, voyez Arriet.

Ferdinand de Tavora (Dom frère), voyez Tavora et Jeromino (frère Henri de S.).

Ferdinand Vaz Dourado, voyez Dourado (Ferdinand Vaz).

Fermosa (Ferdinand), *architecte*, chargé de l'érection de la sacristie de Belem vers 1517. (*Lettre* 14ᵐᵉ, *app.* 2.)

Fernandes (Antoine), *auteur* de l'ouvrage intitulé *Arte da Musica, etc.*, voyez Patriarche.

Fernandes (Antoine-Jacques), *directeur d'une école de dessin*, voyez Marques d'Aguilar (Emmanuel).

Fernandes (Antoine Rodriguez), voyez Rodrigues (Antoine Fernandes).

Fernandes (Balthasar), *architecte*, « maître des travaux de Cintra. » (*Livre* 18ᵐᵉ, *du roi Sébastien, feuille* 507. — *Communication de M. le vicomte de Juromenha.*)

Fernandes (Bernard), *graveur*. « Dans le poème intitulé *Elisabetha triumphans* de frère Jérôme Vahia, bénédictin, imprimé à Lisbonne en 1732, on voit un frontispice avec le portrait de l'auteur et divers ornemens, et au bas les mots : *Bernardo Frz. Lisboa incid.* » (*Patriarche,* Liste des artistes, *p.* 14).

Le Patriarche suppose qu'une autre signature : *Bernardo F. Gayo comp. Esc. Lisb. occid.*, qui se trouve sous le portrait gravé de Emmanuel de Faria e Sousa, imprimé en 1733, est également celle de Bernard Fernandes.

Fernandes (Dominique), *peintre*, vivait au temps de Jean III. Vers l'an 1554 (voyez *Lettres*, *p.* 215), il y eut un *enlumineur* de ce nom. Peut-être est-ce le même individu. Voici ce que nous apprend à cet égard M. le vicomte de Juromenha : « Fernandes (Dominique), enlumineur, qui florissait sous le règne de Jean III, fit différens ouvrages pour le couvent de Thomar, ainsi que cela se voit dans les comptes des travaux dudit couvent. »

Fernandes (François), *architecte*. « Il existe un alvara par

lequel Fernandes fut nommé maître des travaux en pierre de la ville
de Coïmbre en 1609. » (*Livre 20 de Philippe II, feuille 172. — Communication de M. le vicomte de Juromenha.*)

FERNANDES (FRANÇOIS), *peintre*, vivait à Viseu vers l'an 1552,
année de la naissance de son fils Vasco Fernandes. Cela résulte de l'extrait baptistaire de son fils. C'est tout ce que nous savons de lui. (*Lettres, t. 1, p. 307.*)

FERNANDES GARCIA, voyez GARCIA (Fernandes).

FERNANDES (GIL), *architecte*. « On conserve un ordre de lui payer
les travaux qu'il a exécutés dans le magasin de blé de Sétubal et dans
la maison des autorités de cette ville (1531). » (*Corp. chron., partie 1re,
paquet 46, doc. 61. — Communication de M. le vicomte de Juromenha.*)

FERNANDES (LAURENT), *architecte,* « maître des travaux du monastère de Belem. Il existe un alvara qui ordonne de lui délivrer
50 quintaux de poivre pour les dépenses des travaux du couvent de
Belem (1511). » (*Corp. chr., partie 2e, paquet 29, doc. 72. — Communication de M. le vicomte de Juromenha.*)

FERNANDES (LOUIS), *architecte,* « maître des travaux du couvent
de Belem. On trouve dans les Archives plusieurs actes concernant cet
artiste : d'abord, un alvara qui prescrit de lui remettre 50 quintaux de
poivre pour subvenir aux dépenses des travaux du couvent de Sainte-
Marie de Belem (1511). (*Corp. chron., partie 2e, paquet 29, doc. 72.*)
Un autre document nous apprend que Fernandes (Louis) fut encore
maître des travaux de Saint-Jérôme de Valbemfeito. (*Corp. chron.,
partie 1re, paquet 84, doc. 76.*) Enfin, il existe un ordre du Roi au
duc de Coïmbre de payer à Fernandes 21,000 réis pour les travaux de
la même ville (1550). » (*Corp. chron., partie 1re, paquet 45, doc. 126.
— Communication de M. le vicomte de Juromenha.*)

FERNANDES (MATHIEU), *architecte*. « Il y a eu deux architectes de
ce nom : le père et le fils. Le père, maître des travaux de Batalha, était
déjà mort en 1516, ainsi que cela résulte de la charte par laquelle
son fils lui succéda dans cet emploi. (*Archives royales, livre 25 du roi
Emmanuel, fol. 78.*) Avant d'être nommé maître des œuvres de Batalha, il était maître des œuvres de Santarem, emploi dans lequel il fut
remplacé en 1480 par Jean Rodrigues. » (*Archives royales, charte
adressée à Jean Rodrigues. — Communication de M. le vicomte de
Juromenha.*) On voit encore sa pierre tumulaire dans l'église de Batalha près de l'entrée principale, au bas des degrés intérieurs. Il était
aussi maître des fortifications de l'île de Madère. (*Archives royales.*)
Il a travaillé aussi à Alcobaça, dont il était architecte. En 1508, le Roi
l'envoya diriger les travaux du château de cette ville. Il lui confia aussi

— 92 —

celles d'Almeida, dont l'entreprise avait été accordée à François Dansilha (*Archives royales. — Corp. chron., partie* 2e, *paquet* 16,
doc. 23, *et partie* 3e, *paquet* 16, *doc.* 25). Un alvara du 2 janvier 1514
lui assure un traitement de 3,000 réis par an. (*Archives royales. —
Corp. chron., paquet* 23, *doc.* 2. — *Communication de M. le vicomte de Juromenha.*)

Mathieu Fernandes fils est mort en 1528. En cette année, Jean de
Castilho lui avait succédé dans son emploi. Suivant le Patriarche
(*Liste des artistes, p.* 5), ce serait le père qui aurait été architecte de
la capella imperfeita. Il fit aussi les dessins de la forteresse de Salvaterra. Je ne sais si c'est au fils ou au père que se rapporte la lettre du
roi Emmanuel de l'année 1513; cependant il me paraît plus probable
que c'est au père. (*Lettres, p.* 219.)

FERNANDES (MARC), *architecte*, « maître des conduits d'eau des
palais de Cintra. (*Livre* 36 *de Jean III, fol.* 106.) En 1533, il était
maître du palais de cette ville, ainsi qu'on le voit dans un bon de
4,000 réis. » (*Corp. chron., partie* 2e, *paquet* 182, *doc.* 121.— *Communication de M. le vicomte de Juromenha.*)

FERNANDES (MICHEL), *architecte,* « vivait au commencement
du dix-huitième siècle. Il fit le plan de l'église et du monastère
des Bénédictins de Saint-Jean-Baptiste de Pendorada, dont l'érection
fut décidée dans l'assemblée générale du chapitre en 1725. » (*Patriarche*, Liste des artistes, *p.* 5.)

FERNANDES (PIERRE), *peintre* du temps du roi Emmanuel, vers
1508. (*Lettres, p.* 216, 224.)

FERNANDES (PIERRE), *architecte*, vivait au temps de Jean III.
« On conserve un alvara qui prescrit de lui payer 12,000 réis pour les
travaux que le Cardinal-infant lui a fait faire à Valverde (1538). Fernandes est né à Abrantes, et il a exécuté les travaux de Notre-Dame-des-
Grâces dans cette ville, ainsi que cela résulte d'une lettre adressée par
lui à Jean III, où il dit : « Le portique en pierre de Ourem devra être
orné d'une image de Notre-Dame-des-Grâces et devra porter une inscription où il sera dit que Son Altesse a trouvé bon de faire construire dans
d'autres lieux cet édifice parce qu'il était délabré de plusieurs côtés, et
qu'il était exposé aux eaux dont les religieuses étaient incommodées;
que, sur la proposition de Pedro Fernandes, le Roi l'a fait reconstruire
à ses frais, avec le concours des aumônes du Roi et de quelques autres
personnes. » Cette construction fut commencée en 1542, le jour de
sainte Anne. La lettre porte la date du 1er août 1547. (*Corp. chron.,
partie* 1re, *paquet* 74, *doc.* 58. — *Communication de M. le vicomte
de Juromenha.*)

FERNANDES (PIERRE) **DE TORRES**, *architecte*. Signature que j'ai vue à la Torre do Tombo (*Archives royales*), sous un dessin de la fontaine du monastère de Thomar au temps de Philippe II.

FERNANDES (Ruy ou Rodrigue), voyez Soares (Ruy ou Rodrigue).

FERNANDES (Simon), *cosmographe.* « On trouve cette mention : quatre muids de blé à Fernandes, cosmographe, sur la feuille des payemens du fermier des péages des terres basses qui bordent le Tage (*Lesirias*), près de Villa-Franca (1540). » (*Corp. chron., partie* 1re, *paquet* 68, *doc.* 3.— *Communication de M. le vicomte de Juromenha.*)

FERNANDES (Thomas), *architecte.* « Damien de Goes dit de Fernandes, dans sa *Chronique du roi Emmanuel, partie* 2e, *chap.* 16, qu'il était aux Indes *maître des travaux*, et qu'il a construit toutes les forteresses jusqu'en 1506. Castanheda dit de lui la même chose, l'appelant *homme de bon savoir dans son art et de subtil génie.* » (*Patriarche*, Liste des artistes, *p.* 6.)

FERNANDES (Vasco), *peintre*, était fils de François Fernandes, peintre, et de Marie Henriques. Il est né à Vizeu, le 18 septembre 1552 (*app.* 2e *de ma Lettre* 12me). Un manuscrit de Ribeiro Pereira de l'année 1630, qui appartient à la Bibliothèque de Porto, et porte pour titre : *Dialogues moraux, historiques et politiques,* lui attribue le tableau représentant le *Calvaire* qui se trouve à la cathédrale de Vizeu, dans la chapelle de Jésus. 78 ans seulement séparent la naissance de Vasco, de la date du manuscrit. En supposant que Pereira ait eu 40 ans lorsqu'il a écrit ses *Mémoires*, il aurait dû naître quand Vasco en avait 38. Tous deux étaient de la même ville (*app.* 2e *de ma Lettre* 8me). Ils devaient donc se connaître; et, dans tous les cas, Pereira ne peut avoir ignoré l'auteur de ce tableau du *Calvaire*, d'une origine si récente, et auquel dans sa ville on attribuait tant d'importance. On voit dans la même cathédrale quatre autres grands tableaux, que, par analogie, je juge être également de Vasco Fernandes; le plus beau représente *Saint Pierre* assis sur son trône. Il y a aussi treize autres tableaux d'une moindre dimension représentant des demi-figures de différens saints (*Lettres* 16me *et* 17me). Parmi l'immense quantité de tableaux gothiques attribués à Gran-Vasco qui sont répandus dans tout le Portugal, je n'en ai pas vu d'autres qui m'aient paru l'œuvre de l'auteur du *Calvaire*, si ce n'est le *Saint Michel* qui se trouve chez le duc de Palmella, et auquel je trouve quelque analogie avec les tableaux de Vizeu. Nous ne savons rien de plus sur cet artiste; mais les ouvrages que je viens de citer suffisent pour le placer au rang des peintres les plus distingués qui, à cette époque, ont vécu en Portugal. C'est à ce peintre qu'on pourrait attribuer avec le plus de vraisemblance le nom de Gran-Vasco. Quant à ce qu'on dit d'une école de Gran-Vasco, cela n'est fondé que sur des suppositions; et, dans tous les cas, il serait absurde d'attribuer à l'école de

Fernandes des tableaux qui évidemment remontent à une date antérieure à celle où cet artiste a travaillé.

L'époque où Vasco Fernandes a vécu correspond avec l'activité artistique de Vasco Pereira, Portugais, qui, selon Bermudez, vivait à Séville vers la fin du seizième siècle. J'étais donc porté à croire que ces noms pouvaient s'appliquer à une seule et même personne; je croyais la chose d'autant plus possible que le nom de Fernandes n'exclut pas celui de Pereira. Il est permis de supposer que l'artiste qui portait le nom de Fernandes avait encore un autre nom de famille; car les noms de Fernandes, Vasques, Sanches, Eanes ou Annes, etc., sont des noms patronymiques, et veulent dire fils ou descendant de Fernando, Vasco, Sancho, Jean, etc.; mais j'ai acquis la certitude que Vasco Fernandes, et Vasco Pereira sont des individus différens. J'ai vu à Séville un tableau assez insignifiant signé par Vasco Pereira et daté de 1575 : Vasco Fernandes n'avait alors que 25 ans. Or, les tableaux de Vizeu ne peuvent avoir été tous faits antérieurement à cette époque; car, pour les terminer tous avant 1575, il aurait fallu qu'il eût commencé à y travailler à l'âge de 16 ou 17 ans; et, suivant Bermudez, l'activité artistique de Pereira en Espagne s'est prolongée jusqu'au commencement du dix-septième siècle. D'ailleurs, le tableau de Vasco Pereira ne présente aucune analogie avec ceux de Vizeu.

Les traditions se rapportant à Gran-Vasco, que Guarienti, Cyrillo, Taborda et d'autres auteurs ont rapportées, forment une riche collection d'anachronismes et d'impossibilités qu'il serait superflu de reproduire ici; mes lecteurs les pourront voir répandus dans mes *Lettres*, et ils n'auront pas de peine à les trouver en consultant la table des matières.

Cyrillo dit de Gran-Vasco, p. 19 : « Quoique ayant beaucoup de savoir, son style était sec et mesquin, comme celui des peintres gothiques. » Cyrillo, sans connaître Gran-Vasco, a dit là une chose qui peut s'appliquer en partie à Vasco Fernandes; ses ouvrages, en effet, ont un caractère gothique : le style des tableaux de Vizeu, les seuls que je sache positivement être de lui, a peut-être un peu de sécheresse; mais le reproche d'être *mesquinho*, mesquin, ne saurait s'appliquer à aucun de ses ouvrages.

Le manuscrit de Ribeiro Pereira est le seul ouvrage que j'aie pu trouver où il fût question de Vasco Fernandes. Guarienti, qui écrivait en 1753, nous apprend que déjà de son temps l'opinion sur Gran-Vasco était à peu près ce qu'elle est encore aujourd'hui; mais il le fait sans fournir aucune preuve, et on peut dire qu'il a posé les fondemens de l'immense confusion d'idées dont Gran-Vasco est devenu l'objet.

Au fond, Gran-Vasco n'est qu'un mythe; car, quoique nous ayons découvert Vasco Fernandes, peintre de Vizeu; quoique ce peintre ait eu du mérite, que nous ayons vu de ses ouvrages à Vizeu, qu'un auteur presque contemporain l'ait jugé grand, cependant, ce n'est pas à

celui-là que ce surnom revient de droit ; car aucun des auteurs qui ont
écrit sur Gran-Vasco, et qui eussent été à même de juger de son mérite (Guarienti, Cyrillo, Taborda), n'a vu les ouvrages de Vasco Fernandez. Ce qui est attribué à Gran-Vasco, on ne sait pourquoi, c'est
l'immense quantité de tableaux gothiques peints sur bois, qui se trouvent répandus dans tout le Portugal, et dont, excepté les tableaux de
Vizeu, pas un n'est de Vasco Fernandes. Le Grand-Vasco de la tradition
est supposé auteur de tous ces tableaux.

Au fond, voici ce qu'il en est. Il y a un *véritable* Vasco Fernandes
que Pereira a bien voulu juger être un *grand peintre*, et que frère
Augustin appelait *insigne ;* puis il y a cet autre Gran-Vasco *mythe ,*
dont personne n'a connu ni la vie ni les ouvrages. J'ai moi-même
un peu pindarisé au sujet de Gran-Vasco dans mes *Lettres* 16me *et*
17me. Mais qu'on me pardonne de m'être tant réjoui du résultat de mes
recherches. J'en ai peut-être trop dit sur la noblesse du style de Fernandes ; cependant, son *Saint Pierre* est un tableau noblement pensé et
d'un grand mérite ; quant aux autres, quoique d'un style moins élevé,
ce sont cependant des tableaux gothiques d'un très grand intérêt et
dignes d'éloges sous beaucoup de rapports. Mes lecteurs pourront juger
du mérite du *Calvaire* par un contour très fidèle qui accompagnera
mon troisième volume. En affirmant ailleurs d'une manière péremp-
toire que les tableaux de la sacristie de la cathédrale de Vizeu sont
tous de l'auteur du *Calvaire*, j'ai peut-être aussi été trop loin. Je crois
qu'ils sont du même auteur, mais je n'ose le garantir. C'est surtout
parmi les moindres tableaux qu'il pourrait y en avoir qui ne fussent
pas de lui.

Il paraît certain que Félix da Costa Meesen n'a pas eu, en 1696, connaissance d'un Gran-Vasco, ni de Vasco Fernandes ; car Cyrillo se fût
appuyé de son autorité, et il ne l'a pas fait. Cyrillo n'a pas manqué de
s'appuyer sur l'autorité de Félix da Costa, toutes les fois qu'il a pu le
faire, tandis qu'au sujet de Gran-Vasco il dit qu'il ne sait rien de positif, et que tout est incertain et contradictoire.

La fable de l'immense activité et de l'école de Gran-Vasco est donc
née entre 1694, date des Mémoires de Félix da Costa Meesen, qui n'en
dit rien, et l'année 1733, où Guarienti vint en Portugal et trouva l'opinion relative à Gran-Vasco solidement établie. En 1716, frei Augustin
de S. Maria (voyez l'*app.* 1er *de ma Lettre* 8e, *p.* 178 *et suivantes*), cite
plusieurs fois *l'insigne Vasco, peintre de grande renommée dans
cette contrée* (aux environs de Viseu), mais il ne l'appelle pas Gran-
Vasco et il ne le désigne pas comme auteur de l'immense quantité de
tableaux antérieurs à son existence, et qui plus tard lui ont été attribués.

Il serait bien étonnant que Vasco Fernandez, vers 1580, eût encore
conservé le style gothique, tandis qu'en Espagne à cette époque, et

même avant, nous avons vu Vargas (né en 1502), Campana (né en 1505, à Bruxelles), Villegas (né en 1520), Juan de Juanes (né en 1523), Roellas (né en 1558), adopter le style italien de l'époque classique, et que les Gaspard Diaz, Ferdinand Gomes, Campello, Vanegas et autres, avaient déjà introduit ces mêmes idées en Portugal. Il me semble que Vasco Fernandez n'avait pas encore abandonné sa ville natale quand il a exécuté ses tableaux de Viseu, et je serais tenté de croire, qu'il ne l'a jamais quittée, car son nom est longtemps resté inconnu et ce n'est que depuis la publication de l'ouvrage de frère Augustin de S. Maria (1716), ou plutôt depuis Guarienti (1733), qu'il nous apparaît sous un nom que je ne sais trop si on peut lui appliquer : sous celui de Gran-Vasco.

Il me semble que Vasco Fernandez dans sa ville de Viseu, est resté étranger au mouvement artistique de son époque, et qu'il n'a eu d'autres maîtres que les gravures allemandes et flamandes, qui pendant les règnes d'Emmanuel et de Jean III, époque qui recevait l'influence de ces pays d'une manière presque exclusive, ont dû la faire vivement pénétrer dans leur royaume. Après lui, rien de tel ne s'aperçoit en Portugal; et à l'époque où il vivait, Lisbonne commençait déjà à montrer des tendances bien différentes des siennes; aussi ne peut-on pas parler des tableaux qui ressemblent aux siens, comme ayant été faits sous son influence, ou provenant de son école : ils sont tous antérieurs. Quant aux noms d'*insigne*, *grand*, *Apelle*, etc., on ne se les explique que par les exagérations analogues que j'ai été si souvent dans le cas de signaler. Ce qu'il y a de vrai, c'est que Vasco Fernandez a du mérite dans tous les ouvrages que je connais de lui, et plus particulièrement encore dans son *S. Pierre;* c'est un très beau tableau gothique. M. Thomas Fonseca en a fait le dessin et la gravure que je joins ici. Les détails architectoniques dans les tableaux de Viseu s'accordent parfaitement avec l'époque où Vasco Fernandez a vécu. Voyez *Gran-Vasco*. La table des matières et la table alphabétique de mes *Lettres* rendront facile à mes lecteurs la recherche des passages qui dans ce livre se rapportent à ce sujet.

FERREIRA André **Avelino**, *sculpteur*, élève de Machado (Joachim) de Castro (*Communication de M. le professeur Assis.*)

FERREIRA (Antoine), *sculpteur*, appartient au dix-huitième siècle. Il a exécuté en terre de nombreuses figures et des groupes représentant des sujets champêtres ou sacrés, des paysages, des combats. C'est à lui, je crois, qu'on peut attribuer les statues ou groupes en *terra cotta*, dont M. Forrester à Porto possède de si intéressans spécimens. Il en existe aussi dans différentes églises. J'en ai vu chez lord Howard et je possède moi-même une *mise au tombeau* très bien conservée qui pourrait également être l'ouvrage de cet artiste. Cependant celle-ci n'a pas, il s'en faut, le mérite des autres. Cyrillo (*p.* [257) parle de plusieurs de ses ouvrages placés dans différentes églises. On cite entre autres avec éloge sa *crèche* à la chartreuse de Laveiras. Frei Manoel Teixeira travaillait dans le même genre. Il y a des ouvrages de ce dernier, au couvent de la Trinité à Santarem. (*Lettres, p.* 242, 438, 441.)

« Le père de cet artiste, Dionise Ferreira, était aussi habile dans l'art plastique. Les ouvrages d'Antoine sont les suivans : les *crèches* de la Chartreuse, *de Madre de Deos*, de Coraçaõ de Jésus, et autres. A l'ermitage du Christ da Serra à Bellas, *une gloire* de séraphins qui entoure l'image du Christ, qu'on dit être de lui. » (*Patriarche*, Liste des artistes, rubrique Sculpteurs, article Antoine Ferreira.)

FERREIRA (frère BARTHÉLEMY), *homme de lettres*, qui a corrigé le manuscrit de François de Hollande. (*Lettres, p.* 73.)

FERREIRA (BERNARDA) DE LACERDA, voyez LACERDA.

FERREIRA CANGALHAS (FRANÇOIS-ANTOINE), voyez CANGALHAS et MARDEL.

FERREIRA DA COSTA (RODRIGUE), *auteur* de l'ouvrage, intitulé *Principios de Muzica, ou exposiçaõ*, etc., voyez PATRIARCHE.

FERREIRA (DIONISE), *sculpteur*, voyez FERREIRA (Antoine).

FERREIRA (FRANÇOIS), *peintre*, voyez OLIVEIRA (Bernardes-Ignace de).

FERREIRA DE FREITAS (JOSEPH-FRANÇOIS), voyez FREITAS (J. F. Ferreira de).

FERREIRA GORDO (Monseigneur), *auteur*, a écrit sur l'Espagne et sur François de Hollande. Il est mort vers 1836. Voyez la dernière page de la Communication de M. le vicomte de Juromenha qui termine l'article que j'ai consacré dans ce Dictionnaire, à François de Hollande.

FERREIRA (HENRI), *peintre*, a copié vers 1720, à ce que m'a dit M. l'abbé de Castro, d'après d'autres portraits et bustes de différentes époques, les portraits de rois, qu'on voit dans le grand corridor du monastère de Belem. Ces portraits m'ont tous déplu. (*Lettres, p.* 288.)

FERREIRA (JÉRÔME DE BARROS), voyez BARROS FERREIRA (Jérôme de).

FIALHO (EMMANUEL), *auteur* jésuite, a vécu au dix-septième siècle et est mort vers 1720. Il a écrit une *Histoire d'Evora*, en quatre gros volumes, qui n'existe qu'en manuscrit. Cet ouvrage porte le titre d'*Evora illustrada*. Ce manuscrit se trouve à la bibliothèque d'Evora. (*Lettre* 15e, *Appendice*.)

FIGUEIREDO ou **FIGUEREDO** (ANTOINE-JOACHIM DE), *graveur* et *dessinateur*, cité par Cyrillo (*p.* 9) comme dirigeant l'école de dessin et de gravure, à l'arsenal de l'armée, et comme lui ayant fourni des renseignemens pour ses Mémoires. Voyez aussi FIGUEREDO (Jean de).

FIGUEREDO (CHRISTOPHE DE), *peintre*, sous Jean III, en 1540. Il est cité dans un document relatif à Garcia Fernandes. (*Lettres*, *p*. 206, 214, 217.)

FIGUEIREDO (FRANÇOIS DE), *peintre*. « Si la perfection de l'art se trouvait toujours infuse et si elle pouvait s'allier, comme il y a des gens qui le pensent, à un esprit lunatique et extravagant, cet artiste serait l'émule du père Pozzo pour la perspective, du Corregio pour les figures, et d'Albertoli pour les ornemens, parce qu'il nous a laissé des ouvrages dans tous ces genres ; mais ils sont très mauvais, ainsi qu'on peut s'en convaincre en voyant les plafonds de *S.-Joaõ da Praça* et *das Chagas*.

« Il était lié d'amitié avec François de Sétubal qui retoucha à la détrempe le plafond et les murs qu'il avait peints à fresque. Il était vieux à la fin du dernier siècle. » (*Cyrillo*, *p*. 212.)

FIGUEIREDO (FRANÇOIS-XAVIER DE), *graveur*, voyez FIGUEIREDO (Jean de).

FIGUEIREDO (GASPARD DE), *graveur*, voyez FIGUEIREDO (Jean de).

FIGUEIREDO (JACQUES GOMES DE), *généalogiste*, mourut en 1684. Il est auteur d'un manuscrit intitulé : *Familles de Portugal*.

FIGUEREDO ou **FIGUEIREDO** (JEAN DE), *graveur*, « né à *Aveiro*, apprit à dessiner, à modeler, et à graver en médailles. Vers 1749, âgé de 24 ans, il vint à Lisbonne, où peu après il entra à la fonderie comme graveur d'armes. Il y fit des élèves qui, avec le temps, devinrent nombreux, et qui apprenaient à dessiner, à graver au burin, et à travailler les métaux. Parmi ses élèves, son fils François-Xavier de Figueredo et Cyprien da Silva entrèrent à l'hôtel de la Monnaie ; Manuel Tavares, Joseph-Joachim Freire, Antoine-Joseph dos Santos et Vincent-Jeorge, furent attachés au Musée de Belem, en qualité de dessinateurs d'histoire naturelle.

« En 1775, Jean de Figueredo grava une médaille de 5 pouces de diamètre, représentant la statue équestre de Joseph Ier, qui fut copiée en divers métaux et en porcelaine, par Barthélemi da Costa. La porcelaine que ce dernier savait faire, était aussi claire et aussi diaphane que celle de la Chine, et elle avait sur l'autre, l'avantage de résister bien plus au fer et au feu. Il grava, en 1782, le portrait de Dona Maria I, pour les camées en porcelaine du même Barthélemi, dont on se servit pour anneaux. Il fit à l'effigie de Leurs Majestés : une médaille, qui avait deux pouces de diamètre, et qui fut faite à l'occasion de la pose de la première pierre de la Basilique du cœur de Jésus, en 1783. Cette médaille fut frappée en divers métaux. En 1785, il grava pour l'Académie des sciences une autre médaille, représentant *la Reine assise*, offrant à Minerve une couronne de laurier ; cette médaille devait être donnée en prix aux élèves de l'Académie. Il en exécuta une, en 1790, à l'effigie de *Notre-Dame de la Conception*, pour être accordée comme prix aux étudians du collége des nobles, et de saint Jean-Baptiste. L'année suivante, il en fit une pour les séminaristes de Crato. Il obtint d'abord une pension de 1,200 réis par jour, plus tard, une gratification de 100,000 réis annuels. Il finit ses jours à Lisbonne, le 10 janvier 1809, ayant atteint l'âge de 84 années.

« Antoine-Joachim de Figueredo, son fils, lui succéda dans la direction de l'école. Gaspard de Figueredo, le jeune, fut fait contre-maître dans la Fonderie. François-Xavier de Figueredo décéda en 1818. » (*Cyrillo, p.* 278.)

Le Patriarche en parle aussi dans sa *Liste des artistes*, rubrique *Graveurs*, et dit qu'il eut pour élèves, Nicolas-Joseph-Correa, qui mourut en 1814, et Emmanuel-Louis-Rodrigues Vianna, qui, en 1839, était encore employé à la Fonderie.

FIGUEIREDO (Xavier de), *graveur*, voyez Santos (Simon-François dos).

Filiberto, voyez Philibert.

Filippe Terzo, voyez Philippe Terzo.

Fiori (*dei*), voyez Volgar (Charles di).

FOIT (Bernard), *peintre*, mort en 1791, âgé de plus de 80 ans. Cyrillo (*p.* 218) cite plusieurs de ses tableaux d'église.

FONSECA (père), *auteur* de l'ouvrage intitulé *Evora gloriosa* (*Lettres, p.* 355). M. Rivara l'appelle Padre-Francisco da Fonseca, jésuite, et il dit que c'est du manuscrit en 4 gros volumes, écrit par le père Fialho, et intitulé *Evora illustrée*, qu'il a extrait en grande partie les renseignemens que son ouvrage renferme. (*Lettres, p.* 363.)

FONSECA (Antoine-Emmanuel da), *peintre*. Le professeur Fonseca est né à la fin du siècle dernier. Son père, Jean-Thomas Fonseca, était comme lui peintre d'histoire; mais il lui était très inférieur, comme le prouve son *Apollon* dans un char, qu'on voit sur un des plafonds de ma demeure, rue *Moinho do Vento*, en face de la rue *da Roza*. Le fils du professeur Thomas, né vers 1823, est parti le 19 août 1844 pour Munich, où il comptait se livrer à de sérieuses études dans l'art de la peinture, pour laquelle il montre d'heureuses dispositions; mais il n'y a fait qu'un séjour d'un an. Cependant il n'a pas abandonné le projet de continuer ses études en Allemagne, et il est en effet reparti pour ce pays en août 1846. Il a été admis dans l'atelier du directeur Cornelius, et a maintenant le bonheur d'être compté au nombre des élèves de ce maître. Si ses progrès répondent aux exemples qu'il va avoir sous les yeux, les arts en retireront certainement en Portugal un très grand profit. Le professeur Fonseca a fait ses études à Rome, en même temps que les peintres Almeida, Cabral, Carvalho et Braga, entre les années 1822 et 1826, bien postérieurement par conséquent à Sequeira, Taborda, Foschini et Calisto, qui sont allés à Rome vers la fin du dix-huitième siècle. Almeida et Cabral se trouvaient encore, en 1844, à Rome; Carvalho et Braga demeurent à Porto. Le professeur Fonseca a fait à Rome une très belle copie de la Transfiguration de Raphaël, qu'il en a rapportée en 1841 (*Lettres, p.* 109), et qui est exposée à l'Académie.

Le professeur Fonseca est peintre de la cour. Il est coloriste; ses tendances artistiques sont louables, ses ouvrages se ressentent de l'influence de Rome moderne et des exemples français; il est peintre d'histoire, et comme tel, il n'a pas maintenant de rivaux en Portugal. Il fait surtout avec talent les ornemens et les figures allégoriques qui en font partie, ainsi que cela se voit au palais de Necessidades et au plafond du théâtre do Rossio. Cyrillo a consacré un article à son père, Jean-Thomas da Fonseca, qui naquit à Lisbonne en 1754.

Parmi les premiers ouvrages importans que le professeur Fonseca fit avant de partir pour Rome, on doit citer les fresques d'un des salons du comte de Farrobo, représentant *l'Enlèvement des Sabines*. La date de 1822 se lit au-dessous de son portrait, qu'il a placé dans un des coins de la salle. Dans l'autre coin, auprès de la fenêtre, on voit celui de l'architecte Jean-Baptiste Hilbradt, qui a dirigé les changemens et embellissemens qui ont été faits dans cette maison à la même époque. Je ne dirai pas que ces fresques sont belles, mais assurément elles dénotent d'heureuses dispositions, et à côté de figures repoussantes il y en a qui sont mieux. Quand M. Fonseca a exécuté ces fresques, il était fort jeune; d'ailleurs, pouvait-il ne pas subir l'influence des ouvrages d'Ajuda?

Mes *Lettres* renferment quelques renseignemens sur l'activité artistique du professeur Fonseca, et notamment sur ceux de ses ouvrages qui se voyaient à l'exposition de 1843 (p. 94, 95, 104, 109).

J'ai parlé de Thomas Fonseca p. 95, 115.

FONSECA (GASPAR-JOACHIM DA), *sculpteur*, voyez BARROS LABORAÔ (Joachim-Joseph de). « Il était né à Vizeu et élève de Barros Laboraô. Il travaillait en pierre et en bois avec beaucoup de talent. C'était un homme fort recommandable et j'étais très lié avec lui. Il est mort en 1829, à l'âge de 33 ans. Il remplissait, sous mon père, l'emploi d'adjoint à l'école de sculpture depuis 1822. » (*Communication de M. le professeur Assis.*)

FONSECA (THOMAS DA), *peintre*, voyez FONSECA (Antoine-Emmanuel da).

FONSECA (THÉODORE DA), *peintre*, voyez MAGINA.

FONTANA (CHARLES), *architecte*, disciple de Bernini, était appelé même en Italie architecte de Pierre II de Portugal, qui le fit chevalier du Christ. Il fut chargé par Jean V de diriger la pompe funèbre de son père, qui fut célébrée à Rome et qui se trouve représentée dans douze grandes estampes. (*Cyrillo, p.* 162.)

Fonte (Jean Pires da), voyez Pires (Jean) da Fonte.

Forrester (Joseph-Jacques), négociant de Porto, âgé à peu près de 34 ans. M. Forrester est un habile *dessinateur* de paysages, d'architecture et de figures. Il a levé des cartes, il a fait des publications artistiques et des recherches littéraires qui rendent un témoignage irrécusable de son talent, de son goût et de son savoir. (*Lettres*, p. 333, 387-389.)

Fortunato Lodi, voyez Lodi (Fortunato).

Foschini (Archange), fils du peintre bolonais François Foschini, qui s'était établi à Lisbonne et y mourut en 1805. Archange Foschini naquit à Lisbonne en 1771. Il se rendit à Rome en 1788 et revint à Lisbonne en 1792, et en 1803 il fut employé aux travaux d'Ajuda, avec un million de réis d'appointemens, à peu près 1,600 thalers, ou 6,000 fr., prix très supérieur à son talent. (*Lettre* 11e. — *Cyrillo, p.* 145.)

Francisco (Joseph), en 1843, *professeur* suppléant *de paysage*, cité dans mes *Lettres*, p. 105.

Franco, *auteur* de l'ouvrage intitulé *Imagem da Virtude em o Noviciado da Comp. de Jesus*, voyez Patriarche.

Franco (Emmanuel), *peintre*.

« Nous voyons par une charte portant la date du 23 février 1650 qu'Emmanuel Franco était devenu peintre du Roi par son mariage avec Rufina de Paiva, sœur d'Antoine de Paiva, qui était également peintre; qu'il peignait à l'huile, et qu'il recevait des appointemens. » (*Chancellerie du roi Jean IV, Arch. roy., liv.* 23, *fol.* 30, *v°.* — *Taborda, p.* 201.)

Franco (Joseph-Marie), *peintre*, en 1843, employé de l'Académie de Lisbonne, âgé d'environ 37 ans. Il a fait la partie supérieure de la *copie de la Transfiguration*, dont il a été question dans mes *Lettres*, à propos de l'exposition de 1843, p. 95, 114.

Franco (Salvador), de Mafra, *sculpteur*, élève de Giusti vers 1750, servit dans le génie et mourut avec le grade de lieutenant-colonel. (*Cyrillo, p.* 262.)

François ou Francisco (Dom) Bispo Conde. C'est sous ce nom qu'a paru la *Lista de alguns artistas portuguezes*, 1839. Ce même D. Francisco est devenu depuis patriarche de Lisbonne et cardinal. Voyez Patriarche.

François ou Francisco (Dom), prieur, *auteur* de la *Description du monastère de Sainte-Croix de Coïmbre en* 1540, cité par le Patriarche dans sa *Liste des artistes*, p. 10, article *João de Ruam*.

François (frère), de l'ordre *dos Pregadores* du monastère de Saint-Dominique, *calligraphe* au temps du roi Emmanuel, voyez Penafiel.

FRANÇOIS (maître), *sculpteur*. « Il reçut, lui et son compagnon, 4,200 réis pour coller et raccommoder les grands et les petits retables de la *charola*. On appelle charola les autels portatifs aussi bien que le passage qui sépare le maître-autel du mur du fond. Il reçut en outre, pour une image d'un des grands retables de la même charola, et pour mettre à leur place les autres retables, 2,600 réis. » (*Comptes du couvent de Thomar. — Communication de M. le vicomte de Juromenha.*)

FRANÇOIS (ANTOINE), *sculpteur*, voyez ALMEIDA (Joseph d'), et AGUIAR (Jean-Joseph d'). Les statues en bois de *Mars* et de *Vulcain*, à la Fonderie, sont de lui. Il est mort à la fin du dix-huitième siècle, à l'âge de 60 ans. (*Cyrillo, p.* 255.)

FRANÇOIS-ANTOINE FERREIRA CANGALHAS, voyez MARDEL.

FRANÇOIS-ANTOINE DA SILVA, voyez BARTOLOZZI.

FRANÇOIS-ANTOINE DE SOUSA, voyez SOUSA (François-Antoine de).

FRANÇOIS D'ARRUDA, voyez ARRUDA (François d').

FRANÇOIS-AUGUSTE METRASS, voyez METRASS (F. A.)

FRANÇOIS D'ASSIS RODRIGUES, voyez RODRIGUES.

FRANÇOIS BARTOLOZZI, voyez BARTOLOZZI.

FRANÇOIS DE BENAVENTE, voyez BENAVENTE (François de).

FRANÇOIS DE BORGIA GOMES, voyez GOMES (François de Borgia).

FRANÇOIS DANSILHA ou DANZILHA, voyez DANSILHA et AVELAR (Braz de).

FRANÇOIS DIAS GOMEZ, voyez GOMEZ.

FRANÇOIS EMMANOEL, *facteur d'orgues*, voyez EMMANOEL (François).

FRANÇOIS EMMANOEL DE MELLO, voyez MELLO.

FRANÇOIS FERNANDES, *peintre*, voyez FERNANDES (François).

FRANÇOIS FERNANDES, *architecte*, voyez FERNANDES (François).

FRANÇOIS FERREIRA, voyez OLIVEIRA BERNARDES (Ignacio de).

FRANÇOIS DA FONSECA, voyez FONSECA (père François).

FRANÇOIS GOMASSA, voyez GROSSI (Jean).

FRANÇOIS GOMES, *graveur*, voyez GOMES (François).

FRANÇOIS GOMES, voyez GOMES (François).

FRANÇOIS GOMES TEIXEIRA, voyez BERNARDES (Joseph).

FRANÇOIS HARREWYN, *graveur* à Bruxelles, voyez HARREWYN et CARNEIRO DA SILVA (Joachim).

FRANÇOIS JOSEPH, *sculpteur en bois*, est mort vieux, vers 1807. (*Communication de M. le professeur Assis.*)

FRANÇOIS HENRIQUES, *peintre sur verre*, voyez HENRIQUES (François).

François Henriques, *peintre,* voyez Henriques (François).

François (Joseph), voyez Francisco (Joseph).

François de Hollande, voyez Hollanda.

François Leal Garcia, voyez Leal (François Garcia) et Machado (Gaspard François) et Aguiar (Jean-Joseph).

François de Lemos, voyez Lemos (François de).

François Louis, voyez Louis (François).

François de S. Luiz (Dom frère), nom que portait le Patriarche, avant son élévation à la dignité épiscopale.

François Nunes, voyez Nunes (François).

François de Paula Araujo Cerqueira, voyez Cerqueira.

François Pavona, voyez Pavona (François).

François de Piedade, voyez Piedade (François de).

François Pinto Pereira, voyez Pinto Pereira.

François Pires, voyez Pires (François).

François (Remigio), voyez Mardel.

François da Silva, voyez Silva (François da).

François Soares, *auteur* de l'ouvrage intitulé *El doctor eximio y vener,* voyez Patriarche.

François de Sousa Loureiro, voyez Loureiro.

François Taca, voyez Taca (François).

François Thomas de Almeida, voyez Bartolozzi.

François Tinouco da Silva, voyez Tinouco da Silva (Jacques).

François Tortorino, voyez Tortorino (François).

François Vanegas, voyez Vanegas.

François Vanella, voyez Vanella (François).

François Vasques Martins, voyez Martins (F. V.).

François Vieira Lusitano, voyez Vieira de Mattos (François), appelé Vieira Lusitano.

François Vieira de Mattos, voyez Vieira (François) de Mattos, appelé Vieira Lusitano.

François Vieira Portuense, voyez Vieira Portuense (François).

François Xavier, voyez Almeida (Joseph) et Oliveira Bernardes (Ignace de).

François-Xavier Fabri, voyez Fabri (François-Xavier).

François-Xavier de Figueiredo, voyez Figueiredo (Jean de).

François-Xavier Lobo, voyez Lobo (F. X.) et Gonsale (André.)

Frédéric Ludovice, voyez Ludovice.

Frei Louis de Sousa, voyez Sousa.

Freire (Joseph-Joachim), *graveur*, voyez Figueiredo (Jean de).

Freitas (Ignace-Joseph de), *graveur*, « disciple de Carneiro da Silva. Il avait appris à l'arsenal, la gravure en relief, et comme il était doué de beaucoup de talent, il a copié en taille-douce des gravures, représentant des figures, et avec perfection des paysages. Beaucoup de ces gravures se trouvent dans les ouvrages qui furent imprimés dans l'établissement de l'*Arco do Cego*. En quoi il fut parfait et n'a jamais été surpassé, ce fut dans les caractères d'écriture. Il est mort en 1817. » *(Communication de M. Santos, graveur.)*

Freitas (Joseph-François Ferreira de), *professeur* substitut *de paysage* de l'académie de Lisbonne, âgé en 1846 de plus de 70 ans, a été occupé en 1845 aux peintures d'ornement du palais das Necessidades. Son père qui s'appelait comme lui a été son maître. Il en est parlé dans mes *Lettres*, p. 96, 114.

Freitas (Joseph-Joachim de) « *sculpteur d'ornemens* distingué et maître à l'arsenal de la marine, est maintenant âgé de plus de 80 ans.» *(Communication de M. le professeur Assis).*

Frias de Castilho (Valérien de) « était un homme versé dans l'architecture au dix-septième siècle. Il était trésorier de Dom frère Augustin de Castro, archevêque de Braga et primat des Espagnes. Voyez la vie de Dom frère Barthélemi dos Martyres, par frère Louis de Sousa, livre 6, chap. 5. » *(Communication de M. l'abbé de Castro.)*

Frias (Eugène de), *enlumineur*, a fait en 1609 le frontispice du livre qui se trouve à la *Torre do Tombo*, et qui est intitulé *Compromisso da irmandade (*confrérie*) de saint Lucas. (Cyrillo, p. 175.)* J'ai vu cette enluminure, le 11 mai 1846. Elle est d'une bonne exécution et d'un effet satisfaisant.

Frias (Louis de), « *architecte*, fils de Nicolas de Frias. Il était, aussi bien que son père, gentilhomme de la chambre de Philippe II. En l'année 1610 il obtint par Alvara l'emploi d'architecte de la maison royale, devenu vacant par la promotion de son père à la charge de maîtres de travaux des palais royaux. » *(L. 29, f. 3.)*

« En 1650, il remplaça son père probablement après sa mort, dans l'emploi de maître des travaux des palais royaux. » *(Communication de M. le vicomte de Juromenha.)*

Frias (Nicolas de), *architecte*, cité par Barbosa Machado, comme un artiste qui fait honneur à son pays. *(Lettres, p. 247.)* Cet architecte a accompagné, conjointement avec l'architecte Philippe Terzo, le roi Sébastien dans l'expédition d'Afrique avec la charge de *Sitiador do campo*. En 1610 il devint architecte des palais du roi et maître des travaux. *(Archives royales, liv.* 29 *de Philippe, fol.* 3. — *Communication de M. le vicomte de Juromenha.)*

Il est fait mention de lui dans *Cyrillo,* p. 161.

Le Patriarche, dans sa *Liste des artistes,* rubrique *Architectes,* article *Nicoláo de Frias* par le de lui, en s'appuyant sur les chroniques de frère Bernard da Cruz et sur l'Histoire de saint Dominique, par Sousa (*p.* 1, *livre* 1er, *chap.* 27).

FRIAS (PIERRE DE), *menuisier.* « Une partie dont fut augmenté, vers 1510, le retable de la chapelle principale de l'église du Carme de Lisbonne, fut faite en bois par Pierre de Frias, qui dans les mémoires de l'ordre est qualifié de *grand* menuisier de cette époque. » (*Chronique du Carme,* tom. 1, *p.* 580. — *Patriarche,* Liste des artistes, rubrique Sculpteurs, article Pedro de Frias.)

FROES PERIM (DAMIEN DE), auteur du livre intitulé *Theatro heroino abecedario historico e catalogo das mulheres illustres em armas, acçoẽs heroicas e artes liberaes.* 1736-1740, 2 vol., in-folio. Ce livre se trouve à la bibliothèque de Jésus à Lisbonne. (Voyez *Taborda.)*

FROILACO (JEAN), « *constructeur* du monastère de Cîteaux de Saint-Jean de Tarouca au douzième siècle. » (*Chronique de Cister,* liv. 2, *chap.* 4, *et Monarchie Lusitanienne, p.* 3.—*Patriarche,* Liste des artistes, rubrique Architectes, article Joaõ Froilaco.)

FROIS ou **FROES MACHADO** (GASPARD), voyez MACHADO (Gaspard Froes).

FYT (JEAN), *peintre* de gibier mort dont j'ai vu un excellent tableau chez le comte d'Atalaya à Lisbonne. (*Lettres, p.* 278.) Je ne sais par quel malentendu, j'ai pu l'attribuer à Weenix, ce tableau étant signé, et le nom de Fyt se trouvant indiqué dans la table alphabétique à la place qui correspond au passage où j'ai commis cette erreur.

G

GAÉTAN ACOSTA, voyez ACOSTA (Gaétan).

GAÉTAN (ALBERT NUNEZ DE ALMEIDA), voyez ALMEIDA (G. A. Nunez de), et SANTOS (Simon-François dos).

GAÉTAN (ANTOINE DE SOUSA), voyez SOUSA (Ant. Gaët.).

GAÉTAN AYRES DE ANDRADE, voyez ANDRADE.

GAÉTAN (EMMANUEL), *peintre,* voyez GERALDEZ (Alexandre).

GAÉTAN (JOSEPH), *peintre.* Cyrillo le cite (*p.* 11) comme artiste d'un ordre secondaire. Je présume que c'est le même que Syriaco (Joseph-Gaétan). Voyez PADRAÕ.

Gaétan Ludovice, voyez Ludovice (Frédéric).

Gaétan (Simon) Nunez, voyez Nunez (S. G.).

Gaetan Thomas, *architecte* du palais et de l'église de Necessidades en 1743. (*Communication de M. l'abbé de Castro, extraite de la* Mappa de Portugal, *t.* 3, *part.* 5e, *p.* 425, *édition de* 1765.) Voyez aussi Sousa (Emmanuel-Gaétan de).

Galdino (Joseph) de Mattos, voyez Mattos (Joseph Galdino de), et Carneiro da Silva (Joachim).

Galiegos ou **Gallegos** (Ferdinand), *peintre*. Il naquit, d'après Bermudez, à Salamanque (t. 2, p. 156), vers le milieu du quinzième siècle, et mourut dans un âge avancé, en 1550. Selon le même auteur, il est vraisemblable qu'il a étudié chez Pierre Berruguete, son compatriote; mais il imitait Albert Dürer, dont le style fut introduit en Espagne par beaucoup d'artistes étrangers. (*Lettres,* p. 199.) Suivant Guarienti, le Portugal possède beaucoup d'ouvrages de Gallegos. (*Lettres*, p. 322.) Voyez aussi Thomas.

Galinha, *artiste* du siècle dernier, cité par le professeur Rodriguez sans autres renseignemens.

Gand (Olivier de), voyez Olivier de Gand.

Gandra. M. Gandra, *bibliothécaire* de Porto, a beaucoup contribué à éclaircir les doutes relatifs à Gran-Vasco. Il a découvert, dans les Mémoires de Ribeiro Pereira, le passage qui a rapport à un des tableaux de cet artiste. Voyez les articles Gran-Vasco, Vasco Fernandez, et *Lettres*, p. 387.

Garcia (Ferdinand), *peintre* du temps d'Emmanuel. Peut-être est-ce le même que Garcia Fernandez. (Voyez *Lettres*, p. 206 *et* 217.)

Garcia Fernandez, *peintre* sous Jean III. Il travailla à Coïmbre, à Leiria, à Montemor et à Lisbonne. Il succéda à François Henriquez dans les travaux de ce dernier, lorsque celui-ci et ses compagnons venus de Flandre furent enlevés par la peste en 1518, et il épousa sa fille. Garcia vivait encore en 1540. Voyez *Lettres*, p. 212, où se trouvent rapportés des renseignemens historiques fort intéressans; voyez aussi l'article André (Emmanuel), où il est question d'un tableau peint par Garcia (Fernandez).

Garcia (Jean), de Tolède, *architecte* de l'église de Notre-Dame de Guimaraës, sous le règne de Jean Ier (1383-1433). (*Communication de M. l'abbé de Castro, extraite de la* Corographia Portuguesa, *t.* 1, *p.* 30, *par Antoine Carvalho da Costa.*) D'après le Patriarche (*Liste des artistes*), il était aussi déjà *maître des travaux* du roi Ferdinand; le Patriarche croit qu'une inscription du monastère bénédictin de Saint-Jean de Pendorada, de l'année 1420 de l'ère d'Espagne, (1582 de l'ère

chrétienne), qui a trait à un architecte nommé Jean Garcia de Tolède,
se rapporte à ce même individu.

Il était maître et *vedor* ou inspecteur des travaux du roi Ferdinand.
Il a construit le monastère de Pendorada, ainsi que cela se voit dans
l'inscription suivante, qui se trouve placée dans le cloître de ce monastère, en caractères gothiques :

« Era. de. Mil. e. CCCC. e. XX anos. Dom. Afonso. Martins. abade.
« deste. moosteiro. mandov. fazer. a. obra. desta. craastra. por. estar.
« ma. e. foi. feita. por. maõ. de Johan. Garcia. de. Toledo. mestre. e.
« vedor. das. obras. del. rei. Dom. Fernando.

« Pater. noster. Ave. Maria (1). »

(Communication de M. le vicomte de Juromenha.)

Garcia Leal, *sculpteur* vers 1509, voyez **Leal** (Joseph). Il ne
faut pas le confondre avec François-Leal Garcia, sculpteur, mort en
1814, et que Cyrillo appelle François Leal.

Garcia de Resende, voyez **Resende** (Garcia).

Garrett (J. B. d'Almeida), auteur des ouvrages dont la liste suit ici :
Cataõ, tragédie ;
Merope, tragédie ;
Frei Luiz de Souza, drame ;
D. Filippa de Vilhena, drame ;
O Alfageme de Santarem, drame ;
Gil Vicente, drame ;
Adozinda, poème, 1 vol. ;
Camoēs, poème, 1 vol. ;
Dona Branca, poème, 1 vol. ;
O Retrato de Venus, poème, 1 vol. ;
Lyrica de Joaõ Minimo, diverses poésies, 1 vol. ;
Flores sem fructo, poésies, 1 vol. ;
Arco de Sant'Anna, roman, 1 vol. ;
Viagens na minha Terra, roman, 2 vol. ;
Miragaia, roman, 1 vol. ;
Tratado da Educaçaõ, 1 vol. ;
Portugal na Balança da Europa, 1 vol. ;
Formaçaõ da segunda Camara das Cortes, 1 vol. ;
Carta de guia para eleitores, 1 vol.

INÉDITS.

Lyceo das Damas, 1 vol. ;
Resumo da historia litteraria de Portugal, 1 vol. ;

(1) En MCCCXX de l'ère, dom Afonso Martins, abbé de ce Moutier, a ordonné de
faire la construction de ce cloître, parce qu'il était *ma* (en mauvais état ou mal disposé). Elle a été faite par la main de Johan Garcia, de Tolède. maître et inspecteur des
travaux du roi don Fernand. Pater noster. Ave Maria.

Orações escolhidas, 2 vol.

C'est le poète portugais le plus en vogue de notre temps, un des membres les plus actifs et les plus éloquens de la Chambre des députés. Son poème *O Retrato de Venus* (Coïmbre, 1821) est suivi d'un Essai sur l'histoire de la peinture. J'avais entendu parler de ce livre, mais je ne l'avais pas en ma possession. C'est seulement le 23 juin 1846 que je le parcourus pour la première fois. Le chapitre 10ᵉ renferme le passage suivant : « Tem-se escripto muito e muito controvertido sobre « a pintura portugueza, e sua historia, mas tanto nacionaes como es- « trangeiros (affoitamente o digo) sem critica. O exame de seus es- « criptos, das obras dos nossos artistas, me suscitou a ideia de entrar « com o faxo da philosophia n'este cahos informe e desembaraçar, « quanto em mim fosse, com o fio da critica este inextricavel labyrin- « tho. Naõ pertendo adiantar ideias novas : pois donde as haveria? « Menos ainda refutar as poucas historicas, que temos : pois que docu- « mentos poderia allegar? Mas simplesmente examinar o que ha, e « dar-lhe ordem, e methodo (1). »

L'auteur consacre ensuite quinze pages à l'examen de cette matière, et cite bon nombre des peintres les plus connus parmi ceux qui forment le sujet de mes *Lettres* et de ce Dictionnaire.

GARRO (GASPAR), *calligraphe*, voyez PENAFIEL.

GASPAR BARREIROS, voyez BARREIROS (Gaspar).

GASPARD (frère) DE S. BERNARDIN, *auteur*, voyez BERNARDIN (frère Gaspard de S.), et PATRIARCHE.

GASPARD CAM ou CAÕ, voyez CAÕ.

GASPAR CARVALHO, voyez CARVALHO (Gaspar).

GASPARD (frère) DE CAZAL, voyez CAZAL.

GASPARD CORREA, voyez CORREA (Gaspard), et PIRES (François).

GASPARD DIAS, voyez DIAS (Gaspard).

GASPARD ESTAÇO, voyez ESTAÇO (Gaspard).

GASPARD DE FIGUEIREDO, voyez FIGUEIREDO (Jean de).

GASPAR GARRO, *calligraphe*, voyez GARRO, et PENAFIEL.

GASPARD FROIS MACHADO, voyez MACHADO (Gaspar Frois).

---

(1) « On a beaucoup écrit et beaucoup discuté sur la peinture portugaise, mais tous ces travaux, tant ceux de nos compatriotes que ceux des étrangers, ont été faits sans aucun esprit de critique. L'examen de ces écrits et des œuvres de nos artistes m'a suggéré l'idée de pénétrer avec le flambeau de la philosophie dans ce chaos informe et de débrouiller, à l'aide du fil de la critique, cet inextricable labyrinthe. Je ne prétends pas présenter des idées neuves : en effet où les trouverais-je? je veux moins encore réfuter le peu de données historiques que nous possédons sur les arts : quels documens pourrais-je invoquer? mon but est simplement d'examiner ce qui existe, et d'y mettre de l'ordre et de la méthode.

Gaspard-Joachim da Fonseca, *sculpteur*, voyez Barros Laboraõ (Joachim-Joseph de).

Gaspar (Joseph), voyez Joseph Gaspar.

Gaspard-Joseph Raposo, voyez Raposo (G. J.), et voyez Nunez (Simon-Gaétan).

Gaspard-Melchior Jovellanos, *auteur*, voyez Jovellanos, et Salva (Vincent).

Gaspard Preto, voyez Preto (Gaspard).

Gata (Joseph **d'Almeida Furtado** dit le), *peintre de portraits*, natif de Vizeu. Je ne reviendrai pas sur ce que j'ai dit au sujet du seul tableau que j'ai vu de lui. (*Lettres, p.* 371.) M. Roquemont, qui a examiné de ses miniatures, les a trouvées très jolies et très bien travaillées. En fait de peintures à l'huile, il n'en a rencontré que deux qui n'étaient pas finies : *son propre portrait* à l'état d'ébauche et une *Cléopâtre* de petite dimension qui n'était pas non plus achevée, et qui lui a paru assez bien touchée.

Voici des renseignemens qui m'ont été fournis sur cet artiste, le 28 août 1846, par M. Thaddée d'Almeida Furtado, son fils : « Joseph d'Álmeida Furtado est né à Vizeu en 1778. Dès l'âge le plus tendre, il annonçait du goût pour le dessin et d'heureuses dispositions. A douze ans, il commença ses études artistiques à Porto, et alla bientôt après à Lisbonne pour les continuer au collége de Saint-Luc, appelé do Castello, et plus tard à l'école royale sous les professeurs Barros et Magalhaẽs. Il copia pour le concours une gravure de sainte Pétronille du Guercin, qui obtint le troisième prix; plus tard, il se voua à la miniature et travailla dans ce genre pour une fabrique de tabatières, sans pour cela discontinuer ses études. Il séjourna à Lisbonne pendant dix ans, et retourna ensuite dans sa ville natale. Un anévrisme, qui se déclara à sa jambe gauche, rendit alors nécessaire l'amputation de cette jambe. En 1807, l'amour des voyages s'empara de lui. Il passa en Espagne et resta longtemps à Ciudad-Rodrigo et à Salamanque, où il fit beaucoup de portraits d'officiers et de soldats français. Il fit aussi ceux du marquis et de la marquise d'Almarza, de la marquise de Carvajal, de D. Carlos d'Espagne, et autres. Il se maria en 1811, et fut nommé, en 1818, premier directeur de l'école de dessin de Saint-Éloi à Salamanque. En 1825, il peignit à l'huile le portrait en pied du gouverneur militaire de Ciudad-Rodrigo, qui le lui paya 180 *pesos*, et le défraya en sus de son séjour dans cette ville où il s'était transporté avec sa nombreuse famille, et où il resta tout le temps qu'il employa à faire ce portrait. Son attachement pour sa ville natale lui fit refuser les offres avantageuses qui lui furent adressées de Madrid, de Séville et même de Lisbonne. Il voulait être libre de retourner à Vizeu quand cela lui plairait. Il y revint, en effet, et y mourut en 1831. La miniature était sa spécialité, et dans ce genre il était certainement le meilleur peintre portugais de son temps ; mais à la fin de la guerre péninsulaire, ne recevant pas assez de commandes et ne voulant pas rester oisif, il a peint beaucoup de portraits à l'huile, de bannières pour les confréries et quelques tableaux sacrés, parmi lesquels on remarque le *S. François d'Assises* de la sacristie de la cathédrale de Vizeu. On voit de lui à Vizeu et à Salamanque des plafonds et des salons peints à l'huile ou à la détrempe. »

GAYO (BERNARDO F.), voyez FERNANDEZ (Bernard).

GEDA MENDEZ, voyez MENDEZ (Geda).

GENARO PEREZ DE VILLA-ANCIL, voyez VILLA-ANCIL (G. P. de).

Geografia historica de todos os Estados Soberanos da Europa, par D. Louis Gaétan de Lima, voyez PATRIARCHE.

Genealogica (historia) da Caza real Portugueza, par D. Antoine Gaétan de Souza, voyez PATRIARCHE.

GEORGE-ALPHONSE, voyez ALPHONSE (George).

GEORGE DA CAMARA, voyez CAMARA (George da).

GEORGE CARDOSO, voyez CARDOSO (George).

GEORGE GOMEZ, voyez GOMEZ (George).

GEORGE GUERREIRO, voyez GUERREIRO.

GEORGE (Jean-Joseph), voyez JEAN-JOSEPH GEORGE, *graveur.*

GEORGE DE SAINT-PAUL, *auteur du livre de la fondation de l'hôpital de Caldas. (Lettres, p. 349.)*

GEORGE (VINCENT), *dessinateur,* voyez FIGUEIREDO (Jean de).

GERALDEZ (ALEXANDRE), *peintre,* vint à Lisbonne sous Jean V et eut neuf fils. L'un des plus âgés, qui s'appelait Antoine da Silva Geraldes, apprit à peindre chez un étranger, et devint à son tour le maître de ses deux fils, Jean et Ambroise-Joseph. Louis-Antoine était neveu d'Alexandre, et apprit à peindre chez un certain Nicolas Tolentino Botelho, homme de couleur, qui était élève de Antoine da Silva Geraldes. Louis-Antoine devint ensuite élève de Cusco (Joseph-François del). (*Cyrillo, p. 233 et 234.*) Dans ce même article de Cyrillo, il est encore question de trois autres peintres dans le genre d'arabesques et d'émaux, savoir : Gérarde, un autre étranger nommé Carobene, et Manoel Caetano.

GERALDEZ (AMBROISE-JOSEPH), *peintre,* voyez GERALDEZ (Alexandre).

GERALDEZ (ANTOINE DA SILVA), *peintre,* voyez GERALDEZ (Alexandre).

GERALDES (JEAN), *peintre,* voyez GERALDES (Alexandre).

GERALDES (LOUIS-ANTOINE), *peintre,* voyez GERALDEZ (Alexandre).

GERARDE, *peintre*, que Cyrillo (*p.* 233) appelle monsieur Gerarde, étranger, maître de dessin. Voyez GERALDEZ (Alexandre).

GERMAIN-ANTOINE-XAVIER DE MAGALHAÈS, voyez MAGALHAÈS (Germain-Antoine-Xavier).

GHERALDI (PHILIPPE), *peintre*, suivant Guarienti, né à Lucques en 1643. Guarienti cite à Lisbonne un tableau de Gherardi. (*Lettres,* *p.* 522.) Ce tableau a été vu avant le tremblement de terre, et l'église de Loreto, où il se trouvait, a été depuis détruite et rebâtie.

GIACOMO (maître), Italien, *peintre* du roi Jean, voyez JACQUES (maître) et JACOME (maître), et *Lettres, p.* 55.

GIL EANEZ, voyez EANEZ (Gil).

GIL FERNANDEZ, voyez FERNANDEZ (Gil).

GIL (JACQUES). « Il existe une charte du roi Édouard par laquelle il engage Jacques Gil comme *maître des travaux* des palais de Cintra (1437) (*Livre* 19 *d'Alphonse V*, *fol.* 63), et une charte de maître tailleur de pierres *des œuvres royales.* » (*Livre* 19 *d'Alphonse V*, *fol.* 60. — *Communication de M. le vicomte de Juromenha.*)

GIL VASQUEZ, voyez VASQUEZ (Gil).

GIOVANNI, voyez JEAN.

GIROLAMO (HENRI DE S.), *peintre*, suivant Guarienti, religieux de l'Ordre de Saint-Dominique, vivait vers l'an 1530. Il a peint différens tableaux à Evora et ailleurs en Portugal. (*Lettres, p.* 522.)

GISBRANT (JEAN), suivant Guarienti, *peintre* anglais, qui vécut longtemps en Portugal vers 1680. (*Lettres, p.* 325.) Voyez GRESBANTE.

GIUSTI (ALEXANDRE), *sculpteur* romain né en 1715, élève de Conca et de Mayne, fut appelé en Portugal en 1747. Après avoir exécuté plusieurs statues, il fut chargé, en 1749, des ouvrages de sculpture qu'on voit en si grand nombre à Mafra. Il y a travaillé pendant longues années, et il a été assisté par beaucoup de sculpteurs portugais qui se sont formés sous lui. Plusieurs de ceux-ci devinrent habiles dans leur art : entre autres, Joaquim Machado de Castro, l'auteur de la statue équestre de Joseph Ier. Toutes les sculptures de Mafra participent comme de raison, du style de l'époque où vivait Giusti (1718-1799) et de celui de son maître Conca; mais il y en a dans le nombre qui sont d'un dessin irréprochable et d'un bel effet. J'ai extrait de Cyrillo, p. 262, la liste suivante de ses élèves portugais : Pecoraro Silva, Franco, Lopes, Gomes, Leitaõ, Elveni, Mello, Leal Garcia, Machado, Macedo, Patricio Mafrense, Martins, Pevides.

Par l'impulsion que lui donna Giusti, la sculpture déploya sous Jean V et sous Pombal une grande activité. Cyrillo cite un grand nombre de ses ouvrages. Devenu aveugle en 1773, il mourut en 1799.

Selon le professeur Rodrigues, Giusti est le premier qui établit à Mafra une école de sculpture. Cette école se divisa en 1770. Joachim Machado de Castro devint directeur de celle de Lisbonne, et eut pour aides Leitaõ, Elveni, Gomes et Leal Garcia, auxquels se joignirent Nicolas Villela, Valentim, Antoine Machado et Emmanuel Laurent.

Le professeur François d'Assises Rodrigues signale, parmi les nombreux ouvrages de Giusti, la statue de *S. Pierre* placée dans le vestibule de l'église de Necessidades, et le *portrait du roi Jean V* qui ornait autrefois la bibliothèque de la congrégation du même monastère, et qui aujourd'hui doit se trouver quelque part au palais.

GLAMA ou **GLAMMA** (JEAN), *peintre*. Cyrillo l'appelle Jean Armando Clama Strebel ou Strabile. Le Patriarche l'appelle Jean Glamma Streberle. D'après Cyrillo, il était Allemand, et accompagna la reine Marianne d'Autriche à Lisbonne. Il vécut à Porto, et y était très considéré. Il est mort à la fin du dix-huitième siècle. Il eut pour élève Vieira Portuense. (*Lettres, p.* 385, et *Cyrillo, p.* 135.)

Le Patriarche, dans sa *Liste des artistes*, lui consacre un long article. Voici les passages qui m'ont paru les plus dignes d'être extraits. Il a obtenu ces renseignemens de Jean-André Chiape.

« Jean Glamma Stroberle, Portugais, naquit en 1708. Il fut envoyé à Rome, où il s'est occupé à copier les tableaux de Raphaël, et où il a passé 18 ou 20 ans. Il a demeuré ensuite à Porto, où il a exécuté divers ouvrages. Pendant le tremblement de terre, il se trouvait à Lisbonne. Très instruit et doué d'une grande facilité, il faisait d'excellens portraits. C'était un dessinateur très distingué. Il n'a pas fait d'élèves, parce qu'il n'a pas voulu en admettre dans son atelier. Dans plusieurs églises de Porto on trouva des tableaux de Glamma. On en voit notamment sur le maître-autel de S. Nicolas, à S. Jean *novo* et à Notre-Dame de la Victoire, ainsi qu'à Braga, dans les chapelles latérales de la cathédrale. Parmi ces tableaux, on doit citer surtout *S. Jean-Baptiste, Ste. Barbe* et *S. Sébastien.* »

Plus loin, dans la notice de Chiape, il est parlé en détail et avec éloge du tableau de Glama, représentant une *scène du tremblement de terre* de 1755. C'est celui dont je rends compte dans ma *Lettre* 18me, et qui appartient à M. François Van Zeller.

Le Patriarche dit que ce tableau a été payé aux enchères (à ce qu'il croit se rappeler) 6 contos, c'est-à-dire à peu près 36,000 fr. Je crois que la mémoire du Patriarche est en défaut ; car, quoique ce tableau ne soit pas sans mérite, je trouve qu'il serait bien payé avec la dixième partie de cette somme. Voici ce que le possesseur de ce tableau, M. François Van Zeller, de Porto, m'a raconté : « Après la mort de Glamma, ses héritiers en ont fait une loterie. Les billets ont été tous placés et ont produit 600,000 réis (environ 3,900 fr.). C'est M. Van Zeller qui, il y a à peu près 28 ans, a eu la bonne fortune de le gagner, et qui ensuite fit encore un présent à la famille. Glama, à ce que dit M. Van Zeller, estimait ce tableau le double de la somme que la loterie a produite. »

Le musée de Porto possède de lui un portrait de moine que j'ai trouvé bien sáisi et plein de caractère. (*Lettres, p.* 386.)

GODINHO (Antoine), *enlumineur* et *calligraphe* du temps de D. Emmanuel. C'est lui qui, d'après ce que M. le vicomte de Juromenha et moi avons pu lire, a exécuté la partie calligraphique et les enluminures du livre d'armoiries qu'on voit à la Torre do Tombo, et qui est une copie d'un autre du même genre, mais plus beau. (Voyez Arriet.)

Ce livre ne porte pas de date, mais il était déjà terminé en 1554; car Antoine Godinho l'a exécuté quand il était Escrivaõ da Camara. Or, en cette année il avait déjà cessé d'occuper cette place, et il était devenu Escrivaõ de Desembargo do Paço, emploi qui lui avait été cédé par Pierre de Lazia. Il est prouvé aussi par un autre document de 1548 qu'il était *Cavalleiro fidalgo.*» (*Livre* 66 *de Jean III, fol.* 145, *et livre* 8, *fol.* 120. — *Communication de M. le vicomte de Juromenha.*)

GODINHO (Emmanuel da Silva), *graveur*, voyez Carneiro da Silva (Joachim.)

« C'était celui qui imitait le mieux son maître. Il n'était pas dessinateur, et cependant ses gravures sont exécutées avec goût. Il n'a gravé que pour les *Vendilhoēs*, et n'a jamais eu de pension du gouvernement. » (*Communication de M. Santos, graveur.*)

GOES (Damien de), *chroniqueur* du roi Emmanuel, a aussi écrit l'histoire de Jean II. Il a été ambassadeur de Jean III en Flandre en 1530. Pendant son séjour dans ce pays, il fut chargé par l'infant D. Ferdinand de faire exécuter des tapisseries, des enluminures et des ouvrages de calligraphie. Ces derniers étaient confiés à maître Simon. Les tapisseries devaient représenter les douze mois de l'année. (*Lettres, p.* 209, 339.)

GOMASSA (François), *sculpteur d'ornemens*, voyez Grossi (Jean).

GOMEZ (Alexandré), *sculpteur*, « élève de Giusti (Alexandre), vers 1750. » (*Cyrillo, p.* 262.)

GOMEZ (Antoine), *architecte*, maître des travaux de Batalha en 1548. (*Lettres, p.* 227.)

Gomez da Cruz (Joseph), voyez Cruz (Joseph Gomez da.)

Gomez (Eanez) de Azurara, voyez Eanes Gomez de Azurara.

GOMEZ (Ferdinand). Il y a eu deux peintres portugais de ce nom : l'un vivait au temps d'Emmanuel, l'autre au temps de Philippe Ier.

« Taborda, p. 164, attribue au plus ancien des deux Ferdinand Gomez la *Crèche* et la *Visitation* qu'on voit dans une des chapelles de l'église de Belem, et qui sont indignement repeintes, de même que *l'Annonciation* et *Ste. Anne*, qui ont été faites pour une chapelle latérale, et qui en ont été retirées après avoir été repeintes. » D'après cet auteur, Baccarelli aurait évalué ces derniers tableaux à 12,000 fr. Il ne faut jamais s'arrêter à ces sortes d'évaluations; pas une seule de celles qui m'ont été rapportées ici n'a la moindre apparence de vraisemblance. J'ai déjà parlé du tableau de *l'Annonciation* dans mes *Lettres, p.* 288. Taborda cite encore d'autres ouvrages du même auteur, mais d'une manière assez vague.

Ce Ferdinand Gomez, le premier, était, d'après Taborda, un des quatre peintres qui furent envoyés à Rome par le roi Emmanuel (Ferdinand Gomes, Gaspard Dias, François Vanegas, Emmanuel Campello).

Le second Ferdinand Gomez fit beaucoup de tableaux d'église à Lisbonne et dans d'autres villes de Portugal. Selon Guarienti, cet artiste aurait vécu vers 1580. (*Lettres, p.* 322.) Cyrillo, p. 68 et 69, dit, d'après l'autorité de Félix da Costa, « que Fernand Gomez, le second, car les dates montrent que cet article s'applique à lui, était élève du peintre flamand Blockland, qu'il peignait avec beaucoup d'habileté et de hardiesse, et qu'il était excellent dessinateur. Il a peint le plafond de la Capella mor de l'Hôpital Royal, et le tableau de la Transfiguration dans l'église de S. Julien, et beaucoup d'autres dans différentes églises. Il faisait partie de la confrérie de Saint-Luc en 1602, et fut en cette année un des neuf dont se composait le conseil d'administration de cette confrérie. Il a succédé en 1594 à Christovaõ Lopez comme peintre du Roi, aux termes d'une patente qui lui confère cet emploi, avec un traitement de 5,000 réis et un muid de blé, conditions auxquelles avaient été engagés ce Lopez et son père Grégoire Lopez, conformément à la patente de ce dernier, du 13 mai 1594. » (Voyez *livre 31 de Philippe Ier, fol.* 127. — *Communication de M. le vicomte de Juromenha.*)

Taborda, en parlant, p. 174, du second Ferdinand Gomez, cite aussi la patente par laquelle il fut nommé successeur de Lopez.

Le Patriarche, dans sa *Liste des artistes*, fait de ces deux Gomez un seul individu et confond toutes les dates; cependant, celui qui a été envoyé en Italie par D. Emmanuel, et qu'il dit avoir été élève de Michel-Ange, n'a pu être celui qui a vécu un demi-siècle plus tard en 1594, et dont l'activité artistique s'étend jusqu'à l'année 1602.

Gomez (François), *graveur,* « a gravé la plus grande partie des estampes du livre intitulé *Emprezas de S. Bento,* par Jean dos Prazeres, bénédictin (1685). (*Patriarche,* Liste des artistes, rubrique Graveurs, article Francisco Gomez.)

Gomez (François), *artiste,* contemporain de Cyrillo, cité comme lui ayant fourni des matériaux pour ses *Mémoires, p.* 9.

Gomes (François de Borgia), *sculpteur en bois,* voyez Joseph (Jean).

Gomez (François Dias), *poëte ;* ses poésies ont été imprimées à Lisbonne en 1779 ou 1799. (*Lettres, p.* 138 *et* 148.)

Gomez (George), *architecte.* « Il était maître des travaux de Tanger. Il mourut en 1574, ainsi que cela résulte de la patente de Jean Nunes, qui lui a succédé dans cet emploi.

« Les Archives royales renferment les documens suivans qui se rapportent à lui :

« Ordre de donner à George Gomez, gentilhomme de la cour, 5,000 réis (1514). (*Corp. chron., partie* 2ᵉ, *paquet* 56, *doc.* 61.)

« Lettre à la Reine, relative au plan de Tanger (1559). (*Corp. chron., partie* 1ʳᵉ, *paquet* 109, *doc.* 80.)

« Bon pour 5,000 réis de traitement. » (*Communication de M. le vicomte de Juromenha.*)

Gomez (Gonsalve), *peintre* du roi Emmanuel. Sa patente est de 1489, mais elle fut confirmée en 1496, après l'avénement au trône de ce prince. Il a travaillé aux peintures du palais et de la chapelle de Cintra. (*Lettres, p.* 216-223.)

Gomez (Jacques ou Diogo), *peintre* au temps du roi Emmanuel, vers 1489. (*Lettres, p.* 216-224.)

Gomez (Jean), *graveur.* Ce n'est pas le même que Jean-Baptiste Gomez, et cet autre Jean Gomez dont il est question à l'article Carneiro da Silva (Joachim).

Le Patriarche, dans sa *Liste des artistes,* rubrique Graveurs, article *Joaõ Gomez,* dit que « dans le livre *Vida e martirio de S. Quiteria*, imprimé à Coïmbre en 1651, il y a une petite et médiocre gravure qui porte cette signature. »

Gomez (Jean), *graveur,* natif de Lisbonne, fut en 1739, au Brésil, le maître de Carneiro da Silva (Joachim), voyez ce dernier.

Gomez (Jean-Baptiste), *graveur.* « La gravure en creux ou en médailles a beaucoup d'analogie avec la sculpture, ou plutôt c'est une sculpture à rebours, et elle date de très loin, ainsi qu'on peut le voir, dans les traités d'antiquités et dans les collections de médailles. Cet art atteignit à Rome et en Grèce la plus grande perfection, puis on le vit déchoir avec les autres arts ; mais il ne s'éteignit jamais, parce que, depuis son origine, on n'a pas cessé de frapper des monnaies, tantôt bien, tantôt mal.

« Quant à la gravure sur métaux, l'invention en est moderne : elle fut découverte par hasard, en 1430, par un artiste florentin nommé Thomas Finiguerra.

« Depuis le commencement de la monarchie jusqu'à l'époque du Cardinal-Roi, on a frappé en Portugal des monnaies d'or et d'argent. Il y en avait qui représentaient un homme à cheval, tenant en main une épée. Vint ensuite dans notre pays, de 1580 jusqu'en 1640, le cours de la monnaie espagnole. Sous Jean V vivait parmi nous l'insigne Mangem, graveur en médailles, qui fit des élèves. Jean Gomez Baptista fut de ce nombre, et nous avons de lui d'excellentes médailles. Il a exécuté beaucoup de coins pour l'Hôtel de la Monnaie; mais s'étant rendu coupable d'abus de confiance, il prit la fuite et se réfugia à Rio de Janeiro, où il vécut sous le nom supposé de Thomas-Xavier ¦d'Andrade. Gomez Freire, comte de Bobadela, gouverneur du Brésil et grand appréciateur du talent, lui donna l'emploi de graveur de la Fonderie de Villa-Rica. Il était employé des Mines lorsqu'il mourut vers 1754. » (*Cyrillo, p.* 277.)

GOMEZ (Jérôme) TEIXEIRA, voyez GOMES TEIXEIRA (Jérôme).

GOMEZ (JOSEPH-JOACHIM), *peintre d'architecture et d'ornemens,* voyez GOMES TEIXEIRA (Jérôme).

GOMEZ (JOSEPH-THOMAS), *peintre d'architecture et d'ornemens,* voyez BAPTISTA (Louis), et ANDRADE (Jérôme d').

GOMEZ (SIMON) **DOS REIS**, *peintre de perspective et d'ornemens,* voyez NARCISSE (Joseph-Antoine).

GOMEZ TEIXEIRA (JÉRÔME), *peintre d'architecture et d'ornemens,* né à Lisbonne, fut élève de José Bernardes, auteur des fleurs du plafond du portique de la Graça.

« Il peignait très bien les objets d'architecture, les ornemens et la perspective, et avait un goût particulier pour la combinaison des couleurs. Le plafond de Santa-Justa et celui de la chapelle principale des Martyrs, sont de lui. Il eut pour élèves, son fils José-Joachim Gomez, qui lui fut inférieur en talens, et Vicente Paulo da Rocha, natif d'Alhandra, sujet d'un grand mérite; Eugenio-Joaquim Alves l'a aussi aidé et Félix-José Fernandes, né à Lisbonne, commença à étudier en 1788, quand son maître faisait le plafond de Santa-Justa. Gomes Teixeira Jeromino mourut en 1811, ayant vécu 58 années. » (*Cyrillo, p.* 216.)

GONÇALES ou GONÇALEZ, voyez GONSALVES.

GONÇALO ou GONÇALVO, voyez GONSALVE.

GONÇALVES ou GONÇALVEZ, voyez GONSALVES.

GONSALO ou GONSALVO, voyez GONSALVE.

GONSALVE (*Saint*) **DE AMARANTE**, Portugais, fut compté selon Cyrillo, p. 161, par les auteurs italiens et français, parmi les *architectes* du treizième siècle, pour avoir construit un pont sur le Tamaga.

GONSALVE EANEZ, *architecte,* voyez EANES (Gonsalve).

GONSALVE EANEZ, *enlumineur,* voyez EANEZ (Gonsalve).

GONSALVE GOMEZ, voyez GOMEZ (Gonsalve).

Gonsalve Mathieu, voyez Mathieu (Gonsalve).

Gonsalve de Toralva, voyez Toralva (Gonsalve de).

Gonsalves (Alphonse), « maître *tailleur de pierre* des travaux royaux. Il a succédé dans cet emploi, à Jean de Alverca (1466). Il demeurait à Lisbonne. » (*Livre 14 d'Alphonse V, feuille 42. — Communication de M. le vicomte de Juromenha.*)

Gonsalves (Alphonse), « *peintre* du temps d'Édouard et d'Alphonse V. En 1450, ce dernier roi, voulant user de plus de clémence que de justice, et par égard à la demande du docteur et juge Lopes Gonsalves, lui fit grâce d'une peine infamante à laquelle il avait été condamné, pour avoir combattu contre lui, à la bataille d'Alfarrobeira, dans les rangs de l'infant D. Pierre, régent du royaume, oncle et beau-père du jeune roi. Il était probablement peintre du couvent de Batalha, parce que quelques ouvriers de ce couvent furent du parti de l'infant. » (*Livre 8 de l'Estremadure, feuille 140. — Communication de M. le vicomte de Juromenha.*)

Gonsalves (Egas), *graveur* à la Monnaie de la ville de Porto. Il vivait sous Édouard et Alphonse V; voyez Egas (Alvaro). (*Communication de M. le vicomte de Juromenha.*)

Gonsalvez (Emmanuel-Joseph), *peintre*, voyez Gonsalvez (André).

Gonsalves (Étienne) Neto, voyez Neto (Étienne-Gonsalves).

Gonsalvez (Jean), *architecte*, chargé de l'érection d'une des chapelles de Belem, vers 1517. (*Lettre 14ᵐᵉ, app. 2.*)

Gonsalvez (André). Il y a eu en Portugal deux peintres renommés de ce nom. Le premier était peintre du roi Emmanuel, vers 1500. (*Cyrillo, p. 17.*)

Taborda, p. 156, dit que Gonsalvez André, fut un peintre de mérite sous le règne de Jean III, et que ce roi lui fit beaucoup de commandes. Aux Archives royales, dans le tiroir 20, paquet 13, nᵒ 73, se trouve une charte de Barthélemy da Paiva, écrite le 13 novembre, sans indication de l'année; on y lit les paroles rapportées par M. le vicomte de Juromenha. (*Lettres, p.* 206.) Or, les époques où vivaient Paiva et les autres peintres dont il est question dans la même charte, ne laissent pas de doute sur la date approximative de l'acte ci-dessus mentionné : c'est-à-dire, entre 1512 et 1535. — Le second André Gonsalvez a vécu beaucoup plus tard. Cyrillo, p. 88-92, en parlant de celui-ci, dit qu'il était élève de Julio César de Femine, peintre génois qui a vécu longtemps à Lisbonne, et y mourut vers 1736. Gonsalvez mourut en 1762, âgé de 70 ans. Ses élèves, d'après Cyrillo, étaient :

Son fils, Manoel-José Gonsalvez;

João dos Santos Ala;

Joachim-Manoel da Rocha;

José da Costa Negreiros;

Francisco-Xavier Lobo;

Padre Manoel José.

Pedro Alexandrino, suivant Cyrillo, fréquentait aussi l'école et la maison de Gonsalvez. (*Lettre* 13me.)

Ce second Gonsalvez, d'après Cyrillo, imitait Conca et Marata, et il a exécuté un grand nombre d'ouvrages, en se servant des gravures faites d'après ces peintres. Beaucoup de ses ouvrages ont été détruits par le tremblement de terre; d'autres ont échappé à ce désastre; depuis, il en a fait un certain nombre. On en voit dans les chapelles de *Menino Deos*, à Saint-Laurent, Sainte-Jeanne, Sainte-Marthe, Saint-Martin, Merces, à la sacristie de Bemposta, et dans beaucoup d'autres églises de Lisbonne et ailleurs. Il entra dans la confrérie en 1711.

L'article de Cyrillo, qui se rapporte à Gonsalvez (André), rend, en même temps, compte des travaux de ses élèves.

Taborda lui consacre aussi un article, p. 226, de même que Guarienti. (*Lettres, p.* 315.)

GONSALVEZ (JOAŌ DE **GUIMARAĒS**), surnommé ENGENHOSO, ouvrier *mécanicien et graveur.* « Il a vécu sous Jean III et sous Sébastien. L'habileté de cet artiste était d'autant plus remarquable, qu'il était dépourvu d'éducation et de science. Il a inventé, dit-on, des machines et confectionné des ouvrages qui ont excité l'admiration de ses compatriotes. De là, le surnom qui lui fut donné d'*Engenhoso*, littéralement *le faiseur d'engins.*

A cette époque, il existait une monnaie d'or de 500 réis grossièrement frappée. D. Sébastien voulut que Joaō Gonsalvez en refît les coins, et c'est surtout par cette pièce que cet artiste nous est connu. Sa nouvelle pièce de monnaie a conservé le nom d'Engenhoso; elle est fondue et non frappée; le travail en est remarquablement délicat et de bon goût. Sur la face, on voit les armes de Portugal et la légende : *Sebastianus I, rex Portug.*, et sur le revers, la croix de Saint-George, dont le point central est entouré des quatre chiffres du millésime 1562, et pour légende *In hoc signo vinces.* Un *cordon* entoure la pièce pour empêcher qu'elle ne soit rognée, amélioration bien importante pour cette époque.

Ces pièces sont aujourd'hui excessivement rares; j'en ai vu pourtant plusieurs qui toutes ont la date de l'année 1562, à l'exception d'une seule qui porte 1563; mais celle-là me paraît une contrefaçon. Elle est certainement moins belle; en outre, elle porte les deux lettres G. A, ce qui voudrait dire *Goa* sur toute autre pièce. J'ignore s'il en est de même pour cette reproduction de l'*Engenhoso.* Elle a été trouvée, il y a quelques années, dans l'île de Terceire, en même temps que plusieurs pièces de D. Antonio, prieur de Crato.

Il est dit quelques mots de Joaõ Gonsalvez et de sa monnaie, dans l'Histoire généalogique de la maison royale de Portugal, par D. Antonio Caetano de Sousa (*t. 4, p.* 161), et dans l'*Elucidario* de François-Joaquim de Santa-Rosa de Viterbo, p. 403 de l'édition de 1798. »

(*Tout cet article est de M. Famin, consul de France.*)

« Gonsalvez (Jean) est né à Guimaraẽs, et gravait des monnaies en 1562, soũs le règne du roi Sébastien. Il était doué d'une habileté tellement extraordinaire, que sans avoir jamais étudié, il inventa des machines qui faisaient l'admiration des hommes les plus instruits. On l'appelait *Engenhoso.* » (*Patriarche*, Liste des artistes, *p.* 17.)

Gonsalvez (Jean) **da Rua**, *sculpteur en bois* (entalhador) à Batalha, en 1536. (*Lettres, p.* 229.)

Gonsalvez (Laurent), *official des tailleurs de pierre.* « Suivant les informations laissées par le connétable Pereira, c'était un des meilleurs ouvriers de cette profession, et avec lequel il fit un accord pour travailler dans son couvent du Carme. » (*Communication de M. le vicomte de Juromenha.*)

Gonsalvez (Louis) **de Sena**, *peintre*, né à Santarem en 1713.

« Il était fils de Manuel Gonsalvez et d'Antoinette Gomez. Il a appris la peinture chez un artiste de cette ville, qu'il ne lui fut pas difficile de surpasser. On compte parmi ses ouvrages à Santarem : le plafond du maître-autel de l'église du Collége royal patriarcal; les peintures du chœur de Saint-Dominique, représentant des événemens qui se rattachent à l'histoire des dominicains; le tableau des Ames du purgatoire, dans le couvent de Saint-François, et celui de la Cène, dans l'église de Saint-Martin. Les couvens de Jésus et de Saint-François de Xabregas à Lisbonne, renferment plusieurs portraits peints par Gonsalvez. Il fit également les portraits de quelques habitans de Santarem. Le vicaire général Dominique Ferreira, à qui nous devons ces renseignemens, conserve un tableau de cet artiste, représentant la *Conception.* Sena avait épousé Félicienne Rose, de laquelle il n'eut point d'enfans. Il mourut veuf à Santarem, en 1790. En 1791, on imprima à la typographie patriarcale de François Ameno à Lisbonne : *l'Éloge du grand Apelle portugais, Louis Gonsalvez de Sena, composé après son décès, par Joachim Duarte Benedicto.* L'auteur de cet opuscule était, nous assure-t-on, un religieux d'un grand mérite, et Joachim Duarte Benedicto est un pseudonyme.

Il est à regretter que ce livre ne renferme absolument rien dont nous ayons pu profiter comme information sur l'artiste qui en est le sujet. Il contient, au contraire, des détails tellement ridicules et tant d'exagérations, que dans tout l'ouvrage, ce qui m'a paru le plus sensé, c'est le parti qu'a pris l'auteur de cacher son nom. » (*Taborda, p.* 237.)

Gonsalvez (Nuno), *peintre*. François de Hollande place au nombrc des fameux peintres, *le peintre portugais qui a peint l'autel de S. Vincent de Lisbonne*. (*Lettres, p.* 55.) Bermudez, d'après François de Hollande, attribue cet ouvrage à Nuno Gonsalvez, peintre du roi de Portugal Alphouse (sans doute Alphonse V, 1438-1481). Il lui attribue également *un Christ attaché à la colonne*, placé dans une des chapelles du couvent de la Trinité de la même ville. Bermudez dit de Nuno Gonsalvez que, sans avoir été en Italie, il cherchait à imiter les grands maîtres de ce pays.

« Il a été accordé par le roi Édouard à Gonsalvez (Nuno), sculpteur, une patente de maître des travaux royaux. Elle est datée de Torres Vedras (1436). Cette patente a été confirmée par Alphonse V, fils d'Édouard ; et dans la confirmation qui porte la date de 1439, il est dit que Nuno Gonsalvez est chargé de travailler comme tailleur de pierre aux ouvrages qui lui seront commandés. Par cet acte, il lui est accordé un traitement et des priviléges. » (*Livre* 19 *d'Alphonse V, feuille* 9. — *Communication de M. le vicomte de Juromenha.*)

Ce sculpteur ou tailleur de pierre, est-il le même que le peintre, ou sont-ce deux personnages différens, c'est ce que je ne saurais décider. (*Lettres, p.* 204, 211.)

GONSALVEZ (VASCO), *orfèvre*, de Lisbonne. Il existe une charte par laquelle il est nommé graveur de la Monnaie royale de Lisbonne en remplacement de Gil Vasquez (1455). (*Liv. X d'Alphonse V, fol.* 56. — *Communication de M. le vicomte de Juromenha.*)

GONZALES ou GONZALEZ, voyez GONZALVEZ.

GONZALO ou GONZALVO, voyez GONZALVE.

GONZALVES ou GONZALVEZ, voyez GONSALVES.

GORDO (FERREIRA), voyez FERREIRA (Gordo).

GORJAÕ (JEAN DE ABREU), voyez ABREU (Gorjaõ).

GRAND-VASCO, en portugais **GRAÕ-VASCO,** ou **GRAM-VASCO.**

Je vais présenter un extrait des opinions émises relativement à Grand-Vasco par les seules personnes qui se sont occupées de ce sujet d'une manière un peu sérieuse, et nous verrons à quelles conclusions nous pourrons nous arrêter.

Taborda attribue à Grand-Vasco la patente d'enlumineur du Roi, D. Affonzo V, portant la date de 1455. D'après cela, il ne pourrait guère être né postérieurement à 1455.

Guarienti, Taborda et Cyrillo s'accordent à dire qu'il possédait un moulin près de Vizeu et peignait en 1480.

Le directeur de l'Académie, M. Loureiro, brochant sur ces renseignemens, les adopte comme irrécusables.

Pereira, dans son manuscrit de 1633, appelle Vasco-Fernandes une fois *grande,* et une seconde fois il donne son nom sans y ajouter le mot *grande.* Il lui attribue le tableau du *Calvaire* à Vizeu.

Vasco était de Vizeu, et, d'après Frei Augustin, de Santa-Maria (1716), il a peint dans cette ville et dans d'autres lieux voisins. Il l'appelle *insigne.*

Après bien des investigations, on a cru reconnaître dans Grand-Vasco un seigneur de la cour de Jean III (1525), qui s'appelait Vasco Fernandez do Cazal.

L'extrait baptistaire de Vasco Fernandez de Vizeu, fils d'un peintre, est de l'année 1552, et les travaux qu'il a exécutés à Vizeu n'auraient pu être achevés que vers 1585; car ils montrent tous au même degré la maturité du talent artistique de leur auteur, et, par conséquent, celui-ci n'aurait guère pu les commencer avant l'âge de 25 ans. Cela nous donne 150 ans que remplissent ces divers renseignemens sur le même homme. Notez que là où ces renseignemens finissent, j'admets que Vasco Fernandez n'avait guère plus de 30 ans, de sorte que 120 ans de son activité supposée appartiennent à tout autre qu'à lui, et les plus remarquables des tableaux attribués à Grand-Vasco tombent dans l'époque d'Emmanuel et de Jean III, bien postérieure à Vasco l'enlumineur, et antérieure à Vasco Fernandez.

Parmi les tableaux les plus importans qui lui sont attribués, il n'y a que ceux de Vizeu dont l'origine bien constatée s'accorde avec ce qui est répandu dans le public sur leur auteur : ceux de S. Bento, de Sétubal, de Paraiso, d'Evora étant antérieurs même à l'époque de sa naissance, et ayant des origines différentes, ou portant d'autres signatures ou monogrammes.

On ne s'est pas contenté d'attribuer à Grand-Vasco la plupart des vieux tableaux sur bois qui se trouvent en Portugal, on va jusqu'à dire que l'Allemagne en possède un grand nombre. Et en effet, si tout ce qui ressemble aux tableaux de Sétubal, de St. Bento, etc., devait être de Grand-Vasco, l'Allemagne serait plus riche en Grand-Vasco que le Portugal.

Voici le fait. Pereira, qui était de Vizeu, est le premier auteur qui, à notre connaissance, parle de Vasco Fernandez et l'appelle dans son *manuscrit* de 1630 *grande,* employant ce mot comme éloge et non comme épithète. Félix da Costa Meesen n'a pas connaissance de lui. *Frei Augostinho de Santa-Maria,* en 1716, l'appelle constamment *insigne.* Jusque-là nous ne voyons pas que ce peintre dont la mémoire, d'après ce moine, était en honneur dans sa province, ait été surnommé *Grand-Vasco;* mais en 1733, dans l'ouvrage de Guarienti, nous trouvons déjà cette épithète passée en coutume. Il me paraît, d'après cela, démontré que c'est le livre de *Frei Agostinho de Santa-Maria* qui a étendu la renommée de Vasco Fernandez, de Vizeu sa patrie et des environs de cette ville, sur tout le Portugal; que c'est vers cette époque qu'est née

l'épithète, répétée constamment depuis, de *Grand;* enfin, que c'est
entre 1716 et 1733 qu'une immense quantité de tableaux de l'époque
d'Emmanuel et de Jean III, dont l'origine s'était perdue, ont été mis sur
le compte d'un peintre qui a vécu sous Sébastien et sous les Philippe,
et cela, sans égard au grand nombre d'artistes étrangers et indigènes
qui ont illustré le Portugal par leurs travaux, non plus qu'à la grande
activité artistique qui a existé dans ce pays sous les règnes glorieux et
éclairés des rois Emmanuel, Jean III et Sébastien, depuis 1495 jusqu'en
1580.

Il est juste de convenir cependant que Taborda et Cyrillo ont reconnu
que tout ce qu'on rapportait sur Grand-Vasco était obscur et contradictoire, et qu'ils ne nous ont fourni la plupart de leurs renseignemens
que sous la forme de l'hypothèse.

Je passe sous silence les traditions qui se rapportent à Grand-Vasco;
c'est bien assez d'en avoir rempli une grande partie de mes *Lettres,* et
on peut les trouver là, si on le veut.

Je dois faire observer que les épithètes de grand, d'insigne, de hé-
ros, d'héroïne, les comparaisons avec Apelles, Raphaël, etc., se rencontrent en Portugal à chaque instant, et que les exagérations de ce genre,
fort communes dans ce pays, ne prouvent rien. Il en est de même plus
ou moins ailleurs. Ainsi, nous avons lu dans Taborda, à propos de François de Hollande, que le tableau de l'hôtel Saldanha Castro, qui lui est
attribué, est « digne de Raphaël sous le rapport de la composition,
digne de Michel-Ange sous le rapport du dessin, et digne de Titien
sous le rapport du coloris. » Taborda termine cet éloge, en disant que
François de Hollande était le meilleur peintre que le Portugal ait jamais
possédé, tandis qu'il nous est à peu près démontré qu'il n'était pas
peintre, ou que du moins il n'était pas peintre d'histoire, mais
bien architecte, dessinateur, enlumineur et peintre de portraits en miniature. Nous avons vu ce qui a été dit au sujet de l'exposition de 1843;
Damien de Goes appelle Duarte d'Armas *grande pintor;* Christophe
d'Utrecht, d'après Taborda, doit avoir été appelé de son temps le *grand*
Vasco de la Hollande, tandis qu'il est mort quand Vasco Fernandez
n'avait que cinq ans. Le directeur de l'Académie des arts de Lisbonne
a dit dans son discours que *le grand Raphaël était le Vasco de l'Italie;*
ailleurs il a été dit que les ouvrages de ce dernier sont une vivante ri-
valité d'Apelles, Timante, Zeuxis et Parrhasius. Ainsi, faisant abstraction des amplifications et des fables dont Grand-Vasco a été l'objet, di-
sons seulement que c'est vraisemblablement Vasco Fernandez, peintre
de Vizeu, qui a donné lieu à l'existence traditionnelle d'un Grand-Vasco,
auteur de tant de tableaux et objet de tant de contes merveilleux. Je
n'ai jamais dit que Grand-Vasco n'ait pas existé: et ce n'est qu'à présent que je viens de coordonner mes idées sur la manière dont je crois
qu'il a existé. Je terminerai cet article par les observations auxquelles

il a donné lieu de la part de M. le vicomte de Juromenha, et cela pour ne plus revenir sur ce sujet. Voyez FERNANDO VASCO.

Mes lecteurs, en consultant la table des matières et la table alphabétique de mes Lettres, trouveront facilement les passages qui se rapportent à cet artiste.

COMMUNICATION DE M. LE VICOMTE DE JUROMENHA (1) APRÈS LECTURE
DE L'ARTICLE CI-DESSUS.

(1er novembre 1845.)

« Les investigations que nous avons faites sur le peintre Vasco nous mettent à même de faire voir comment sont nés les contes absurdes dont cet artiste est l'objet. Ce fut au temps de Guarienti que se répandit en Portugal la tradition relative à l'existence d'un peintre éminent de Vizeu, nommé Grand-Vasco. Peu de temps auparavant, frère Augustin de Santa-Maria avait fait mention de ce peintre, sans cependant se servir à son égard de cette épithète de *grand*. Vers la même époque, le père Cardoso refondit son Dictionnaire géographique du Portugal, et il fut enjoint par le gouvernement à tous les curés du royaume de lui envoyer tous les renseignemens dont il pouvait avoir besoin. Les renseignemens de Vizeu portant la date de 1758 sont de ce nombre. Tous ces curés s'accordent à appeler notre peintre Grand-Vasco. Le curé de la cathédrale Emmanuel Lopes de Almada est le seul qui l'appelle Vasco Fernandez, toutefois, en ajoutant à ce nom celui de Casal, et en le confondant avec un gentilhomme illustre de cette ville. Il est non-seulement possible, mais même très probable que ces curés, et surtout les plus vieux d'entre eux, avaient eu connaissance du manuscrit de Pereira, dont l'original se conservait à Vizeu ; cela est d'autant plus naturel, qu'ils se voyaient forcés de faire des recherches pour répondre aux questions que leur adressait l'Académie, et que le goût de l'époque se portait vers cette sorte d'investigations. Il est vrai de dire que souvent ces travaux rendent témoignage de peu d'esprit de critique. Dans le manuscrit de Pereira, presque contemporain de Vasco, le nom de ce peintre est toujours (2) accompagné de l'épithète de *grand* (3). Or, les curés, ayant rencontré ce mot dans le manuscrit, le transmirent sous la

---

(1) Je dois avouer à propos de cet article que sans M. le vicomte de Juromenha je ne serais jamais parvenu à débrouiller la question de Grand-Vasco et que sans lui mon ouvrage serait bien plus incomplet qu'il ne l'est. On a été à même de s'en assurer, car j'ai eu soin de signaler comme siens, tous les renseignemens que je lui dois, et tous ceux que j'ai obtenus par son intervention ; entre autres ceux de M. Berardo de Vizeu et de M. Gandra de Porto.

(2) A ma connaissance, une seule fois, et la seconde fois il donne son nom sans ajouter *grande*.

(3) Comme éloge et non comme épithète constante *(o grande, le grand)*.

même forme, et de là provient, selon moi, l'origine de l'épithète qui fut ensuite généralement admise. Cependant, comme ils négligèrent d'indiquer la source d'où ils avaient tiré ces notes, il en est résulté une grande confusion chronologique; il est arrivé qu'une réalité est devenue un mythe, et qu'un peintre qui a existé dans la seconde moitié du seizième siècle, a été supposé avoir existé cent ans plus tôt.

« A l'époque où Guarienti fit un séjour en Portugal, le goût des collections y était général, surtout parmi les nobles, qui recevaient alors une éducation littéraire très soignée, ainsi qu'on peut s'en convaincre par les travaux de l'Académie d'histoire, composée en grande partie de membres appartenant à cette classe. Comme les arts se lient intimement aux sciences, les nobles prenaient soin d'augmenter les collections dont ils avaient hérité de leurs ancêtres; cependant il est douteux que leurs connaissances dans ce genre aient égalé leur zèle. Guarienti était celui qui nettoyait, restaurait ou abîmait les tableaux, non-seulement des églises, mais aussi des collections particulières, et qui en même temps les baptisait.

« C'est à cette époque, dans un temps où la tradition de l'existence de notre peintre avait obtenu un grand crédit, que furent tirés de l'oubli beaucoup de tableaux conservés dans les églises de tout le royaume et dans les maisons particulières. Ces tableaux appartiennent à l'époque d'Emmanuel et de Jean III, ils sont peints dans le style gothique, quelques-uns sont d'un grand mérite. Les propriétaires, ne sachant à quels auteurs les attribuer, et ne pouvant non plus les attribuer aux peintres d'influence italienne, comme Campello, Gaspard Dias, etc., on les a par antonomase appelés tous des Grand-Vasco; on a admis que celui qui, comme peintre gothique, jouissait du titre de *grand*, devait être l'auteur de ce qu'il y avait de mieux en fait de peintures de ce genre. Cette opinion s'accrédita facilement et se répandit avec d'autant plus de rapidité, que le nombre des tableaux gothiques, dont on ne connaissait pas les auteurs, était très considérable. De là est venue l'idée que Grand-Vasco était le chef d'une école, et que ceux des tableaux qui avaient le plus de mérite étaient l'œuvre du maître. Plus tard, Taborda augmenta encore cette confusion avec son document de la *Torre do Tombo* de 1455 relatif à Vasco l'enlumineur. On a attribué à Grand-Vasco des tableaux appartenant à l'époque de Jean III, et, pour rendre la chose vraisemblable, on l'a fait très vieux et on a prêté à son poignet une vigueur capable d'avoir exécuté ses meilleurs ouvrages quand il avait dépassé l'âge de cent ans. Ainsi on a accumulé l'une sur l'autre les opinions les plus insoutenables, les plus erronées, avec des anachronismes sans fin. Une vanité nationale très mal entendue nous enveloppait d'un épais nuage, nous cachait la vérité et privait notre pays d'une gloire réelle et légitime; car, en analysant avec bonne foi cette question, nous sommes parvenus à connaître qu'il y a eu en effet un peintre du nom de Vasco Fernandez, que ce peintre était distingué dans son art; et que l'activité artistique qu'on attribue faussement à un seul individu appartient à beaucoup d'artistes portugais. Évidemment il résulte de ce fait une gloire bien plus grande pour le pays.

« Il est une chose qui paraît singulière : comment se fait-il que pas un des contemporains de Vasco n'ait fait mention d'un peintre qui a joui d'une si haute réputation? Comment se fait-il que Pereira, auteur du manuscrit de Porto, soit le seul qui en ait parlé? Cependant ceci ne m'étonne plus, quand je considère que Camoës n'a également pas été mentionné par ses contemporains. Ni Sá de Miranda, ni Ferreira, n'en disent une seule parole. Il n'y a que Diogo Bernardez qui lui consacre un sonnet, inséré au commencement de la première édition de ses *Rimas do poeta*, imprimée en 1595, après sa mort. Le texte fait voir que cette pièce de vers fut composée en réponse à une demande qui avait été adressée à ce sujet à l'auteur par une autre personne. Ferreira, dans une de ses lettres poétiques, fait l'énumération de tous les poëtes de son époque, et il omet Camoës! Cependant un seul sonnet, que lui a adressé le Tasse, servait de consolation à notre grand poëte. Nous avons un proverbe qui dit : *Qui est ton ennemi? c'est l'homme qui exerce ton métier.*

« Il est possible aussi que notre peintre ne soit jamais sorti de sa ville natale, et que ce soit pour cela qu'il était si peu connu. »

GRANPRÉ (DE), « *graveur*, est un des étrangers qui ont travaillé en Portugal sous le règne de Jean V. Dans la *Géographie hist.* il y a des gravures de cet artiste faites à Lisbonne en 1729 et 1734. » (*Patriarche*, Liste des artistes, *p.* 16.)

GRECO (il), voyez CESARI (Alexandre).

GRÉGOIRE-FRANÇOIS QUEIROS, voyez QUEIROS (Grégoire-François).

GRÉGOIRE LOPEZ, voyez LOPEZ (Grégoire).

GRÉGOIRE LUIZ MARIA DA SILVA RATTO, voyez RATTO.

GRÉGOIRE MADEIRA, voyez MADEIRA et MAGINA.

GRÉGOIRE PAEZ DO AMARAL, *auteur* de l'ouvrage intitulé *Exemplares de letra inglesa.* Voyez PATRIARCHE.

GRESBANTE (JEAN), « était un *peintre* anglais établi à Lisbonne, doué de beaucoup de génie et d'idées sublimes, mais jamais content de ce qu'il faisait. Il était membre de la confrérie de Saint-Luc en 1651 et vivait encore en 1680. » (*Cyrillo*, *p.* 79.) Il est évident que c'est le Jean Gisbrant de Guarienti et de Nagler.

GROSSI (JEAN), *dessinateur* milanais, né en 1719 ou en 1718, modelait en plâtre, en terre et en cire. « L'art du stucateur ou l'art de modeler en plâtre ayant une grande analogie avec celui de modeler en terre, il sera bon que nous fassions mention ici de Jean Grossi; et nous le ferons avec d'autant plus de raison, qu'il présida à une école spéciale de dessin et qu'il fut le premier professeur de quelques peintres et de plusieurs sculpteurs.

« Jusqu'à l'époque du tremblement de terre, la sculpture en plâtre n'avait guère été en usage en Portugal. A la *Quinta dos Bichos* se trouvait, dit-on, une petite maison du dix-septième siècle, décorée en plâtre. La petite chapelle du couvent de l'Espérance appartient à cette même époque : on y distingue de riches ornemens et des bas-reliefs. Pendant l'activité de l'architecte Lare se trouvaient ici Salla et Bill, qui firent quelques ouvrages de ce genre dans son château *do Provedor*. Ces deux artistes s'occupaient de l'ornement et du dessin. Vint ensuite Plura qui orna dans ce genre une chambre de la *Torre da Polvora* et une chapelle près de la cathédrale. Francisco Gommassa, insigne décorateur, travailla chez le *Provedor* et fit la façade de la chapelle des soldats à Alcantara.

« Joaõ Grossi, né à Milan en 1719, apprit à modeler en cire et en argile. Il servit ensuite Ferdinand VI, en qualité de dessinateur de l'armée, mais provoqué en duel par le neveu de son colonel, il le tua : arrêté pour ce fait, il parvint à s'échapper du quartier où il était détenu en se déguisant avec les vêtemens de sa blanchisseuse. Il vint à Lisbonne, et descendit rue da Bica chez son cousin Domingos Lepori, négociant, qui lui fit obtenir la commande des grands décors de la voûte de l'église des Martyrs. Grossi les a refaits à neuf, en 1748 ou 1749, (bien que jusqu'alors il n'eût pas encore travaillé en plâtre). Il se fit aider dans ce travail par Plura et par Gommassa. Il se servait de formes pour les fleurons et les autres ornemens. Il décora également une salle du palais de Cintra et une autre chez le *Provedor dos Armazens* qui le produisit chez le marquis de Pombal. Celui-ci l'occupa dans ses hôtels, rue *Formosa* et rue *das Janellas verdes*. Pendant l'année 1755, il orna la maison *do Machadinho*, et dans cette occasion apparurent Pierre Chantoforo, et Augustino de Guadri, parent de Grossi et son compatriote. Grossi avait voyagé en Allemagne, en Prusse, en Hollande, et avait apporté la méthode de travailler le plâtre et de le lustrer en y mêlant de la colle. Aussitôt après le tremblement de terre, ils firent la chapelle des *Terceiros de Jésus*, puis le plafond des *Paulistas,* dont le tableau et les bas-reliefs furent parfaitement bien faits par Foscanelli, cousin de Grossi, peintre, élève de Corrado, et qui avait remporté des prix de dessin à l'Académie de Saint-Fernando à Madrid.

Dans le Collége des nobles, Grossi admit Falcaõ, et deux Brésiliens qui avaient étudié à Rome; c'étaient Félix da Rocha, peintre en miniature, et José Tenorio, son cousin, qui y dessinèrent des pilastres, des chapiteaux et d'autres objets d'architecture. Félix a travaillé aux bas-reliefs de Notre-Dame et aux médailles, et a exécuté d'autres travaux à *Conceiçaõ velha* et à l'Inquisition.

Les *Verdes*, également sculpteurs en plâtre, travaillaient alors au nouveau palais de Madrid, et l'ambassadeur d'Espagne voulut y engager Grossi, lui promettant le pardon de son crime et de forts honoraires, mais il fut retenu par le marquis de Pombal qui, en 1766, lui donna la direction d'une école au Rato, avec 600,000 réis d'appointemens annuels, pour y instruire dix élèves : parmi ces derniers figure Joaõ Paulo da Silva, renommé plus tard par ses bons et nombreux ouvrages, et qui mourut à 70 ans, le 28 décembre 1821. Ses cendres reposent dans la paroisse de S. Mamède de Lisbonne.

Peu après l'ouverture de l'école, Joaõ Grossi épousa Rosa Bernarda, domestique affectionnée de Marie-Madeleine, sœur du marquis de Pombal, abbesse perpétuelle du couvent de Ste-Jeanne. Il fut excessivement protégé par le marquis qui lui donnait ou lui procurait tous les grands travaux qui alors étaient nombreux et bien payés ; il est étonnant qu'ayant fait de si gros bénéfices, il soit mort si pauvre en 1781. Grossi avait eu le malheur de devenir aveugle quelque temps avant sa mort. » (*Cyrillo, p.* 268-271.)

GUADELUPE LENCASTRE E CARDENAS (MARIE), née en 1630 de George de Lencastre, duc de Torres-Novas, et de Anne Manrique de Cardenas et Lara, duchesse de Maqueda. Elle exerçait la *peinture*. Taborda (*p.* 206), en parlant du talent artistique de cette dame de haut parage, s'appuie sur l'auteur du *Theatro heroino*, sur frère Augustin de Santa-Maria, et sur Antoine Gaétan de Sousa. Cependant les admirations de ces écrivains pour les tableaux et pour leurs auteurs ne m'inspirent pas une confiance entière ; j'ai trop souvent constaté les exagérations de ce genre. Ce qu'il y a de plus positif, c'est que cette Marie de Guadelupe était une très grande dame : elle était de son chef sixième duchesse d'Aveiro et Torres-Novas, huitième duchesse de Maqueda e Ciudad Real, marquise d'Elche, etc. Elle épousa en 1665 D. Manuel Ponce de Léon, qui fut depuis duc d'Arcos, etc., elle mourut en 1715, âgée de 85 ans.

Taborda cite plusieurs de ses tableaux dont un a été retouché par Bento Coelho. Le nom de Lencastre (je suppose Lancastre d'Angleterre), existe encore aujourd'hui dans la famille d'Abrantes, et est porté par ceux des membres de la famille qui n'ont pas de titre. Il arrive souvent en Portugal que les femmes transmettent leur nom à leur descendance et que celle-ci abandonne le nom du père. La manière dont cela se fait est certainement sujette à quelque règle ou du moins à des coutumes dominantes ; mais les exceptions sont tellement nombreuses qu'après avoir souvent cherché à les comprendre, j'ai fini par y renoncer.

GUADRI (AUGUSTIN DE), *stucateur*, voyez GROSSI (Jean).

GUALDIM PAES, *maître de l'ordre des Templiers* à Thomar, fonda cette ville avant le règne de Jean Ier.

GUALTER (Pierre), *architecte*, voyez Mardel.

GUALTIERI (Jean-Baptiste), *peintre sur verre*, Flamand, dont Guarienti a vu à Lisbonne une peinture sur verre et qui était fils et neveu de Gualtieri et de George. (*Lettres, p*. 525.) Il faut avant tout établir que Gualtieri paraît être la traduction italienne du nom allemand Walther. Or, Nagler, à l'article Crabeth, Dirk et Wouter (Théodore et Walther), dit que Vasari cite ces mêmes individus, sous les noms de George et Walther, peintres sur verre flamands. Nagler fixe l'activité artistique de ces deux frères entre les années 1557 et 1572. Il nous reste encore un doute au sujet du nom de Théodore ou Dirk mis à la place de George; cependant, en définitive, nous pouvons admettre que Gualtieri est la traduction italienne du nom Allemand Walter, Wouter, et que voilà comment on devrait, je crois, comprendre et compléter l'article de Guarienti. « Jean-Baptiste Gualtieri ou Walther était fils et neveu des « frères Walther et George Crabeth, peintres sur verre flamands, qui « exerçaient leur art en Italie entre les années 1557 et 1572. » De cette manière l'observation contenue dans ma note 5, p. 325 de mes *Lettres*, tombe d'elle-même.

GUARIENTI (Pierre), Italien, *directeur de la galerie de Dresde*, a fait un voyage en Portugal dans les années 1735-1736. Il a publié en 1753 une nouvelle édition de l'*Abecedario pittorico* d'Orlandi qu'il a augmenté de bon nombre d'articles relatifs aux artistes et aux collections du Portugal. Il s'est occupé dans ce pays de restauration de tableaux. (*Lettre* 15e.) Cyrillo p. 98 et 99, lui consacre un article et dit qu'il laissa à Gaétan Albert le secret de l'eau avec laquelle il nettoyait les tableaux et que ce dernier transmit ce secret à son fils Jacinthe de Almenda qui a nettoyé et retouché presque toutes les collections de Lisbonne, ainsi que celles de la cour. C'est Guarienti qui a retouché en 1754 la *Venue du Saint-Esprit* de Gaspar Diaz qui se trouvait à Saint-Roch et qui n'y est plus. Voyez, à l'article Gaspard Diaz, ce que j'ai dit au sujet de ce tableau. On a déjà été à même de juger Guarienti comme écrivain en lisant ma *Lettre* 15e, ainsi que les extraits de son ouvrage qui accompagnent cette même Lettre.

GUARINI (moine théatin), *architecte* du duc de Savoie, Modénois qui fit à Lisbonne le couvent des Gaétans. Il florissait vers le milieu du dix-septième siècle. (*Cyrillo, p*. 162.)

GUERRA (Dominique), *architecte*, chargé de l'érection d'une des chapelles de Belem, vers 1517. (*Lettres, p*. 544.)

GUERREIRO (George), *sculpteur en bois* d'Evora, dont on voit des ouvrages dans l'église *das Merces* à Evora. Je crois qu'il vivait dans le dix-huitième siècle.

GUILHELME, voyez GUILLAUME.

Guillaume (Guilhelme), *peintre sur verre* (1448-1473). Il était employé à Batalha. Il est nommé aussi Belles ou Bolleu. Le nom de Bolleu pourrait bien être la corruption du nom de Beaulieu et appartenir à l'ancienne Bourgogne. Belles (*Belleza*, beauté) pourrait bien-être la traduction de Beaulieu. (*Lettres, p.* 198, 227.)

D'ailleurs ce nom de baptême est bien rare en Portugal comme le prouve même ce Dictionnaire, tandis qu'il est commun en Allemagne et dans les Flandres, et qu'il se rencontre aussi souvent en France et en Angleterre.

Guillaume Elsden, voyez Elsden (Guillaume).

Gundi (cardinal). « Dans les archives royales il existe une lettre de ce cardinal au roi Jean III (1550), par laquelle il dit, qu'il lui envoie le plan d'un palais tracé par les meilleurs architectes d'Italie, et que s'il le faisait exécuter ce serait le plus beau palais du monde. » (*Corp. Chron.*, partie 2ᵉ, paquet 242, doc. 25. — *Communication de M. le vicomte de Juromenha.*)

Gusmaõ (Alexandre de), *graveur*, voyez Carneiro da Silva (Joachim). « Il était de la compagnie de Jésus de la province du Brésil. Il a fait une bonne gravure de la Nativité. » (*Cyrillo, p.* 282.)

Guterres (Jean), a exécuté une pièce de canon inventée par le roi Emmanuel. Voyez Paes (Étienne).

H

Hacket (David), *architecte* de Batalha. Th. Hope, auteur anglais, dans son excellente Histoire de l'architecture (*traduction de A. Baron.* — *Bruxelles*, 1859, *p.* 410), dit, d'après frère Louis de Sousa, que l'architecte de Batalha a été appelé d'un pays éloigné, et que d'autres documens désignent expressément, parmi les ouvriers, un Irlandais nommé Hacket, qui appartenait probablement à quelque confrérie nomade de francs-maçons ; que dans tous les cas, cette construction n'avait point trouvé ses modèles en Portugal.

Ce Hacket pourrait bien être le même que Huguet, Huet, Ouguet.

Murphy avance la supposition, que le premier architecte de Batalha était Stephen Stephenson, Anglais.

Harmonia Scripturæ Divinæ, voyez Patriarche.

Harrewyn (François) voyez Carneiro da Silva (Joachim). « Il fut un des graveurs étrangers, appelés en Portugal au temps de Jean V. Il existe beaucoup de gravures de cette époque qui sont signées de lui. Le portrait de Jean V, qui se trouve dans les mémoires de ce roi, porte l'inscription : *François Harrewyn delineavit et sculpsit* 1730. Le frontispice de ce même ouvrage est signé : *Franciscus Vieira Lusitanus invenit. Franciscus Harrewyn sculpsit*, *Lisboa*. Cyrillo Volkmar Machado parle de cet artiste dans les termes suivants : « Francisco « Harrewyn, graveur du Roi à Bruxelles, a gravé les portraits en pied « de Jean IV, Alphonse VI, Pierre II, et Jean V. » (*Patriarche*, Liste des artistes, *p*. 15.)

Héliodore de Paiva, voyez Paiva.

Hemessem ou Heemsem (Jean de), *peintre* allemand, de l'école d'Albert Dürer. Guarienti a vu à Lisbonne, chez M. Silva Teles, un tableau signé de Hemessem. (*Lettres* 10me *et* 13me, *p*. 324.) Ce tableau est aussi cité par Nagler.

Hemmeling. J'ai vu, à Lisbonne, des tableaux qui rappellent le style de ce peintre. (*Lettres, p*. 158, 354.)

Henri Ferreira, voyez Ferreira (Henri).

Henri de S. Girolamo, voyez Girolamo (Henri de S.).

Henri Guillaume de Oliveira, *auteur* de l'ouvrage intitulé : *Memoria em a qual se mostra o estado da real valla de Alpiaça, e sitios adjacentes*, etc., voyez Patriarche.

Henri (frère) de S. Jeronimo, voyez Jeronimo (frère Henri de S.).

Henri Joseph da Silva, voyez Alexandrino (Pierre).

Henri (François), *sculpteur* (entalhador) à Batalha, en 1535. (*Lettres, p*. 229).

Henri Pierre Volkmar, voyez Cyrillo Volkmar Machado.

Henriquez (Emmanuel), *peintre*, « né aux environs de la ville de Nogueira, évêché de Coïmbre, commarque de Viseu, en 1593. Cet artiste se consacra avec succès à la peinture, et enrichit quelques colléges d'excellens tableaux. Il entra, en 1618, dans la compagnie de Jésus, où il vécut 25 années dans la pratique de la vertu, et se concilia le nom et la réputation de saint. Il consacrait à la prière, tout le temps qu'il pouvait enlever à l'exercice de la peinture. Il mourut le 29 décembre 1655, dans l'église de Notre-Dame da Lapa, célèbre dans la province da Beira, évêché de Lamego. Cette église était contiguë au collége des Jésuites de Coïmbre, et il l'avait ornée de riches et superbes peintures. Ce temple bâti sur un rocher, et n'étant pas propre aux inhumations, le corps d'Emmanuel Henriquez fut transporté à Saint-Jean de Quintella, église paroissiale, située à peu de distance de la première, où il repose près du maître-autel; ainsi que l'atteste Cardozo : *Agiologio Lusitano*, t. III, *dans le commentaire du* 11 *juin, Lettre G*, p. 644, et dans celui du 3 *avril, Lettre C*, t. II, p. 412, où on l'appelle *peintre insigne et saint*. Un manuscrit in-4°, qui parle de cet auteur, est conservé à la Bibliothèque publique. Cet ouvrage est intitulé : *Monologium virorum illustrium societatis Jesu.* Le père Manuel Fernandez, jésuite, a écrit la vie de ce même artiste. Barboza en parle également, t. III de la *Bibliothèque lusitanienne*, p. 263. » (*Taborda, p.* 195.)

HENRIQUEZ (FRANÇOIS), *peintre,* peut-être le même que le suivant, fit venir de Flandre, sept artistes pour l'assister dans ses travaux de peinture. Lui et ces peintres moururent tous de la peste en 1518. (*Lettres, p.* 198 *et* 212.)

HENRIQUEZ (FRANÇOIS), *peintre sur verre,* fit des vitraux pour Evora et pour Pena, près de Cintra, vers 1510.

HENRIQUEZ (PHILIPPE), *architecte,* fut chargé d'une partie des travaux de Batalha, vers 1517. (*Lettres, p.* 344.)

HERCOLANO (ALEXANDRE), *auteur.* M. Hercolano est âgé à peu près de 30 ans. Il est bibliothécaire d'Ajuda, historien, romancier et poète.

Il a publié en :

1837. *A voz do Profeta,* 2 séries. Pamphlet politique, à propos de la révolution de septembre de 1836 (sans nom d'auteur).

1838. *Chronica del rei D. Sebastiaõ, por Fr. B. da Cruz.* Inédite avant lui.

1838. *A Harpa do Crente,* 3 séries de poésies : 1re partie d'une collection dont la suite reste à publier.

1841. *O clero portuguez.* Pamphlet politique, sans nom d'auteur, à propos de la loi qui mettait à la charge des paroissiens la subvention des curés.

1844. *Annals de D. Joaõ III, por Fr. L. de Sousa,* publiées par M. Hercolano.

1844. *Monasticon ou Eurico o Presbytero,* roman.

Il a été le premier et le seul rédacteur du Journal, *O Panorama,* depuis 1837, jusqu'au mois de juin 1839.

Il écrit une histoire du Portugal pendant le moyen âge, et ce sera, sans nul doute, un ouvrage d'une haute importance pour les sciences et plus particulièrement pour son pays.

C'est un des hommes les plus amis de la vérité que je connaisse en Portugal, d'une grande vivacité d'esprit, très érudit, écrivain d'un mérite généralement reconnu, d'une imagination ardente, plein de zèle, et infatigable. Il a été député aux Cortès. En abandonnant la politique pour la science, il a rendu à cette dernière un service que la nation ne saurait assez reconnaître.

Le premier volume de son Histoire du Portugal a paru au commencement de 1846. Il comprend une longue introduction, et les règnes du comte Henri et d'Alphonse Henriquez. Déjà, beaucoup de personnes accusent M. Hercolano d'avoir cherché à diminuer la gloire du Portugal, parce qu'il prétend que la bataille d'Ourique n'était pas une grande bataille; parce qu'il trouve, que la langue portugaise dérive du latin; parce qu'il fait abstraction de songes et de miracles, et n'adopte pas, au sujet d'Egas Moniz, les chroniques et la tradition. Quant à moi, je tiens ce premier volume pour un ouvrage d'une utilité immense, non-seulement parce que cela me paraît un excellent livre historique, mais aussi parce que le style en est on ne saurait plus clair et plus simple, et surtout parce qu'il est un exemple de saine critique, de bonne foi et d'application : exemple qui, sans nul doute, rencontrera dans ce pays-ci des partisans et des émules.

HERP (G. V.). Guarienti a vu à Lisbonne, quatre grands tableaux avec cette marque. (*Lettres, p.* 325.) C'est probablement Gerard van Herp ou van Harp, que Nagler cite avec beaucoup d'éloges.

HICKEY, *peintre* de portraits, Anglais; fit en 1830, à Lisbonne, beaucoup de portraits. (*Cyrillo, p.* 130.)

HIERONYMO, voyez JÉRÔME.

HIERONIMO (D.), *peintre*, fils d'Antoine de Mafra, mourut en 1578, à la bataille d'Alcaçar Kebir. (*Lettres, p.* 202; *extrait de frère Bernard de Cruz. — Communication de M. Ferdinand Denis.*)

HIGUEIRA, *écrivain* espagnol de la fin du seizième et du commencement du dix-septième siècle. (*Lettres, p.* 118.)

Historia da Academ. R. da Histor. de Portug., voyez PATRIARCHE.

Historia Ecclesiastica lusitana, par Dom Thomaz da Encarnaçaõ, voyez PATRIARCHE.

Historia Genealogica da caza real Portugueza, par D. Antoine Gaétan de Souza, voyez PATRIARCHE.

Historia da India, voyez CASTANHEDA.

Historia do Senhor de Matozinhos, voyez PATRIARCHE.

HOECH, voyez HOECK.

HOECK (CHARLES DE), *paysagiste*. Vivait, suivant Guarienti, vers 1640. Cet auteur a vu à Lisbonne, un tableau de Hoeck. Il l'appelle Hoech. (*Lettres, p.* 318.) Hoeck est cité par Nagler.

HOLBEIN (JEAN), *peintre*. Un tableau important, signé du nom de ce maître, et dont j'ai déjà parlé dans mes *Lettres, p.* 171, 295, me fournit l'occasion de m'occuper d'un artiste qui, sans cela, n'aurait que faire dans un Dictionnaire artistique du Portugal.

La *Vierge assise sur un trône*, tenant l'enfant Jésus sur ses genoux, et entourée d'un grand nombre de figures, forme le sujet de ce tableau ui se voyait autrefois à Bemposta, et qui, maintenant, se trouve chez le Roi. Il est haut à peu près de 16 décimètres sur 13 de largeur. Les figures du premier plan sont presque de demi-grandeur naturelle. Ce tableau paraît avoir été frotté dans plusieurs de ses parties, et il y a des têtes qui ont été retouchées, mais en revanche il y a des figures d'une parfaite conservation.

. Voici la part d'éloges que mérite cet intéressant tableau. La composition est d'une noble simplicité, l'architecture belle et riche, les draperies de la Vierge d'un grand style; d'autres encore, d'une riche et belle exécution, la femme à genoux sur le premier plan, à main gauche du spectateur, est de toutes les figures, celle qui me plaît le plus : cette tête rappelle quelques-unes de celles dont se compose la collection gravée ou lithographiée des portraits d'Holbein, et c'est celle qui prouve, je crois, le plus en faveur de l'authenticité de ce tableau. Une autre femme à genoux, du côté opposé, est aussi digne d'éloges, mais la tête est d'un faible dessin. J'aime beaucoup sur le second plan, la femme dont la robe bleue est ornée de lis d'or et garnie d'hermine.

La signature porte Johannes Holbein, 1519.

Or, c'est en 1519 que, d'après Nagler, Holbein le fils a été reçu dans la maîtrise des peintres de Bâle. Ce même auteur suppose, qu'il a dû naître vers 1498, et que son talent a été précoce, puisqu'on connaît des ouvrages de lui qui remontent à l'année 1513. On peut d'après cela admettre, que le tableau qui nous occupe est une des premières compositions importantes de Holbein; cependant, il ne serait pas impossible qu'il fût l'œuvre de son père, qui, d'après Nagler, vivait encore en 1521, et dont le mérite était inférieur à celui de son fils. Nagler suppose, que le *Bourguemestre de Bâle*, de la galerie de Dresde, a dû être peint en 1529. Dix ans se seraient écoulés, par conséquent, entre ces deux tableaux, ce qui expliquerait, jusqu'à un certain point, la différence notable qui existe entre eux sous le rapport du dessin, du coloris et même du caractère des têtes : cependant, il me semble reconnaître dans cet ouvrage bien plus les imperfections d'un talent développé mais faible, que celles d'un talent naissant mais capable d'un grand développement. La tête de la Vierge dans le tableau de Dresde, est d'une beauté incomparable; dans celui dont il est question ici, elle est conçue et dessinée faiblement. Dans le *Bourguemestre*, le coloris est éclatant, le dessin est ferme, la touche empâtée, les portraits d'une exécution technique parfaite et on ne saurait mieux caractérisée. Dans la Vierge sur le trône, c'est tout le contraire.

Rien n'éclaircirait mieux les doutes qu'on pourrait avoir sur l'authenticité de ce tableau que de le comparer avec *la Passion de Notre-Seigneur*, peinte par Jean Holbein le fils, en 1521, et qui se voit dans la Maison-de-ville de Bâle.

Guarienti parle de ce tableau, mais son article est une véritable cacophonie. (*Lettres, p.* 325.)

HOLLANDE (Antoine de) ou **HOLANDA** (Antoine), « *enlumineur*, qui florissait sous les règnes de D. Emmanuel et de D. Jean III. En 1540, il était héraut d'armes de ces rois, ainsi qu'il résulte de la pétition du peintre Francisco Henriquez. (*Lettres, p.* 215.) Il y a peut-être un peu d'exagération dans les éloges sur son habileté artistique que lui adresse son fils, en le classant au nombre de ceux qu'il surnomme *les aigles. (Lettres, p.* 54-55.)

« Dans un exemplaire de Vasari, édition de Florence, 1568, qui a appartenu à son fils. François de Hollande, et qui se trouve aujourd'hui encore à la Bibliothèque publique de Lisbonne, p. 83, article de la Vie de Raphaël d'Urbino, là où il est fait mention des riches tapis des Gobelins que le Pape Léon X commanda en Flandre d'après les dessins de Raphaël, et pour le prix de 70,000 *scudi,* on lit en marge et de la main même de François de Hollande, la note suivante : « Bolonha alla en Flandre, faire exécuter ces tapis d'après les dessins de mon père Antoine de Hollande, avec lequel il se trouvait en concurrence relativement à cette commande. (*Esta tapeçaria foi o Bolonha fazer quando competio com o desenho de meu pai Antonio de Holanda.*) » Plus loin, au commencement de la Vie de Giov. Francesco (*il fattore*), p. 145, se trouve cette autre note : « Celui-ci s'appelait Bolonha, et s'étant rendu en Flandre afin d'y faire confectionner les tapis du Pape Léon X, d'après les dessins de Raphaël et d'après les siens, et ayant vu les dessins de mon père, que l'infant D. Fernando faisait alors enluminer par Simon de Bruges, il en fit d'autres en concurrence avec ceux-ci, mais Simon choisit ceux de mon père et les enlumina parfaitement bien. »

A l'égard des dessins que l'infant D. Fernando faisait enluminer par maître Simon de Bruges, on peut consulter la lettre de Damien de Goes audit infant (1530) déjà citée (*Lettres, p.* 209). Aux Archives royales se trouve un document, constatant qu'Antoine de Hollande a joui d'une pension de 10,000 reis, mais qui ne porte point d'apostille; par conséquent, on ne peut y découvrir l'époque certaine de son décès. Nous savons seulement, qu'en 1540, il résidait à Evora et qu'il y travaillait pour le couvent de Thomar. Comme on lui apportait à Evora les livres qu'il enluminait pour Thomar, il est probable que c'était parce que son grand âge, ou le mauvais état de sa santé, l'empêchait de voyager, à moins cependant qu'il ne fût en même temps occupé de plus grands travaux à Evora. Ce même document est ainsi conçu : « Moi, Dom Jean, etc., à tous ceux qui ces présentes verront, faisons savoir, qu'en considération des services que m'a rendus Antoine de Hollande, et de ceux que j'attends encore de lui, et voulant lui faire grâce et merci, j'ai pour bon et il me plaît, de lui accorder sur mon trésor, à partir du 1er janvier dernier et tant que cela me plaira, une pension annuelle de 10,000 reis. J'ordonne, en conséquence, aux administrateurs de mes biens, d'en prendre note et de lui délivrer chaque année, un titre de ladite somme sur un lieu où elle lui soit dûment payée ; en foi de quoi, je lui ai délivré le présent acte que j'ai signé et revêtu du sceau de mes armes (1).

« Lisbonne, le 5 mars 1527.

« Moi, Damiaõ Dias, je l'ai fait enregistrer *Liv.* 30 *de D. Joaõ,* 3° *fol.* 48. »

Dans un livre de comptes des travaux du couvent de Thomar de 1534 à 1539, se trouvent les articles suivans, concernant Antoine de Hollande :

« Payé par ledit receveur, d'après l'ordre du prince gouverneur, à « Antoine de Hollande, 31,920 reis pour montant de deux volumes du « Dimanche qu'il a enluminés, et où il a fait cinq frontispices à 6,000 « reis chacun, 388 lettres à 100 reis, 152 lettres simples à 20 reis et « deux lettres avec ornemens d'or et d'azur à 40 reis, laquelle somme « de 31,920 reis, et les 40,000 reis qui lui ont déjà été payés, forment « le total de ce qui lui était dû.

« A Antoine de Hollande pour enluminure d'un psautier : 4 frontis-« pices à 6,000 reis ; 40 lettres enluminées, et 115 autres sans vignettes, « trois lettres avec ornemens d'or et d'azur, 84 lettres avec des orne-« mens en noir, 2,846 petites lettres au milieu des lignes.

« Antoine de Hollande a reçu de son fils, Michel de Hollande 30,000 « reis pour cinq frontispices, à raison de 15 cruzades chacun. Ordre « du prince prieur.

« Il travaillait à Evora, ainsi qu'il est dit dans les comptes de cette époque, où l'on voit figurer le payement d'une monture pour transporter à cette ville de grands livres qu'Antoine de Hollande devait enluminer et où se trouve également une quittance d'un payement qui lui fut fait dans cette même ville. »

« Nous ne savons pas quelle fut l'époque certaine de sa mort, nous savons seulement que ce fut postérieurement à l'an 1549. Car François de Hollande dit dans son ouvrage de la Peinture ancienne, qu'il l'a dédié au Roi, pour se conformer aux sages conseils de son père. Il eut trois enfans : François de Hollande, enlumineur ; Michel de Hollande, écuyer-*fidalgo* de la maison royale et trésorier général de Goa, poste auquel il fut promu le 12 novembre 1542, en récompense de ses services à la reine D. Catherine, dont il avait été serviteur, et attendu son mariage avec Isabelle de Royos, servante de l'infante D. Isabelle ; et Jean Homem de Hollande qui, ainsi que l'assure Taborda, fut juge de *Fora* d'Obidos. » (*Communication de M. le vicomte de Juromenha.*)

François de Hollande, en parlant de son père *Antoine de Hollande,* dit dans son manuscrit : « Mon père est celui auquel nous pouvons ac-« corder la palme pour avoir été le premier qui trouva et fit connaître

(1) La même pièce m'a été communiquée par M. Ferdinand Denis qui l'avait extraite des Archives royales de Paris, livre XXX de Jean III, feuille 48.

« en Portugal, une manière suave de peindre en noir et en blanc, su-
« périeure à tous les procédés connus dans les autres pays du monde. »
(*Lettres, p.* 55.)

François de Hollande place son père parmi les célèbres enlumineurs
d'Europe (*ibid.*). Il dit aussi de lui, que l'empereur Charles-Quint aurait désiré l'attirer à sa cour, mais qu'il n'a jamais voulu abandonner le
Portugal. Antoine de Hollande fit le dessin du sceptre d'or que Jean III
fit faire avec de l'or provenant d'une mine que Ayres avait découverte.
(*Lettres, p.* 64.)

On trouve aussi ce passage dans François de Hollande : « L'empe-
« reur (Charles-Quint) me dit que personne n'avait mieux réussi à faire
« son portrait que mon père à Tolède, pas même Titien qui l'avait fait
« aussi. » (*Lettres, p.* 71.)

Bermudez et Taborda lui consacrent des articles. L'abbé de Castro
(dans sa *Biographie de François de Hollande, p.* 8, *not.* 5), cite ces
paroles : « Quand mon père étant à Tolède, faisait le portrait de l'em-
« pereur, la table se trouvant un peu basse, et mon père en désirant
« une plus haute, l'empereur me dit de n'appeler personne qui pût
« nous déranger, mais de tenir la table, et que lui, il la fixerait avec
« des courroies : ce qu'il fit en pratiquant avec sa dague des trous dans
« le cuir. »

HOLLANDE (FRANÇOIS DE), ou **HOLANDA** (FRANCISCO), fils d'Antoine de Hollande, était *architecte* civil et militaire, *dessinateur*,
enlumineur, peintre et *écrivain*. D'après Bermudez, il aurait aussi
modelé en terre. Il est né en Portugal, en 1517 ou 1518, et il y est
mort en 1584.

D'après Taborda (page 176), François de Hollande aurait eu, outre
son frère Michel dont il est question à l'article *Antoine de Hollande,*
un autre frère, « Jean Homem de Holanda, qui a été d'abord juge de
fora à Obidos, en 1551, et ensuite *provedor* à Santarem. »

DATES RELATIVES A FRANÇOIS DE HOLLANDE.

Ces dates embrassent un espace bien constaté de 66 ans, entre 1518
et 1584.

La citation des pages 70, 72 de mes *Lettres,* que je fais plus bas, nous
apprend qu'il partit pour l'Italie à la fin de l'année 1537 ou au commencement de 1538, et âgé alors de 20 ans ; que ce fut le roi Jean III
qui l'y avait envoyé « pour qu'il s'inspirât d'après les arts de ce pays
et d'après Michel-Ange. » Il passa par Valladolid, où se trouvait
l'impératrice, pendant que Charles-Quint était à Barcelone où l'infant
D. Louis se trouvait auprès de l'empereur. Il est aussi question, dans ce
même passage, de la mort de la duchesse de Savoie survenue vers cette
époque. Or, la duchesse est morte le 8 janvier 1538, et une lettre de
D. Louis, écrite de Barcelone, où il était allé pour négocier la paix

entre Charles-Quint et François Ier, porte la date du 13 mars de la
même année. Je trouve des invraisemblances dans les récits de François de Hollande. Par exemple, comment l'empereur, qui en 1538 avait
58 ans, peut-il, ainsi que nous le verrons plus bas, avoir parlé de son
grand âge? L'histoire des portraits, à cause du jeune âge que François
de Hollande avait alors, et vu les noms des personnes qui s'y trouvent
mêlées, ne me paraît pas non plus bien claire. Son intimité avec Michel-
Ange pourrait aussi paraître suspecte, car il était bien jeune auprès de
Michel-Ange si avancé en âge et dans une position si élevée. On est aussi
tenté de s'étonner qu'il ait pu se livrer à de longs entretiens dans une
langue qu'on pourrait supposer ne pas lui être familière, puisque ces
dialogues appartiennent à la première année de son séjour en Italie.
Quoi qu'il en soit, je présume que les rapports de François de Hollande
avec Michel-Ange ne sont pas une pure invention : la manière naïve
dont il les rapporte, et certaine teinte d'ironie de la part de Michel-
Ange et des autres interlocuteurs, qu'il aurait difficilement voulu s'appliquer lui-même, portent le cachet de la vérité. Nous pouvons d'autant mieux nous arrêter à cette idée, que quand on a l'air de se mo-
quer de lui, il ne paraît pas le moins du monde s'en apercevoir.

François de Hollande nous apprend « qu'il a vu à Nice, en Savoie,
François Ier, à la tête de 30,000 hommes, faire la paix avec l'empereur,
et partir sur les galères d'André Doria. » Cette paix ou plutôt cette trève
a été conclue en 1538. Tant il y a, qu'en rapprochant tout ce qu'il dit
dans cette partie de son manuscrit, il avait 20 ans en 1538, et que par
conséquent il est né en 1518. En 1539, il reçut la communion des mains
du pape. Cette même année, ainsi que nous l'avons vu par un acte des
Archives royales, le cardinal Henri lui continuait sa pension, quoiqu'il
fût absent. (*Lettres, p.* 218.) Il a terminé à Lisbonne, en 1548 (*Lettres,
p.* 54), son manuscrit, *de la Peinture ancienne*, qui porte la date de
1549. Son séjour à Rome embrasse par conséquent un espace de temps
qui ne peut avoir été plus long que neuf ans, mais qui a pu être beaucoup plus court.

Les dialogues dont il est question dans le manuscrit de 1548 appartiennent, à ce qu'il paraît, à l'année 1539, quand il n'avait que 21 ans ;
car il dit à Jules Clovio (*Lettres, p.* 43) : « Je ne suis à Rome que
depuis un an. » Et il dit cela dans la IVme et dernière partie de ses
Dialogues. On a lieu d'être surpris, ainsi que je l'ai dit plus haut, que,
si jeune, il ait pu être admis dans l'intimité de Michel-Ange qui avait
alors 65 ans, dont la position était si élevée et l'humeur si hautaine.

Taborda suppose qu'un tombeau portant la date de l'année 1574 de
l'ère de César est celui de François de Hollande. Mais cette supposition
est inadmissible. En 1571 de l'ère chrétienne, François de Hollande
écrivait son manuscrit *des Monumens qui manquent à Lisbonne*.
A la vérité, il montrait une disposition d'esprit qui annonçait le dé-

croissement de ses forces et le pressentiment d'une fin prochaine, et disait qu'il s'était retiré à la campagne et qu'il avait renoncé aux arts, et il ajoutait : « Je cesse mes plaintes sur le présent, car la Majesté divine me fait approcher d'un terme où le plus grand mal que le monde puisse me faire est de m'accorder ses bienfaits, et le plus grand bien dont il lui soit possible de me gratifier est de me vouloir du mal. »(*P*. 73.) Néanmoins, quel que fût l'affaiblissement de ses facultés, il écrivait en 1571. Or, la pierre tumulaire dont parle Taborda se voit dans le monastère de *Penhalonga*, au pied de la montagne de Cintra, et porte seulement ces mots : *Faleceu na era de* 1574, sans qu'il y ait sur la pierre la moindre trace d'un nom quelconque; et il ne faut pas oublier qu'il existe une différence de 38 années entre les dates de l'*ère* de César-Auguste et les dates chrétiennes. L'année 1574 de l'ère répond par conséquent à l'année de la naissance du Christ 1536; or, la tombe d'un individu décédé en l'année de Jésus-Christ 1536 ne peut être celle de François de Hollande, qui écrivait encore en l'année 1571. D'ailleurs, il est prouvé que la supposition de Taborda est fausse, et que la mort de notre peintre est même postérieure de dix ans à l'année 1574 de Jésus-Christ ; cela nous est démontré par les renseignemens de M. le vicomte de Juromenha, placés à fin de cet article.

FRANÇOIS DE HOLLANDE, ARTISTE.

Voyons d'abord les productions artistiques de François de Hollande.

A Rome, il copia pour la reine de Portugal un tableau à l'huile représentant *le Sauveur*.

Voici ce qu'il nous apprend à ce sujet :

«—La sérénissime Reine de Portugal, désirant voir la précieuse figure du Sauveur, en fit demander à notre ambassadeur une copie exacte; mais moi, ne me fiant à personne, par le grand désir que j'ai de servir ma souveraine, j'osai me charger de cette entreprise dont l'exécution était difficile et demandait beaucoup de soin. Je la lui ai envoyée. Mais vos Seigneuries peuvent juger des difficultés qu'il m'a fallu surmonter.

« — Vous n'êtes pas ami de madame la marquise, dit le seigneur Çapata, puisque vous ne lui avez point montré une chose d'un si grand intérêt pour elle; pourtant dites-moi, maître François, avez-vous fait passer dans votre copie cette sévère simplicité de l'ancienne peinture? Avez-vous pu rendre ce divin regard qui semble surnaturel, qui convient au Sauveur?

« — C'est ainsi que je l'ai peinte, lui dis-je, et j'ai mis tous mes soins à ne rien ajouter et à ne rien enlever à cette grave et sévère apparence; mais je crains fort que ce qui m'a donné le plus de peine ne soit justement ce dont on me tiendra le moins de compte en Portugal. » (*Lettres, p.* 38.)

Michel-Ange dit aussi : « — Il y a lieu d'être surpris de la peine que s'est donnée maître François, et des moyens qu'il a employés pour nous enlever de Rome cette importante relique, et qu'il ait pu exécuter cette peinture à l'huile, n'ayant pas fait jusqu'à ce jour de plus grandes images que celles que peut contenir un morceau de parchemin. »

« — Comment se peut-il, répliqua messire Lactance, que celui qui n'a jamais peint à l'huile sache le faire, et que celui qui a toujours travaillé en petit puisse faire de grands tableaux? » (*Lettres*, *p.* 39.)

Il est vrai de dire qu'à l'époque de ces dialogues, François de Hollande n'avait guère plus de 31 ans, et que depuis il aurait pu s'occuper de peintures à l'huile et de grands tableaux. D'ailleurs, l'abbé de Castro cite à ce sujet ses propres paroles extraites de son manuscrit *de la Peinture antique* : « Je n'ai jamais appris à peindre à l'huile, et je n'avais jamais jusque-là peint de cette manière; mais, grâce à mon talent de dessinateur et d'enlumineur, qui était ma partie, j'osai entreprendre de peindre à l'huile. »

Il fit le dessin d'une enluminure qu'il commanda à Jules de Macédoine, et que celui-ci exécuta. Il nous dit à ce sujet ce qui suit :

« Toutefois, comme je trouvais qu'il était encore de bonne heure lorsque je fus arrivé devant la maison du cardinal Grimaldi, je voulus voir chez don Jules de Macédoine, son gentilhomme et le plus fameux des enlumineurs, un ouvrage qu'il faisait pour moi. Don Jules fut charmé de ma visite, car il y avait plusieurs jours que nous ne nous étions vus. Après avoir regardé notre ouvrage (je dis notre ouvrage, parce que j'en avais donné le dessin et qu'il n'y mettait que les couleurs), je voulais lui faire mes adieux. (*Lettres, p.* 43.)

Voici ce que François de Hollande dit au sujet de son propre talent d'enlumineur et de celui de Jules de Macédoine.

« Don Jules nous présenta un *Ganymède* enluminé par lui sur le dessin de Michel-Ange. Il était peint avec une suavité extrême, et ce fut la première chose qui lui donna de la renommée à Rome. Après, vint une *Vénus* très passablement faite. Mais, en dernier lieu, il nous montra deux grandes feuilles d'un livre, sur la première desquelles était enluminé un *saint Paul* rendant la vue à un aveugle devant le proconsul romain; sur l'autre étaient représentées *la Charité* et d'autres figures au milieu de colonnes corinthiennes et d'édifices : ceci était, selon moi, le plus superbe ouvrage d'enluminure que l'on pût rencontrer, et auquel ne peuvent se comparer les enluminures de Flandre, pas même les meilleures que j'aie vues, et je crois en avoir vu bon nombre. J'ai remarqué, dans les ouvrages enluminés par don Jules, une manière de travailler avec de certains points que j'appelle des atomes, semblables au tissu d'un voile et qui couvrent la peinture comme d'un léger brouillard. J'oserais affirmer, n'en déplaise à Salomon qui prétend que tout a déjà été dit et fait, que jusqu'à nos jours cette manière n'a été connue que de Jules de Macédoine ; et je n'ai connu cette manière de faire à personne, ni en Italie, ni en Flandre, quoiqu'il y ait des gens qui prétendent l'imiter.

« Que l'on me permette ici une digression en faveur de la vérité. Lorsque j'étais jeune, avant que le Roi, mon seigneur, m'envoyât en Italie, me trouvant à Evora, occupé à peindre deux tableaux en noir et en blanc, l'un *la Salutation de Notre-Dame*, et l'autre *la Venue du Saint-Esprit*, pour un bréviaire très-beau de Son Altesse, je trouvai par moi-même cette manière d'enluminer avec ces atomes et ce brouillard, comme faisait don Jules à Rome. Mon père trouva cela très bien ; il avait lui-même déjà cherché ce genre de travail. Quand je fus à Rome, comme je dis, je ne rencontrai que don Jules qui travaillât dans cette manière que j'avais moi-même trouvée en Portugal ; et ce qui me surprit surtout, c'est que ce fût à 580 lieues de distance, lui à Rome et moi à Evora, exactement à la même époque, que nous avions découvert ce perfectionnement dans l'emploi de ces sortes d'atomes de couleurs.

« Il faut savoir que ce genre d'ouvrage est difficile à comprendre et bien plus difficile à exécuter ; aussi j'accorde la palme à don Jules sur tous les enlumineurs de l'Europe, mais sans lui ce serait moi peut-être qui la mériterais. » (*Lettres, p.* 45 *et* 46.)

Il dit ailleurs : « Le dessin peut être utile à Votre Altesse pour les portraits destinés à conserver son souvenir ou à être envoyés dans les pays étrangers, ce que l'Eglise permet, ainsi que j'ai fait, moi le premier, pour le roi et la reine vos aïeux, qui envoyèrent leurs portraits en Castille à la princesse votre mère. »

Et plus loin : « Le dessin peut servir à Votre Altesse pour l'invention, pour la beauté des armures et des heaumes qui doivent être employés à la guerre ou dans les tournois ; pour les ornemens des cavaliers qui accompagnent les chasses, de ceux montés à la légère dans les combats de taureaux, dans les jeux de canne ou dans les autres fêtes que les circonstances requièrent. Je servis autrefois en cela le prince votre père et l'infant dom Louis, leur faisant des dessins lorsqu'ils allèrent à la rencontre de la princesse votre mère, en Castille. Vous reconnaîtrez aussi l'utilité du dessin pour les ornemens d'or des selles et harnais, pour les épées, les dagues, les colliers, les médailles, les dais ornés de fourrures et de soieries, et pour bien d'autres choses, telles que fêtes et arcs de triomphe, et pour les nouvelles monnaies : chose importante et dans laquelle on a commis bien des fautes. On ne peut faire le même reproche aux dessins que mon père et moi avons donnés pour les *saint Thomas* et *saint Vincent* d'or, et pour d'autres petites monnaies. Quant à la portion d'argent et de cuivre qui fut soustraite, tout le Portugal sait quelle fut sa destination. » (*Lettres, p.* 64 *et* 65.)

Il nous apparaît encore comme dessinateur quand il rapporte : « Le dessin peut servir pour les cottes d'armes, enseignes, drapeaux, guidons et devises royales, non-seulement pour votre royale personne, mais aussi pour les hérauts d'armes et porte-masse qui marchent en avant, selon l'usage de France, ce que j'ai vu à Nice, en Savoie, quand le roi de France, François de Valois, grand amateur de ces choses, vint à la tête de 30,000 hommes faire la paix avec le pape Paul III, avec l'empereur, et qu'il se rendit sur les galères d'André Doria à Villa-Franca. Là étaient réunies les trois cours du pape, de l'empereur et du roi. C'était une magnificence qui jamais ne se reverra en ces lieux. J'examinai aussi l'armée du roi de France, et j'entrai dans le camp avec les comtes de Lombardie. J'en fis des dessins que j'envoyai à Nice à l'infant votre oncle. J'en ai rapporté le souvenir d'une armée bien organisée et bien dessinée. Mais laissons cela. » (*Lettres, p*. 66 *et* 67.)

Nous apprenons à le connaître comme architecte militaire et comme dessinateur par le passage suivant : « Il faut que les places fortes soient en briques et non en pierre. La forteresse de Mazagaõ, dont le roi et l'infant me commandèrent les dessins et les modèles, est la première place bien fortifiée que l'on ait construite en Afrique. Il est à regretter qu'elle n'ait point été bâtie en briques, comme je l'avais indiqué au roi et à l'infant. J'en fis le plan à mon retour d'Italie et de France où j'avais dessiné et mesuré de mes mains les principales forteresses du monde, telles que le nouveau bastion élevé à Rome par le pape Paul, afin de se défendre contre les Turcs ; la citadelle de Florence, qui est le meilleur ouvrage d'Europe ; le fort de Saint-Elme, que l'on était alors en train de construire à Naples, car celui du Château-Neuf, qui est en face, est de pierre bien taillée et riche en sculpture, contrairement à l'usage moderne ; la forteresse de Cività-Castellana ; celle de Milan ; celle de Ferrare ; celles de Nice et de Gênes, qui sont très belles, ainsi que celles de Serzana ; celle d'Ancône et les portes de Padoue, où j'ai vu notre Saint Antoine de Lisbonne ; celle de Pesaro, où je fus enfermé par le gouverneur, parce que j'avais été soupçonné d'en avoir voulu lever le plan. C'était risquer ma vie pour le service du roi votre aïeul. Je ne parle pas ici des forteresses de France, de celle de Fontarabie, ni des autres, parce qu'elles sont en pierre et moins fortes. Cependant j'ai aussi dessiné ces dernières. » (*Lettres, p*. 69.)

Plus loin : « Le dessin servira pour les cartes et plans d'Afrique, comme j'en fis usage pour un plan de Rome très soigné que je traçai pour l'archevêque de Funchal ; j'ai revu dans les mains de l'infant ce plan que l'on avait cru perdu en mer. » (*Lettres, p*. 68.)

Il termine ce chapitre par ces mots adressés à D. Sébastien : « C'est après en avoir agi ainsi, que vous reviendrez victorieux et triomphant à Lisbonne pour y goûter le repos et les plaisirs de la chasse à Almeirim et à Cintra. Et si Votre Altesse peut achever pendant son règne cette conquête d'Afrique, moi qui suis inutile pour les combats, je conserve au moins le désir de peindre, si on m'en juge digne, une image de Notre-Dame-de-la-Guerre sur la tour de l'Alcoran de Maroc, et une croix sur le mont Atlas. » (*Lettres, p.* 68.)

L'article que j'ai transcrit plus haut et que renferment les pages 70 et 72 de mes *Lettres* nous apprend qu'il fit un livre contenant les choses notables de l'Italie; qu'en 1538 l'impératrice lui commanda un portrait de Charles-Quint, mais qu'il ne put exécuter cette commande.

D'après Taborda, il a enluminé, par ordre de Jean III, les livres de chœur du couvent de Thomar. D'après l'abbé de Castro, il est aussi auteur de grands livres de plain-chant du monastère de Belem, qui malheureusement ont été détruits par les enfans de la *casa pia.* Ces enfans en arrachaient les feuillets pour s'en faire des baudriers, des armures et des chapeaux. Ce fait est rapporté dans la *Noticia historica descriptiva do mosteiro de Belem,* p. 32.

« Il n'a pas été moins heureux, dit Taborda, dans les portraits; il les faisait tellement ressemblans, qu'il eut l'honneur de peindre celui de dona Maria, sœur de Jean III. » Dans l'éloge que fait de ce portrait Manoel da Costa, il en compare l'auteur à Zeuxis; mais c'est dans une pièce de vers, et alors l'hyperbole est à sa place. Ce portrait ou un autre de la même reine n'était pas cher, car il lui a été payé 800 reis. (*Lettres, p.* 216.)

Il se place lui-même parmi les architectes de son époque, disant avec une modestie affectée : « Moi, François de Hollande, qui écris ces lignes, je suis le dernier des architectes. » (*Lettres, p.* 56.)

Si j'en excepte la copie qu'il fit à Rome, et qui doit avoir été peinte à l'huile, je ne connais qu'un seul tableau à l'huile qui puisse avec quelque vraisemblance être considéré comme étant réellement son ouvrage : il se voit chez M. Antoine Saldanha e Castro, comte de Pennamacor. Je l'ai fait connaître dans ma Lettre 11me, pages 274-277. Cet ouvrage montre l'influence italienne, des études sérieuses, mais peu d'habileté pratique. Taborda, p. 181, trouve réunis dans ce tableau la composition de Raphaël, le dessin de Michel-Ange et le coloris de Titien. Les dessins architectoniques qui accompagnent son manuscrit de 1571 et qui se trouvent à la bibliothèque de l'ancien couvent de Jésus, appelée aujourd'hui Bibliothèque de Jésus, ne me le montrent pas sous un jour très favorable soit comme dessinateur, soit comme architecte; mais il faut dire que ce sont des copies. Pour bien juger le mérite de cet artiste comme dessinateur et enlumineur, il faudrait que je connusse son livre qui se trouve à l'Escurial, et je ne l'ai pas vu. Nous examinerons plus loin le compte qu'en rend un Espagnol.

En 1755, les deux manuscrits de François de Hollande se trouvant en Espagne, furent traduits en espagnol par Manuel Diniz. Cette traduction est citée par le comte de Campomanes dans son discours sur l'éducation populaire, page 100, note 5; et l'auteur des *Mémoires de la littérature portugaise* suppose que cette traduction ne fut jamais publiée. Ce même auteur dit : « Dans le Voyage en Espagne écrit par D. Antonio Ponz, t. 2, lettre 5e, n. 9, il est fait mention d'un livre de dessins fait par François de Hollande. On conserve encore aujourd'hui ce livre avec d'autres du même genre dans une armoire qui se trouve au fond de la bibliothèque du monastère royal de l'Escurial. En guise de titre, on lit en tête du livre : « Pendant le règne de D. Jean III, « François de Hollande passa en Italie, et des antiquités qu'il vit, il fit « de sa propre main tous les dessins de ce livre. »

« Il commença par le portrait du souverain pontife et par celui de Michel-Ange, tous deux enluminés. On voit ensuite de lui des dessins parfaitement exécutés représentant les plus beaux monumens de Rome antique, tels que l'Amphithéâtre de Vespasien, la Colonne Trajane, etc., et des fragmens de ruines, corniches, frises, etc., etc.

« En outre, ce livre contient des vues de Venise, de Naples, de l'amphithéâtre de Narbonne, ainsi que des dessins de mosaïques, de statues antiques et autres objets. François de Hollande cite dans son manuscrit tous ces dessins (1). Il existe dans la bibliothèque de Sa Majesté Très-Fidèle un manuscrit du même auteur intitulé : *Fabrica que falece,* etc., etc. (2).

FRANÇOIS DE HOLLANDE, AUTEUR.

Il dit lui-même : « Je suis le premier qui en Espagne et en Portugal ai écrit sur la peinture. » (*Lettres, p.* 53.) C'est du manuscrit *de la Peinture ancienne,* 1549, qu'il veut parler, à ce que je présume.

Bermudez et, d'après ce dernier, Taborda, citent de lui les ouvrages suivans :

Fabrica que falece a Cidade de Lisboa;

Dialogos de tirar pelo natural, inséré dans le livre *de Pintura antiga;*

Louvores eternos (Louanges éternelles), qu'il a complété en 1569.

Amor da Aurora.

Idades do homem (âges de l'homme); ces deux derniers ouvrages sont ornés d'enluminures. (*Taborda, p.* 176-183.)

Taborda rapporte que le manuscrit *Fabrica que falece* qui se trouve à la bibliothèque de Lisbonne, a été copié de celui de Madrid; et d'après l'abbé de Castro, il l'aurait été par *Louis Joachim dos santos Marrocos.*

---

(1) Ici suivent les paroles mêmes de François de Hollande que nous avons vues dans son manuscrit.

(2) C'est celui qui termine les extraits dont ma lettre deuxième est accompagnée.

Le livre intitulé *Memorias de Litteratura Portugueza pub. pela Academia Real das sciencias de Lisboa, tom. III*, 1742, fait mention des deux manuscrits se trouvant en Espagne. Il en a été question dans l'article précédent.

François de Hollande dit à la fin de son manuscrit de 1571, qu'il a été corrigé par frère Barthélemi Ferreira.

Le dernier ouvrage qu'il a écrit, un an avant sa mort, en 1585, était intitulé *de Christo homen*, in-folio, et, d'après Nicolas Antonio, cet ouvrage était accompagné de planches. Ce renseignement est dû à M. le vicomte de Juromenha. Voyez à la fin de cet article la communication de ce dernier.

ÉVÉNEMENS MÉMORABLES DE SA VIE.

Voici une page intéressante de la vie de François de Hollande :

« Je n'ai pas l'intention de déprécier l'entendement des illustres et très excellens rois et princes de Portugal, car je me fais gloire d'être bon Portugais; mon désir, au contraire, est de l'exalter comme je l'ai toujours fait tant à Rome qu'en Portugal. Et si je disais le contraire, je manquerais à la vérité, parce que les rois vos ancêtres ont tous beaucoup estimé la peinture et qu'ils s'en sont servis; ainsi que nous l'a prouvé dans ses ouvrages le premier roi dom Alphonse Enriquez et le roi D. Jean Ier de bonne mémoire, qui estima beaucoup maître Jacques, peintre italien, excellent pour son temps, et le roi dom Jean II qui protégea Martinos, et les rois dom Emmanuel et dom Jean III votre aïeul, qui apprécièrent beaucoup mon père Antoine de Hollande quoiqu'il ne fût pas peintre (1). Quant à moi, je dis qu'il me favorisa plus que je ne méritais.

« Mais à cet égard il m'arriva une chose par laquelle Votre Altesse peut juger combien est considéré l'art de la peinture par les seigneurs étrangers, sans que pour cela je veuille dénigrer les Portugais. Voici le fait : J'avais vingt ans quand le roi votre aïeul me fit voyager en Italie, pour lui rapporter bon nombre de dessins des choses notables de ce pays. J'en composai un livre qui appartient maintenant au fils de l'infant, seigneur dom Antoine. Je passai par Valladolid où se trouvait la Sérénissime impératrice votre aïeule. L'empereur n'y était pas, étant allé à Barcelone. Elle me chargea de lui envoyer le portrait de Sa Majesté, s'il m'était possible de le faire de mémoire. Aussitôt arrivé à Barcelone, j'aurais bien voulu m'acquitter de cet ordre, mais j'en fus empêché d'abord par la mort de la duchesse de Savoie, ensuite par l'arrivée de l'infant dom Louis qui vint alors visiter l'empereur. Sur ces entrefaites, mon père m'écrivit de Lisbonne, qu'en aucun cas je ne partisse de Barcelone sans avoir parlé à l'empereur, qui le connaissait bien depuis

____

(1) Mais enlumineur.

qu'il avait fait son portrait, et sans avoir baisé de sa part, la main de l'Empereur, ainsi que celle de l'impératrice. Mais comme je voyais que l'Infant était accompagné du duc d'Aveiro et d'autres nobles portugais de haut rang, et que l'on m'avait dit que l'Infant et les nobles prenaient en mauvaise part que quelqu'un, étranger à leur classe, se mêlât avec eux et voulût parler à l'Empereur, je pris la résolution de me présenter sans consulter, ni le duc, ni même l'Infant qui était mon grand protecteur. Je voulais même qu'aucun Portugais n'eût connaissance de ma démarche. Par l'entremise de dom Louis d'Avila qui était un des chambellans les plus intimes de Sa Majesté, et auquel m'avait déjà fait connaître Dom Miguel de Velasco, j'allai un soir parler à l'Empereur. Dom Louis d'Avila me fit entrer dans une chambre où se trouvait une petite table avec une seule bougie et m'y laissa enfermé. Peu après il ouvrit de nouveau et fit entrer le duc d'Aveiro, qu'il laissa aussi enfermé avec moi. Le duc fut bien étonné de me trouver là, en un endroit si intime, et moi je fus très contrarié qu'il m'eût vu. En ce moment entra l'Empereur, votre grand-aïeul, appuyé sur dom Louis d'Avila qui apportait l'autre bougie qui manquait sur la table. Il était occupé à donner à Sa Majesté des informations sur mon compte et sur le but qui m'avait amené. Deux personnes seulement le suivaient : toutes deux étaient couvertes, l'une était le duc d'Albuquerque et l'autre le duc d'Alva. Je m'approchai de Sa Majesté, je lui baisai la main, et lui dis que j'étais en chemin pour l'Italie ; que l'Impératrice et mon père m'avaient ordonné de ne point quitter Barcelone sans voir Sa Majesté et sans envoyer son portrait à l'Impératrice, si je pouvais le faire de mémoire. L'Empereur sourit et me fit bon accueil. Il m'adressa des complimens qu'il eût pu adresser à un ambassadeur. C'est qu'il savait estimer ceux qui avaient du talent pour le dessin. Pour ma part je ne méritais pas tant de paroles bienveillantes. Ainsi, ne voulant pas presque me permettre de baiser sa main, il me recommanda beaucoup de voir les peintures de Bologne, où il avait été couronné. Il dit que personne n'avait mieux réussi à faire son portrait que mon père, à Tolède, pas même Titien qui l'avait fait aussi. Il s'assit sur la petite table où étaient les bougies et fit asseoir le duc d'Aveiro, laissant debout les deux autres ducs près de la porte. Puis il commença à s'excuser de nouveau sur son grand âge, qui ne lui permettait pas de se rendre aux désirs de l'Impératrice et de faire faire son portrait. Le duc d'Aveiro lui dit alors quelques mots en ma faveur, voyant que l'Empereur faisait assez cas de moi pour ne pas s'occuper d'autre chose. Alors entra le seigneur Horace Farnèse, neveu du pape Paul et frère du seigneur Octave et du cardinal. Après que l'Empereur lui eut permis de se couvrir, il se trouva placé devant moi. Voyant que Sa Majesté me cherchait des yeux, il se retira de côté, se plaçant près des ducs, et moi je reculai modestement. Le malheur voulut que l'Infant dom Louis eût à venir dans ce moment avec une suite peu nombreuse. L'Empereur le fit asseoir. Jusque-là il ne s'était occupé que de moi. L'Infant qui aurait dû m'être favorable, commença par me regarder beaucoup, se montrant fâché et très étonné de me voir en ces lieux. Je le compris et me retirai à l'écart. Dom Francisco Pereira me demanda par où et comment j'étais entré là. Je ne répondis pas à cette question, mais je lui dis que je répondrais à l'infant. C'est ce que je fis. Je me retirai par le corridor et je me mis près de la table où devait souper l'infant, appuyant ma main sur la chaise qu'il devait occuper. Je résolus de ne pas retirer ma main avant d'avoir parlé. L'Infant vint souper, mangea comme de coutume, et moi, pendant ce temps, je tenais toujours la main sur sa chaise. Alors je lui racontai tout ce qui s'était passé avec l'Impératrice ; je lui dis l'ordre que j'avais reçu de mon père, et comment je me trouvais là lors de son arrivée. Je lui dis aussi qu'ayant été informé par dom Louis d'Avila des prétentions de quelques-uns des nôtres, je n'avais pas recherché la faveur de Son Altesse pour baiser la main de Sa Majesté, qui m'avait fait le plus grand honneur de même que le seigneur Horace Farnèse ; tandis que Son Altesse qui me connaissait dès l'enfance et qui aurait bien pu venir à mon aide, m'avait abattu et mortifié devant l'Empereur, qui justement était en train de me parler lorsque Son Altesse était entrée. L'Infant, bon et excellent prince qu'il était, se montra peiné et commença aussitôt à se servir de moi pour écrire des lettres : une au pape, une au roi de France et une autre au marquis de Gasto. Certes l'Infant dom Louis ne manquait pas de discernement et de connaissances en peinture ; cependant, malgré ces faveurs et beaucoup d'autres qu'il m'accorda par la suite, il est aisé de voir qu'il ne professait pas autant d'estime que les rois étrangers et que l'empereur dom Carlos votre aïeul, pour l'art du dessin dans lequel j'étais loin d'avoir tout le mérite qu'on me supposait alors. » (*Lettres, p.* 70-71-72.)

François de Hollande nous apprend qu'il fréquentait à Rome don Jules de Macédoine (1), enlumineur très célèbre ; Michel-Ange ; Baccio (Bandinelli), noble sculpteur ; Perino (del Vaga), Sébastien (del Piombo), Vénitien ; Valère de Vicence ; Jacques Mellechino, architecte ; Lactance Tolomei ; l'ambassadeur de Portugal Pierre Mascarenhas ; la marquise de Pescara, Victoire Colonna, sœur du seigneur Ascanio Colonna, une des plus illustres et des plus célèbres dames qu'il y ait eu en Italie et en Europe. » (*Lettres, p.* 7, 8.)

D'après l'abbé de Castro, p. 9, il dit dans son Dialogue *do tirar pelo natural* qu'il avait été dans sa première jeunesse, au service des infans D. Ferdinand et d'Alphonse, cardinal. (Note 9.)

Nous verrons dans les renseignemens de M. le vicomte de Juro-

---

(1) Clovio (D. Julio), appelé Macedo, né en Croatie en 1498, mort en 1578 (Nagler, *Künstler Lexicon*).

menha, qui terminent cet article, que la femme de François de Hollande s'appelait Louise da Cunba de Sequeira.

PORTRAIT DE FRANÇOIS DE HOLLANDE PAR LUI-MÊME,

Et renseignemens, sur l'état des arts en Portugal et ailleurs au temps où il vivait.

Les manuscrits de François de Hollande qui accompagnent ma seconde lettre, forment une peinture naïve et intéressante de l'époque à laquelle ils se réfèrent. Il me semble que ses tendances étaient louables, qu'il avait une haute opinion de lui-même, mais que ses œuvres étaient très peu importantes. Au reste, ses manuscrits et ses œuvres existent, chacun peut les juger. Voici encore plusieurs passages de son manuscrit de l'année 1549. C'est lui-même qui va se faire connaître à mes lecteurs en sa qualité d'homme, d'écrivain et d'artiste.

« Une chose obscurcit la gloire de l'Espagne et du Portugal, c'est qu'en Portugal, pas plus qu'en Espagne on ne connaît la peinture : elle n'y est ni honorée ni cultivée avec succès. Revenu d'Italie depuis peu de temps, les yeux remplis de la grandeur de son mérite, les oreilles pleines de ses louanges, et connaissant la parfaite indifférence avec laquelle cet art si noble est traité dans mon pays, je me suis décidé à entrer en lice. (*Lettres, p.* 5.)

« Il y a des gens persuadés que je rougis de mon état, tandis que je considère l'honneur d'être peintre comme le plus grand qui soit au monde après celui d'être chrétien...» (*Lettres, p.* 6.) Michel-Ange doit lui avoir dit : « Vous voyez donc que dans notre pays, même ceux qui « ne font pas beaucoup de cas de la peinture, la récompensent bien « mieux que ne le font en Espagne et en Portugal, ceux qui lui font « le plus d'honneur. Ainsi je vous conseille, comme je conseillerais à « un fils, de ne pas partir d'ici, car je crains, si vous le faites, que vous « n'ayez à vous en repentir.

« Je vous rends grâce, seigneur Michel-Ange, lui dis-je : toutefois je « sers le roi de Portugal, c'est le pays où je suis né et où j'espère mou- « rir. » (*Lettres, p.* 34.)

« La marquise, s'apercevant de mon intention, appela un de ses serviteurs et dit en souriant : Va à la maison d'habitation de Michel-Ange ; dis-lui que Messire Lactance et moi, nous sommes dans cette chapelle bien fraîche et que l'église est fermée et agréable ; et demande-lui s'il veut bien venir perdre une partie de la journée avec nous, pour que nous ayons l'avantage de la gagner avec lui ; mais ne lui dis pas que François de Hollande, l'Espagnol, est ici.

« Comme je parlais à l'oreille de Lactance de la circonspection et de la délicatesse que la marquise mettait dans les moindres choses, elle voulut savoir de quoi il s'agissait.

« Il me disait, répondit Lactance, combien Votre Excellence sait user de prudence en tout, même en donnant une commission, car Michel fait tout son possible pour l'éviter, parce qu'une fois qu'ils sont ensemble ils ne peuvent plus se séparer.

« Alors frère Ambroise de Sienne (un des plus renommés prédicateurs du pape), qui n'avait pas encore parlé, se prit à dire : Je doute fort que Michel, sachant que l'Espagnol est peintre, consente à parler de peinture en aucune façon, c'est pourquoi il devrait se cacher pour l'entendre.

« Ce n'est peut-être pas chose si facile que vous croyez de cacher l'Espagnol aux yeux de maître Michel-Ange (répondis-je avec amertume au révérend), et il me connaîtrait mieux, quoique caché, que votre révérence ne le ferait ici où je suis, même avec le secours de ses lunettes. Vous verrez quand il sera venu, s'il m'aperçoit ou non. La marquise et Lactance se mirent à rire, mais non pas moi, ni le moine non plus, qui eut à entendre la marquise dire qu'il trouverait en ma personne quelque chose de plus qu'un peintre.

Sur ces entrefaites, Michel-Ange rejoignit la compagnie, et François de Hollande voyant qu'il ne faisait pas attention à lui, en témoigna son dépit, et poursuivit ainsi qu'il suit :

« Je ne connais pas de meilleur moyen pour fatiguer M. Ange que de lui faire savoir que je suis ici, car il ne m'a pas aperçu jusqu'à présent.

« Il fallut voir alors Michel-Ange se tourner vers moi avec étonnement et me dire : Excusez-moi, maître François, de ne vous avoir point aperçu, je n'ai vu que madame la marquise, mais puisque Dieu fait que vous soyez ici, venez à mon aide comme collègue.

« Vous avez allégué une trop bonne raison pour que je ne vous excuse pas, répondis-je, mais il me semble que madame la marquise produit avec une même lumière deux effets contraires, comme le soleil qui fond et durcit avec les mêmes rayons ; en effet, sa vue vous a rendu aveugle, et moi je ne vous vois et ne vous entends que parce que je la vois.

« Cette repartie excita de nouveau le rire de l'assemblée. Ensuite frère Ambroise se leva, prit congé de la marquise, nous salua et sortit ; et depuis lors il resta fort de mes amis. (*Lettres, p.* 9 *et* 10.)

« Je n'ai au reste rien à dire sur l'Espagne. En Portugal je sais qu'il y a des princes qui estiment les arts et qui les payent. Mais puisque ce seigneur accuse les Espagnols de payer mal les ouvrages, je profiterai de cette occasion, et vous me permettrez, don Jules, de payer les couleurs de celui que vous avez enluminé pour moi, car je ne suis pas en état de faire plus et j'ai besoin des bons offices du seigneur Valère et de ces seigneurs, pour vous faire accepter une somme tellement au-dessous du mérite de l'ouvrage. Je suis sorti de chez moi sans emporter de forte somme, et je vais vous donner je ne sais combien de *vingtins* (1) que j'ai sur moi, avant que quelqu'un ne me les vole. Ayant dit cela, je tirai vingt *cruzades d'or* que je portais dans ma poche et je les étalai devant D. Jules. Mais il aurait fallu voir le grand enlumineur se sauver comme s'il eût aperçu un serpent, et jurer qu'il ne les prendrait pas. Il me semblait à moi, que j'agissais comme un gentilhomme, en donnant ces vingt cruzades d'or à D. Jules, pour un quart de parchemin que je lui avais dessiné et où il n'avait mis que le travail de l'enluminure.

« J'ajoutai donc : Seigneur D. Jules, je ne vous paye pas le mérite qui vaut plus de cent écus et je le sais mieux que personne, mais vous êtes riche : acceptez ce faible tribut d'un homme qui est loin de l'être ; d'ailleurs ces seigneurs et maître Valère qui sont ici présens, jugeront si j'en agis honnêtement : vu le genre de l'ouvrage. Peut-être qu'il me siérait mal de me montrer plus libéral envers vous ; toutefois, en rentrant chez moi, je vous enverrai cinq cruzades de plus que vous ajouterez à ces vingt, et si vous me poussez, j'arriverai à la trentaine rien qu'à cause de la résistance que vous m'avez faite.

« Vingt-cinq cruzades, dirent les Romains et maître Valère, c'est fort honnête ; maître François en agit comme un gentilhomme romain et il s'acquitte envers vous, seigneur D. Jules ; n'exigez pas davantage de lui, nous vous en prions, et nous convenons en même temps, que nous eussions été charmés qu'il vous donnât en sus les cinq cruzades dont il vient de parler.

« Je sortis de ma poche une cruzade d'or et la donnai pour arrhes : de quoi D. Jules eut à se contenter.

« Messire François, dit alors D. Jules, la rétribution est faible, aussi je vous promets qu'aujourd'hui il ne sera question ici d'autre chose que du prix, que les anciens mettaient à la peinture.

« Donnez-moi, lui dis-je, les richesses de votre Romain L. Crassus, et si je ne vous fais pas croire que les anciens sont revenus de Portugal à Rome, je veux perdre et les cruzades et l'ouvrage. Mais en ce moment il faut aller avec le temps, et vous devez reconnaître qu'en payant vingt-cinq cruzades, pour le plaisir d'envoyer à des religieuses de Barcelone, un ouvrage que j'aurais pu achever tout comme vous, je fais pour moi un plus grand effort, que n'en fit Attale lorsqu'il donna cent talens pour prix d'un seul tableau ; car Attale était un roi puissant, et l'œuvre qu'il achetait pouvait avoir dix ou quinze palmes, tandis **que** je suis pauvre et celle que je vous paye, consiste en un palme d'ouvrage dont j'ai moi-même fait le dessin. Pardonnez-moi, D. Jules, de vous répondre ainsi, car je suis sûr que personne en Italie ne porte à un plus haut degré que moi, Portugais, l'estime de la peinture. Maintenant vous pouvez m'apprendre à quel prix elle était payée par

____

(1) Le *vingtin* valait trente-deux centimes.

les anciens, et je serai bien aise de vous écouter. » (*Lettres, p.* 48, 49.)

Voici comment François de Hollande se plaint du peu de faveur qu'on accordait aux arts dans son pays : « Il n'est que trop vrai que nous ne possédons ni somptueux édifices, ni peintures comme vous en avez ici ; mais déjà cependant on commence à perdre peu à peu l'excès de barbarie que les Goths et les Maures répandirent sur le sol des Espagnes, et j'espère que lorsque je serai de retour en Portugal, je pourrai, soit dans l'élégance de l'architecture, soit dans la noblesse de la peinture, concourir à ce que nous rivalisions avec vous. Malheureusement ces sciences sont presque entièrement perdues ; elles sont sans splendeur et sans gloire dans ces royaumes, par la seule faute des lieux et de la désuétude, tellement, que très peu de personnes les prisent ou les connaissent. A l'exception de notre sérénissime roi, qui aime et favorise tout genre de mérite, ainsi que du sérénissime infant D. Louis et de son frère, prince très valeureux et très instruit, qui réunit à beaucoup de connaissances, beaucoup de goût pour tous les arts libéraux, tous les autres n'entendent rien à la peinture et n'en font aucun cas. » (*Lettres, p.* 17.)

« En France, dit-il, il y a quelques belles peintures : le roi (François Ier) possède dans plusieurs châteaux et dans plusieurs maisons de plaisance une innombrable quantité de beaux ouvrages ; par exemple, à Fontainebleau où travaillèrent ensemble pendant longtemps deux cents peintres bien payés, et à la maison de plaisance où il se renferme volontairement quelquefois et qu'il nomme Madrid, en souvenir de Madrid d'Espagne où il fut prisonnier. » (*Lettres, p.* 23.)

Je vais reproduire ici plusieurs extraits de son manuscrit de 1571, se rapportant à cette dernière période de sa vie :

« L'art de la peinture vient porter plainte par ma bouche à Votre Altesse, roi et seigneur très chrétien, du peu de considération qu'on lui accorde dans votre royaume de Portugal. (*Lettres, p.* 58.)

« Ce n'est qu'en Portugal que cet art n'est point connu et n'a point l'éclat et le rang qu'il mérite. C'est donc par compassion pour cette illustre science et pour ceux qui n'en connaissent point le prix, que je me suis décidé à écrire ces mémoires.....

« Cependant je serai bref, parce que mon enthousiasme d'autrefois s'est entièrement refroidi et perdu, par l'effet du temps et du lieu où je passe mes jours : je veux parler de ma petite maison de campagne où je m'occupe d'un autre ouvrage (*p.* 59).

« Je prends la résolution de faire connaître à Votre Altesse, la raison pour laquelle je laisse s'éteindre ce peu d'intelligence de la peinture que Dieu m'a accordée, et qui aurait pu devenir utile à ce royaume, si elle eût été autrement favorisée et encouragée. Je dirai aussi pour quelle raison je suis venu me faire cultivateur et vivre sur ce mont, comme un homme inutile et qui n'est plus bon à rien.

« Que V. A. sache donc que Dieu et le temps m'ont détrompé, ainsi que la vue du peu de considération accordé au noble exercice de la peinture; car on ne la connaît et ne l'entend nullement en ce royaume, où je suis né et que je n'ai jamais voulu quitter. J'ai désiré en cela être constant et bon Portugais, et digne fils d'Antoine de Hollande, à qui l'empereur D. Carlos et l'impératrice promettaient beaucoup de faveurs en Castille ainsi qu'à moi; malgré cela nous avons mieux aimé être moins estimés, lui et moi, et rester pauvres en Portugal, que de devenir riches et considérés en Castille, en France ou ailleurs : car la peinture est partout plus estimée qu'elle ne l'est en Portugal (*p*. 61).

« Il existe à Avignon un tableau en couleur très bien fait par le roi René, c'est le portrait de la belle Anne, qu'il fit tirer de la sépulture seulement pour la peindre (*p*. 69).

« Antonio Conca dans sa *Descrizione Odeparica della Spagna,*
« Parma, 1793, *Part*. II, et Antoine Ponz, *Voyage en Espagne*, t. II,
« *Lettre* 5ᵉ, s'occupent de notre peintre. » (*Taborda, p*. 183.)

Le Patriarche, *Liste des artistes*, croit qu'il était parent de Luc de Hollande et il fonde cette supposition sur le nom de *Holanda*, qui est commun à tous deux. Il serait superflu de combattre cette assertion. Le hasard pourrait faire qu'ils fussent parens; mais ce n'est pas le nom qui le prouve, car ce nom indique l'origine et rien autre.

Il est question avec éloge, de François de Hollande et de son père, dans le Dictionnaire de Nagler, voyez Holanda.

L'abbé de Castro a publié une petite biographie de François de Hollande, en 13 pages, dont nous avons extrait plusieurs passages. Il cite les ouvrages suivans, parmi ceux où il est fait mention de ce peintre :
—Barbosa Machado, *Bibliotheca Lusitana*, Lisbonne, 1747, t. II, p. 215.
— Jean B. de Castro, *Mappa de Portugal*, t. I, p. 10, Lisbonne, 1762.
— *Memorias da Litteratura Portugueza*, publiés par l'Académie de Lisbonne, t. III, p. 42; Taborda; Cyrillo Volkmar Machado; Nicolas Antoine, *Bibliotheca nova*. — D. Pedro Roiz de Campomanes, *Discurso*, etc. Madrid, 1775, p. 99; Ponz; Antonio Conca, *Descrizione della Spagna*, Parme, 1793, t. III, p. 139; Bermudez.

Diogo Barbosa (d'après l'abbé de Castro) dit, p. 215, qu'en Portugal il existe beaucoup de tableaux de notre peintre, mais il n'en cite aucun; c'est une de ces mille assertions qui obscurcissent l'histoire de ce pays, et dont il faut absolument se débarrasser, si l'on veut découvrir la vérité.

Le seul tableau qu'on puisse avec vraisemblance attribuer à François de Hollande, est celui du comte de Pennamacor : je ne pense pas qu'il en existe d'autres.

Pour connaître le mérite artistique de François de Hollande, ce qu'il y aurait de plus important, ce serait de voir ceux de ses manuscrits ornés de dessins, de portraits et de miniatures qui se trouvent en Espagne, et malheureusement, je n'ai pas l'espoir d'en juger de si tôt par moi-même. Le docteur Don Joseph Quevedo, bibliothécaire en chef de l'Escurial, en parle avec éloge, dans une lettre qu'il a adressée à ce sujet à M. de Cueto, en date du 7 juillet 1846. Voici ce qu'il dit : « Le manus- « crit en question existe ici avec le même titre que Ponz indique, et « il est d'une conservation parfaite. Il est long de 12 pouces 5 lignes, « et large de 8 pouces 6 lignes. Il ne contient que trois portraits peints « à l'aquarelle : ceux du pape Paul III, de Michel-Ange, et du doge de « Venise, Pierre Lando. Ces portraits se trouvent renfermés dans des « cercles de 5 pouces et demi de diamètre. Les autres dessins sont faits « à la plume, mais avec une habileté, une exactitude et une netteté « telles que quelques-uns paraissent être de belles gravures. Parmi « ceux-ci, il y en a un petit nombre qui sont faits à l'aquarelle, et deux ou « trois au crayon rouge : entre ces derniers, la *Vénus sortant du bain*. « Je ne suis pas un artiste, mais je puis vous assurer que des personnes « qui s'y connaissent, et entre autres notre très distingué ami, Rivera, « leur trouvent beaucoup de mérite. »

Nous allons terminer cet article, déjà peut-être beaucoup trop long, par les renseignemens que nous a fournis M. le vicomte de Juromenha, à qui il est toujours réservé de répandre la lumière sur les sujets soumis à son investigation.

« François de Hollande, fils d'Antoine de Hollande, naquit à Lisbonne en 1518. Il était page (*moço da Camera*) de l'infant D. Alphonse, qui par son ordre du 25 septembre 1539, lui fit donner 20 cruzades (*Corp. Chron.*, 1re *partie, paquet* 85, *doc.* 80). Il servit aussi l'infant D. Ferdinand, et fut ensuite gentilhomme (*cavalleiro fidalgo*) du roi Jean III.

« Dans un âge fort tendre, il jouissait déjà d'une grande réputation. A peine avait-il atteint sa quatorzième année, quand il fit le portrait de la princesse D. Maria, ce qui lui valut les épigrammes que fit à sa louange, en 1532, Manuel da Costa : toutefois, et pour plusieurs raisons, je suis porté à croire, que ces épigrammes se rapportent à des travaux exécutés par son père Antoine, car ces éloges me sembleraient exagérés s'ils étaient adressés à quelqu'un aussi jeune que l'était alors François de Hollande, qui ne faisait que débuter dans sa carrière. Il est vrai de dire, qu'il révélait, déjà alors, les plus heureuses dispositions, et que même, dans la suite, il ne paraît pas s'être élevé à une plus grande hauteur ; cependant, je crois que, si le panégyriste avait voulu parler de l'ouvrage d'un si jeune homme, il n'aurait pas manqué de faire mention de cette circonstance, qui relèverait encore infiniment la valeur de ses heureux essais. D'ailleurs, les mots *tabula picta* paraissent prouver que ce portrait était peint à l'huile, genre qui, d'après ce que dit François de Hollande lui-même, lui était alors tout à fait

étranger (1). Je crois donc, par les motifs précités, que ces éloges ont
dû être attribués à un artiste plus consommé, tel que l'était alors son
père. Ces épigrammes furent imprimées à Coïmbre, en 1532, conjointement avec les autres œuvres dudit Manoel da Costa : on peut lire
la première dans Taborda, p. 182; et la seconde, omise par cet auteur,
est la suivante :

> Ut vidit Mariæ pictam Cytherea figuram,
>   Abstulit et nato sic ait illa suo :
> Scis ut consortem jam dudum fata laborent
>   Huic Mariæ et dignum vix reperire queant;
> Pro pharetra atque arcu solum hanc fer nate tabellam,
>   Accedet titulis gloria summa tuis,
> Unum etenim referes, sed summum immane tropæum
>   Captivo summi principis imperio.

(Quand la déesse de Cythère eut contemplé le portrait de l'infante
Marie (2), elle le prit, et appelant l'Amour : Mon fils, dit-elle, vous savez
que les destins s'occupent à chercher un époux digne de cette princesse
et qu'ils ont peine à le trouver. Laissez là votre arc, votre carquois;
portez seulement cette image et vous joindrez une gloire souveraine
à vos autres titres. Vous ne rapporterez qu'un seul trophée ; mais il sera
magnifique. Le premier prince de l'empire sera votre captif.)

« François Miguel Pacheco reproduit ces deux épigrammes dans sa
Vida da infanta D. Maria (1675).

« On ne peut cependant pas nier qu'à tort ou à raison, François de
Hollande n'ait joui dès sa jeunesse d'une certaine renommée : nous en
voyons la preuve chez son intime ami André de Resende, qui dans une
note de son poëme : *Vincentus Levita et Martyr*, imprimé à Lisbonne
(1545), s'exprime ainsi à son égard :

« Pridie quam hæc commentarer, deduxit me Franciscus Hollandi-
« cus, meus juvenis admirabili ingenio et Lusitanus Apelles, ad Olisi-
« ponense suburbium, quod Sanctos vocant Veteres propterea, quod
« sepulti olim ibi fuere sancti Christi Martyres fratres Verissimus, Maxima
« et Julia. Deduxit ergo me ad viridarium regium in maris plantatum
« crepidine, atque ibi antiquam hanc inscriptionem ostendit. »

(Avant que je fisse ce commentaire, un de mes amis, François de
Hollande, l'Apelles Lusitanien, jeune homme d'un esprit admirable,
me conduisit au faubourg de Lisbonne, qu'on appelle *les Vieux-
Saints*, parce qu'en cet endroit furent autrefois ensevelis les saints

---

(1) La peinture à l'huile paraît avoir été tout aussi étrangère à son père. (*Note de
l'auteur des Lettres et du Dictionnaire.*)

(2) L'infante dona Maria et Philippe II, qu'elle devait épouser, n'avaient alors que
cinq ans; ils étaient nés tous deux le même jour, 21 mai 1527; mais en cette année 1532,
lorsque ce portrait et ces vers furent faits, dona Juana, sœur aînée de Philippe II,
épousa le fils de Joao III.

martyrs du Christ, les frères Verissimus, Maxima et Julia. Il me conduisit donc au verger royal planté sur le rivage de la mer, et me fit voir cette antique inscription....)

« Malgré les récriminations et les plaintes continuelles de François de Hollande, sur le peu d'estime que l'on accordait aux beaux-arts à son époque, et sur l'oubli où étaient plongés les artistes, il fut celui d'entre eux qui avait peut-être le moins de raisons de se plaindre, car indépendamment des preuves déjà citées (*Lettres*, *p*. 216-217), et de l'aveu même de François de Hollande, dans son ouvrage où il parle des faveurs dont le comblèrent non-seulement tous les infans, mais aussi Jean III, qui le fit instruire dans son art et l'éleva à la dignité de gentilhomme, indépendamment, dis-je, de ces preuves, les Archives royales renferment les documens suivans qui montrent bien la générosité de ce monarque envers lui :

« Alvara de la reine Catherine, pour donner à François de Hollande 25 cruzades, dont elle lui fait merci, 9 octobre 1550. » (*Corp. Chron.*, *partie 1re, paquet 85, doc. 80.*)

« Alvara de Jean III, qui, eu égard aux bons services de François de Hollande, gentilhomme de sa maison, et voulant lui faire grâce et merci, lui accorde une pension viagère de 20,000 reis, à partir du premier janvier 1551. Almeirim, 10 septembre 1551. » (*Livre 66 de Jean III, fol. 265, v°.*)

« Charte, par laquelle Jean III, eu égard aux services que François de Hollande a rendus à l'infant D. Louis d'heureuse mémoire, lui accorde, à partir du mois de janvier 1556, une rente de 2 muids de blé par an. Lisbonne, 30 juillet 1556. » (*Livre 59 de Jean III, fol. 261.*)

« Charte, par laquelle une pension de 10,000 reis, qu'il tenait de l'infant D. Louis, lui est confirmée. Lisbonne, le 18 août 1556. » (*Livre 59 de Jean III, fol. 261.*)

« Une apostille qui se trouvait au bas d'un alvara accordé à François de Hollande, est ainsi conçue :

« Et pour faire merci audit François de Hollande, j'ai pour bon, qu'il touche annuellement 5 muids de blé pendant 5 ans, en sus des 5 ans pendant lesquels cette faveur lui avait été accordée, et qui expirent fin de l'année courante (1566). Que les administrateurs de nos biens en prennent note, et que cette apostille soit valide comme charte. Jean d'Oliveira scripsit, Lisbonne, le 50 janvier 1567. » (*Livre 19 de D. Sébastien, fol. 289.*)

« Alvara d'une pension de 16,000 reis à François de Hollande, pendant 5 ans à partir de l'année prochaine. Lisbonne, 17 février 1568. » (*Livre 21 de D. Sébastien, fol. 43.*)

« Alvara *de lembrança* (*de souvenir*), d'une pension de 100,000 reis et 3 muids de blé qu'il percevait, afin que ces pensions soient transmissibles à son épouse, etc. Lisbonne, 4 janvier 1583. » (*Livre 5 de Philippe Ier, fol.* 56.)

« Alvara par lequel, eu égard aux services de François de Hollande, il lui est accordé, à partir de janvier 1580, 3 muids de blé par an. Cet alvara porte l'apostille suivante :

« Le Roi, notre maître, fait merci à François de Hollande, de ce que les trois muids de blé dont il est parlé dans ce titre soient transmissibles, après son décès, à son épouse Louise da Cunha de Sequeira, à laquelle il en devra être délivré titre. Conséquemment, cette note a été ici placée pour servir de règle aux administrateurs des biens royaux. Lisbonne, 21 juillet 1584. Fait par moi, Christophe de Benavento, greffier de la Torre do Tombo. Lisbonne, 7 août de ladite année. » (*Livre 24 de D. Sébastien, fol.* 294.)

Voici maintenant, le document qui prouve que François de Hollande vivait encore en 1583, et qui fixe sa mort au 19 juin 1584 :

« D. Philippe, etc., à tous ceux qui verront la présente charte, je
« fais savoir, que Louise da Cunha de Sequeira, femme de feu François de Hollande, m'a présenté une charte de mon neveu le roi D. Sé-
« bastien d'heureuse mémoire, lui accordant sur ses biens, une pension
« viagère de 3 muids de blé par an, et qu'elle m'a exhibé également
« un de mes alvaras par lequel j'accorde audit François de Hollande
« la transmission, après son décès, de ces 3 muids de blé. »

Premier titre. « Dom Sébastien, etc., à tous ceux qui verront ma
« présente Charte, je fais savoir, que, eu égard aux services de François
« de Hollande, j'ai pour bon et il me plaît, de lui faire merci de 3
« muids de blé par an, pendant sa vie, et à partir du 1er janvier 1570.
« Merci, que je lui accordais consécutivement de 3 en 3 ans et qui ex-
« pire vers la fin de l'année prochaine (1570). Et pour sa gouverne, je
« lui ai fait délivrer la présente, signée et scellée par moi. Lisbonne,
« l'an du Seigneur 1568. Domingos Varejaõ; Alvaro Pires. »

Second titre. « Moi, le Roi, à tous ceux qui verront le présent al-
« vara, je fais savoir, que j'ai pour bon et qu'il me plaît de faire
« merci à François de Hollande en lui accordant la transmission,
« après son décès, en faveur de sa femme, des 100,000 reis et des
« 3 muids de blé qu'il dit avoir de pension viagère; et si trois ans
« après le décès de François de Hollande, son épouse ne jouissait plus,
« pour cause de décès, de ladite pension, j'ai pour bon que cette
« pension ait vigueur, et se prolonge deux ans encore après la
« mort de son épouse, et ce, pour servir au payement des dettes qu'il
« dit avoir. J'ordonne, en conséquence, aux administrateurs de mes
« biens, que, dès qu'après le décès de François de Hollande il leur
« sera exhibé les titres par lesquels il a obtenu ladite pension, ils en
« passent un autre, au nom de sa veuve, où se trouvera transcrit le pré-
« sent alvara, et par lequel elle obtiendra et jouira, ainsi qu'il est déjà

« dit, de 100,000 reis et de 5 muids de blé de pension. Et pour la gou-
« verne dudit François de Hollande, et pour mon souvenir, je lui ai fait
« délivrer le présent, qui devra être suivi dans tout son contenu. Fran-
« cisco de Torres, rédacteur. Lisbonne, 5 janvier 1585. Diogo Velho. »

« Ladite Louise da Cunha de Sequeira, attendu le décès de son
« mari François de Hollande, décès justifié par les pièces qu'elle a
« présentées et qui sont signées par le docteur Ruy Brandon, gentil-
« homme de ma maison, membre de mon conseil et administrateur de
« mes biens, m'ayant demandé si, conformément à l'alvara transcrit
« ci-dessus, il lui revenait les 5 muids de blé de rente dont jouissait
« feu son mari, et en ayant requis un titre en due forme, j'ai pour bon et
« il me plaît de lui accorder la susdite pension viagère de 5 muids de
« blé par an, laquelle commencera *le 19 juin dernier* (1584), *jour de
« la mort de son mari*, et qu'elle lui soit payée sur les biens ruraux
« de la couronne des environs de la ville de Santarem, etc., etc. Lis-
« bonne, le 9 août 1584. Antonio de Aragaõ. Matheus Pires. » (*Livre* 11 *de Philippe II, fol.* 42.)

« François de Hollande mourut donc, d'après le document que je viens
de citer, le 19 juin 1584, à l'âge de 66 ans. Son dernier ouvrage fut
l'écrit intitulé : *de Christo homem*, in-f°, qu'il publia une année avant
sa mort et qui, d'après Nicolas Antonio, paraît être accompagné de
dessins (*debuxado*). Je ne sais si les enluminures des livres du chœur de
Thomar, ont été conservées. Une note des mémoires de monseigneur
sur la vie de François de Hollande, répète les éloges qu'en faisait un
contemporain. Elle est ainsi conçue : « M. Timothée Lecussan Verdier,
« qui résida longtemps à Thomar, où il possédait une filature, nous a
« plusieurs fois parlé des enluminures des livres du chœur de ce cou-
« vent ; il en faisait toujours l'éloge. Tout le monde faisait cas de ses
« connaissances, et par conséquent, son opinion à ce sujet est d'un
« grand poids. »

« Encore un doute : ces enluminures sont-elles de François de Hollande ou de son père? car il résulte de quelques articles des comptes
de Thomar qu'Antoine de Hollande a travaillé pour ledit couvent.

« Il reste à faire mention des mémoires de monseigneur Ferreira qui
se trouvent à l'Académie. Quand monseigneur Ferreira apporta d'Espagne les copies des manuscrits de François de Hollande, qu'il avait
fait faire à Madrid, il se disposa à écrire sa vie, but dans lequel il réunit
plusieurs renseignemens, en un mémoire portant le titre de : *Mémoires
de François de Hollande*, recueillis de ses écrits et de ceux d'autres auteurs, par Joaquim José Ferreira Gordo, 1809. Cet ouvrage est
divisé en 5 parties : 1re, Mémoires tirés des écrits de François de Hollande; 2e, Mémoires tirés d'autres auteurs; 5e, Œuvres de François de
Hollande : littérature, peinture et dessin. Suit un appendice, avec des
extraits des ouvrages de Taborda, et de D. Antonio Conca. Ce Mémoire

n'offre plus d'intérêt aujourd'hui, car il ne présente aucun renseigne-ment nouveau et ne fait que nous indiquer les sources où nous avons puisé nous-même. »

HOLLANDE (Michel), *enlumineur*, fils d'Antoine, voyez Hollanda (Antoine) ou Michel de Hollande.

HONDIUS (Abraham), *peintre*. Guarienti a vu à Lisbonne deux ta-bleaux de ce peintre, dans chacun desquels sont représentés *deux élé-mens*. (*Lettres*, p. 314.)

Honfleur (Denis Berthelot de), voyez Berthelot (Denis de Hon-fleur) et Rezende (Pedro Barreto de).

Honoré (Emmanuel), voyez Emmanuel (Honoré).

Honoré-Joseph Correia de Macedo e Sa, voyez Correia de Macedo.

HOPE (Th.), *auteur* de *l'histoire de l'Architecture*, ouvrage d'un intérêt majeur. Je ne le connais que par l'excellente traduction de A. Baron, Bruxelles, 1839, voyez Hacket.

Hospital das Letras, par Dom Francisco Manoel, voyez Patriar-che.

Huet, voyez Huguet.

HUGUET, HUET ou **OUGUET**, *architecte* anglais, maître des travaux de Batalha depuis 1402, jusqu'à peu près vers l'an 1451; voyez Lettres, p. 226, 332. Le Patriarche, dans sa *Liste des artistes*, rubrique *Architectes*, article *Mestre Huet, Huget ou Ouget*, présume qu'il est mort vers 1438 et dit que le premier document relatif à cet artiste étant de l'année 1402, Alphonse Domìngues doit l'avoir précédé dans la di-rection des travaux de Batalha. Voyez Hacket.

I

Ignace-Barbosa Machado, voyez Barbosa Machado (Ignace).

Ignace-Joseph de Freitas, voyez Freitas (I. J. de).

Ignace-Joseph de Freitas, voyez Freitas (Ignace-Joseph).

Ignace de Oliveira, voyez Oliveira Bernardez (Ignace de).

Ignace de Oliveira Bernardez, voyez Oliveira Bernardez (Ignace de).

Ignace da Piedade de Vasconcellos, voyez Vasconcellos.

Ignacia de Almeida, voyez Costa (Louis da).

Ignacia (Dona) Pimenta Cardote, voyez Pimenta (Cardote).

IGNACE XAVIER, *peintre*, né à Santarem, voyez Oliveira Ber-nardez (Ignace de), qu'il avait accompagné à Rome vers 1720.

Il est cité dans l'histoire de *Santarem edificada* comme auteur du tableau de *Santa Rita*, qui se voit dans l'église de Saint-Augustin à

Santarem. La sainte y est représentée en extase devant le crucifix entouré d'anges. Il a exécuté cet ouvrage vers 1724, après son retour d'Italie. (*Lettres, p.* 249, 250.)

India (O Itinerario da), par Fr. Gaspard de S. Bernardin, voyez PATRIARCHE.

Inquisiçaõ (Regimento do Santo officio da), voyez PATRIARCHE.

ISABELLE BROUNE, voyez BROUNE (Isabelle).

ISABELLE DE CASTRO, voyez CASTRO (Isabelle de).

ISABELLE-MARIE RITA, voyez RITA (Isabelle-Marie).

ISABELLE SANCHEZ COELHO, voyez COELHO (Alphonse Sanchez).

Itinerario da India, par Frère Gaspard de Saint-Bernardin, voyez PATRIARCHE.

J

JACINTE (JOSEPH), *peintre*, chanoine, voyez ROCHA (Joachim-Emmanuel).

JACOMO, voyez JACQUES.

JACOME (Me.) « Bail de la ferme d'Alagoa, comté d'Alverca, qu'il habitait. Lisbonne, 12 avril 1859. » (*Livre* 11 *de l'Estremadure, f.* 118. — (*Communication de M. le vicomte de Juromenha.*)
C'est peut-être le même que maître Giacomo, Italien, peintre du roi Jean. *Lettres*, p. 55, et voyez JACQUES (Maître).

JACOPO, voyez JACQUES.

JACQUES est le même nom que Thiago, Diégo, Diogo, Jacomo, Jacopo, Jacob, James.

JACQUES (Maître), Italien. François de Hollande dit de lui qu'il était *peintre* du roi Jean de Portugal *de bonne mémoire*. Je suppose par conséquent que c'est de Jean Ier, car à l'époque de son manuscrit, 1548, Jean III vivait encore. (*Lettres, p.* 55.) Voyez JACOME.

JACQUES D'ARRUDA, voyez ARRUDA (Jacques d').

JACQUES AZZOLINI, voyez AZZOLINI (Jacques).

JACQUES BARBOSA MACHADO, voyez BARBOSA.

JACQUES DE CARÇA, voyez CARÇA (Jacques de).

JACQUES DE CARTA, voyez CARTA (Jacques de).

JACQUES DE CASTILHO, voyez CASTILHO (Jacques de).

JACQUES COUTO, *auteur* d'un ouvrage intitulé *Decadas*, cité par le Patriarche. Voyez COUTO et CARVALHO (Onufre de).

JACQUES EANEZ, voyez EANEZ (Jacques).

Jacques Gomez, voyez Gomez (Jacques).

Jacques Gomez de Figueiredo, voyez Figueiredo.

Jacques ou Diogo (frère) de S. Joseph, voyez Sobrinho (Jacques).

Jacques Longuin, voyez Longuin.

Jacques Marques, voyez Marques (Jacques).

Jacques Murphy, voyez Murphy (Jacques).

Jacques Pereira, voyez Pereira (Jacques).

Jacques Pires, voyez Pires (Jacques).

Jacques Rangel de Macedo, voyez Macedo (Jacques Rangel de).

Jacques Reinoso, voyez Reinoso (André).

Jacques (Sobrinho), voyez Sobrinho (Jacques).

Jacques de Sousa, voyez Magina.

Jacques Teixeira, voyez Teixeira (Jacques).

Jacques Telles, voyez Telles (Jacques).

Jacques Tinouco da Silva, voyez Tinouco da Silva (Jacques).

Jacques de Toralva, voyez Toralva (Jacques de).

Jacques Vaz, voyez Vaz (Jacques).

Jacob, voyez Jacques.

James, voyez Jacques.

James Murphy, voyez Murphy (Jacques).

Janvier-Antoine Xavier, voyez Xavier (Janvier-Antoine).

Jean Ier, né en 1357, mort en 1433, est le premier roi portugais et peut-être le seul, qui à l'imitation des autres souverains de l'Europe, ait érigé à la Religion un monument qui peut soutenir la comparaison avec les plus belles fondations gothiques de ce genre dans le monde chrétien : c'est le monastère de Batalha.

Jean III, né en 1502, mort en 1562, était sous le rapport des arts le digne successeur et émule de son prédécesseur, le roi Emmanuel. (*Lettres, p.* 351.)

Jean V (*Descripçaõ funebre das Exequias de el Rei D. Joaõ V. Esta obra foi mandàda fazer em Roma no anno de* 1751, *por El Rei D. Jozé Ier,* voyez Patriarche.

Jean (Maître), *vitrier ou peintre sur verre,* à Batalha (1489-1528). Cette dernière année est celle de sa mort. (*Lettres, p.* 221.)

Jean de Abreu Gorjaõ, voyez Abreu Gorjaõ.

Jean d'Alverca, voyez Alverca (Jean d').

Jean-André Chiape, voyez Chiape (Jean-André).

Jean Annez, voyez Annez (Jean).

Jean Antinori, voyez Santos (Eugène dos).

Jean-Antoine Coelho, voyez Coelho (Antoine-Jean).

Jean-Antoine Padua, voyez Padua (Jean).

Jean Antunes, voyez Antunes (Jean).

Jean Armando Clama Strebel ou Strabile, voyez Clama.

Jean-Augustin Cean Bermudez, voyez Bermudez.

JEAN BAPTISTE. « Le livre intitulé : *Miscelanea* de Michel Leitaõ de Andrada, imprimé en 1629, renferme un portrait de l'auteur à genoux devant la Vierge, signé Jean Baptiste. Le frontispice de ce livre paraît être l'œuvre du même graveur. » (*Patriarche*, Liste des artistes, rubrique Graveurs, article Joaõ Baptista.)

Jean-Baptista Castro, voyez Castro (J. B.).

Jean-Baptiste Gomez, voyez Gomez (J. B.).

Jean-Baptiste Gualtieri, voyez Gualtieri (Jean-Baptiste).

Jean-Baptiste de Lavanha, voyez Lavanha.

Jean Berardi, voyez Berardi (Jean).

Jean Caceres, voyez Caceres (Jean).

Jean Cardini, voyez Cardini (Jean).

Jean-Charles Bibiena, voyez Bibiena (Jean-Charles).

Jean (le Père) Chrysostome Polycarpe da Silva, voyez Silva (le Père Jean-Chrysostome-Polycarpe da) et Barros Laboraõ (J. J.).

Jean Coli, voyez Coli (Jean).

Jean Cordeiro, voyez Cordeiro (Jean).

JEAN DE BARCELONE, *peintre*. François de Hollande le place parmi les bons coloristes, sans le désigner autrement. Il en parle dans son manuscrit de 1548, comme vivant à cette époque. Je n'ai découvert dans Bermudez aucun nom qu'on dût rapporter à ce peintre. (*Lettres, p.* 55.)

Jean de Castilho, voyez Castilho (Jean de).

Jean de Dieu (de Deos), voyez Deos (Jean de) et Narcisse (Joseph-Antoine).

Jean de la Corte, voyez Corte (Jean de la).

Jean delle Carniole, voyez Carniole (Jean delle).

Jean Dominguez de Campos Dias, voyez Dominguez (Jean), et Joseph (Jean).

Jean van der Bent, voyez Bent (Jean van der).

Jean van Eyck, voyez Eyck (Jean van).

Jean Fallardo, voyez Fallardo (Jean).

Jean Farracho, voyez Farracho (Jean).

Jean de Figueiredo, voyez Figuieredo (Jean de).

Jean-François da Rocha, voyez Rocha (Joachim-Emmanuel).

Jean-Frédéric Ludovice, voyez Ludovice (Frédéric).

Jean Froilaco, voyez Froilaco (Jean).

Jean Fyt, voyez Fyt.

Jean-Gaétan Rivara, voyez Rivara (J. G.).

Jean Garcia de Tolède, voyez Garcia (Jean de Tolède).

Jean Geraldez, voyez Geraldez (Alexandre).

Jean Gisbrant, voyez Gisbrant (Jean).

Jean Glama ou Glamma, voyez Glama ou Glamma (Jean).

Jean Gomez, *graveur*, 1651, voyez Gomez (Jean).

Jean Gomez, *graveur*, 1739, voyez Carneiro da Silva (Joachim).

Jean Gonçalez ou Gonsalvez, *architecte*, voyez Gonsalvez (Jean).

Jean Gonsalvez, *graveur de médailles*, voyez Gonsalvez (Jean).

Jean Gonsalvez da Rua, *sculpteur*, voyez Gonsalvez (Jean).

Jean Gresbante, voyez Gresbante (Jean).

Jean Gualberto Rodrigues, voyez Rois.

Jean Guterres, voyez Paes.

Jean-Henri Cesarino, voyez Cesarino.

Jean van der Herp, voyez Herp (Jean van der).

Jean Joseph, *sculpteur*, « était un des jeunes gens qui, vers 1800, fréquentaient à Rome l'Académie portugaise, et il était du petit nombre de ceux qui en ont retiré quelque profit. » Voyez à l'article Sequeira (Dominique-Antoine), la communication de M. le duc de Palmella. Je pense que ce Jean Joseph ne peut être que Jean-Joseph de Aguiar.

Jean-Joseph de Aguiar, voyez Aguiar (Jean-Joseph de).

Jean-Joseph Braga, voyez Braga (J. J.).

Jean-Joseph Elveni, voyez Elveni (Jean-Joseph).

Jean (Joseph-George), *graveur*, « disciple de Joachim Carneiro da Silva, était habile à copier les gravures. Il existe de lui, des traits gravés des *batailles d'Alexandre le Grand*. Il a aussi copié avec art plusieurs gravures anglaises de paysage et les traits des principes de dessin. Toutes ces gravures se trouvent renfermées dans les œuvres imprimées de l'*Arco do Cego*, et à l'Imprimerie nationale. Les caractères d'impression étaient ce qu'il savait le mieux graver.

« Il est mort en 1835 ou 1836. » (*Communication de M. Santos, graveur.*)

Jean de S. Joseph do Prado, voyez Prado (J. de S. J.).

Jean (Léonore de S. João ou de S.), abbesse du couvent de Jésus, à Setubal, en 1630, mourut en 1648. Elle est auteur d'un manuscrit, intitulé : *Tratado da antiga e curiosa fundaçaõ do convento de Jesus.* (*Lettre* 7me.) Frei Jeronimo de Belem en a fait des extraits dont il enrichi sa *Chronica serafica*.

Jean Louis, voyez Louis (Jean), *sculpteur* en pierre (1530).

Jean Louis, voyez Louis (Jean), *sculpteur en bois* (1750).

Jean Lourenço, voyez Lourenço (Jean).

Jean Marc, voyez Marc (Jean).

Jean Mathieu, voyez Mathieu (Jean).

Jean Melec, voyez Melec (Jean).

Jean Monoz, voyez Monoz (Jean).

Jean Nunes, voyez Nunes (Jean).

Jean-Nunes de Abreu, voyez Abreu (Jean-Nunes de) et Félicien Narcisse.

Jean-Nunes Tinoco ou Tinouco, voyez Tinouco.

Jean-Paul da Silva, *sculpteur en pierre*, vers 1777, voyez Salla (Félix) et Grossi (Jean).

Jean de Penhafiel, voyez Penhafiel.

Jean-Pierre Monteiro, voyez Monteiro (J. P.).

Jean-Pierre de Oliveira, voyez Oliveira Bernardez (Ignace de).

Jean-Pierre Volkmar, voyez Cyrillo Volkmar Machado.

Jean Pilmann, voyez Pilmann.

Jean Pires da Fonte, voyez Pires (Jean).

Jean (frère) dos Prazeres, *auteur* de l'ouvrage intitulé : *Emprezas de S. Bento*, voyez Patriarche.

Jean de Rhodes, voyez Baptista (Louis).

Jean Rodriguez, *sculpteur*, voyez Rodriguez (Jean).

Jean Rodriguez, *architecte*, voyez Rodriguez (Jean), *architecte*.

Jean Rodriguez (frère), *auteur* de l'ouvrage intitulé : *Arte do Canto-chaõ*, voyez Patriarche.

Jean Rodriguez Andrino, voyez Andrino (Jean Rodriguez) et Magina.

Jean-Rodriguez de Leaõ, voyez Leaõ (Jean-Rodriguez de).

Jean de Rouan, voyez Rouan (Jean de).

Jean dos Santos (frère), *auteur* de l'ouvrage intitulé : *Ethiopia Oriental*, voyez Patriarche.

Jean dos Santos Ala, voyez Ala et Gonsalvez (André).

Jean Schorckens ou Schorkens, voyez Schorkens et Schorckens.

Jean da Silva Pevides, voyez Pevides (Jean da Silva).

Jean Silverio Carpinetti, voyez Carpinetti (Jean-Silverio) et Padrão.

Jean Symbom (Dom), voyez Symbom (Dom Jean).

Jean Teixeira Pinto, voyez Teixeira Pinto (Jean).

Jean-Thomas da Fonseca, voyez Fonseca (Antoine da).

Jean de Tolosa, voyez Tolosa (Jean de).

Jean (frère) Turriano, voyez Turriano (Jean).

Jean-Vincent Cazali, voyez Cazali (J. V.).

Jean-Vincent Priaz, voyez Bartolozzi.

Jean Wiriex, voyez Wiriex (Jean).

Jean de Yel, voyez Eyck (Jean van).

Jérôme (*le Peintre*). « *Dom Hieronimo o Pintor*, fils de Dom Antoine de Mafra, mourut en 1578, à la bataille d'Alcaçar. » (*Extrait de frère Bernard da Cruz. — Communication de M. Ferdinand Denis. — Lettres, p.* 202.) Voyez Hieronimo o pintor.

Jérôme de Andrade, voyez Andrade (Jérôme de).

Jérôme-Antoine-Xavier de Magalhaès, voyez Magalhaès (Jérôme-Antoine-Xavier de).

Jérôme de Barros Ferreira, voyez Barros Ferreira (Jérôme) et Queiros (Grégoire-François).

Jérôme de Belem, voyez Belem.

Jérôme de Castilho, voyez Castilho (Jérôme de).

Jérôme Correa, voyez Correa (Jérôme).

Jérôme Correa Lage, voyez Lage.

Jérôme de Corte Real, voyez Corte Real (Jérôme).

Jérôme da Costa, voyez Costa (Jérôme da), Silva (Jean-Chrysostome-Polycarpe da).

Jérôme Gomez Teixeira, voyez Gomez Teixeira (Jérôme) et Bernardez (Joseph).

Jérôme (frère Henri de S.), voyez Jeronimo (frère Henri de S.).

Jérôme Louis, voyez Louis (Jérôme).

Jérôme de Ruam, voyez Ruam (Jérôme de).

Jérôme da Silva, voyez Silva (Jérôme da).

Jérôme (frère) Vahia, *auteur* de l'ouvrage intitulé : *Elisabetha triumphans*, voyez Patriarche.

Jérôme (Frère Henri de S.), « religieux dominicain, né à Santarem, frère de D. Ferdinand de Tavora; tous deux étaient élèves du vénérable Dom Frère Barthélemy dos Martyres. Frère Henri était très versé dans l'art de la peinture, ainsi que le prouvent des ouvrages conservés dans son couvent d'Evora, comme on conserve à Bemfica les tableaux de son frère. Parmi ceux du frère Henri, on distingue la *Transfiguration, la Vierge , S. Jean-Baptiste* et l'*Ecce Homo*. Dans tous ces tableaux, il n'y a que les têtes qui soient de lui, le reste a été peint par Morales, peintre renommé, qui vivait à Badajos. (*Hist. de S. Dominique, p. 2, liv. 2, chap.* 12, *et Dictionnaire de Roland le Virloys.*) Dans ce dernier ouvrage, il est dit, que ce religieux vivait en 1530. Frère Henri de S. Jérôme devint évêque de Cochim et archevêque de Goa. » (*Patriarche*, Liste des artistes, rubrique Peintres.)

Cet article me paraît mériter peu de foi. Morales est mort en 1586; je ne sache pas qu'il ait jamais été en Portugal. Peut-on supposer qu'il ait fait de grands tableaux moins les têtes, quand, au contraire, la plupart des tableaux qu'on connaît de lui, ou qui lui sont attribués, sont des demi-corps? Il serait fastidieux de disséquer cet article et de démontrer toutes les invraisemblances qu'il renferme. Je me borne à dire, qu'il me paraît apocryphe.

Joachim-Antoine Marques, voyez Marques (J. A.).

Joachim d'Assumpção Velho, voyez Assumpção Velho (Joachim de).

Joachim Carneiro da Silva, voyez Carneiro da Silva (Joachim).

Joachim da Costa, voyez Pilman (Jean).

Joachim-Emmanuel da Rocha, voyez Rocha (Joachim-Emmanuel) et Gonsalvez (André).

Joachim-Fortuné Novaes, voyez Aguiar (Jean-Joseph de).

Joachim-Grégoire da Silva Ratto, voyez Ratto (Joachim-Grégoire da Silva).

Joachim J. B. Alves, voyez Alves (Joachim J. B.).

Joachim-Joseph de Barros Laboraõ, voyez Barros Laboraõ (Joachim Joseph de).

Joachim-Joseph Lobo, voyez Lobo (François-Xavier).

Joachim-Joseph de S. Payo, voyez Payo (Joachim-Joseph de S.) et Alexandrino (Pierre).

Joachim-Joseph Ramalho, *graveur,* voyez Carneiro da Silva (Joachim).

Joachim-Joseph Rasquinho, voyez Magina.

JOACHIM-LEONARDO DA ROCHA, voyez ROCHA (Joachim-Emmanuel).

JOACHIM MACHADO DE CASTRO, voyez MACHADO (Joachim) DE CASTRO, et AGUIAR (Jean-Joseph de).

JOACHIM MARQUES, voyez MARQUES (Joachim).

JOACHIM MELLISENT, voyez PILMAN (Jean).

JOACHIM MONGE, voyez MONGE.

JOACHIM DE OLIVEIRA, voyez MARDEL.

JOACHIM-PIERRE ARAGÃO, voyez ARAGÃO.

JOACHIM-PIERRE DE SOUSA, voyez SOUSA (J. P. de).

JOACHIM-POSSIDONIO NARCISSE DA SILVA, voyez SILVA (Joachim-Possidonio Narcisse da).

JOACHIM RAFAEL, voyez RAFAEL (Joachim).

JOACHIM DOS REIS, voyez REIS (Joachim dos).

JOACHIM ROMAÕ, voyez NARCISO (Joseph-Antoine).

JOACHIM DOS SANTOS DE ARAUJO, voyez ARAUJO (Joachim dos Santos de) et NUNES (Simon-Gaétan).

JOACHIM VALÈRE, « *sculpteur en bois,* employé à l'arsenal de la marine, est mort vieux, vers 1820. » (*Communication de M. le professeur Assis*).

JOANE, *peintre*, du temps du roi Emmanuel, élève de Gonçalo Gomez, vers 1489. (*Lettres, p.* 216.)

J'ai dit, *Lettres*, p. 224, que ce Joane était peut-être le même que Jean Annez ; cependant les dates ne paraissent pas justifier cette supposition.

JOAÕ, voyez JEAN.

JOSÉ, voyez JOSEPH.

JOSEFA D'AYALA, voyez OBIDOS.

JOSEFA D'OBIDOS, voyez OBIDOS.

Joseph I (Descripçaõ analytica da Estatua Equestre d'el Rei D.) par Joachim Machado de Castro, voyez PATRIARCHE.

JOSEPH D'ALMEIDA, *sculpteur*, voyez ALMEIDA (Joseph de).

JOSEPH D'ALMEIDA FURTADO, dit le GATA, voyez GATA (Joseph d'Almeida Furtado, dit le).

JOSEPH-ANTOINE DO MONTE, voyez MONTE.

JOSEPH-ANTOINE NARCISSE, voyez NARCISSE (Joseph-Antoine).

JOSEPH-ANTOINE PARODI, voyez ALEXANDRINO (Pierre).

JOSEPH-ANTOINE DOS REIS, voyez MAGINA.

JOSEPH-ANTOINE DA SILVA, voyez SILVA (Joseph-Antoine).

Joseph-Antoine de Valle, voyez Valle (Joseph-Antoine).

Joseph d'Avelar Rebello, voyez Avelar (Joseph d') Rebello.

Joseph Bernardez, voyez Bernardez (Joseph) et Abreu (Jean Nunez de).

Joseph (Bruno) da Valle, voyez Valle (Bruno Joseph da).

Joseph Carvalho Rosa, voyez Feliciano Narciso.

Joseph-Charles Binheti, voyez Binheti (Joseph-Charles) et Azzolini (Jacques).

Joseph-Charles da Silva, voyez Mardel.

Joseph da Costa Negreiros, voyez Costa (Joseph da) Negreiros.

Joseph da Costa Sequeira, voyez Sequeira (Joseph da Costa).

Joseph da Costa e Silva, voyez Costa (Joseph da) e Silva.

Joseph da Cunha Taborda, voyez Taborda (Joseph da Cunha).

Joseph (père Emmanuel), voyez Emmanuel-Joseph (père).

Joseph (Emmanuel), *stucateur*, voyez Salla (Felis).

Joseph-Emmanuel de Carvalho e Negreiros, voyez Carvalho e Negreiros (Joseph-Emmanuel de).

Joseph (père Emmanuel Gonsalvez), *peintre*, voyez Gonsalvez (père Emmanuel-Joseph) et Gonsalvez (André).

Joseph (Faustin) Rodriguez, voyez Rodriguez (Faustin-Joseph).

Joseph Francisco ou François, voyez Francisco (Joseph).

Joseph François, *sculpteur*, voyez François (Joseph), *sculpteur*.

Joseph-François Espaventa, voyez Espaventa (J. F.).

Joseph-François del Cusco, voyez Cusco (Joseph-François del).

Joseph-François Ferreira de Freitas, voyez Freitas (J. F. Ferreira de).

Joseph Gaétan, voyez Gaétan (Joseph).

Joseph-Gaétan Cyriaco, voyez Cyriaco (Joseph-Gaétan) et Baptiste (Louis).

Joseph Gaétan de Pinho e Silva, voyez Pinho (J. G. de) e Silva.

Joseph-Gaétan Syriaco, voyez Padraõ.

Joseph-Galdino de Mattos, voyez Mattos (Joseph-Galdino de) et Carneiro da Silva (Joachim).

Joseph Gaspar, *graveur* flamand, maître de Simon-François dos Santos. Il est mort en 1812, à l'âge de 85 ans. Voyez Santos (Simon-François dos).

Joseph-Gomez da Cruz, voyez Cruz (Joseph-Gomez da).

JOSEPH JACINTE, chanoine, voyez JACINTE (Joseph) et ROCHA (Joachim-Emmanuel).

JOSEPH (frère JACQUES DE S.), voyez SOBRINHO (Jacques).

JOSEPH JAMES (Jacques), voyez FORRESTER.

JOSEPH (JEAN), voyez JEAN JOSEPH.

JOSEPH-IGNACE DE S. PAYO, voyez ALEXANDRINO (Pierre).

JOSEPH-JOACHIM DO CAMPO, voyez CAMPO (Joseph-Joachim).

JOSEPH-JOACHIM FREIRE, voyez FIGUEIREDO (Jean de).

JOSEPH-JOACHIM DE FREITAS, voyez FREITAS (Joseph-Joachim).

JOSEPH-JOACHIM GOMEZ, voyez GOMEZ TEIXEIRA (Jérôme).

JOSEPH-JOACHIM LEITAÕ, voyez LEITAÕ (Joseph-Joachim).

JOSEPH-JOACHIM LOBO, voyez LOBO (François-Xavier).

JOSEPH-JOACHIM LUDOVICE, voyez LUDOVICE (Frederico).

JOSEPH-JOACHIM MANIQUE, voyez MANIQUE (Joseph-Joachim).

JOSEPH-JOACHIM DO PORTO, voyez PORTO (Joseph-Joachim).

JOSEPH LEAL, voyez LEAL (Joseph).

JOSEPH-LOPES ENGUIDANOS, *auteur* de l'ouvrage intitulé : *Coleccion de las estatuas antiguas*, etc., voyez SALVA (Vincent).

JOSEPH LOUIS, « *sculpteur*, élève d'Emmanuel Laurent, était en 1846 âgé environ de 60 ans. » (*Communication de M. le professeur Assis.*)

JOSEPH-LOUIS DE SOUSA-FARIA, voyez SOUSA-FARIA (Joseph-Louis de).

JOSEPH-LUCIO DA COSTA, *graveur*, voyez COXINHO et CARNEIRO DA SILVA (Joachim).

JOSEPH DE SANTA-MARIA (frère), *peintre*, voyez OLIVEIRA BERNARDEZ (Joseph de) et OLIVEIRA BERNARDEZ (Ignace de).

JOSEPH-MARIA FRANCO, voyez FRANCO.

JOSEPH-MONTEIRO DE CARVALHO, voyez MONTEIRO DE CARVALHO (Joseph).

JOSEPH (NORBERT) RIBEIRO, voyez RIBEIRO.

JOSEPH D'OLIVEIRA BERARDO, voyez BERARDO (Joseph d'Oliveira).

JOSEPH ORTIZ, *traducteur de Vitruve*, voyez SALVA (Vincent).

JOSEPH PATRICIO, voyez PATRICIO (Joseph).

JOSEPH (frère) PEREIRA DE SANTA-ANNA, voyez TABORDA (Joseph da Cunha).

JOSEPH-PIERRE DE BARROS voyez BARROS (Joseph-Pierre de)

JOSEPH PINHAÕ, voyez NARCISO (Joseph-Antoine).

JOSEPH DA ROSA, voyez ROSA (Domingos).

Joseph (frère) de Santa-Maria, *moine*, voyez Oliveira Bernardez (Ignace de).

Joseph (frère Simon de Saint), *dessinateur* et *enlumineur*. « Frère Simon de Saint-Joseph était distingué comme dessinateur et comme enlumineur, ainsi que l'attestent D. Antoine Gaétan de Souza, tome Ier, *Apparato* (introduction), n° 166, et l'abbé Diogo Barboza Machado, tome III, *Bibliothèque lusitanienne*, p. 154, coll. 1. Le cardinal D. Louis de Souza, archevêque de Lisbonne, fit copier par frère Simon de Saint-Joseph le registre des armoiries des archives royales de la *Torre do Tombo*, travail que celui-ci a exécuté admirablement. » (*Taborda*, p. 252.) Cyrillo dit au contraire que le frère de saint Joseph a enluminé le livre même qui se trouve à la *Torre do Tombo*. Cyrillo nous dit aussi, p. 174, « que dans ce livre fait au temps de Jean III, le prologue est entouré d'une architecture capricieuse. Ce dessin est composé de colonnes tricolores dans le goût d'arabesques, de chapiteaux composites, de frises d'outremer avec des arabesques admirables en or, d'un soubassement vert à fond d'or. » Cependant dans ce dernier passage le nom de frère Simon de Saint-Joseph ne se trouve pas répété. Je ne sais sur quelles preuves Cyrillo se fonde pour attribuer les enluminures du livre des armoiries de la *Torre do Tombo*, à ce moine ; la même chose a été affirmée par l'abbé de Castro. (*Lettres*, p. 435.) Tant il y a que M. le vicomte de Juromenha et moi, si nous avons bien compris le texte du prologue, avons cru y lire que c'est Antoine Godinho qui a exécuté cet ouvrage de calligraphie et d'enluminure. D'ailleurs Taborda dit clairement que frère Simon n'a fait que copier le livre de la *Torre do Tombo*, qui à son tour n'est qu'une copie de celui qui a été fait par Arriet. Voyez Arriet et Godinho (Antoine).

Joseph Soares da Silva, voyez Silva.

Joseph Teixeira Barreto, voyez Teixeira Barreto (Joseph).

Joseph Tenorio, voyez Grossi (Jean).

Joseph-Thomas Gomez, voyez Baptista (Louis).

Joseph Throno, voyez Throno (Joseph).

Joseph (Don) Verea et Aguilar, voyez Verea et Aguilar (Don Joseph).

Joseph Viale, voyez Viale (Joseph).

Joseph-Vincent Sales, voyez Sales (Joseph-Vincent).

Jovellanos (Gaspard-Melchior), *auteur* de l'ouvrage, *Carta historico-artistica sobre el edificio de la lonja de Mallorca*, voyez Salva (Vincent).

Isidore Faria, voyez Faria (Isidore).

Jules-César de Femine, voyez Gonsalvez (André).

Jules Droz, voyez Rezende (Pedro Barreto de).

Jules de Macédoine, voyez Clovio (Jules).

JUROMENHA (Vicomte de). M. de Juromenha, âgé de 35 ans, environ appartient à la famille de Lemos, dont il existe plusieurs branches en Portugal. Un grand nombre des plus importans renseignemens sur les arts du Portugal qui se trouvent réunis dans mes Lettres et dans ce Dictionnaire me viennent de lui. Sans son aide je ne serais jamais venu à bout de cette entreprise. Ses recherches littéraires portent toutes le cachet de la clarté, de l'ordre, de la bonne foi et d'un zèle infatigable. Il est auteur de *Cintra pinturesca* (1838), et il s'occupe maintenant (1845) d'écrire la biographie de Camoës. Il est parlé de cette entreprise littéraire à l'article Faria e Sousa (Emmanuel).

JUVARA (Abbé Philippe), *architecte* italien, fut chargé vers 1717, par Jean V, de faire le plan des constructions de Mafra, lequel plan ne fut point admis. Il mourut à Madrid en 1735 à l'âge de 50 ans. (*Cyrillo, p.* 179.) Voyez Ludovice (Frédéric).

K

KELBERG, *peintre*, est auteur du portrait de Diogo Barbosa, qui se voit à la Bibliothèque. (*Communication de M. le vicomte de Juromenha.*)

Nagler cite un peintre de ce nom qui exerçait son art avec succès, à Londres, vers 1700. Cette date correspond à celle où vivait Diogo Barbosa.

KEN, suivant Guarienti, *peintre* anglais. (*Lettres, p.* 326.)

KRUMHOLZ, né en Moravie, *peintre de portraits* qui est venu à Lisbonne en 1844. Il a fait ses études artistiques en France, et y a exercé son talent pendant plusieurs années. Il est âgé d'environ 35 ans. Il a fait à Lisbonne le *portrait en pied du Roi,* celui *de la Reine*, et ceux de leurs trois fils, tous trois enfans, formant un joli groupe dans un paysage. Ce dernier tableau est très riche d'accessoires. Ce sont de bonnes peintures et les portraits sont ressemblans. Dans celui de la Reine le dessin, les draperies, le coloris et les accessoires sont surtout dignes d'éloges. A tout prendre c'est un beau portrait. Celui du Roi qui en fait le pendant est d'un effet moins heureux ; en revanche, il n'y a que des éloges à donner à celui du Roi demi-corps. Il a entrepris nouvellement une riche composition où se trouve réunie une partie de la famille du duc de Palmella. Ce tableau, au moment où j'écris ceci (15 juin 1846), n'est que commencé, et je ne l'ai pas vu encore ; mais j'en ai entendu faire l'éloge. Les figures sont, je crois, demi-grandeur naturelle. Il a fait aussi les portraits de la famille de lord Howard de Walden.

L

LABORAÕ (JOACHIM-JOSEPH DE BARROS), voyez BARROS LABORAÕ (Joachim-Joseph).

LACERDA (BERNARDA-FERREIRA DE), « célèbre *écrivain* et *poète*. Rebello, dans sa Description de Porto, dit d'elle que personne de son temps ne l'égalait dans l'art du dessin et de la miniature. » (*Patriarche*, Liste des artistes, p. 27. (*F. Denis*, Résumé de l'hist. litt. du Portugal.)

LAGE (JÉRÔME **CORREA**) « était un bon *sculpteur d'ornemens*. Il est mort, vers 1830, âgé de plus de 60 ans. » (*Communication de M. le professeur Assis.*)

LANI, *architecte* polonais, maître de Costa (Joseph da) e Silva. Voyez ce dernier.

LARE ou **LARRE**, *architecte*, voyez GROSSI (Jean).

LAURENT ALPHONSE ou AFFONSO, voyez ALPHONSE ou AFFONSO (Laurent).

LAURENT (DOMINIQUE), *stucateur*, voyez SALLA (Félix).

LAURENT DA CUNHA, voyez CUNHA (Laurent da).

LAURENT (EMMANUEL), voyez EMMANUEL (Laurent).

LAURENT FERNANDES, voyez FERNANDES (Laurent).

LAURENT GONSALVES, voyez GONSALVES (Laurent).

LAURENT LOPES, voyez LOPES (Laurent).

LAURENT (MARTIN), « *architecte*, maître des travaux de S. François d'Evora. On conserve un alvara du roi Emmanuel qui ordonne à Alvaro (le vieux), receveur des travaux de l'église de Saint-François d'Evora, de payer à Martin Lourenço, maître de ces travaux, 4,000 reis (1507). » (*Corp. chron., partie I, paquet 6, doc. 59.*)

« Un autre alvara ordonne de payer le salaire de ce même Martin Lourenço, maître des travaux de S. François d'Evora, et celui d'un autre employé (1512). (*Corp. chron., partie I, paquet 12, doc. 29.*)

« En 1513, on le trouve dénommé maître tailleur de pierres et maître des travaux royaux à Evora, et des autres travaux de cette ville.

« La même année, il fut rendu un alvara qui ordonnait de lui faire tenir les ustensiles nécessaires pour élever le dortoir de ce couvent. » (*Corp. chron., partie I, paquet 12, doc. 78.*)

« Il était mort en 1525. » (*Communication de M. le vicomte de Juromenha.*) Voyez Arruda (Jacques).

Lavanha (Jean-Baptiste de), *écrivain* espagnol de la fin du seizième siècle. (Voyez *Lettres, p.* 118.) Suivant Barbosa il était Portugais.

Lazare Louis, voyez Louis (Lazare).

Leal (Garcia), *sculpteur* vers 1509, voyez Garcia Leal et Leal (Joseph).

Leal (François) **Garcia**, *sculpteur*. Il était frère de Gaspard-Frois Machado et plus âgé de dix ans que celui-ci. Par conséquent il doit être né vers 1749. Il est mort en 1814 (voyez *Cyrillo, p.* 263); voyez Machado (Gaspard-Frois), et Aguiar (Jean-Joseph). Cyrillo l'appelle François Leal, sans ajouter Garcia. Il ne faut pas le confondre avec Garcia Leal, sculpteur vers 1509.

François Leal Garcia était élève de Giusti, et professeur de sculpture. Parmi ses ouvrages les plus dignes d'éloges, M. le professeur François d'Assis Rodrigues cite le *groupe d'Anges* en marbre qu'on voit dans la chapelle principale de Runa à l'hôpital des Invalides, et les *deux figures* du frontispice d'une maison qui est située en face du palais de Queluz.

Leal (Joseph), *sculpteur* en bois vers 1509. Voyez *Lettres*, p. 220 et 221 ; il y est aussi question de Garcia Leal, à propos des ouvrages qui ont été payés à maître Olivet de Gand.

Leaõ (Édouard-Nunes de), *jurisconsulte*, auteur des *Chroniques du roi Jean I*, etc. Il vivait vers 1570. Voyez *Lettre* 10e). Il est aussi auteur de l'ouvrage intitulé : *Descripçaõ de Portugal* (voyez *Patriarche*, Liste des artistes), et de la collection des ordonnances. (*Lettres, p.* 433.)

Leaõ (Jean-Rodrigues de), *auteur* de l'ouvrage intitulé : *Parecer em defeza da pintura. (Lettres, p.* 473.)

Leaõ (frère) de S. Thomas, *auteur* de l'ouvrage intitulé : *Benedict. lusit.*, est cité par le Patriarche dans sa *Liste des artistes*, à l'article *Balthazar Alvares, architecte.*

Lecoingl (Nicolas-Joseph Possolo), voyez Possolo (Nicolas-Joseph) Lecoingl.

Leitaõ (Joseph-Joachim), *sculpteur*, élève de Giusti (Alexandre) vers 1750, mort en 1805. (*Cyrillo, p.* 263.)

Leitaõ (Michel) de **Andrade**, *poète* qui vivait encore vers la fin du seizième siècle, voyez Andrade, auteur des chroniques. Michel Leitaõ est l'auteur des *Miscellanea* et de la *Chronique de Jean III.*

Il mourut à Lisbonne, dans un âge fort avancé. (*Bibl. lusitanienne de Barbosa, t. 3, p. 474.*)

LEITE (ANTOINE), *auteur* de l'ouvrage intitulé : *Historia da appariçaõ, e milagres da Lapa.* Voyez PATRIARCHE.

LEMOS (BERNARDIN DA COSTA), voyez COSTA LEMOS et ROCHA (Joachim-Emmanuel).

LEMOS (FRANÇOIS DE), « *cosmographe,* capitaine de S. Jacques et du Cap-Vert, *auteur* de l'ouvrage intitulé : *Description de la côte de Guinée et de la situation de tous les ports et rivières, et des lignes à suivre pour pouvoir naviguer sur toutes les rivières de ces pays.* Manuscrit in-folio conservé dans la bibliothèque des Théatins. » (*Bibliothèque lusitanienne. — Communication de M. le vicomte de Juromenha.*)

LEMOS (RAPHAEL DE), âgé environ de 55 ans, et maire d'Evora, en 1844; très versé dans l'histoire de son pays. Il a recueilli beaucoup de renseignemens sur Evora, mais il n'a rien publié jusqu'à ce jour. (Voyez *Lettre* 15ᵐᵉ.)

LÉON-BAPTISTE ALBERTO, *auteur,* voyez ALBERTO (Léon-Baptiste) et SALVA (Vincent).

LÉONARD TURRIANO OU TURIANO, voyez TURRIANO OU TURIANO (Léonard).

LÉONARD VAZ, voyez VAZ (Léonard).

LÉONORE (Dona), fille de D. Fernando, marquis de Villa-Real, a traduit un ouvrage de Cocio Sabelico (Marc-Antoine). Voyez l'article de ce dernier.

LÉONORE DE S. JOAÕ ou de S. Jean, voyez JEAN (Léonore de S. Joaõ ou de S.).

LICHNOWSKI (prince FÉLIX), a publié, en 1842, son *Voyage en Portugal.* Cet ouvrage a été écrit en allemand et traduit en portugais. Il est plusieurs fois cité avec éloges, par M. Ferdinand Denis, dans l'*Univers,* 1366ᵉ livraison, p. 385 et suivantes.

LIMA (THÉODORE-ANTOINE DE), *graveur,* voyez BARTOLOZZI.

D'après le Patriarche, *Liste des artistes,* p. 21, il fut élève de Jean de Figueiredo et ensuite de Bartolozzi. Le Patriarche cite de lui des planches qui se trouvent dans le Bréviaire romain de 1815, et le frontispice du Missel romain de 1820.

« Il a abandonné la gravure, et il est maintenant professeur de dessin au collége militaire de Luz qui a été transporté à Rilhafalles. » (*Communication de M. Santos, graveur de l'Académie.*)

LIPPOMANI (Chevalier), ambassadeur vénitien, *auteur,* conjointement avec le chevalier Tron, d'un manuscrit intitulé : *Commentario* *per Italia, Francia, Spania e Portugallo, overo relazione del viaggio, etc., anno* 1581. Ce manuscrit se trouve à la bibliothèque du Vatican, et celle d'Ajuda en possède une copie. (Voyez *Lettres, p.* 330.)

Litteratura (Memorias de) da Academia R. das sciencias, de Lisboa, voyez PATRIARCHE.

Livro preto. Collection de documens de la cathédrale de Coïmbre, dont une copie se trouve à l'Académie des Sciences de Lisbonne, et dans laquelle se trouvent des documens de 1168. Elle en renferme même qui remontent au dixième siècle. (*Lettres, p.* 421 *et* 422.)

LOBO (ANTOINE), *peintre*, voyez BACCARELLI (Vincent) et LOBO (François-Xavier).

LOBO (FRANÇOIS-XAVIER), *peintre et auteur*, « naquit à Lisbonne. Il eut Antoine pour père, et apprit la peinture dans l'atelier d'André Gonçalves. Il peignit des figures, des paysages, des ornemens, des fruits, de la nature morte, le tout médiocrement. Il avait un esprit philosophique et mordant; sans être un grand poète, il a fait des épigrammes assez piquantes.

« Nous avons eu de cette même famille deux peintres. Joaquim-José Lobo, frère de François-Xavier, et José-Joaquim Lobo, son neveu, tous deux dessinateurs. Le premier fut victime du tremblement de terre, et le second mourut en 1793, âgé de 60 ans ou plus. » (*Cyrillo, p.* 209.)

M. Loureiro, directeur de l'Académie, m'a donné, au sujet de cet artiste et auteur, les renseignemens qui se trouvent à l'article LOUREIRO (François de Sousa).

LOBO (JOSEPH-JOACHIM), *peintre et dessinateur*, voyez LOBO (François-Xavier), dont il était le frère. Il ne faut pas le confondre avec Joseph-Joachim.

LOBO (JOSEPH-JOACHIM), *peintre et dessinateur*, voyez LOBO (François-Xavier), dont il était le neveu. Il ne faut pas le confondre avec Joachim-Joseph.

LODI (FORTUNATO), *architecte* italien du nouveau théâtre de la place do Rocio. Ce bâtiment a coûté près de 300 contos ou 1,800,000 fr. C'est là à mes yeux son plus grand défaut, car une dépense pareille, vu l'épuisement des finances du pays, était une faute grave du gouvernement. Ce reproche, on le pense bien, ne s'adresse pas à l'architecte. Ce théâtre, sous le rapport acoustique, laisse beaucoup à désirer, mais la salle est belle et riche, et la division intérieure du bâtiment est sage. Lodi est maintenant (1846) âgé à peu près de 34 ans.

Le théâtre do Rocio est destiné à devenir un théâtre national. Il doit vivifier la scène portugaise, créer et inspirer des auteurs dramatiques, et former des acteurs. Nous verrons ce qu'il produira sous ce rapport. Le profit le plus clair que Lisbonne retire de cette entreprise coûteuse el intempestive, c'est que l'une des plus grandes places de cette ville a maintenant l'air achevé et en est devenue plus belle. A propos de ce théâtre national, je rappellerai à mes lecteurs qu'à l'article Costa (Joseph da) j'ai rapporté ce que M. Ferdinand Denis nous apprend sur l'art dramatique du Portugal.

LONGUIN (Jacques), né en France, *architecte* de l'église de Sainte-Croix à Coïmbre, sous le roi Emmanuel. (Voyez *Lettres*, *p.* 531.)

LOPES (Alphonse), « *peintre*. Il a vécu pendant le règne d'Emmanuel. En 1516 il demeurait et travaillait à Evora. Aux archives royales, dans le livre de dépenses du receveur des travaux de S. Julien de Setubal, on rencontre différens passages relatifs à ce peintre, et entre autres celui-ci :

« Jacques de Vera a payé à Antoine Gonsalves, messager, qui porta une lettre pour mander le peintre à Evora, etc.

« Le même receveur a payé en 1521, à Alphonse Lopes, peintre, 10,000 reis, comme à-compte sur le prix des peintures qu'il devait exécuter dans la même église.

« En 1521, le même Jacques de Vera a payé à ce même peintre, 800 reis de frais de route pour aller d'Evora à Setubal, et de là à Lisbonne pour montrer au roi les dessins des tableaux qu'il devait exécuter à Evora. » (*Communication de M. le vicomte de Juromenha.*)

LOPES (Alphonse), *statuaire* (*imaginario*) à Batalha, 1554-1555. (Voyez *Lettres*, *p.* 228.)

LOPES (Christophe, Christoforo ou Christovaõ), *peintre*. Selon Guarienti (*Lettres, p.* 319), Christophe Lopes fut fils de Grégoire Lopes, et élève d'Alphonse-Sanches Coelho. Il a vécu sous le règne de Jean III. Bermudez nous apprend que Coelho a fait un séjour en Portugal et a été au service de Jean III, mais il ne rapporte pas que Lopes ait été son élève; d'ailleurs, en 1552, quand Coelho passa en Portugal, Lopes avait 36 ans.

Il mourut, selon Guarienti, en 1600. Cet auteur en fait un grand éloge; mais il n'en cite aucun ouvrage. D'après Cyrillo, Christophe serait mort en 1594 ; mais cette date est inexacte. Le roi le fit chevalier d'Avis. Ferdinand Gomes lui succéda comme peintre de la cour. Lopes fit beaucoup de portraits de la famille royale. Taborda lui consacre, p. 172, un long article. « C'est assurément parmi les peintres portugais qui florissaient au seizième siècle, un de ceux qui ont jeté le plus d'éclat sur les arts de son pays. Il naquit, en 1516, six ans avant que son père, Grégoire Lopez qui avait déjà servi D. Emmanuel, fût peintre de Jean III. Il a commencé par être élève de son père; il étudia ensuite sous Alphonse-Sanches Coelho. C'est Palomino qui, dans son *Musée pittoresque*, le range au nombre des disciples de ce grand homme, et qui l'appelle « *éminent peintre portugais*, quoique originaire de

Castille. » Il dit que Lopes fut « peintre de la cour de Jean III; qu'il fut nommé chevalier d'Avis par ce prince, qui lui fit faire à plusieurs reprises son portrait et ceux de toute la famille royale. » Si nous examinons avec attention ses ouvrages, nous trouverons qu'il était imitateur fidèle de Michel-Ange dont il suivait le style avec perfection. Ce talent d'imitation est une des prérogatives que la plupart de nos peintres anciens possédaient à un degré sublime. C'est une des raisons pour lesquelles beaucoup de tableaux de nos vieux maîtres sont attribués à des étrangers. De cette manière la nation est privée de la gloire qui en rejaillirait sur elle, et les artistes nationaux ne jouissent pas de la juste vénération qui leur est due (1).

« Pour se faire une idée du mérite auquel a su s'élever Christophe Lopes, on n'a qu'à considérer les précieuses peintures qui enrichissent la chapelle principale de l'église de Belem (2), et qui, si elles n'avaient trop souffert, pourraient rivaliser avec les meilleurs ouvrages des plus grands artistes, de ceux-là mêmes chez qui Lopes a puisé les préceptes de l'art. Dans ces tableaux on admire un dessin ressemblant à celui de Michel-Ange, l'expression de Raphaël (3). Cependant nous devons remarquer que ces tableaux sont retouchés, et que nous ne pouvons pas jouir de leur beauté originaire.

« Palomino dit que ce peintre célèbre mourut en 1570, à l'âge de 54 ans; mais il est évident qu'il s'est trompé, car il existe aux archives royales (*Livre* 32 *de la chancellerie de Philippe I*er, *feuille* 127), une charte aux termes de laquelle Ferdinand Gomes aurait succédé, en 1594, à Christophe Lopes comme peintre du roi. »

LOPES (GRÉGOIRE), *peintre,* père de Christophe. (*Lettres, p.* 206, 214.) Cyrillo dit, p. 59, que sa patente, comme peintre de Jean III, porte la date de 1522, et que Alvaro Pires et Gaspard Cam occupaient le même emploi. Ce premier mourut en 1539 ; le second, qui était son fils, lui a succédé.

Sa patente de peintre du roi est du 25 avril 1522. En voici la teneur : « Est enregistré nouvellement comme peintre, Grégoire Lopes, de la même manière que l'ont été jusqu'ici les autres peintres : lequel Grégoire Lopes avait déjà été engagé par le père du roi, comme son peintre, par un décret de souvenir (*de lembrança*). » (*Taborda, p.* 155.)

(1) Toujours la même préoccupation.

(2) J'ai été mal informé quand j'ai dit Lettre 11, article *Belem*, que ces tableaux étaient de Campello : mais aussi on a pu voir que tout ce qui se trouve dans ce monastère a donné lieu aux renseignemens les plus contradictoires. Je ne suis pas encore parvenu à débrouiller tout ce qui se dit au sujet des ouvrages de Gaspar Dias, Campello, Lopes, Reinoso, Ferdinand Gomes, Salzedo.

(3) Voilà encore des comparaisons avec Michel-Ange et Raphaël. On ne sort pas de là.

Le 26 juin 1529, Lopes Grégoire reçut un bon pour un muid de froment, à titre de pension. (*Corp. chron., partie 2, paquet 156, doc.* 89.)

Ce muid de froment lui a été délivré à la douane en 1541, ainsi que cela résulte des comptes du receveur de cette même douane. On y trouve ce passage : « Un muid de froment à titre de pension à Grégoire Lopes, peintre. » (*Corp. chron., partie 1, paquet* 68, *doc.* 5.)

Il a travaillé à Thomar, et, suivant le texte des comptes dudit couvent, il a peint plusieurs des tableaux que Cyrillo, ou pour mieux dire le prêtre dont il a reçu des renseignemens, attribue à Grand-Vasco. Voici le texte de ces comptes : « Ledit receveur paya de plus, en présence de moi, écrivain, par ordre du père gouverneur, 16,000 reis à Grégoire Lopes, qui peignit à neuf certains retables d'autel (*charola*), un tableau de *S. Antoine,* un autre de *S. Bernard,* un autre de *la Madeleine* et *deux retables* de la chapelle de Notre-Seigneur. »

Grégoire Lopes mourut en 1551, année où son fils lui fut substitué. (*Communication de M. le vicomte de Juromenha.*)

LOPES (JOSEPH) ENGUIDANOS, voyez ENGUIDANOS.

LOPES (LAURENT) DE MAFRA, *sculpteur*, élève de Giusti vers 1750. (*Cyrillo, p.* 262.)

LOUIS ALVARES, voyez ALVARES (Louis).

LOUIS-ALVARES DE ANDRADE, voyez ANDRADE (L. A. de).

LOUIS-ANTOINE GERALDES, voyez GERALDES (Alexandre).

LOUIS (BALTHASAR), « *maître des travaux* du roi D. Sébastien. » (*Liv.* 42 *de D. Sébastien, fol.* 45.—*Communication de M. le vicomte de Juromenha.*)

LOUIS BAPTISTA, voyez BAPTISTA (Louis).

LOUIS BASTAS (frère), voyez BASTAS (Louis).

LOUIS CACEGAS (Frei), voyez CACEGAS.

LOUIS DA COSTA, voyez COSTA (Louis da).

LOUIS DA CRUZ MOREIRA, voyez MOREIRA (Louis da Cruz).

LOUIS FERNANDES, voyez FERNANDES (Louis).

LOUIS (FRANÇOIS), *architecte.* « Il existe un alvara par lequel le roi Philippe 1 (Philippe II d'Espagne), eu égard aux informations qui lui sont parvenues sur le compte de François Louis, le nomme maître des travaux d'Angola, un pareil employé étant devenu nécessaire dans ce royaume. Louis François est chargé, par cet alvara, d'exécuter les travaux nécessaires et ceux qui seraient commandés plus tard : ces travaux devant être indiqués par Antoine Gonsalves, gentilhomme de la maison du roi, envoyé comme capitaine *mór* des Portugais qui résident dans ce royaume. Il est assuré par cet acte à Louis François, un traitement de 24,000 reis. » (*Communication de M. le vicomte de Juro-menha.*)

Louis de Frias, voyez Frias (Louis de).

Louis Gonsague Pereira, voyez Pereira (L. G.).

Louis Gonsalvez de Sena, voyez Gonsalvez (Louis) de Sena.

Louis (Jean), *sculpteur en bois*, d'Evora, dont l'activité commença vers 1750. On voit de ses ouvrages dans l'église du couvent des religieuses de S. Joseph, et dans celle des Carmes à Evora. (*Lettres, p.* 442.)

Louis (Jean), *sculpteur*. « On conserve sa patente de maître tailleur de pierre des travaux en pierre de Çafim (1513). » (*Livre 14 du roi Emmanuel, f.* 45. — *Communication de M. le vicomte de Juro-menha.*)

Louis (Jérôme). « Dans le poëme intitulé : *Successo do segundo cerco de Diu*, imprimé à Lisbonne en 1574, on voit un frontispice qui ne manque pas d'élégance, et qui porte la signature de Louis Jérôme. » (*Patriarche*, Liste des artistes, rubrique Sculpteurs, article Jeronimo Luiz.)

Louis (Joseph), voyez Joseph Louis.

Louis-Joseph Pereira Rezende, voyez Pereira Rezende (Louis-Joseph).

Louis (Lazare), *dessinateur* et *enlumineur* d'un atlas, fait en 1525, et conservé à l'Académie des sciences. Sur le revers de la dernière page, on voit un *Christ crucifié*, avec l'inscription suivante : *Lazaro Luiz fez este livro de todo universo, e foi feito na era de* 1563. Cet atlas est en forme de livre, de cinq grandes feuilles de parchemin. (Voyez *Memorias de Litteratura Portugueza d'Acad. R. de Lisboa, tom. 8, partie* 2e, *p.* 324.)

Louis Mendes de Vasconcellos, voyez Vasconcellos (Louis Mendes de).

Louis Pereira de Menezes, voyez Menezes.

Louis Roderici ou Rodrigues, voyez Roderici (Louis).

Louis-Joachim dos Santos Marrocos, voyez Santos (Louis-Joachim dos) Marrocos.

Louis (Dom frère) da Silva, voyez Silva (Dom frère Louis da).

Louis Simoneau, voyez Simoneau (Louis).

Louis (frère) de Sousa, voyez Sousa (frère Louis).

Louis Sterni, *peintre* et *dessinateur* à Rome, voyez Carneiro da Silva (Joachim).

Louise de Faria, voyez Faria (Louise de).

Louise-Marie da Roza, voyez Roza (L. M. da).

Loureiro (François de **Sousa**), *directeur de l'Académie des Arts,* est mort à Lisbonne en 1844, dans un âge très avancé. Il a acquis de la réputation comme professeur de médecine à l'Académie de Coïmbre, il était très lettré, mais il me semble avoir été étranger aux arts. On pourra s'en assurer en lisant son discours prononcé en 1843, à Lisbonne, à l'Académie des beaux-arts. (Voyez *Lettres, p.* 105-115 *et* 161-172.) Entre autreschoses incroyables, il dit § 26 de ce discours : « Le grand Raphaël est le Vasco italien. » Voici ce qu'il m'a communiqué le 13 mars 1844, en réponse aux questions que je lui avais adressées au sujet des auteurs ci-après mentionnés dont, m'avait-on dit, les ouvrages contenaient des renseignemens précieux sur les arts du Portugal.

« Indépendamment de *Cenaculo,* évêque de Beja, et du poète François Dias Gomes, dont j'ai soigneusement cité les ouvrages, dans mon discours (1), il n'y a eu que Taborda et Cyrillo, qui ont écrit sur les arts et les artistes portugais, et qui ont rassemblé à ce sujet tout ce qui jusque-là se trouvait épars.

« Bien que leurs deux livres renferment un grand nombre d'inexactitudes historiques, d'erreurs sur la matière, d'équivoques, de fautes de style et d'orthographe, d'erreurs dans les noms, surtout dans la partie des artistes étrangers, fautes que j'ai pour la plupart notées dans les exemplaires dont je me sers, ces deux ouvrages, dis-je, ne laissent pas que d'être les meilleurs, si ce n'est les seuls, que nous possédions en Portugal.

« Cyrillo coordonna bien mieux, quoique imparfaitement, tout ce que contenaient les cahiers d'Antoine Ribeiro dos Santos, et répandit de la clarté sur tout ce que celui-ci n'avait fait que noter sans suite, en répétant souvent ce qu'il avait déjà dit ailleurs ; de sorte qu'il est inutile de voir ou de commenter les cahiers d'Antoine Ribeiro dos Santos.

« Le discours de Bellori est traduit par Cyrillo ; mais celui-ci a, dans ses notes, commis bien des erreurs, et ce n'est que dans ses augmentations que lui, Cyrillo, et non Bellori, s'occupe avec quelque soin des arts et des artistes portugais.

« Je dois encore citer les ouvrages suivans, bien qu'ils ne donnent que fort peu de renseignemens : mais je veux vous les faire connaître, afin que s'il arrive qu'on vous les cite comme contenant une foule de faits importans, vous soyez prévenu et sachiez à quoi vous en tenir.

1

« Discours sur l'utilité du dessin.

« Ce discours a été prononcé par Joachim Machado de Castro, à *la Caza*

(1) Voyez les *Lettres,* p. 105 et suiv.

Pia do Castello, le 24 décembre 1787, — Lisbonne, imprimerie de l'Académie royale des sciences, 1818; — in-8°, 69 pages.

« Il cite, page 17, la lettre apologétique et rien de plus.

II

« LETTRE D'UN AMATEUR DE DESSIN.

« La lettre qu'un amateur de dessin adressa à un élève de sculpture, est du même Joachim Machado de Castro, — Lisbonne, imprimerie de l'Académie royale des sciences, 1817; — in-8°, 45 pages.

« Il cite également, à la page 29, note, la lettre apologétique n° 3, et rien de plus.

III

« LETTRE APOLOGÉTIQUE ET ANALYTIQUE.

« Le titre complet de cette lettre est : Lettre apologétique et analytique sur la noblesse (*ingenuidade*) de la peinture considérée comme science, écrite à une dame, à la demande du peintre André Gonsalves, par le docteur Joseph Gomes da Cruz. — Lisbonne, imprimerie Silvienne, 1752; — in-4°, 58 pages.

« L'auteur ne dit que deux mots sur les artistes portugais (page 48).

« Vous pourrez cependant trouver dans le numéro suivant, une série de noms et une nomenclature des travaux d'artistes portugais.

IV

« LISTÉ DE QUELQUES ARTISTES PORTUGAIS.

« Cette liste a été faite sur différens ouvrages et documens, par l'Évêque-Comte (aujourd'hui Patriarche de Lisbonne), dans ses excursions littéraires à Ponte de Lima, en 1825, et à Lisbonne, en 1839. — Lisbonne, imprimerie nationale, 1839; — in-4°, 59 pages.

« Les journaux *o Recreio* et *o Ramalhete* ont publié des extraits de cette liste n° IV. Il n'est donc point nécessaire de rechercher ces journaux, puisqu'ils ne sont qu'un résumé de l'original.

V

« PHILIPPE NUNES. — ART DE LA PEINTURE.

« Ce petit livre dont le titre semble annoncer des renseignemens intéressans, ne contient que des détails insignifians sur la peinture et sur la poésie. Cependant, il est devenu rare et il a la réputation d'être classique sous le rapport du style et du langage; au fond, il a peu de mérite et n'est guère digne d'éloge.

« Du reste, il ne fournit aucun renseignement touchant les artistes portugais.

VI

« LOBO (FRANÇOIS-XAVIER). — DIALOGUE SUR LA PEINTURE.

« Il y eut vers la fin du dernier siècle, un peintre du nom de François-Xavier Lobo, qui a vécu presque jusqu'à nos jours. Il est auteur de quelques petits ouvrages manuscrits. Cyrillo en parle en deux endroits de son livre : 1° Dans la préface, page 8, ligne 21, où il dit : « *Silva Laudatoria* de la Peinture, ouvrage dans lequel François-Xavier Lobo fait l'éloge des bons peintres, sculpteurs et architectes du dix-huitième siècle; » 2° Pages 209 et 210 où il dit, ligne 20, ce qui suit : « Il composa des dialogues sur l'art de peindre; il y fournit de bonnes instructions, et propose certaines difficultés dont il désirerait la solution. » — Traité succinct de Peinture pratique et spéculative.—*Silva Laudatoria*, dédiée aux peintres, aux sculpteurs et aux architectes, ses contemporains, à l'imitation de celui que publia, en Espagne, Lope Félix de la Vega Carpio. Ces petits ouvrages manuscrits sont conservés dans la bibliothèque du couvent de Jésus, réunie aujourd'hui à celle de l'Académie royale des sciences, où ils ont été lus par une personne capable de les juger et qui les a trouvés pauvres de renseignemens, et de peu de mérite.

VII

« FRÈRE BERNARD DE BRITO. — ÉLOGES DES ROIS DE PORTUGAL, AUGMENTÉS PAR LE PÈRE D. JOSEPH BARBOSA.

« Lisbonne, Imprimerie Ferreirienne, 1726, in-4°.—Il en existe une édition plus ancienne, contenant également les augmentations du père Barbosa; du reste, elle est semblable à celle-ci qui se trouve à la bibliothèque publique.

« Ce livre ne contient qu'un choix de faits historiques et politiques, des noms, des dates, et rien de plus. Il y est fait mention de quelques fondations telles que celles d'Alcobaça, par D. Alphonse Henriques; de Batalha, par Jean Ier; de Belem, par D. Manuel; et de celle de Mafra, par D. Jean V. Quant aux arts ou aux artistes portugais, il n'en est pas question.

VIII

« ANTOINE RIBEIRO DOS SANTOS. — MÉMOIRES SUR LES ARTISTES PORTUGAI.

« Ces mémoires se trouvent en manuscrit à la Bibliothèque publique, et sont cités dans un cahier in-f°, portant le titre de : Bibliothèque Ribeirienne, ou Catalogue des ouvrages du docteur Antoine Ribeiro dos Santos. — Lisbonne, 1814.

« A la page 34 de ce même cahier, il est fait mention des ouvrages suivans :

« *Beaux-arts.*

« 1° Traité d'imitation dans les beaux-arts ;

2° Indications sur le dessin ;

3° Imitation dans la peinture ;

4° Rapport des peintures existant chez le marquis de Penalva ;

5° Discours sur la musique, la peinture et la poésie.

« Ces ouvrages n'existent qu'en manuscrit, séparés, et contiennent chacun fort peu de pages. J'ai trouvé en outre 6 cahiers, dont le catalogue ne fait pas mention. Ils sont in-f° (1814). En voici les titres :

« 1° Aperçu sur l'origine de la peinture en Portugal ;

2° Lettre sur les peintres étrangers ;

3° Lettre sur quelques peintres portugais ;

4° Détails sur divers tableaux et sur quelques autres objets remarquables ;

5° Sur l'architecture en Portugal ;

6° Description du couvent de Batalha.

« Tout ce qui est dit, tant dans ces 6 cahiers que dans les cinq autres et que j'ai lus avec soin, manque d'ordre et de suite ; ce ne sont que de simples notes, et la plupart du temps, des noms ou des dates isolés. Voilà pourtant ce dont on a fait tant de bruit sans se donner la peine d'examiner ces manuscrits et de les approfondir. Toutes ces notes ont été recueillies et mises en ordre par Taborda, dans son livre de 1815, et bien mieux encore par Cyrillo, en 1823, ainsi que par l'Évêque-Comte, (aujourd'hui Patriarche de Lisbonne) en 1839.

« La description du couvent de Batalha a été bien mieux traitée par le Patriarche, sous le nom de Bispo-Conde (Évêque-Comte), et elle a été imprimée dans les mémoires de l'Académie.

IX

« Bento Varchi. — Leçons sur la peinture.

« Il existe un discours de Bellori, qui a pour titre : « Discours en l'honneur de la peinture, de la sculpture et de l'architecture, prononcé à l'Académie Romaine de S. Luc, lors de la distribution des prix en novembre 1677, traduit en portugais par Cyrillo, imprimé à Lisbonne, en 1815, in-12, 46 pages, avec notes et augmentations du traducteur, jusqu'à la page 131. » Or, une personne trouva non dans le discours même, mais dans les notes de Cyrillo, pag. 83, note 1re, un passage qu'elle croit être de Bellori, et relatif aux funérailles de Michel-Ange en l'honneur de qui Varchi prononça une oraison funèbre très remarquable. Voici ce passage :

« Bento Varchi .... éloquent orateur italien, fut également excellent poète latin et moderne. Il cultivait les arts, et il est auteur des *Leçons de Peinture* et de plusieurs autres ouvrages. »

« A l'égard de ces mots du traducteur, cette personne fait la réflexion, qu'il semble devoir exister un livre italien ou portugais, portant le titre de : *Leçons sur la Peinture*, par Bento Varchi. Mais tout cela n'est qu'illusion et malentendu, en voici la preuve :

« Dans la Biographie Universelle, par une société de savans, à Paris, publiée par Michaud, vol. 47, imprimée en 1827, page 488, se trouve un long article dont je ferai ici un court extrait :

« Bento Varchi, poète et historien, né à Florence en 1502. Il étudia à Padoue et à Pise, et, ayant pris part aux commotions politiques de sa patrie, il fut banni et persécuté. »

« Vers la fin de l'article, page 491, les rédacteurs disent :

« Ses discours sur la physiologie et sur l'histoire naturelle, sont aujourd'hui moins intéressans que ses sages dissertations sur la littérature, et sur le dessin, sous le titre de *Leçons et lectures*, et que quelques-unes de ses oraisons funèbres et de ses traductions latines. »

« Or, quel avantage pouvons-nous retirer, nous Portugais, et les artistes de notre pays, pour l'histoire de nos arts, des *Lectures et leçons* de Bento Varchi, qui vivait en Italie en 1540 et 1550? Rien, absolument rien.

X

« François-Xavier de Feller.

« Né à Bruxelles en 1735, étudia, à Reims, chez les Jésuites; fit son noviciat à Tournay, et était professeur à Liége lors de l'extinction de son Ordre. Il se retira dans un collège d'ex-jésuites à Paderborn, et passa ensuite à Ratisbonne, où il mourut en 1802. Feller fut toujours très studieux, très appliqué. Il publia plusieurs ouvrages, entre autres son *Dictionnaire historique*, qui parut sous le nom de *l'abbé de Feller.*

« J'ai examiné ce Dictionnaire, il y est fait mention de bon nombre d'artistes anciens et modernes, comme dans tout autre dictionnaire, mais je n'y ai point rencontré un seul artiste portugais.

XI

« D. François Manuel de Mello. — L'Hôpital des lettres.

« Quiconque verrait ce titre, penserait que c'est celui d'un livre ou d'un ouvrage de D. François Manuel de Mello, sous le titre de : *l'Hôpital des lettres;* et qu'on y peut puiser quelques données sur les arts du Portugal : mais il n'en est point ainsi.

« Parmi les ouvrages de François Manuel de Mello, il en est un intitulé :

Apologos dialogaes. — Imprimé à Lisbonne, par Mathias Pereira et Jean Antunes Pedrozo, in-4º, 1720. Il contient quatre apologues ou dialogues, d'où lui vient le titre d'*Apologues dialogués.*

1º Les horloges qui parlent ;

2º Le bureau de l'avare ;

3º Visite aux fontaines ;

4º L'hôpital des lettres dont parlent les livres de Juste Lipsio, de Trajan Bocalino, de D. François de Quevedo et ceux de l'auteur de ce 4e ouvrage, où il est traité de la décadence des lettres en Europe, de l'abandon qu'on en fait. Il n'y est rien dit sur les arts, ni sur les artistes portugais ou étrangers. »

(Communication de M. Loureiro.)

LOURENÇO (JEAN). « Official des *tailleurs de pierre*, employés par le connétable Pereira, aux travaux du couvent du Carme, et qui d'après les informations qu'on a recueillies, était un des meilleurs de son époque. » (*Communication de M. le vicomte de Juromenha.*)

LOUVETE (Mademoiselle), *peintre de portraits* en miniature. Voyez PILMAN (Jean).

LUC (frère) DE SAINTE-CATHERINE, voyez CATHERINE (frère Luc de Sainte-) et *Malta (Memorias de).*

LUC JOSEPH DOS SANTOS PEREIRA, voyez SANTOS PEREIRA (L. J.).

LUC VOSTERMANS, voyez VOSTERMANS (LUC).

LUCENA (JEAN DE), *historien*, voyez FARIA (Isidore).

LUCIO (JOSEPH), voyez COXINHO et CARNEIRO DA SILVA (Joachim).

LUDOVICE (GAÉTAN), *architecte*, fils de Ludovice (Jean-Frédéric), voyez ce dernier.

LUDOVICE (FRÉDÉRIC), *architecte*. On rencontre souvent son nom écrit Ludovici ; il était architecte de Mafra. Cyrillo, pages 63 et suivantes, dit ce qui suit au sujet de cet édifice : « Jean V voulut faire un second Escurial. La façade est longue de plus de 1000 palmes (environ 216 mètres). Bramante, Buonaroti, Peruzi, Raphaël, Paladio et autres, ont heureusement banni la *manière* gothique et rétabli le beau style des Grecs : ce goût était encore en usage, quoiqu'un peu altéré par les libertés de Borromini et d'autres *grands hommes* que tout le monde voulut imiter. L'architecte de Mafra prit aussi de ces libertés, mais modestement et discrètement : dans les tours et dans la coupole, il usa de courbes comme Borromini ; dans l'église il imita celle de Saint-Ignace, inventée par le Dominicain ; ailleurs il suivit les exemples fournis par le Vatican ou par les tours de Saint-Ignace de la place Navona à Rome ; il imita aussi Vinhola, Collocio, Scamozzi, Palladio et Pozzo. Il y a là des statues de Giusti, Mayne, Rusconi, et des peintures de Trevisani, Vieira Lusitano, Corrado, Massucci, Conca, Solimena, Pedro Bianchi,

Quilhard, Ignace de Oliveira, etc. Pages 176 et suivantes, Cyrillo dit ce qui suit de Ludovice : « Il était Allemand, mais d'origine italienne : il vint à Lisbonne en 1707 et fut chargé par Jean V de la construction du couvent et palais de Mafra, dont la première pierre fut posée en 1717 et dont l'église fut consacrée en 1730. Son traitement se montait à un conto de reis, ou six mille francs par an. Il est aussi auteur de la chapelle principale de la cathédrale d'Evora. Ludovice mourut en 1752, à l'âge de plus de quatre-vingts ans. Il eut de sa seconde femme six fils, dont deux avaient du mérite comme artistes : Gaétan qui mourut âgé de 27 ans, et Joseph Joachim qui fit le plan de l'église et du couvent du Saint-Esprit, et qui mourut septuagénaire à Caldas en 1803. »

Philippe Juvara, de Messine, et Antoine Canevari, de Rome, firent aussi pour les constructions de Mafra des plans qui ne furent pas acceptés. Canevari avait fourni les plans de la *Tour de l'Horloge*. (*Lettres, p.* 331.)

LUDOVICE (JOSEPH-JOACHIM), *architecte*, fils de LUDOVICE (Jean-Frédéric), voyez LUDOVICE (Frédéric).

LUIZ (FRANÇOIS DE SAINT-) OU DE SAINT-LOUIS, voyez FRANÇOIS DE SAINT-LUIZ et PATRIARCHE, dont c'était le nom avant son élévation à la dignité épiscopale.

LUSITANO (VIEIRA FRANÇOIS), voyez VIEIRA LUSITANO (François).

Lusitano (*Agiologio*), par George Cardozo, voyez PATRIARCHE.

LUTTI (BENOIT), *peintre* italien, voyez OLIVEIRA BERNARDES (Ignace de).

LYRA (NICOLAS DE). Antoine Caetano de Sousa croit que les riches Bibles de Belem de l'année 1495, qui se trouvent maintenant à la *Torre do Tombo*, sont de Lyra. C'est une erreur, car il est certain qu'au moins deux de ces volumes sont de Sigismundo de Sigismundis et d'Alexandre Verzanus. (*Lettres, p.* 236.)

M

MDXXIX [l'auteur du tableau portant la date de (voyez *Lettres*, p. 123]. Ce tableau qui se trouve à l'Académie de Lisbonne est d'un mérite très secondaire et je ne l'ai cité que comme une des variétés des peintures qu'on attribue ici communément à Grand-Vasco.

MRN. 1811. {Cette marque se voit sur un vieux tableau sur bois que possède lord Howard de Walden, et qui représente *une sainte Famille*. Je lui trouve peu de mérite, et il est très restauré. Il paraît appartenir à l'époque de Jean III (1521-1557), présente une très grande analogie avec tous les tableaux gothiques qui se rencontrent en Portugal en si grand nombre.

MACARIO (Baptiste-Emmanuel), *peintre de fleurs*, voyez Baptista (Louis).

MACEDO (Jacques Rangel de) *auteur* d'un ouvrage intitulé *A Nobreza da Pintura*, 1728. (*Lettres, p.* 473.)

MACEDO (Joachim-Antoine de), *sculpteur*, élève en 1765, de Giusti (Alexandre). Il est mort, en 1820, âgé de 70 ans.

Macedo e Sá (Honoré-Joseph Correia de), voyez Correia de Macedo e Sá.

Macédoine (Jules de), voyez Clovio.

MACHADO (Antoine). *architecte* et *sculpteur*, élève de Joseph d'Almeida (voyez ce dernier). « Il était fils de Remigio et fit au commencement du règne de Marie Iʳᵉ, la *Vénus* de la fontaine des *Janellas Verdes;* le *saint Pierre* du frontispice de l'église de Saint-Paul; en 1793 d'autres statues pour l'église de Saint-Julien; le *Nil* et le *Tage* destinés à une fontaine publique. Il est mort en 1810. Les modèles de ses statues étaient l'ouvrage de Nicolas Villela. » (*Cyrillo p.* 255.)

MACHADO (Antoine) **SAPEIRO**, *peintre*. « Il cherchait, dit Cyrillo (p. 86), à imiter Bento Coelho qui était lui-même incorrect et maniéré. » — Je trouve parfaitement juste cette opinion de Cyrillo. Machado voulut peindre vite et avec franchise, comme faisait Coelho, mais il resta toujours très inférieur à son modèle. Cyrillo cite de Machado plusieurs ouvrages et dit aussi qu'il était peintre de portraits. Il mourut en 1714.

Machado (Cyrillo Volkmar), voyez Cyrillo.

MACHADO (Emmanuel), *sculpteur,* a vécu vers 1732. Il était père de Machado (Joachim) de Castro, modelait avec perfection et fut le premier maître de son fils. (*Cyrillo, p.* 265.)

Machado (Félix) da Silva Castro e Vasconcellos, *marquis de* Monte Bello, voyez Montebello.

MACHADO (Gaspard Frois ou Froes), *graveur.* «Cet artiste naquit à Santarem. Il était frère de Francisco Leal, mais plus jeune de 10 années. Il commença ses études à l'école de Giusti, à Mafra, et les continua pendant quatre années. Il devint ensuite l'élève du graveur Joachim Carneiro.

« En 1780, Pagliarina, poursuivi pour avoir imprimé, à Rome, sans autorisation, la *Tentative Théologique*, s'était réfugié en Portugal. Lorsqu'il fut amnistié il retourna à Rome et emmena avec lui Gaspar Froes Machado qu'il abandonna dès son arrivée. Gaspard fut accueilli par

D. Diogo de Noronha et s'appliqua avec zèle et avec succès à l'école de Volpato.

« Il grava sur une grande planche le *portrait de la reine Marie I*re, et en 1793, *une allégorie* composée par son frère Francisco Leal. (*Cyrillo, p. 286.*)

« De retour à Lisbonne, il fit beaucoup de gravures parmi lesquelles nous citerons l'*allégorie de l'Infant D. Jean*, et les *portraits* in-folio de ce prince ainsi que de la reine mère. Les gravures de l'ouvrage intitulé *Feliz independente* sont toutes de lui. Il voulut se rendre en Angleterre pour étudier chez Bartolozzi; mais le navire sur lequel il s'était embarqué fit naufrage et il périt. Son style était large et son dessin trop franc. » (*Communication de M. Santos, graveur de l'Académie.*)

« Machado grava également la tour de Belem que Niel offrit au duc d'Alafoẽs en 1783... Il était déjà marié à cette époque avec la fille de Francisco Manuel Pires, auteur du dessein de la statue équestre... Il partit en 1796 et fit malheureusement naufrage, on ne sait où ni comment. Il ne vécut que 57 ans. » (*Cyrillo, p. 287.*)

MACHADO (JACQUES-BARBOSA), voyez BARBOSA.

MACHADO (JOACHIM) DE **CASTRO**, *sculpteur.*

« Il naquit à Coïmbre en 1731, et fut élève de Joseph d'Almeida. Il a travaillé pendant 14 ans, à Mafra, sous le sculpteur romain Giusti, et était lié d'amitié avec Vieira Lusitano. En 1770, il fut chargé de faire le modèle de la *statue du roi Joseph*, et il acheva cette statue en 1775. Elle est haute de 31 palmes (6,56 mètres). Elle est sur la place du Commerce à Lisbonne (1). C'est la première statue colossale qui ait été coulée en bronze en Portugal. Machado fut assisté dans l'exécution des groupes qui se trouvent des deux côtés du piédestal, par *Francisco Leal Garcia, José Joaquim Leitaõ, Joaõ José Elveni* et *Alexandre Gomes,* tous quatre élèves de Giusti. Il a fait beaucoup d'autres ouvrages. La *statue de Neptune* sur la place de Lorette a été exécutée d'après ses dessins. Il est auteur des ouvrages de sculpture qui ornent l'église do Coracaõ de Jesus, vulgairement *Estrella*, et entre autres des bas-reliefs qu'on voit sur le frontispice ainsi que des statues qui surmontent les colonnes. Il y a travaillé depuis 1777 jusqu'en 1785. Il a exécuté avec le secours de ses élèves beaucoup d'autres ouvrages de sculpture. Il est mort en 1822, âgé de 91 ans. » [Ces notices sont extraites par M. le professeur Rodrigues (Assis), d'un article de la Revista universal du 17 novembre 1842, et d'un autre du 9 février 1845. (*Lettres, p. 441.*)]

_____

(1) C'est Barthélemi da Costa qui l'a coulée. Voyez *Patriarche*, Liste des artistes, p. 10.

La *statue de D. Joseph* est un ouvrage important, elle dénote un degré d'habileté qui serait apprécié dans tous les pays. La part que Machado prit à l'exécution de cette statue se trouve consignée à l'article (Eugène dos Santos de Carvalho) : elle lui valut la croix de chevalier; mais il n'en languit pas moins, toute sa vie, dans un état voisin de l'indigence.

Un discours prononcé par lui en 1787, a été publié; il est cité à l'article Loureiro (François de Sousa). J'ai parlé de lui dans mes *Lettres*, p. 243.

Des détails relatifs à la statue équestre se trouvent aussi consignés aux articles Santos (Renaud-Emmanuel dos); et Costa (Barthélemi da).

« Parmi beaucoup d'autres ouvrages qui font honneur à Machado, on peut citer la statue de *D. Maria Ire*. Cet artiste est aussi connu par ses écrits que par ses sculptures. Il modelait en terre des sujets pastoraux, d'un bon style et pleins de grâce, ainsi qu'on peut le voir dans divers groupes du *Presepio* de la cathédrale de Lisbonne. Le père du professeur Assis qui était élève de Machado, s'est placé bien près de lui, non-seulement dans ce genre, en modelant des sujets analogues, ainsi que cela se voit dans un fameux groupe du *Presepio* chez le marquis de Borba, mais aussi dans la statuaire, ainsi que le prouve la *Vénus* qu'il a exécutée pour le marquis de Bella. » (*Communication de M. le professeur Assis.*)

Le professeur Assis cite parmi les élèves de Machado, André Avelino Ferreira; Bernard Edouard et Constantin-Joseph dos Reis.

MACHADO (IGNACE-BARBOSA), voyez BARBOSA MACHADO (Ignace).

MACIEL (ANTOINE), *peintre* de Vianna, sous Jean III. Il fit en 1590, un portrait, et Cyrillo dit, p. 18, que si ce tableau est réellement l'ouvrage de Maciel, cet artiste était un très mauvais peintre. Taborda, page 169, en se référant au jugement de frère Louis de Souza, porte sur Maciel un jugement plus favorable.

MADEIRA (GRÉGOIRE), *peintre d'architecture et d'ornemens,* voyez MAGINA.

MADRE DE DEOS (*le peintre des quatre tableaux de Madre de Deos*). Les quatre tableaux de la sacristie de l'église de Madre de Deos dans le faubourg de Lisbonne, dont j'ai rendu compte dans ma *Lettre* 7e, sont d'un faire analogue à ceux de la Galerie Boisserée qui sont attribués à Schoreel, et ils sont excellens. On n'en connaît pas l'auteur; mais ils doivent être de très peu postérieurs à l'année 1525. Deux de ces tableaux se rapportent au mariage de Jean III; les deux autres à Sainte-Ana. Trois autres tableaux de la même sacristie représentant des figures de Saintes sont à peu près de la même époque, mais d'un autre auteur et d'un mérite inférieur. Voyez *Lettres*, *p.* 125, 143, et d'autres passages qui sont indiqués dans la table alphabétique de ce livre au nom Madre de Deos.

MAGALHAES (GERMAIN-ANTOINE-XAVIER), *architecte*. Il fut chargé de restaurer la cathédrale de Guimaraës : service pour lequel il reçut une pension viagère de 120,000 reis par décret de 1796. Ce qu'il a fait de cette cathédrale méritait une punition sévère bien plutôt qu'une pension. Il aurait trois noms de baptême de plus que cela n'y changerait rien. *L'illustrissime inspecteur des œuvres du Royal Palais* consultait cet homme *sur les problèmes d'architecture concernant ledit palais. (Cyrillo, p. 244.)*

MAGINA (DIOGO), *peintre*. L'article que Cyrillo lui consacre renferme les renseignemens suivans :

« Il y eut dans les Algarves des artistes dignes d'être cités et dans ce nombre Diogo Magina mérite une place distinguée. Né à Tavira, il a étudié à Séville, et a peint à Lisbonne vers l'année 1766 : quand je passai par Aiamonte il pouvait avoir 50 ans. Il était élève de Diogo de Sousa, natif de Loulé, qui exécuta différens tableaux dans l'église paroissiale de Castro Verde, et dans l'église *Dos Remedios*, du même endroit, les *batailles d'Alphonse Henriquez.*

« Vers 1811 vivait, à Faro, Joaquim-José Rasquinho, dont on voit un tableau dans l'église de la Conception à Loulé.

« Son fils le chanoine Rasquinho peint très bien les figures et les paysages.

« Il a existé à Tavira un peintre nommé Jean Rodrigues Andrino, qui était le père et le maître de Theodoro-Maria Andrino mort en 1761, à l'âge de 24 ans.

« Il y a encore eu à Lisbonne d'autres peintres et sculpteurs des Algarves, entre autres Pedro d'Alcantara, paysagiste habile qui peignit à l'huile et à la détrempe dans les maisons et les théâtres. Il vivait vers 1747 et 1763. Nicolas Monteiro, peintre de bambochades, enluminait avec art les figures sculptées, art dans lequel il fut imité par son fils Manoel Francisco Monteiro ; Joseph Antoine dos Reis ; Theodoro da Fonseca et d'autres.

« Grégoire Madeira s'est appliqué à l'architecture et aux ornemens. Il vivait en 1748.

« Le sculpteur Antoine dos Santos da Cruz était natif de Faro. »

MAIA (EMMANUEL), voyez MAYA et Charles MARDEL.

Malta (Memorias de), voyez Patriarche. « Cet ouvrage est intitulé : *Memorias da Ordem de S. Ioaõ de Malta oferecidas a el Rey nosso Senhor D. Ioaõ V o Magnifico por Fr. Lucas de Santa Catharina, 1734. »*

« Le frontispice représente une allégorie composée par Vieira Lusitano et gravée par Harrewyn. Le même sujet se trouve reproduit dans d'autres publications de la même époque. » *(Communication de M. le vicomte de Juromenha.)*

MANGEM ou **MANGIN**, *graveur en médailles*, étranger, du dernier siècle, premier graveur en médailles de l'Hôtel de la monnaie. Voyez GOMES (Jean-Baptiste) et SANTOS (Simon-François dos).

MANIQUE (JOSEPH-JOACHIM), *sculpteur en bois*. Il m'a été cité par M. le professeur François d'Assis Rodrigues. Il vivait à la fin du dix-huitième siècle.

MANOEL, voyez EMMANUEL.

MANOELINHO, artiste du siècle dernier, cité par M. le professeur Rodrigues sans autres renseignemens.

MAPPA (Dom A). Si l'on en croit une tradition, il aurait copié le tableau de *la Vierge* qu'on voit dans la sacristie de S. Roch, et dont l'original aurait été peint par S. Luc. La tradition ne dit pas si ce Dom A Mappa était peintre, et la copie le prouve tout aussi peu. Au reste ce tableau n'est rien autre que la reproduction de ces images de la Vierge stéréotypées, d'une couleur très brune, d'un dessin très défectueux, dont l'origine est évidemment byzantine, et qui sont répandues dans tout le monde chrétien. Telle est, par exemple, l'image miraculeuse de la Vierge de Czenstochow, en Pologne. Les légendes en attribuent quelques-unes à S. Luc. Celles qui se rapportent à l'image miraculeuse de Czenstochow, disent qu'elle fut apportée par des anges sur la montagne où l'église et le vaste monastère, qu'on y voit maintenant, lui ont été consacrés.

Mappa de Portugal, voyez CASTRO (Jean-Baptiste).

MAQUEDA (Duchesse de), voycz GUADELUPE.

MARATTI (CHARLES). Guarienti a vu, à Lisbonne, un tableau de Maratti. (Voyez *Lettres, p.* 318).

MARC-ANTOINE COCIO SABELICO, voyez COCIO SABELICO (Marc-Antoine).

MARC DA CRUZ, voyez CRUZ (Marcos da).

MARC FERNANDES, voyez FERNANDES (Marc).

MARC (JEAN), *calligraphe*, vivait au temps du roi Emmanuel. Il n'est pas certain qu'il ait été peintre. (Voyez *Lettres, p.* 217.)

MARC-PAUL, voyez PAUL (Marc).

MARC PIRES, voyez PIRES (Marc).

MARÇANELLO, *peintre* allemand, voyez VALLE (Amaro de).

MARCOS, Italien, *peintre* de figures à la détrempe. Il vivait vers 1753, voyez BIBIENA (Jean-Charles).

MARDEL (CHARLES), *ingénieur* et *architecte* hongrois, vint en Portugal en 1752, et mourut avec le grade de colonel en 1763. Il a été attaché comme architecte aux constructions hydrauliques qui fournissent de l'eau à la ville et à un grand nombre d'édifices publics et particuliers. Cette notice est extraite de *Cyrillo,* p. 193 et 194, qui cite, dans le même article, les architectes suivans comme contemporains de Charles Mardel : Emmanuel da Maya, général; Eugène dos Santos de Carvalho, capitaine; Sébastien Poppe, capitaine; Antoine Carlos; Joseph-Charles da Silva; Michel-Ange de Velasquez; Reynaldo Emmanuel dos Santos; Pierre Gualter; François-Antoine Ferreira Cangalhas; Joaquim de Oliveira; Remigio Francisco.

MARGUERITE DE NORONHA, voyez NORONHA (Marguerite de).

MARIA (frère AUGUSTIN DE S.), appartient à la dernière moitié du dix-septième siècle et à la première du dix-huitième. Il a passé une partie de sa vie à parcourir le Portugal dans le but de connaître toutes les images de la Vierge et d'en faire la description. L'ouvrage né de ses courses et de ses élucubrations a été publié en 1716, et porte le titre de *Sanctuario Mariano.* J'en ai parlé dans mes *Lettres, p.* 82, 158, 171 et suivantes, et j'en ai cité des passages.

MARIA BENEDICTA (Dona), voyez BENEDICTA.

MARIA (frère JOSEPH DE SANTA-), voyez OLIVEIRA BERNARDES (Joseph de), et OLIVEIRA BERNARDES (Ignace de).

MARIA SANTISSIMA (Frei EMMANUEL DE), *auteur* d'une histoire de la fondation de l'église de Varatojo, qui a paru à Porto en 1799. Il donne à Grand-Vasco le titre d'*Apelles portugais* et il appelle Josefa d'Obidos *héroïne et mémorable demoiselle.* (Voyez *Lettres, p.* 145.)

MARIE DA CRUZ, voyez CRUZ (Marie de).

MARIE-ÉLÉONORE ROUKS, voyez ROUKS (M. É.).

MARIE GUADELUPE LENCASTRE E CARDENAS, voyez GADELUPE.

MARIE (THÉODORE) ANDRINO, voyez THÉODORE-MARIA ANDRINO.

MARQUES (1) **D'AGUILAR** (EMMANUEL). « Vers la fin du règne du roi Joseph, la Compagnie des vins du Douro établit à ses frais une école de dessin, dont Antoine-Fernandes Jacome, natif d'Entre-Douro-e-Minho fut le premier directeur. Cet artiste avait fait ses études à Rome. Vers l'année 1803 il fut remplacé par Vieira Portuense. C'est cette école que suivit Emmanuel Marques de Aguilar jusqu'en 1793, époque à laquelle il passa à Londres avec 600,000 reis (environ 4,000 francs) de pension pour y apprendre la gravure sous Thomas Milton, parent du poète, qui gravait fort bien le paysage et la figure. De retour à Lisbonne, en 1796 ou 1797, il obtint un traitement de 480,000 reis (3,000 francs), par an pour graver au jardin botanique les costumes asiatiques et des

____

(1) C'est son nom de famille et non pas le titre de marquis.

objets d'histoire naturelle. Il grava aussi les portraits de Leurs Majestés. — Il est né à Porto en 1767 ou 1768. » (*Cyrillo, p.* 297.)

MARQUES (Augustin). « On conserve la patente qui constate sa nomination d'*architecte* de Tanger, avec des appointemens égaux à ceux que recevait Georges Tavares » (Lisbonne, le 10 février 1634. *Liv.* de Philippe III, f° 403. »—*Communication de M. le vicomte de Juromenha.*) :

MARQUES (Jacques), *architecte*. Suivant le Patriarche, Diogo Marquès était architecte du roi et vivait vers la fin du seizième siècle. Il fit plusieurs plans pour des couvens de Bénédictins, et entre autres pour celui de Saint-Benoît da Victoria. Il fit aussi celui du Collége de Coïmbre. (Voyez *Actes capitulaires de la congrégation de Saint-Benoît*, Junta du 13 juin 1600.)

MARQUES (Joachim), *peintre,* naquit vers 1755. Il imitait Pilman dans le paysage et faisait avec grâce et gentillesse des figures, des arabesques et des ornemens baroques, sur les tabatières, sur les voitures et dans l'intérieur des maisons. Il jouissait d'une grande vogue. (*Cyrillo, p.* 231.)

MARQUES (Joachim-Antoine), *peintre*, était, en 1843, élève de l'Académie de Lisbonne, et âgé d'environ 24 ans. J'en parle dans mes *Lettres*, p. 95.

Marrocos (Louis-Joachim dos Santos), voyez Santos (Louis dos) Marrocos.

Martin Annes, voyez Annes (Martin).

Martin Laurent, voyez Laurent (Martin).

Martin de Mendonça, voyez Mendonça (Martin de).

Martin (Pierre de Saint-), habitait Pena-Justa en 1552. Je ne sais jusqu'à quel point il est prouvé qu'il appartenait aux arts. (*Lettres*, p. 218.)

Martin Rodrigues, voyez Rodrigues (Martin).

Martin Vasquez, voyez Vasquez (Martin).

Martinos, selon François de Hollande, *peintre* sous Jean II.

Martins (Alphonse), « fut *mestre das obras* du monastère de Odivellas, fondé par le roi Denis, ainsi que cela résulte d'un document de la cathédrale de Lisbonne de 1324, cité dans la Monarchie Lusitanienne. V. livre 17, chap. 23, pag. 224. *Liste des Artistes* par le Patriarche.

Martins (François-Vasques), *professeur* substitut de *dessin*, à l'Académie de Lisbonne, né vers 1806.

Martins Silvario, *sculpteur*, élève de Giusti (Alexandre), mort en 1795. (*Cyrillo, p.* 263.)

Marturino ou **Martorino**, *peintre* italien. François de

Hollande étant à Rome (1539-1549) s'exprime sur son compte en ces termes : « Il y a dans cette ville bon nombre de façades de palais peintes en clair-obscur par Balthazar de Sienne, architecte, par Marturino et par Polydore, qui, dans cette manière de peindre, a beaucoup ennobli Rome. » (*Lettres, p. 22 et 42.*)

Je ne trouve ce nom ni dans Brulliot, ni dans Nagler.

MARTYRES (Dom frère BARTHÉLEMY dos), *auteur*, voyez JERONIMO (frère Henri de S.) et Patriarche. Comme archevêque de Braga, il a été au concile de Trente (1542-1563), où il s'est distingué. (*Communication de M. le vicomte de Juromenha.*)

Martyres (Vida do Vener. Arcebispo de Braga D. Fr. Barthélemy dos), par frère Louis de Sousa, voyez Patriarche.

MASEN (frère), *peintre*, vivait au temps de Jean III, vers l'an 1544. (Voyez *Lettres, p.* 215.)

MATHEI (PAUL), *peintre* italien, voyez OLIVEIRA BERNARDES (Ignace de).

MATHEUS, voyez MATHIEU.

MATHIEU DO COUTO, voyez COUTO (Mathieu do).

MATHIEU FERNANDES, voyez FERNANDES (Mathieu).

MATHIEU (JEAN). « Dans la Vie de Sainte-Rita (Lisbonne, 1735) on voit une estampe signée J. Matheo, sculpteur. » (*Patriarche, Liste des Artistes, p.* 18.)

MATHIEU (GONSALVE), *sculpteur*, « tailleur de pierre en chef à *Alcacer-Ceguer* en Afrique. On conserve sa patente de maître de tous les travaux en pierre et en maçonnerie, qui furent ordonnés dans cette ville (1520). » (*Livre* 39 *du roi Emmanuel, f.* 65.—*Communication de M. le vicomte de Juromenha.*)

MATHIEU-VINCENT OLIVEIRA, voyez OLIVEIRA (Mathieu-Vincent).

Mathozinhos (Historia do Senhor de), voyez Patriarche.

MATTOS (FRANÇOIS-VIEIRA DE), voyez VIEIRA (François) de MATTOS, appelé VIEIRA LUSITANO.

MATTOS OU **MATOS** (frère EUSÈBE DE), «*peintre*, né à Bahia en 1629 ; il se fit jésuite en 1644. Il était doué de tant de talent, que notre respectable Vieira disait de lui que Dieu s'était complu à le faire grand en tout ; il était élégant poète latin, philosophe, théologien, bon musicien, et si fort en arithmétique, que quand les négocians étaient en doute sur leurs comptes ils allaient demander son avis.

« Parmi tous les dons qu'il reçut de la nature il possédait aussi celui de la peinture, ainsi que l'atteste Barboza dans la *Bibliothèque lusitanienne*, tome 1, page 766, où il le qualifie de peintre ingénieux ; il ajoute que l'on conserve de Mattos de nombreuses ébauches. Jean-

Baptiste de Castro, dans sa *Mappa* de Portugal, tome 2, p. 362, dit que Mattos était un peintre et un dessinateur capricieux. Fr. Manuel de Sá en fait mention dans les Mémoires historiques des écrivains des Carmélites, chap. 24, p. 140, nº 197, et ne le désigne point comme prêtre. Il est mort en 1692; et a été enseveli à Bahia, au couvent des Carmélites. » (*Taborda, p.* 200.)

« De jésuite il devint carmélite en 1677, et changea son nom de Matos en celui de Soledade : il mourut âgé de 63 ans, en 1692. » (*Biblioth. lusit., t.* 1, *p.* 766.)

MATTOS (JOSEPH **GALDINO** DE), *graveur*, voyez CARNEIRO DA SILVA (Joachim).

MATTOS (JOSEPH-PINHAÕ DE), voyez PINHAÕ (Joseph) DE MATTOS.

MAURO (frère), moine camaldule du couvent de Saint-Michel de Murano. « On nous a montré, à la bibliothèque de Saint-Marc, une mappemonde ou planisphère de l'année 1457 : cette mappemonde a été faite par Fra Mauro; il n'en a fait que deux exemplaires, l'un pour la république de Venise et l'autre pour le roi Alphonse V de Portugal. Il existe un ouvrage écrit, sur cette carte, par un cardinal : dans cet ouvrage, il est dit que le roi de Portugal a payé cette carte à trois reprises, et que la première fois il a donné vingt-huit ducats qui ont été remis à Fr. Mauro par l'ambassadeur d'Alphonse V. » (*Communication de M*me *la comtesse Raczynska. Venise, le* 21 *août* 1846.)

Voici un autre renseignement au sujet de ce Fra Mauro : « Dans la *Memoria sobre a prioridade dos descobrimentos Portuguezes na costa d'Africà occidental*, par M. le vicomte de Santarem, Paris, 1841, on trouve à la page 116 : « *Planisferio de Fra Mauro*, carte qui, suivant l'opinion du savant cardinal Zurla, fut faite au milieu du quinzième siècle, c'est-à-dire en 1459, car on y lit les noms portugais *J. Montes, Cabo Verde* et *C. ROXO. Vide* Zurla : *Sulle antiche Mappe idrogeographiche lavorate in Venezia Commentario.* Venezia 1818. »

« Dans la bibliothèque nationale, j'ai vu ces cartes reproduites par M. le vicomte de Santarem, et parmi elles, une estampe où se voit une fraction de la carte de Fra Mauro, montrant une petite partie de la Mauritanie avec des noms portugais. » (*Communication de M. Santos, graveur.*)

MAXIME-PAULIN DE REIS, voyez REIS (Maxime-Paulin de) et MAXIMO.

MAXIMO, *peintre*, âgé maintenant (1846) de 65 ans : on voit à Ajuda plusieurs ouvrages de cet artiste. Voyez REIS (Maxime-Paulin de).

MAYA OU **MAIA** (EMMANUEL DA), *ingénieur*. D. Antonio Caetano de Sousa dit, dans son *Histoire généalogique da Casa Real*, livre 7, p. 261 (1741), en parlant de l'*aqueduc de Lisbonne*, que ce fut d'après les plans et les dessins du brigadier Manoel da Maya que cet ouvrage grandiose fut construit sous D. Jean V.—Dans la *Bibliothèque lusitanienne*, t. 3, page 303, il est dit que Maya était né à Lisbonne, général du corps du génie, *guarda-mór* des archives appelées *Torre do Tombo* et chroniqueur de la maison de Bragance. Il a traduit divers ouvrages français ayant rapport à l'art militaire. Cyrillo le cite dans les articles qu'il consacre à Eugenio dos Santos de Carvalho et à Carlos Mardel; mais il cite en même temps ce dernier comme architecte des *aguas livres*, aqueduc de Lisbonne. Il faut comprendre, je crois, que l'entretien de cet aqueduc lui était confié, car il n'y a pas de doute que c'est Maya qui en a été l'auteur. D'après Cyrillo, page 194, Maya fut chargé, en 1756, par le roi Joseph, de présenter les plans pour la réédification des quartiers de la ville qui avaient été, l'année d'auparavant, détruits par le tremblement de terre, et il confia ce travail à Carlos Mardel, Santos, Poppe, Antonio Carlos et José Carlos da Silva, tous officiers de l'armée.

La construction de l'aqueduc n'a coûté que vingt ans de travail. Une inscription latine, fixée dans la frise de l'espèce d'arc de triomphe sous lequel passe la rue qui mène à Bemfica et à Cintra et qui termine l'aqueduc, porte la date de 1738. C'est tout près de cet arc que l'eau se jette dans un vaste réservoir ou château d'eau. Le tremblement de terre de 1755 n'a pas endommagé cette magnifique construction.

MAZONI (NICOLAS), *architecte* italien, constructeur de la *Tour des Clercs* à Porto (1732-1763). C'est la tour la plus haute que l'on connaisse en Portugal. (*M. Ferdinand Denis. L'Univers*, 1366e *livraison*.) Il paraît être le même que Nazzoni. Voyez NAZZONI.

MEADA (PIERRE DE) fut *maître des fortifications* de l'île de Ponte-Delgada, sous le règne de D. Sébastien. Il existe aux Archives royales un certificat de Pierre de Meada, chef des travaux de fortifications de l'île de Ponte-Delgada, constatant ce qui a été dépensé pour lesdits travaux. (21 *février* 1577. *Arch. roy.—Communication de M. le vicomte de Juromenha.*)

MEESEN (FELIX DA COSTA), voyez COSTA (Felix da) MEESEN.

MELEE (JEAN), *enlumineur* du quinzième siècle, originaire d'Angleterre. (*Lettres, p.* 494.)

MELCHIOR (GASPARD DOS REIS), voyez REIS (Melchior-Gaspard).

MELLISENT (JOACHIM), *peintre*, voyez PILMAN (Jean).

MELLO (BLAISE TOSCANO DE), voyez TOSCANO (Blaise) de MELLO, et GIUSTI (Alexandre).

MELLO e CASTRO (DENIS DE), *auteur* de l'ouvrage intitulé : *Historia panegyrica*, voyez PATRIARCHE.

MELLO (FRANÇOIS-EMMANUEL DE), *écrivain* portugais, né en 1611, mort en 1666, auteur d'un dialogue intitulé : *O hospital das letras.* Voyez le jugement que porte sur cet auteur Loureiro (François de Sousa) à l'article qui, dans ce Dictionnaire, est consacré à ce dernier. (*Lettres*, p. 149.)

MEMMELING, voyez HEMMELING.

Memorias eccles. de Braga, par D. Rodrigo da Cunha, voyez PATRIARCHE.

Memorias de Malta, par Fr. Luc de Sainte-Catherine, voyez PATRIARCHE.

Memorias dos Templarios, par Alexandre Ferreira, voyez PATRIARCHE.

MENDES (ANTOINE), *architecte* de Batalha en 1578. (*Lettres, p.* 227.)

MENDES (ÉDOUARD), *sculpteur en bois* (entalhador) à Batalha, en 1535. (*Lettres, p.* 229.)

MENDES (EMMANUEL), *auteur* d'un ouvrage intitulé : *Art du plainchant*, voyez PATRIARCHE.

MENDES (GEDA), « *orfévre* du temps d'Alphonse Henriques, qui fit *un vase d'argent doré* du collége de S. Bento de Coïmbre, autrefois du monastère de S. Michel de *Refoios de Basto*, sur lequel se lisait l'inscription suivante :

> *JESVS. REX. JOHANES. PETRVS. THOMAS.*
> *ANDREAS. FILIPI. ET. JACOBI. SIMONIS. BARTHOLO-*
> *MEUS. JACOBUS. MATEUS. GEDA. MENENDIZ.*
> *ME. FECIT.*
> *E. M. C. LXXX.* † »

(*Communication de M. le vicomte de Juromenha.*)

MENDES (LOUIS) DE VASCONCELLOS, voyez VASCONCELLOS (Louis-Mendes de).

MENDOÇA (THEODORA-MARIA), voyez THEODORA-MARIA ANDRINO.

MENDONÇA (BLAISE DE), *sculpteur* lisbonnais, vivait vers 1650. (*Lettres, p.* 242.)

MENDONÇA (MARTIN DE), *auteur* d'un mémoire sur les monumens druidiques du Portugal, intitulé : *Discurso sobre os altares rudes que se acham em Portugal chamados Antas*, 1743. L'Académie a ordonné l'impression de ce mémoire. M. Ferdinand Denis en fait un grand éloge dans l'*Univers*, 1366e livraison, p. 385.

MENEZES (LOUIS-PEREIRA DE), jeune homme de 24 ans à peu près, fils d'un haut employé du gouvernement, jouissant d'une fortune indépendante. Il annonce des dispositions heureuses et il est rempli de zèle pour les arts, auxquels il s'est voué par goût ; il montre le désir d'en faire une étude approfondie. Il est parti pour Rome en 1844, et son intention est de continuer ses études à Munich. Il faut faire abstraction des éloges immodérés dont il a été l'objet de la part de plusieurs journaux et qui se trouvent rapportés dans mes *Lettres*, pages 97 et suivantes. Ces éloges sont prématurés : mais si M. Menezes s'applique, je ne doute pas qu'il ne devienne habile. « Il vient d'envoyer de Rome (1er novembre 1846) plusieurs tableaux, dont un à S. M. le Roi Ferdinand, accompagné d'une gravure de ce même tableau ; les autres se trouvent chez le père de M. Menezes. M. l'abbé de Castro, en parlant de ces tableaux, en a fait le plus grand éloge. » (*Communication de M. Santos, graveur.*)

MERVEILLEUX, *auteur* de l'ouvrage intitulé : *Histoire naturelle de Portugal,* voyez PATRIARCHE.

METRASS (FRANÇOIS-AUGUSTE) était, en 1843, élève de l'académie de Lisbonne ; il était âgé de 19 ans. J'en ai parlé dans mes *Lettres,* page 95.

MICHEL est cité, dans un document de 1440, comme ayant pris part aux travaux de Batalha, sans désignation de profession. (*Lettres, p.* 228.)

MICHEL ANGE BUONAROTTI, voyez BUONAROTTI.

MICHEL ANGE DE VELASQUES, voyez MARDEL.

MICHEL-ANTOINE AMARAL, voyez PINTO PEREIRA.

MICHEL-ANTOINE DE S. PAYO, voyez ALEXANDRINO (Pierre).

MICHEL DE ARRUDA, voyez ARRUDA (Michel de).

MICHEL LE BOITEUX, *graveur,* voyez CARNEIRO DA SILVA (Joachim). Je crois que c'est le Bouteux qu'il faut lire. Voy. BOUTEUX (Michel le).

MICHEL LE BOUTEUX, voyez BOUTEUX (Michel le).

MICHEL FERNANDES, voyez FERNANDES (Michel).

MICHEL DE HOLANDA, *enlumineur,* voyez HOLANDA (Antoine).

MICHEL LEITAÕ DE ANDRADE, *auteur* de l'ouvrage intitulé : *Miscelanea,* voyez LEITAÕ et PATRIARCHE.

MICHEL DE PAIVA, voyez VIEIRA SERRAÕ.

MICHELINE-ARCHANGE ROMANETI, voy. OLIVEIRA BERNARDES (Ignace de).

MICKOU, nom dont, selon Guarienti, se trouvent signés des paysages avec beaucoup de figures, que cet auteur a vus en Portugal. Mickou doit avoir vécu vers l'an 1700. (*Lettres, p.* 326.)

MIGUEL, voyez MICHEL.

Minas (Ferdinand das), pseudonyme, voyez Arriet.

Minima (Arte), voyez Patriarche.

Miséricorde (l'auteur du tableau de la *Fontaine de la Miséricorde* qui se trouve à Porto dans l'église de la Miséricorde). Ce tableau gothique a beaucoup de mérite; il est d'un intérêt historique très grand, car il fournit les portraits du roi Emmanuel, de sa troisième femme et de ses enfans du second lit. Voyez *Lettres,* p. 383, et le postcriptum p. 391.

Dans l'histoire de *Santarem edificada* il est parlé d'un tableau analogue renfermant le portrait de D. Emmanuel, de sa seconde femme Dona Maria et de tous ses enfans. Il serait curieux de s'assurer s'il existe quelque analogie entre ces deux tableaux (*Lettres, p.* 251). Ce tableau n'est pas à sa place, et on ne sait ce qu'il est devenu. M. le comte da Taipa a pris la peine de visiter l'endroit où l'on prétendait qu'il se trouvait.

On m'a envoyé de Porto, en 1845, deux grandes feuilles de papier imprimées, se rapportant au tableau de Porto : j'en reproduis ici le texte latin et portugais afin qu'on ne m'accuse pas d'en avoir dénaturé le sens :

ANACEPHALEOSIS HISTORICA.

Emanuel, Pius, Felix, Augustus, Portugaliæ Rex :
Regina Maria cum prole Regiâ,
Eleonorâque Regis sorore, Joanis secundi Uxore viduâ ;
Martinus A Costâ, Archiepiscopus Ulisiponensis cum consilio suo ;
Et Regiæ Curiæ Magnates :
D. O. M.
Misericordiarum patri
Supplices
Per sanguinem, passionem, et mortem unigeniti sui ChristiJesu D. N.
Necnon per merita genitricis Ejusdem, misericordiæ matris Virginis Mariæ
Dilectique discipuli pietatem
Deprecantes ,
Pro tuendà, et augendà Sodalitate,
Cui præcipua erga proximum misericordiæ operum cura,
Quam Eleonora, pro Ulisipone A. MCCCCXCVIII° ;
Emanuel anno sequenti, pro totâ regni ditione, creaverant,
Votis ex animo,
C. O. D.
Miro hierogliphico opere simbolice tabulam depinxit
Cadente anno MDXVIII.°,

Gaspar Dias, seu Vascus, cognomento, magnus :
Obliteratam alicubi in pristinos induxit colores,
Dominicus Pereira De Carvalho,
Currente anno MDCCCXLV.
Cura et studio Josephi Perry,
Assentientibus Præside, ceterisque Consiliariis Mensæ Sodalitatis
Hujus Civitatis Portuensis;
Quorum propterea nomina, laudesque Manebunt;
Dum mirandum hoc manebit opus.

ANACEPHALEOSE HISTORICA.

« Este Painel original singular, e o inaugural da Instituição da Con-
« fraria da Misericordia, contendo em simbolos proprios tanto a mistica,
« como a historia da dita Instituição, foi prenda do Magnifico, Piedoso,
« Feliz, e Augusto Monarcha El-Rei D. Manoel, seu Instituidor, á Con-
« fraria da Misericordia d'esta sua boa Cidade do Porto.

« N'elle se admirão os Retratos do Senhor D. Manoel, de sua segunda
« Mulher a Senhora D. Maria, e dos seus oito Filhos.

« A Rainha, viuva d'El-Rei D. João 2.º, a Senhora D. Leonor, irmãa
« d'El-Rei; D. Martinho da Costa, Arcebispo de Lisboa e seu Cabido;
« com cuja outorga, e consentimento a Rainha D. Leonor dera o primi-
« tivo Compromisso á Confraria dita da Cidade de Lisboa no anno de 1498;
« e os Magnates da Corte d'El-Rei, são representados no mesmo Painel
« no Acto solemne da Dedicação Real.

« Esteve collocado em Retabulo no Altar da Capella de S. Thiago, no
« Claustro velho da Sé d'esta Cidade; onde a Confraria celebrou suas
« Festividades, e reúniões religiosas nos seus primeiros tempos, até se
« concluir a Obra da sua actual Igreja, em cuja Sachristia existio, até
« ser ultimamente trasladado para este Gabinete.

« Foi retocado pelo insigne Portuense, o Lente Substituto de Pintura
« na Academia de Bellas Artes d'esta Cidade, Domingos Pereira de Car-
« valho, no anno de 1845. »

Si j'ai bien compris l'auteur de l'*Anacephaleosis*, il attribue ce tableau à Gaspard Dias ou à Grand-Vasco. Au reste, mes lecteurs ont les deux
pièces sous les yeux et ils les comprendront comme ils voudront. Je
déclare que je ne les réfute pas, et que je me permets seulement de
renvoyer mes lecteurs aux articles Grand-Vasco et Gaspard Dias. Quant
à la question de savoir si c'est la seconde ou la troisième femme de
D. Emmanuel qui se trouve représentée sur le tableau, j'en abandonne
encore la solution à quiconque voudra s'en occuper.

Dans le bâtiment du monastère de S. Roch à Lisbonne, autrefois *Casa professa* des Jésuites, dans une salle qui sert maintenant de secrétairerie aux établissemens de bienfaisance, dits de la *Miséricorde*, il existe un tableau sur bois qui a beaucoup souffert, et qui a été indignement restauré; on m'a dit qu'il représente le *mariage de D. Emmanuel*. Ce tableau, quoique gothique, me paraît quelque peu postérieur à l'époque qu'indique l'âge du roi. Il a beaucoup d'analogie avec les tableaux de S. Bento (voyez BENTO), il pourrait bien être du même auteur, quoique je le trouve d'un mérite inférieur. Dans ce tableau qui est fort intéressant, un des assistans est un vieillard à longue barbe blanche, et une inscription tracée sur un ruban qui borde le bas de l'habit, nous apprend que c'était *D. Alvaro da Costa primeiro Provedor desta Casa.* Voici ce que M. le comte de Mesquitella a bien voulu me communiquer, à la date du 30 septembre 1846, au sujet de ce tableau. « Le portrait qu'on remarque dans le vieux tableau gothique de la secrétairerie de la Miséricorde, est le portrait d'un de mes ancêtres, Dom Alvaro da Costa, grand armurier du roi Dom Manoel, son ambassadeur en Espagne pour négocier le troisième mariage de ce monarque, et premier provedor de ce pieux établissement de charité et de bienfaisance, appelé *Santa Casa da Misericordia,* celui-là même à qui le même roi, en témoignage d'estime, donna ce précieux missel dont le pape Léon X lui avait fait présent, et que j'ai eu le plaisir de vous faire voir chez vous (1). Le susdit Dom Alvaro da Costa était revêtu de la dignité de Provedor da Casa da Misericordia, en 1539.

« Je suis persuadé que le vieux tableau gothique ne peut représenter aucun des trois mariages du roi D. Manuel. Ce prince est mort en 1521, et D. Alvaro da Costa a été nommé provedor de la Misericordia pour la première fois, 18 ans plus tard. Il était donc impossible qu'il assistât en qualité de provedor au mariage de ce monarque. Ce que le tableau représente peut-être, c'est le mariage de quelqu'une des orphelines appartenant à la Miséricorde, en présence du provedor. Des dotations en argent sont distribuées chaque année à un certain nombre d'orphelines de Lisbonne pour se marier, et ces mariages (selon l'ancien usage) doivent être faits à l'église de la Miséricorde. »

Missal Romano, voyez PATRIARCHE.

MONGE (JOACHIM), *sculpteur en bois,* d'Evora. On voit des ouvrages de cet artiste dans l'église de Sainte-Catherine et dans celle *das Merces,* à Evora; il appartient, je crois, au dix-huitième siècle. (*Lettres, p.* 442.)

MONOZ (JEAN), « *sculpteur en bois,* résidant à Lisbonne. On trouve dans les comptes du couvent de Thomar le mémoire des ouvrages que Monoz y exécuta : deux chaises pour le chœur à 2,200 reis ; — travaux de la chapelle de Notre-Dame, 10,000 reis ; — rosaces pour la loge de la

____

(1) *Lettres,* p. 260. C'est une des plus belles choses qu'on puisse voir dans ce genre.

reine (trois granoes et quarante petites), 2,006 reis ; — six lits pour l'infirmerie, 3,000 reis ; — réparations, 1,800 reis ; — travaux au chœur et à l'entour du maître-autel ; — une image de saint Robert pour la petite chapelle ; — certaines arches, réparation et dix journées de travail aux petites orgues. » Article des comptes du couvent de Thomar. (*Communication de M. le vicomte de Juromenha.*)

MONTE (JOSEPH-ANTOINE DO), « *sculpteur en bois*, est mort dans un âge très avancé, vers 1820. » (*Communication de M. le professeur Assis.*)

MONTEBELLO (FÉLIX **MACHADO DA SILVA CASTRO VASCONCELLOS**, MARQUIS DE). Cyrillo dit, page 82 : « Voilà bien des noms pour quelqu'un qu'il nous importe fort peu de connaître sous le rapport des arts. »

Bermudez l'appelle Montebelo (marquis de) et en parle en ces termes : « Palomino rapporte, dans le premier tome du *Museo pictorico*, que ce cavalier portugais, et ci-devant ambassadeur de Portugal à Rome, exerçait avec intelligence la peinture à Madrid, où il s'établit par suite de la révolution de Portugal (1640) ; et que, n'ayant pas de quoi vivre décemment, il fut obligé de se consacrer à la peinture, jusqu'à ce que Philippe IV d'Espagne lui eût assuré une pension. Il était le maître de son fils et d'autres cavaliers. »

Taborda lui consacre, page 198, un long article qui fournit plus de renseignemens sur sa famille que sur sa vie artistique.

MONTEIRO (ALPHONSE), *sculpteur,* était payeur des travaux de fortification et administrateur (*almoxarife*) de ceux de la douane de l'Inde, sous le règne de D. Emmanuel.

« On trouve aux archives royales les documens suivans qui le concernent :

« Nomination de payeur aux travaux de fortification (8 *mai* 1508. *Corp. chron., partie* 1re, *paquet* 7, *doc.* 9) et administrateur (*almoxarife*) de la douane de l'Inde. Alvará pour qu'on lui paye trente reis par jour (4 février 1509).

« Alvará pour la remise de six colonnes de marbre avec chapiteaux, qu'il a exécutées à Santarem, pour la chambre municipale de ladite ville (30 *juin* 1514. *Corp. chron., partie* 1re, *paquet* 15, *doc.* 75).

« Ordre à Alphonse Monteiro, administrateur des travaux de la douane de l'Inde, de payer le montant des réparations spécifiées dans ledit ordre (3 *septembre* 1815. *Corp. chron., partie* 1re, *paquet* 22, *doc.* 37).

« Ordre pour procéder à l'adjudication de l'entreprise de l'hôtel des armoiries de Bracarena (25 *octobre* 1517. *Corp. chron., partie* 1re, *paquet* 22, *doc.* 106).

« Lettre de Barthélemi de Paiva à Alphonse Monteiro, pour que ce

.dernier lui remette le bois qu'il destine à être employé aux travaux de Cintra, etc. (2 *septembre* 1518. *Corp. chron., partie* 3e, *paquet* 6, *doc.* 112).

« Alvará pour la réception des ornemens de la chapelle du Sauveur de l'église de Saint-François de Lisbonne (15 *septembre* 1519. *Corp. chron., partie* 1re, *paquet* 25, *doc.* 37).

« Lettre du roi sur les travaux des édifices de Lisbonne (16 *octobre* 1520).

« Quittance (*Liv.* 9 *de D. Emmanuel, f°* 24 *et* 59 *v°*).

« Alvará pour qu'on lui livre un esclave pour le service du jardin du bas (27 *juin* 1521. *Corp. chron., partie* 1re, *paquet* 27, *doc.* 19). »

(Communication de M. le vicomte de Juromenha.)

MONTEIRO (ANDRÉ) **DA CRUZ,** *peintre* de paysage et de gibier, et professeur de l'Académie, âgé en 1843 de 73 ans. Il a travaillé à Ajuda. J'ai parlé de lui dans mes *Lettres,* pages 96, 105, 114, 267. Voyez aussi NUNES (Simon-Gaétan).

MONTEIRO (ANTOINE-MARIE DE OLIVEIRA), *graveur,* agrégé à l'Académie de Lisbonne, mort en 1845 à l'âge de 60 ans environ.

« Il était disciple de Bartolozzi, qu'il a imité avec succès dans sa gravure in-folio de *Mater purissima.* On voit de ses oùvrages dans la *Flora lusitana* et dans le *Tratado de architectura,* etc. » (*Communication de M. Santos, graveur de l'Académie.*) Voy. *Lettres,* p. 115, et BARTOLOZZI.

MONTEIRO DE CARVALHO (JOSEPH), « *architecte* des travaux du Conseil des finances. Il existe une apostille de 180,000 reis concernant cet artiste (1760) dans le livre 69 du roi Joseph, feuille 300. (*Communication de M. le vicomte de Juromenha.*)

MONTEIRO (EMMANUEL-FRANÇOIS), *peintre,* fils de Monteiro (Nicolas). Comme son père, il enluminait les figures sculptées. Voyez MAGINA.

MONTEIRO (JEAN-PIERRE), *peintre,* âgé en 1843 d'environ vingt ans, dessine l'architecture avec beaucoup de goût. Je n'hésite pas à affirmer que si ce jeune artiste obtenait les secours dont il est digne, s'il ne flottait pas entre des directions diverses, et s'il se vouait exclusivement au dessin et à la peinture des sujets architectoniques et des intérieurs, il obtiendrait les plus grands succès dans la peinture. Il est mention de lui dans mes *Lettres,* p. 115.

MONTEIRO (ANTOINE M.) **D'OLIVEIRA,** *graveur,* élève de Bartolozzi, agrégé à l'Académie, mort en 1845, âgé à peu près de 60 ans.

MONTEIRO (Nicolas), *peintre*, enluminait avec art les figures sculptées. Voyez Magina.

Moor, voyez Moro.

MORAES (Alphonse de), *architecte*. Le Patriarche, dans sa *Liste des artistes*, p. 1, dit, au sujet de Affonso de Moraes, que, « d'après des mémoires, le cloître de Saint-François à Evora, construction grandiose, était l'œuvre de cet architecte, et que cela est prouvé par une pierre du même cloître sur laquelle on lit aussi la date de l'année 1376. » Cependant, le frontispice est orné du pélican de Jean II et du globe d'Emmanuel, et le premier de ces rois est monté sur le trône en 1484. Ce renseignement du Patriarche ne me paraît pas positif. On aimerait à savoir ce qui se lit sur la pierre, ce que disent les mémoires, et de qui ils sont.

MORAES (Christophe de), *peintre d'ornemens* et *doreur* au temps de Jean III, vers l'an 1554. Il a peint, en cette année, la litière de la reine. (*Lettres, p.* 214.)

Moraes (de) Sarmento (Dominique dos Santos), voyez Santos (Dominique dos).

MORALES, appelé Divino, *peintre* espagnol du seizième siècle. Guarienti prétend qu'il existait de son temps, à Evora, un tableau de Morales, copié d'après Michel-Ange, et un autre à Lisbonne. (Voy. *Lettre* 15e.) Moi-même j'ai vu, chez M. Antonio de Saldanha e Castro, un tableau qui me paraît incontestablement être de ce peintre. (Voyez *Lettre* 11e.)

MOREIRA (Louis da Cruz). « Rebello, dans sa *Description de Porto*, page 340, dit de Moreira qu'il était né en 1707 et qu'il était distingué dans l'art du dessin. » (Patriarche, Liste des artistes, rubrique Peintres, article *Luiz da Cruz Moreira*.)

MORETTO (Christoforo), *peintre*. Selon Guarienti, Moretto était contemporain de Bellini. Guarienti a vu à Lisbonne un tableau de Moretto (*Lettres, p.* 319). L'article de Guarienti paraît se rapporter à Nicolas Moretto (voyez Nagler). Christophe Moretti (et non pas Moretto) florissait en 1460.

MORGADO DE SETUBAL. Joseph-Antoine-Benoît Faria e Barros est connu sous le nom de *Morgado de Setubal*. Il avait le talent de saisir la nature avec vérité, mais il était faible dessinateur ; son coloris était terreux et il peignait grossièrement ; il faisait le plus souvent des demi-figures de grandeur naturelle ; il a peint aussi des fruits et des végétaux. Il est mort en 1809, n'ayant pas atteint l'âge de 60 ans. Cyrillo lui consacre un article, page 221. Je compterai parmi les meilleurs tableaux que j'ai vus de ce peintre, deux demi-figures : un *joueur de vielle* et un *vieillard en prière*, que l'impératrice douairière du Brésil, duchesse de Bragance, avait l'intention d'acheter et dont on lui demandait 30 *moedas ;* je ne sais si le marché a été conclu. Chez la marquise de Pombal, à Oeiras, j'ai vu d'autres ouvrages du même genre, ainsi que chez le comte Farrobo qui en possède, dans son hôte de Lisbonne, huit représentant des hommes, des femmes et des enfans de grandeur naturelle, figures entières ou demi-corps, dans diverses attitudes. J'ai aussi rencontré de ses ouvrages à Setubal et à Evora (*Lettres, p.* 357) et souvent à Lisbonne, chez les marchands de vieux tableaux. Ce qu'il faisait le moins bien, c'étaient les mains ; et ce qui mérite le plus d'éloges dans ses tableaux, c'est l'expression des figures. Je l'ai souvent cité dans mes *Lettres.*

MORGANTI (BENOÎT ou BENTO), *graveur en médailles.* « Dans l'histoire généalogique, se trouvent des médailles et des monnaies signées de ce nom. » (*Patriarche, Liste des artistes, p.* 14.) « Dans l'ouvrage intitulé : *Numismalogia, ou breve recopilaçaõ das algumas medalhas dos imperadores romanos* (Lisbonne, 1737), on voit des gravures avec la signature de Morganti. Cet artiste est né à Rome, mais il a étudié à Coïmbre. Son père était bibliothécaire de D. Thomas d'Almeida, premier patriarche de Lisbonne. » (*Communication de M. l'abbé de Castro.*)

MORIKOFER (J. C.), *graveur en médailles,* Suisse. Je suppose que c'est le même qui est cité par Nagler avec les initiales J. M. Évidemment, s'il y a erreur, elle se trouve dans Nagler, car la médaille de Joseph Ier (1750-1777) porte les initiales J. C. Cette médaille porte sur la face le portrait de ce roi et la légende, et sur le revers la figure symbolique du Portugal foulant aux pieds un guerrier armé ; dans le fond, une ville sur le bord d'un fleuve avec la légende *Deus ultor et tutor.* Le portrait du roi est fort beau, le revers est d'une faible exécution. (*Communication de M. Famin.*)

MORO ou **MOOR** (ANTOINE), *peintre.* Suivant Bermudez, Moor est né à Utrecht en 1512. Il a été élève de Jean Schoreel. Nagler n'est pas certain que cette date de sa naissance soit exacte, et il dit que, d'après d'autres renseignemens, Moor serait né en 1518 ou même en 1519. Ce peintre se rendit en Espagne en 1552, et plus tard en Portugal où il fit les *portraits de D. Maria,* première femme de Philippe II, celui de *Jean III* et celui de *sa femme,* sœur de l'empereur. Les deux portraits de Jean III et de sa femme Dona Catherine, qu'on voit à l'église de Saint-Roch (*Lettres, p.* 291), sont attribués à Moro et pourraient bien être les mêmes dont il a été question tout à l'heure. Nous avons vu (*Lettres, p.* 256) que ces deux portraits sont aussi attribués à Christophe d'Utrecht. Deux autres portraits de Jean III et de Catherine, que j'ai cités page 288 de mes *Lettres,* lui sont aussi attribués ; mais ils méritent bien moins cet honneur que les autres, qui, quoique retouchés, laissent apercevoir encore des traces de leur mérite originaire; dans ceux-ci, au contraire, je n'en ai pu découvrir aucune. Moro se rendit ensuite en Angleterre ; il rentra plus tard au service de Philippe II ; il finit par retourner en Flandre et mourut à Anvers en 1588, laissant inachevé un tableau de la *Circoncision* qui est très estimé. Il passait pour être le plus grand peintre de portraits de son époque. C'est à tort, je crois, que Bermudez et d'autres auteurs citent Christophe d'Utrecht comme son élève ; ce dernier est né en 1498, c'est-à-dire au moins quatorze ans et peut-être vingt ou même vingt et un ans avant Moro qui mourut, selon Guarienti, en 1568 (*Lettres, p.* 316); selon Nagler, entre les années 1575 et 1588; tandis que Christophe d'Utrecht mourut en 1557, et fut fait chevalier du Christ au moins deux ans avant que Moro vînt en Portugal. Voyez *Lettres*, pages 253 et suivantes, où se trouvent réunis différens renseignemens sur Moro et sur Christophe d'Utrecht.

MOTA (DOMINIQUE DA), *architecte.* Sur le livre 6 de Philippe II, feuille 269, on trouve cette mention : « Ayant égard aux informations qui sont parvenues au roi sur l'habileté de Dominique da Mota, Sa Majesté nomme cet artiste architecte (1605). » (*Communication de M. le vicomte de Juromenha.*)

MOURATO (ALVARO), *peintre* à Batalha en 1592. (Voyez *Lettres, p.* 229.)

MURPHY (JACQUES), Anglais, *auteur* de l'ouvrage intitulé : *Travels in Portugal,* in-quarto orné de gravures, et d'un ouvrage in-folio sur Batalha orné également de gravures. Voyez *Lettres,* p. 344. Le premier ouvrage se compose de deux volumes, dont le premier porte la date de 1795 et l'autre de 1798. Dans ces deux volumes, les renseignemens artistiques se réduisent presque à rien; cependant, la description de Batalha est assez détaillée; il fait de cet édifice un éloge très grand et tout aussi mérité. Il donne encore des renseignemens assez détaillés sur Alcobaça, qu'il appelle l'un des plus anciens spécimens de l'architecture normando-gothique en Europe, et peut-être le plus magnifique (page 92). Il cite des tableaux de Vasques : je présume qu'il a voulu désigner ainsi *Gram-Vasco* (p. 94) et un *portrait* de Josepha, je suppose de Josepha d'Obidos. Il dit aussi avoir vu dans ce couvent une collection de tableaux, « l'une des plus belles de tout le royaume. » Cet ouvrage renferme des renseignemens intéressans, mais beaucoup d'erreurs, souvent de celles qui sont accréditées encore aujourd'hui : par exemple, il attribue à Sertorius l'aqueduc d'Evora. Voyez *Lettres,* p. 359, où mes lecteurs peuvent voir ce qu'il en est de cet aqueduc. Il parle de commandes qui doivent avoir été faites à François de Hollande par le roi Emmanuel, tandis que ce prince est mort alors que François de Hollande avait à peine trois ans.

N

NASAOZARCO (Tivisio de), était prieur d'un ordre monastique et *auteur* de l'ouvrage intitulé : *Theatro Genealogico que contem as arvores de costados das principaes familias do Reino de Portugal e mais conquistas com varias adições manuscritas*, 1602. Ce livre se trouve à la Bibliothèque de Jésus à Lisbonne.

Narcisse (Félicien), voyez Félicien Narcisse.

Narciso, voyez Narcisse.

Narcisse (Anaclète-Joseph), voyez Narcisse (Joseph-Antoine).

NARCISSE (Joseph-Antoine), *peintre d'ornemens* et de *plafonds*, naquit à Lisbonne en 1731. Il étudia la perspective sous Simon Gomes dos Reis, fils du capitaine Joseph Pinhão de Mattos, qui a peint des vues de Lisbonne et de Goa. Ces deux derniers étaient natifs de Pernambuco. Narcisse a peint les ornemens des galères et autres vaisseaux royaux. Il eut Louis Baptista pour successeur dans ces travaux. Il a restauré le plafond de l'église do Cabo, peint par Laurent da Cunha. Quand Ignace de Oliveira fut nommé architecte décorateur du Théâtre Royal, ce fut Narcisse qui exécuta les décorations inventées par Oliveira. Il continua à être employé dans cette partie, même après l'arrivée d'Azzolini. Narcisse a peint un grand nombre de plafonds et d'intérieurs d'églises et de maisons. Il mourut en 1811, et eut pour disciples son fils Anaclète-Joseph Narcisse, Joachim Romão et Jean de Deos. (*Cyrillo, p.* 219.)

NAZZONI (Nicolas), *architecte*, Italien, du dix-huitième siècle, qui est accusé d'avoir modernisé intérieurement la cathédrale de Porto. (*Lettres, p.* 412.) Il paraît être le même que Mazoni ou Mazzoni, voyez Mazzoni. L'une de ces manières d'écrire serait alors inexacte, mais je ne sais laquelle.

Negreiros (Emmanuel da Costa), voyez Costa (Emmanuel da) Negreiros.

Negreiros (Joseph da Costa), *peintre*, voyez Costa (Joseph da) Negreiros.

Negreiros (Joseph-Emmanuel de Carvalho e), voyez Carvalho e Negreiros (Joseph-Emmanuel de).

NETO (Étienne-Gonsalves), *peintre*.

« Tout ce que nous avons pu découvrir touchant Étienne-Gonsalves Neto, c'est qu'il était chapelain de l'évêque de Vizeu D. Jean-Emmanuel; qu'il avait été, par ordonnance du 8 octobre 1622, appelé par cet évêque au canonicat de ce siége, vacant alors par la mort de Christophe de Mesquita, et qu'il en prit possession le 9 dudit mois. Nous n'avons aucun indice ni sur sa famille, ni sur le lieu de sa naissance; mais il est certain, qu'il est digne de louanges par le génie et le talent sublime qu'il apporta à l'exécution de plusieurs ouvrages de peinture. Nous admirons encore aujourd'hui ses œuvres qui nous pénètrent de respect et nous portent à le qualifier de peintre sublime. On conserve avec soin à la bibliothèque du couvent de Jésus en cette ville, dépôt de nombreux ouvrages précieux, un missel écrit par Neto sur parchemin. Ce manuscrit, de la première à la dernière page, renferme en marge des ornemens d'un bon goût, très variés, fort beaux et très brillans. »

« Au dépôt des vases sacrés et des autres objets précieux de la cathédrale de Vizeu, on conserve aussi un riche calice qui ne sert que pour les grandes fêtes, et qui porte à sa base les armes des *Netos* avec cette inscription à l'entour : « Estevão Gonsalves Neto. Anno 1626, « ABHV. »

« Dans le livre des messes annuelles que le chapitre a l'obligation de faire célébrer par suite de différentes institutions, sont consignées celles qui avaient été fondées par Étienne Gonsalves, pour le repos de son âme et de celle de sa famille, et cinq pour l'évêque de Vizeu D. Jean Manuel. Il est à remarquer que sur le frontispice de ce livre appelé des Messes de *prima*, — parce qu'elles sont célébrées toutes par les chapelains, on voit les armes des Abreus enluminées, et en beaux caractères rouges l'inscription suivante : « Gaspard de Campos, e Abreu, chantre et « chanoine de la cathédrale de Vizeu, fit faire ce livre à ses frais, 1618. » On ne peut ni nier, ni affirmer que ce soit là un des ouvrages d'Étienne Gonsalves. En effet, tous les contrats capitulaires de son temps sont signés de lui. Cependant, confrontant son écriture avec celle du livre précité, on tombe dans le doute sur l'auteur de l'enluminure.

« Gonsalves excellait dans l'architecture, dans la perspective et dans les ornemens : le missel dont nous avons déjà parlé en est la preuve.

« Tout ce que nous savons encore de lui, c'est qu'il termina ses jours le 29 juillet 1627. » (*Taborda, p.* 188.)

Le Patriarche, dans sa *Liste des artistes,* p.55, dit qu'Estevão Gonsalves « dessina et peignit en miniature le charmant missel conservé à l'Académie des Sciences de Lisbonne. Cette œuvre admirable fut commencée en 1610, et terminée en 1622, ainsi que le prouvent différentes inscriptions placées dans ce livre. L'auteur en fit hommage à D. Jean-Emmanuel de la maison de Tancos, évêque de Vizeu et plus tard de Coïmbre, et celui-ci qui était le fondateur et le protecteur du couvent de Jésus, en fit présent à ce couvent. »

(Voyez *Lettres, p.* 455.)

Nicolas, *architecte* français, fut chargé de l'exécution du portail principal de l'église de Belem, vers 1517. (*Lettres*, *p.* 344.) Il fut appelé de France par D. Emmanuel, avec trois autres de ses compatriotes, pour reconstruire l'église de Sainte-Croix à Coïmbre. (*Lettres*, *p.* 331, 344, 469.)

Cet architecte pourrait bien être le sculpteur du même nom, qui a exécuté la sculpture de l'autel de la Pena, près de Cintra.

Voyez Nicolas, *sculpteur;* Chatranez ; et *Lettres*, p. 235, 237, 440.

Nicolas, *sculpteur* français, qui a fait l'autel de la chapelle de la *Pena* près de Cintra, au temps d'Emmanuel. Les constructions de ce couvent furent commencées en 1503. (*Lettres*, *p.* 235, 237, 440.)

« Duarte Nunes de Leão, dans sa *Description du Portugal*, chap. 23, appelle Nicolas : *grand sculpteur.* Louis Mendes de Vasconcellos lui attribue l'autel de la Pena près de Cintra, dans son *Sitio de Lisboa*, p. 209. Faria e Sousa, dans son *Europ. portug.*, qualifie cet ouvrage *de maravilhosa somptuosidade,* et Jorge Cardoso, dans son *Agiolog.*, dit que c'est Jean III qui fit faire cet ouvrage par l'insigne artiste *Mestre Nicolas Italiano.* » (*Patriarche*, Liste des artistes, rubrique Sculpteurs, article *Nicolao Francez.*)

Il ne faut pas, je crois, s'arrêter à ce dernier renseignement en tant qu'il est contredit par d'autres, qui disent que ce sculpteur était Français. Il est probable que ce Nicolas est le même qui a été employé comme architecte à l'église de Belem à Lisbonne, et à celle de Sainte-Croix à Coïmbre. Voyez Nicolas, *architecte.*

Une inscription qui se lit sur l'autel de la chapelle de Pena, fixe la date où ce monument a été achevé, à 1532, peu après la naissance de l'infant D. Emmanuel fils de Jean III, qui mourut en 1537. *Cintra Pinturesca* (1839). Ce livre est publié sans nom d'auteur, mais il a été écrit par M. le vicomte de Juromenha.

Voyez Chatranez.

Nicolas Chatranez, voyez Chatranez (Nicolas).

Nicolas Dias Velasco, *auteur* de l'ouvrage intitulé : *Nuevo modo para tañer la guitarra,* voyez Patriarche.

Nicolas de Frias, voyez Frias (Nicolas de).

Nicolas-Joseph-Baptiste Cordeiro, *graveur,* voyez Carneiro da Silva (Joachim).

Nicolas-Joseph Correa, voyez Figueiredo (Jean de).

Nicolas-Joseph Possolo Lecoingl, voyez Possolo (Nicolas-Joseph) Lecoingl.

Nicolas de Lyra, voyez Lyra.

Nicolas Mazoni ou Mazzoni, voyez Mazoni ou Nazzoni (Nicolas).

Nicolas Monteiro, voyez Magina.

Nicolas Nazzoni, voyez Nazzoni (Nicolas).

Nicolas Oliveira, voyez Oliveira (Nicolas de).

Nicolas Pinto, voyez Pinto (Nicolas).

Nicolas Tolentino Botelho, voyez Geraldes (Alexandre).

Nicolas de Frias, voyez Frias (Nicolas de).

Nicolas-Louis-Albert de la Riva, voyez Riva (Nicolas-Louis-Albert de la).

Nicolas Villela, voyez Villela (Nicolas).

Niulant (Adrien van), *peintre*. Guarienti a vu à Lisbonne, un tableau « précieux » de Van Niulant. (*Lettres*, *p.* 514.)

Noël (Antoine Apuril du Pontreau), voyez Pontreau (Noël Antoine Apuril du).

Nollekins, *peintre* de *bambochades* et de *paysages*. Guarienti a vu à Lisbonne, des ouvrages signés de cet artiste. Il doit avoir vécu vers l'an 1618. (*Lettres*, *p.* 526.)

Il est cité par Nagler.

Norbert-Joseph Ribeiro, voyez Ribeiro.

Noronha (Marguerite de). « D. Marguerite de Noronha naquit à Evora ; elle était fille de l'illustre D. Francisco de Noronha, 2ᵉ comte de Linhares, et de dona Violante de Andrade, dame d'honneur de l'impératrice dona Isabelle. Elle était douée de beaucoup d'esprit, très versée dans les langues latine, française, italienne et anglaise, et excellait tellement dans la peinture qu'elle causait, par la beauté de son pinceau, l'étonnement de beaucoup d'artistes. Duarte Nunes, dans la *Description du Portugal,* page 152, en parle comme d'une femme peintre, et dit : « Cette demoiselle peint si bien à l'huile, elle enlumine avec tant de perfection, qu'elle étonne les plus grands maîtres de l'art. » Elle n'était pas moins habile en architecture. C'est elle qui a fait le plan de l'église du couvent de l'Annonciation, fondé par son grand-père Ferdinand Alvares de Andrade, trésorier de D. Jean III. Elle se fit religieuse dans ce même couvent, sous le nom de sœur Marguerite de saint Paul, et elle en devint abbesse. Elle est auteur de quelques livres de piété. Nombre d'écrivains ont fait l'éloge de cette dame. Voyez tome III de la *Bibliothèque lusitanienne.* L'auteur de ce livre fixe l'époque de sa mort au 2 janvier 1636, à l'âge de 86 ans. » (*Taborda, p.* 175.)

Novaes (Joachim-Foruné de), *dessinateur*, voyez Aguiar (Jean-Joseph de).

Nunes de Abreu (Jean), voyez Abreu (Jean Nunes de).

Nunes d'Almeida (Gaétan-Albert), *graveur*, voyez Almeida (Gaétan-Albert Nunes d').

Nunes (Blaise). Cette signature se trouve sous les frontispices des ouvrages intitulés *Ethiopia oriental*, par frère Jean dos Santos, et *Itinerario da India*, par frère Gaspard de S. Bernardino. (*Patriarche, Liste des artistes, p. 14.*)

Nunes (Dominique), *peintre*, voyez Oliveira Bernardes (Ignace de), qu'il avait accompagné à Rome vers 1720.

Nunes (Édouard) de Leaõ, voyez Leaõ.

Nunes (François), *peintre*, né à Evora, florissait vers l'an 1600. (*Cyrillo, p. 73.*)

Nunes (Jean). « Il fut nommé maître des travaux de Tanger, emploi devenu vacant par la mort de George Gomes en 1574. La patente qui lui confère cet emploi se trouve au livre 39 de D. Sébastien, fo 234. Jean Nunes mourut en 1607. » (*Communication de M. le vicomte de Juromenha.*)

Nunes (Jean) de Abreu, voyez Abreu (Jean Nunes de).

Nunes (Philippe) *ou* Frère Philippe das Chagas (des plaies), *auteur* de l'ouvrage intitulé : *Arte de pintura, symetria e perspectiva*, 1615. (Voyez *Lettres, p.* 148, 473.) Taborda dit de Nunes, page 183, « qu'il est né, à Villa Real de Traz-os-Montes, de Belchior Martins e Guiomar Nunes ; qu'il était un des plus célèbres artistes, peintres et poètes de son temps ; et qu'étant entré dans les ordres en 1591, il prit le nom de frère Philippe das Chagas (des plaies). Voyez Barbosa, *Bibliotheca lusitana*, tome II, page 68, et d'autres auteurs cités par Taborda, p. 184. J'ai consigné, à l'article Loureiro, l'opinion exprimée par M. le directeur de l'académie sur le livre de Nunes.

Nunes (Pierre). « Il fut nommé, en 1504, pour remplacer Martin Annes toutes les fois que celui-ci, qui était très vieux, serait empêché de faire son service. Voyez Annes (Martin). Il était *maître tailleur de pierre* des constructions royales à Santarem, ainsi que le constate la patente qui lui fut donnée en 1504, après la mort d'Alphonse Pires, et qui est conservée au livre 23 du roi Emmanuel, fo 45. Il existe aussi un ordre de lui donner un muid de blé comme pension (1518). (*Corp. chron., partie 2e, paquet 75, doc. 55. » — Communication de M. le vicomte de Juromenha.*)

Nunes da **Silva** (Emmanuel), *auteur* de l'ouvrage intitulé : *Arte minima.* (Voyez Patriarche.)

Nunes (Simon-Gaétan) « fut, après Laurent da Cunha, le *peintre d'architecture* et le *décorateur* le plus renommé de Lisbonne.

« Pendant que Silveira et Stopani travaillaient au théâtre du *Bairo alto*, il régissait celui de la rue *dos Condes* ; quand les deux troupes de ces théâtres se réunirent au Bairo alto, il obtint la préférence sur

Silveiro et Stopani : il ne se borna pas à peindre les décors, il exécuta encore les machines pour la représentation du *Magicien de Salerne*. En 1782, il fonda le théâtre du Salitre à l'usage de Tersi l'équilibriste ; il eut aussi la direction du théâtre *da Graça*, et peignit beaucoup de plafonds et d'autres objets dans les maisons de campagne de Devisme à Bemfica, et de La Rocha à Cintra. En 1781, il exécuta les ornemens du plafond de la sacristie de l'église de *Encarnaçaõ* ; il concourut au maintien de l'académie de Saint-Joseph, et y donna des leçons publiques de géométrie et de perspective. Ses élèves furent Joachim dos Santos de Araujo, Manoel da Costa, Gaspard-Joseph Raposo, Simon-Gaétan da Cunha et autres.

« Joachim de Araujo était très habile dans la perspective, mais ses ornemens étaient d'un très mauvais goût. Lors de l'entreprise de Bruno, il dirigea pendant quelques mois le théâtre du Bairo alto : il entra, comme novice, au couvent de Jésus du tiers ordre de saint François, mais il en sortit sans faire de vœux, et après y avoir fait quelques peintures dans la cellule du père Mayne, confesseur du roi. Il se maria enfin ; mais sa vie déréglée le conduisit à une extrême pauvreté et à des souffrances physiques auxquelles il succomba, vers 1795, étant âgé de 54 ans.

« Gaspard Raposo naquit à Lisbonne avec un talent naturel pour la peinture : il avait un jugement sain et beaucoup d'habileté. Quand Simon-Gaétan tomba malade, il confia la direction des décors du théâtre de la rue dos Condes, dont l'entrepreneur était Paulin José da Silva, à Gaspard-Joseph Raposo, et celle du théâtre du Salitre, propriété de Jean Gomes Varella, à Costa, et ils se maintinrent dans cet emploi, même après le décès de leur maître. Gaspard est auteur de l'architecture et des ornemens du plafond du maître-autel de la paroisse de l'Incarnation, de plusieurs autres plafonds chez Jacinthe Fernandes Bandeira, etc. La faiblesse qu'il eut de se livrer aux attraits trompeurs du beau sexe lui valut une infirmité qui, mal traitée, lui fit perdre pendant quelques années l'usage des jambes : dans cet état, et assis sur un petit chariot, il dirigeait encore les décorations du théâtre et peignit quelques voitures pour la maison royale, au manége du collége des nobles. Contrairement aux assertions du fameux docteur Cornelio et d'autres médecins, Gaspard fut radicalement guéri par Manoel Lopes, chirurgien du roi. En 1795, il eut la direction des brillantes illuminations que fit faire Anselme-Joseph da Cruz Sobral à l'occasion de la naissance de la princesse Marie-Thérèse.

« Il fit beaucoup de décorations pour le théâtre Saint-Charles, et toutes celles du Salitre non-seulement pendant l'entreprise de Paulino, mais même pendant celle de la troupe elle-même et celle d'Antoine-Joseph de Paula. Cependant, plongé de plus en plus dans la débauche, il finit par succomber aux maladies qui en résultèrent. Il mourut à Bellas le 4 janvier 1803, étant âgé de 41 ans.

« André Monteiro, son élève, ne se borne pas à peindre des orne-mens : il fait encore des paysages, des animaux, du gibier et d'autres objets curieux, tous fort appréciés du public. Il est maintenant nommé maître des travaux publics.

« Simon-Gaétan n'étant pas précisément malade, donna trop de foi à un charlatan qui lui promettait de lui purifier le sang ; il prit successi-vement 17 ou 18 purgatifs : il en résulta une inflammation d'entrailles dont il mourut en 1783, à l'âge de 64 ans. Il était mélancolique, très probe et très-désintéressé ; il ne retira jamais des théâtres de plus grands intérêts que ceux qu'il donnait à ses aides. Son portrait a été peint par Domingos da Rosa. » *(Cyrillo, p. 202 et suivantes.)*

NUNES (THOMASIA) « naquit à Guarda. Elle était admirable dans la philosophie, l'arithmétique, la musique et l'architecture : elle peignait avec une égale perfection et écrivit deux livres in-folio intitulés *Ideas singularissimas* et *Nova arte de bem fallar*. Elle mourut en 1644 : il en est parlé dans le *Theatro heroino*, tome II, *p.* 439, et dans Barbosa Machado, *Bibliothèque lusitanienne*, tome III, *p.* 755. » (*Taborda, p.* 194.)

NUNO GONZALVES, voyez GONZALVES (Nuno).

O

OBIDOS (JOSEFA DE), *peintre*. C'est ainsi qu'est appelée communé-ment Josefa de Aiala ou Ayala. « Elle était fille de Balthazar-Gomes Fi-gueira, natif d'Obidos, comarca d'Alemquer, et de dona Catherine de Aiala y Cabreira, castillane. Elle est illustre par le nom de sa noble fa-mille, et assez connue en Espagne comme peintre distinguée (1) ; ce-pendant, chez nous, elle compte encore bien plus d'admirateurs con-stans de ses excellentes productions. Elle était native de Séville, mais elle était venue en Portugal avec ses parens lors de la glorieuse procla-mation du roi Jean IV. Elle habitait avec sa famille la *quinta capeleira*, hors des murs de la ville d'Obidos, où elle recevait les visites des per-sonnes de distinction qui affluaient aux bains de Caldas, à une demi-lieue de cette quinta, et qu'attirait la renommée de son pinceau délicat.

« Nous avons vu de nombreux tableaux de cette *héroïne*, la plupart représentant des fleurs et des fruits, quelques-uns des sujets historiques.

« Dans tous ses ouvrages on remarque un grand génie, beaucoup de

___

(1) J'ai en vain cherché son nom dans Bermudez, sous celui de Josefa, d'Obidos et de Aiala ou Ayala.

vérité et de vivacité d'expression, cependant un faire un tant soit peu dur.

« L'auteur du *Theatro heroino*, en faisant le panégyrique de cette femme peintre, dit, page 194, que dans l'église et le couvent de Valbemfeito, de l'Ordre de saint Jérôme, on admire de beaux tableaux dus à sa main habile, et que chez José-Gomes d'Avelar, qui était son parent, il en a vu d'autres d'un égal mérite, exécutés sur toile ou sur cuivre et argent, *sur lesquels elle travaillait au marteau, méthode qui s'appelle pontinho.*

« Elle savait aussi faire des portraits : témoins ceux de la princesse dona Isabelle, fille de don Pedro II, et de la reine Dona Marie-Françoise-Isabelle de Savoie ; ce dernier était d'une telle ressemblance qu'il fut reconnu le plus digne d'être envoyé au duc de Savoie, Victor-Amédée, que cette princesse épousa.

« Elle avait à peine atteint sa cinquantième année quand la mort vint l'enlever (22 juillet 1684). Elle repose dans l'église de Saint-Pierre, à Obidos, qui renferme un grand nombre de ses tableaux. » (*Taborda, p.* 203, et *Lettres, p.* 246.)

Cyrillo, en citant Felix da Costa, page 78, dit qu'elle était fille d'un peintre de paysages de Séville, et qu'elle a traité les sujets sacrés et historiques, les fleurs, les oiseaux et la nature morte. Voyez *Lettre* 15e.

Le peu de tableaux, attribués à cette femme peintre, que j'ai vus, m'ont fait juger son talent comme étant d'un ordre très secondaire. Tels sont, par exemple, celui de l'Académie de Lisbonne et celui de Batalha. Ce que j'aime encore le mieux, c'est l'*Agneau entouré d'une guirlande*, qu'on voit à la bibliothèque d'Evora (*Lettres, p.* 357). Après tout, il reste à savoir si ces tableaux sont réellement son ouvrage.

« Il paraît que cette illustre femme peintre exerçait aussi la gravure ; car, dans l'édition des statuts de l'Université de Coïmbre (1654), on trouve une estampe signée Josepha Ayala, Obidos, 1655. » (*Patriarche*, Liste des artistes, rubrique Graveurs).

Dans l'église de Varatojo, on voit dans le chœur *un enfant Jésus* avec une tunique transparente, et dans la chapelle du noviciat une *Notre-Dame des douleurs* qui sont attribués à Josepha de Obidos. (*Lettres, p.* 246, 357.) Voyez aussi *Theatro heroino, p.* 493.

Oirense (Silva), voyez Silva Oirense.

Olivarum (Cor), voyez Cor (o).

Oliveira, voyez Oliveira Bernardes. L'article consacré à ce dernier renferme des renseignemens sur tous les membres de sa nombreuse famille.

Oliveira (Antoine de), *peintre sur azulejos*, d'Evora, vivait vers 1746. On voit, dans cette ville, des ouvrages d'Oliveira au couvent *dos Loios.* (*Lettres, p.* 454.)

Oliveira (Antoine da Costa e), voyez Costa (Antoine da) e Oliveira.

Oliveira (Antoine-Marie de) **Monteiro**, *graveur*, voyez Bartolozzi.

Oliveira Bernardes (Antoine de), *peintre*, voyez Oliveira Bernardes (Ignace de).

Oliveira Bernardes (Jean-Pierre de), *peintre*, voyez Oliveira Bernardes (Ignace de).

Oliveira Bernardes (Ignace de), *peintre* et *architecte*. « Sa famille compte bon nombre d'artistes; son grand-père Manoel Rodrigues était peintre comme lui. Le fils de Manoel s'appelait Antonio de Oliveira Bernardes, et se maria avec Francisca Xavier, petite-fille d'un ministre et fille de Francisco Ferreira qui cultivait les belles-lettres, mais qui plus tard se consacra à la peinture : ils eurent pour enfans Ignacio de Oliveira, Frère José de Santa-Maria, moine, et Polycarpe de Oliveira, tous peintres et élèves de leur père. Antonio de Oliveira entra dans la confrérie de Saint-Luc le 7 août 1684; Polycarpe de Oliveira Bernardes, le 19 octobre 1728, et José de Oliveira le 21 octobre 1731, étant encore séculier. Les deux premiers exercèrent des charges au conseil de cette confrérie, et Antonio de Oliveira en fut nommé juge en 1679.

« Polycarpe d'Oliveira Bernardes fit le tableau de *saint Antoine* qui est à l'église da Lapa; il naquit en 1695 et mourut en 1778. Fr. José, dont nous avons déjà parlé, fit des tableaux de dévotion et mourut le 22 février 1781, à l'âge de 81 ans.

« Ignacio d'Oliveira, celui dont traite principalement cet article, naquit à Lisbonne le 1er février 1695 et fut un des élèves que D. Jean V envoya à Rome où il voulut fonder une académie portugaise de peinture. En 1776 on voyait encore dans cette ville les vestiges d'un grand édifice portant à l'entrée les armoiries de Portugal. Les Italiens appelaient cet édifice l'Académie de Portugal. Ceux qui accompagnèrent Ignacio d'Oliveira, furent Ignacio Xavier, natif de Santarem, qui mourut dès son retour, après avoir eu à peine le temps de peindre un médaillon pour la procession de la Fête-Dieu; Dominique Nunes, et José d'Almeida. Ignacio était élève de Benedetto Lutti (1), après la mort duquel il passa à l'école de Paulo Mathei (2), directeur dudit collége ou académie, où il fit des progrès dans la peinture et dans l'architecture : il avait un coloris extrêmement vague et agréable, mais faible, et un dessin élégant; il composait avec intelligence tout en se servant d'estampes, selon l'ha-

(1-2) Nagler parle de ce Benedetto Luti ou Lutti, mort en 1724 et de Paul Mathei ou Matteis, mort en 1728.

bitude de notre pays , et il était fort sur l'architecture, l'anatomie, la symétrie, et sur les autres parties fondamentales de l'art.

« Il travailla à Lisbonne comme architecte civil et architecte décorateur et peintre. Comme architecte civil, il fit en partie le plan de l'église de Saint-François de Paule et ceux du palais de Queluz et du palais de Gérard Devisme. Comme décorateur, il eut la direction des théâtres de Queluz et des théâtres royaux pendant l'absence de Bibiena, et avant que cette place fût confiée à Jacques Azzolini ; il dirigea aussi, avant le tremblement de terre, le théâtre des *Congregados* du Saint-Esprit et celui de la rue dos Condes. Comme peintre, on voit de lui : à Mafra, les deux tableaux des oratoires du palais, représentant *saint Joseph* et *Notre-Dame-de-la-Délivrance ;* dans les écoles , un *saint Antoine ;* dans la sacristie, un *saint François recevant les stigmates*, et à l'entrée principale celui de *saint Antoine devant Notre-Dame.* Ce dernier est fort grand, mais c'est le moins bon de tous ceux qu'il a faits.

« L'église de Saint-François de Paule renferme dans ses chapelles un *saint Joseph* et *la Trinité,* et sur le plafond un *saint Michel,* l'un des meilleurs ouvrages que nous connaissons de lui (1) ; à Sainte-Isabelle, on voit de lui *Notre-Dame d'Arrabida ;* dans le réfectoire de Saint-Bento, le *Castello d'Emaus ;* à Necessidades, le *Calvaire* et *la Trinité.* Il est également l'auteur des tableaux du maître-autel des Sœurs de *Carnide,* de celui de *saint François recevant les stigmates* et de *l'enfant Jésus ;* il a peint la *Piété* qu'on voit à Saint-Vincent, un autre tableau de l'église do *Rato,* le *Neptune* sur l'un des plafonds de la demeure du provedor des magasins, et deux tableaux à la Cartuxa, etc.

« Il eut pour élèves : Francisco Xavier, natif d'Evora, qui vivait en l'année 1775, et de qui nous avons vu plusieurs copies assez bien faites.

« Dona Michaela-Arcangela Romaneti, sa fille, peignait bien en miniature ; elle était née en 1740, et elle mourut en 1815.

« Joaõ Pedro de Oliveira, son fils, né à Lisbonne en 1752, fit un tableau de la *Passion* pour les religieuses dos *Cardaes*, et un autre grand tableau du *Couronnement de la Vierge* pour une chapelle intérieure des religieuses du Sacrement.

« Ignace de Oliveira entra dans la confrérie de Saint-Luc, le 16 janvier 1718; en 1780 il fut élu, comme Francisco Vieira, directeur de la classe de modèle vivant, à l'académie établie de nouveau à Saint-Francisco. Il mourut le 18 janvier 1781. Lobo, dans sa *Silva,* fait mention de lui, et dit qu'il imitait Van Dyck pour le coloris. Nous ignorons si la comparaison est exacte. » (*Cyrillo, p.* 92.)

(1) J'ai trouvé ces ouvrages très faibles. (*Lettres, p.* 295.)

Le *Calvaire* de l'église de Necessidades, dont il est parlé plus haut, se trouve au-dessus d'un des autels latéraux. Il représente *le Christ sur la croix, la Vierge et saint Jean;* les figures sont un peu moins grandes que nature. Ce tableau est signé Ig. d'Oliveira Brn; il est faible, mais d'un effet qui n'a rien de désagréable.

OLIVEIRA BERNARDES (JOSEPH DE), *peintre*, moine, ayant pris dans les ordres le nom de Frère Joseph de Santa-Maria, voyez OLIVEIRA BERNARDES (Ignace de).

OLIVEIRA BERNARDES (POLYCARPE DE), *peintre*, voyez OLIVEIRA BERNARDES (Ignace de).

OLIVEIRA (BLAISE DE), *peintre de plafonds, d'ornemens et de perspective,* voyez BACCARELLI (Vincent).

OLIVEIRA (EMMANUEL RODRIGUES DE), *peintre*, voyez OLIVEIRA BERNARDES (Ignace).

Quoique grand-père de Oliveira Bernardes (Ignace), je ne suis pas sûr qu'il se soit appelé Oliveira, car dans l'article de Oliveira Bernardes (Ignace), extrait de Cyrillo, il est appelé seulement Emmanuel Rodrigues.

OLIVEIRA (EUSÈBE DE), *architecte,* voyez SOUSA (Emmanuel-Gaétan).

OLIVEIRA (HENRI-GUILLAUME DE), voyez PATRIARCHE.

OLIVEIRA (JOACHIM DE), « *architecte* des œuvres du Conseil de finance (1780). Livre 15 de Dona Maria, I, f. 239. » (*Communication de M. le vicomte de Juromenha.*) Voyez MARDEL.

OLIVEIRA (JOSEPH-ALVES DE), voyez AGUIAR (Jean-Joseph de).

OLIVEIRA (MATHIEU-VINCENT), « *architecte* surnuméraire des palais du roi à Lisbonne (1778). Livre 12 de Dona Maria, I, f. 174. » (*Communication de M. le vicomte de Juromenha.*)

OLIVEIRA MONTEIRO (ANTOINE-MARIE DE), voyez MONTEIRO OLIVEIRA (Antoine-Marie de).

OLIVEIRA (Frère NICOLAS DE), *auteur* de l'ouvrage intitulé : *Grandezas de Lisboa. (Lettres,* p. 210).

OLIVIER DE GAND, *sculpteur en bois*, fit, sous le règne de Don Emmanuel, vers 1508, des ouvrages de sculpture en bois pour l'église de Saint-François, à Evora : il fut aussi chargé de travaux semblables à Thomar. (*Lettres, p.* 220).

ONUFRE DE CARVALHO, voyez CARVALHO (Onufre de).

ORTIZ (JOSEPH), *traducteur de Vitruve*, voyez SALVA (Vincent).

OUGUET, voyez HUGUET et HACKET.

Oxoniense scriptum, voyez PATRIARCHE.

P

Padraõ (Antoine-Joachim), suivant Cyrillo, *peintre et graveur*, mort jeune en 1760. Cet auteur, *p.* 115, cite plusieurs ouvrages de Padraõ qui eut pour élèves Jean Silverio Carpineti et Joseph-Gaétan Syriaco. Le premier fut aussi élève de Vieira, et a gravé à l'eauforte les *portraits des membres de la famille royale* de Pombal, et d'autres planches. Le second peignait des tableaux d'église, des ornemens et des paysages, et mourut en 1800, âgé de 60 ans.

J'ai vu chez M. Forth-Rouan, chargé d'affaires de France, une grande et belle gravure, représentant une *vue de Lisbonne*, et sur le premier plan Pombal assis en habit habillé, les cheveux bien frisés, songeant à rebâtir Lisbonne après le tremblement de terre. On lit sous cette gravure :

« Sebastiano Josepho Carvalio Malio Marchioni Pombalio maximi
« animi, et consilii viro ob Regis auctoritatem, dignitatemque am-
« plificatam, lusitani populi felicitatem auctam, rempublicam tempo-
« ribus difficilimis bene, ac fortiter gestam, atque optimis legibus
« constitutam, David Purry et Gerardus de Visme grati, lætique hanc
« effigiem exprimi curarunt.

« Ex autographo pedes septem et pollices sex alto, ac pedes novem,
« et pollices sex parisienses lato, quod Henrico Josepho Carvalio Melio
« comiti Ayrensi filio dicarunt. Olisipone MDCCLXXII. »

« L. Vanloo et J. Vernet pinxerunt, anno 1767, A. J. Padraõ et
« J. S. Carpinettus delineaverunt. J. Beauvarlet sculpsit. »

Il a aussi dessiné, sur la gravure de Pombal, la *vue du rivage de Belem* et de *l'embarquement des jésuites*.

Padua (Jean-Antoine), *sculpteur* italien, d'un mérite très secondaire dont on voit les ouvrages dans le chœur de la cathédrale d'Evora. (*Lettres, p.* 242.) Il est aussi auteur des *pupitres de l'église* du collége de Saint-Antoine des Séraphins de l'Oratoire de la Monnaie, et (1743) de la *statue de Saint-Jean* sur le pont d'Alcantara. (*Cyrillo, p.* 252.) Il fut également employé à Mafra. Cyrillo dit, même page, que les sculpteurs portugais du dix-septième siècle travaillaient en bois et en terre, et que les ouvrages en pierre de cette époque étaient tous exécutés par des étrangers.

« Outre ce Padua il y en eut un autre qui, d'après ce qui a été rapporté au professeur François d'Assis Rodrigues, ne travaillait pas en pierre et n'était pas l'auteur du saint Jean du pont d'Alcantara, mais qui sculptait en bois et enluminait ses figures. C'est ce dernier qui doit avoir été le maître de Jean Domingos de Campos Dias. » *(Communication de M. le professeur Assis).*

PAES (ÉTIENNE), *auteur* d'une lettre qui se trouve aux Archives royales de Lisbonne, dans laquelle il est question d'une nouvelle pièce d'artillerie inventée par le roi Emmanuel et exécutée par Jean Gaterres. (Voyez *Lettres, p.* 209.)

PAES (GUALDIM), voyez GUALDIM PAES.

PAEZ DO AMARAL (GRÉGOIRE), *auteur* de l'ouvrage intitulé : *Exemplares de letra ingleza,* voyez Patriarche.

PAIVA (ANTOINE), « *peintre* de la cour, est mort en 1650 (Voyez Franco (Emmanuel). » *(Communication de M. le vicomte de Juromenha.)*

PAIVA (HÉLIODORE DE), *peintre,* chanoine de Sainte-Croix de Coïmbre, est cité par l'archevêque Cenaculo au nombre des artistes célèbres du Portugal. (Voyez *Lettres, p.* 246.)

Taborda dit, *p.* 155, que Paiva était un peintre insigne comme le rapporte Barbosa dans sa Bibliothèque, t. II, *p.* 432, et qu'il mourut à Coïmbre en 1552.

PAIVA (MICHEL DE), *peintre* du roi en 1641, voyez VIEIRA SERRAÕ.

PALOMINO DE CASTRO Y VELASCO (D. ANTONIO), *peintre* espagnol et auteur du *Museo Pictorico,* est né en 1655. Il est mort en 1725 ou 1726. *(Nagler.)*

PANTALÉON, artiste du siècle dernier, cité par le professeur Rodrigues sans autres renseignemens.

PANTALÉON DIAS, voyez DIAS (Pantaléon).

PAOLO, italien, *peintre de batailles et de paysages,* vers 1753, voyez BIBIENA (Jean-Charles).

PARASIO TEBANO, *auteur* de l'ouvrage intitulé : *Arcadia pictorica en sueño,* voyez SALVA (Vincent).

Parecer em defeza da pintura, par Jean Rodrigues de Leaõ, voyez LEAÕ (Jean Rodrigues de.)

PARIS ET PEDEGACHE. « Deux ans après le tremblement de terre de Lisbonne en 1755, Paris dessina quelques ruines dudit tremblement, et les publia sous le titre suivant : « Recueil des plus belles ruines de Lisbonne, causées par le tremblement et par le feu du 1er novembre 1755. Dessiné sur les lieux par MM. Paris et Pedegache, et gravé à Paris par Jacq. Ph. le Bas, premier graveur du cabinet du Roy en 1757. »

« Cet ouvrage porte le même titre en portugais. Il se compose de six gravures : — 1° La tour de Saint-Roch ; 2° l'église de Saint-Paul ; 3° la basilique de Sainte-Marie (cathédrale) ; 4° le théâtre de l'Opéra ; 5° l'église de Saint-Nicolas; 6° Place du Patriarchat. » (*Communication de M. le vicomte de Juromenha.*)

PARODI (JOSEPH-ANTOINE), *peintre,* voyez ALEXANDRINO (Pierre).

PARODI (PEREGRINO), « excellent peintre génois qui fit les deux tableaux de l'église de la *Circoncision* et les *Fiançailles* à l'église des *Barbadinhos Italianos* à Lisbonne. Il passa en Portugal après l'année 1741 où il fit un nombre prodigieux de portraits. Il mourut vers 1785. Il a fait, outre les portraits, la *Cène* à Sainte-Isabelle.»(*Cyrillo, p.* 107). Voyez PARODI (Philippe) dont Peregrino était le petit-fils.

Nagler rapporte que Carpinetti a gravé d'après Parodi le portrait de Pombal, et Gregori celui du doge Spinola. Voyez CARPINETTI.

PARODI (PHILIPPE) (1). Selon Guarienti *sculpteur* génois, a exécuté des ouvrages de sculpture pour l'église de Lorette à Lisbonne. Cette église a été détruite par le tremblement de terre en 1755 et a été rebâtie depuis. (*Lettres, p.* 322.)

« Il a eu un fils appelé Dominique et un petit-fils du nom de Peregrino. Ce dernier, qui était peintre, a été à Lisbonne, et y est mort en 1785. » (*Patriarche, liste des artistes, p.* 43. Voyez *aussi Parodi(Peregrino).*

PATRIARCHE. Le cardinal Patriarche Dom Frei Francisco de S. Luiz, était connu avant son élévation au patriarcat sous le titre de *Bispo Conde,* titre propre à la dignité épiscopale de Coïmbre, tout évêque de ce siége étant comte d'Arganil. Il jouit d'une grande réputation littéraire. Il a publié sous le nom de Bispo Conde (D. Francisco), la *Liste de quelques artistes portugais ;* Lisbonne, 1839 ; j'ai souvent cité ce dernier ouvrage. Ses autres publications les plus connues sont : les *Synonymes*; les *Gallicismes* ; quelques *Mémoires historiques ;* son *Mémoire sur l'origine de la langue portugaise* dans lequel il combat l'opinion commune de l'origine latine; ses *Mémoires sur Batalha* ; le *Catalogue des découvertes portugaises* et quelques autres productions littéraires. La plupart de ses écrits se trouvent dans les Mémoires de l'Académie. La collection douzième renferme celui qui traite de l'origine de la langue portugaise (2).

Il est mort en 1845 à l'âge de quatre-vingts ans.

Le cardinal Patriarche a toujours défendu le Portugal avec zèle con-

(1) Selon Nagler, né en 1630 ou 1640.

(2) L'opinion du Cardinal Patriarche sur l'origine de la langue portugaise, ne se trouve pas d'accord avec celle de M. Hercolano. Je me sens d'autant plus disposé à adopter l'avis de ce dernier, qu'en arrivant en Portugal et avant d'avoir appris la langue, je n'avais pas de peine à comprendre tant bien que mal les journaux, et ce n'était pas pour savoir le celtique, mais à cause de la ressemblance du portugais avec le latin, le français et l'italien. Voici ce que nous dit à ce sujet M. Hercolano : « Il y a quelque temps nos savans, qui ont fait des recherches sur l'origine de la langue portugaise, ont prétendu que cette langue descendait tout droit du celtique, à l'exclusion du latin qu'on était jusque-

tre les étrangers; ses écrits en font foi. Ainsi, à propos des erreurs dont Murphy doit s'être rendu coupable et qu'il signale, il dit : « L'on peut juger par là du crédit que méritent les étrangers quand ils traitent de ce qui nous concerne. On dirait qu'ils se fient à notre ignorance ou à notre grande indifférence, tant ils nous débitent de mensonges et d'absurdités sur des choses que nous avons sous les yeux et que nous pouvons examiner. » (*Lettres, p.* 230.)

« Les propres paroles de frère Louis de Sousa, ont été cause que la présomption et l'orgueil des étrangers se sont arrogé la gloire de la première invention et de la direction des travaux de Batalha. Quant à nous, nous ne voyons pas le besoin d'aller mendier à l'étranger des gens capables d'un grand ouvrage architectonique, dans un siècle (1400) où aucune nation de l'Europe, excepté les Italiens, n'était plus avancée que nous dans cet art, non plus que dans les autres. » (*Lettres, p.* 92).

Je recommande à mes lecteurs l'histoire de l'architecture par Hope pour savoir combien il y avait de cathédrales gothiques achevées ou sur le point de l'être en Allemagne, en France et en Angleterre, à l'époque où les constructions de Batalha ont été commencées.

là habitué à regarder comme la langue mère, non seulement du portugais mais aussi de toutes les langues du midi de l'Europe. Cette opinion qu'on a mise en avant, je crois pour faire de l'originalité, est une vieille nouveauté qu'on est allé chercher dans l'arsenal de la demi-érudition et de la demi-philosophie de la France au dix-huitième siècle. Quelques grammairiens de ce dernier pays ont commencé à soutenir cette thèse relativement à la langue française, il y a une centaine d'années de cela; on l'a reproduite en Espagne à propos du Castillan, il y a à peu près cinquante ans. Notre tour est venu maintenant. Vous savez à vos dépens, que dans la Péninsule on voyage à dos de mulet, et comme nous sommes tout au bout de l'Espagne, vous comprenez très bien comment l'engouement celtique nous est venu un tant soit peu tard. Voilà ce que c'est que de manquer de chemins de fer ou pour le moins de bonnes routes. »

« Moi, je suis un peu arriéré sur le chapitre de la langue. Je tiens aux Romains. Il me semble que la doctrine ethnographique du celticisme pêche par sa base. On pose en principe que le rapport des langues doit être établi exclusivement sur le génie de la langue, c'est-à-dire sur sa grammaire. Ceci me semble faux. Les mots sont la forme de l'idée simple, la phrase est la forme de l'idée complexe, la syntaxe est celle de la gradation des idées. Ceci posé, il y aura une autre chose à laquelle on devra faire attention : ce sont les caractères de l'inflexion, ou dérivation des radicaux en obliques ou dérivés. Je conviens qu'il faut apprécier tout ceci et encore d'autres circonstances, pour étudier les rapports des deux langues; mais mettre de côté les représentans des idées simples et radicales pour faire seulement des rapprochemens de grammaire, c'est ce qui me semble évidemment faux; il faudrait, avant tout, éclaircir comment un peuple peut recevoir d'un autre la plupart des mots simples et composés sans que pour cela sa langue soit foncièrement dérivée de la langue à laquelle ces mots sont empruntés. »

« Pourquoi a-t-on mis en avant une telle doctrine, à propos du latin, et du celtique ? C'est que ces messieurs voyaient très bien qu'ils ne pourraient soutenir autrement leur thèse. Mais même en admettant les mots comme moyen de comparaison, et surtout comme moyen principal, il est clair que pour combattre ces messieurs on n'a besoin que de se mettre à parler portugais. »

« La doctrine du celticisme pêche aussi par la base historique. Y a-t-il quelqu'un

Voici maintenant les auteurs et les ouvrages cités par le Patriarche, dans la liste des Artistes :

OUVRAGES CITÉS PAR LE PATRIARCHE DANS LA LISTE DES ARTISTES :

Fr. Leaõ de Santo Thomaz, auteur de l'ouvrage intitulé : *Benedictina Lusitana*.

Memoria historica das obras do Real mosteiro da Batalha.

Fr. Manoel dos Santos, auteur de l'ouvrage intitulé : *Monarchia Lusitana*.

Andrada, auteur de la *Chronica de el Rei D. Joaõ III*.

Gaspard Corréa, auteur de l'ouvrage intitulé : *Lendas da India*.

Fr. Roque do Soveral, .auteur de l'ouvrage intitulé : *Historia do insigne apparecimento da imagem de N. Senhora da Luz* (1610).

Chronica de Cister.

Diogo Barbosa Machado, auteur de la *Bibliotheca Lusitanæ*.

Soares da Silva, auteur de l'ouvrage intitulé : *Memorias del Rei D. Joaõ I*.

C. T. Roland le Virloys, auteur du *Dictionnaire d'Architecture*. Paris, 1770.

Volkmar Machado, auteur de l'ouvrage intitulé : *Colleccaõ de Memor. dos Pintores, Esculptores, etc*.

Memorias de Malta.

Fr. Bernardo da Cruz, auteur d'une chronique.

qui connaisse l'ancienne langue des Celtes d'Espagne ? Personne, à ce que je crois. Il n'y a personne non plus qui connaisse l'ancien celtique des autres pays de l'Europe. Il existe des dialectes de cette ancienne langue en France et en Angleterre ; mais personne ne sait jusqu'à quel point ils sont semblables à la langue primitive. En admettant que l'unique moyen d'établir les rapports de deux langues soit de chercher les analogies grammaticales, et qu'on pût trouver qu'elles n'existent pas entre celle des Romains (c'est-à-dire le latin populaire ou parlé, car c'est celui-là qu'ils devaient imposer aux peuples vaincus), et le portugais, on n'aurait pas fait beaucoup de chemin, parce qu'après cela il faudrait encore prouver l'existence de ces deux analogies entre notre langue et le celte d'Espagne ; c'est-à-dire qu'il manquerait un des termes pour la comparaison. »

« Dans l'état actuel de la question, il me semble qu'il faut examiner deux grands faits historiques, savoir : si les langues plus ou moins barbares qui existaient en Espagne à l'époque de la conquête de cette province par les Romains, pouvaient résister à la force d'assimilation que nous connaissons à la vie et à la société romaine, et si elles lui ont de fait résisté. J'ai trouvé une résolution négative à ce problème, dans l'introduction au premier volume de mon Histoire du Portugal au moyen âge, que j'espère publier bientôt et où vous pourrez apprécier mes raisons. Le second fait historique qu'il faut établir, c'est la marche de transformation de la langue romaine en divers dialectes, jusqu'à l'époque où ceux-ci commencèrent à fixer leur individualité en s'élevant à la catégorie de langues. Ceci appartient à l'histoire du développement de la civilisation, et j'espère le traiter avec toute la clarté possible quand je serai arrivé à cette partie de mon travail. Il serait trop long de vous indiquer mes idées là-dessus ; et ce serait inutile, car vous me demandez simplement mon opinion, et ce peu de mots suffisent pour vous faire voir ce que je pense sur ce sujet. »

Sousa, auteur de l'ouvrage intitulé : *Historia de S. Domingo.*

Damiaõ de Goes, auteur de l'ouvrage intitulé : *Chronica del Rei D. Manoel.*

Castanheda, auteur de l'ouvrage intitulé : *Historia da India.*

Rebello, auteur de l'ouvrage intitulé : *Descripçaõ do Porto.*

Litteratura da Academ. R. das Sciencias de Lisboa.

Manoel Barata, auteur de l'ouvrage intitulé : *Arte de escrever* (1572).

Bayle, auteur d'un Dictionnaire.

Descripçaõ analytica da Estatua Equestre del Rei D. José I.

Conversaçoës sobre a Pintura, Esculptura e Architectura.

Fr. José Pereira de S. Anna, auteur de l'ouvrage intitulé : *Chronica do Carmo.*

Fr. Manoel de Sá, auteur des Mémoires.

D. Francisco, auteur de l'ouvrage intitulé : *Descripçam e debuxo do mosteiro de Santa Cruz de Coimbra* (1541).

Duarte Nunes de Leaõ, auteur de l'ouvrage intitulé : *Descripçaõ de Portugal.*

Je me permettrai encore un autre argument d'une moindre profondeur que ceux qu'on vient de lire. Voici des vers portugais faits avec des mots latins :

SONETO.

Preclarissima es tu, patria formosa,
Conservando valores eminentes
Submissas contemplando externas gentes ;
Venerando te, Lisia taõ formosa.

Tu refulges taõ, quaõ estiva rosa ;
Recordando heroes dignos, valentes,
Erige, constitue aras decentes,
Sacros cultus tu presta gloriosa.

Ingentes glorias lusas tu diffunde,
Assidua sparge, narra, fama clara
Triumphos memorando taõ constantes.

Hostes suas terrificas confunde
Demostrando quaõ es, victoria rara
Contra Lusos belligeros, ovantes.

Dans ces vers il faut seulement substituer *tam* et *quam* à *taõ* et *quaõ,* et notez qu'anciennement c'était également l'ortographe portugaise. Il existe d'autres essais du même genre.

Or tant qu'on ne me montrera pas de vers portugais faits avec des mots celtiques, je croirai à la supériorité de l'influence romaine sur l'influence celtique. Mais m'objectera-t-on, il faudrait pour cela savoir le celtique. C'est incontestable ; mais c'est justement parce qu'on ne le sait pas du tout, qu'on ne peut pas déterminer le degré de ressemblance du portugais avec la langue des Celtes, tandis que la ressemblance du portugais avec la langue latine et avec celles qui en dérivent est incontestable.

Luiz Mendes de Vasconcellos, auteur de l'ouvrage intitulé : *Sitio de Lisboa.*

Faria e Sousa, auteur de l'ouvrage intitulé : *Europa Portuguesa.*

Regimento do Santo officio da Inquisaçaõ, ouvrage imprimé à Lisbonne, en 1640.

Oxoniense Scriptum, ouvrage imprimé à Coïmbre, en 1609.

Historia Genealogica.

Ponz, auteur de l'ouvrage intitulé : *Viage de Espanã.*

Tyrocinium Theologiæ, ouvrage imprimé à Lisbonne en 1668.

As ultimas acçoẽs do Duque de Cadaval, ouvrage imprimé en 1730.

Theatro Historico Genealogico e Panegyrico, ouvrage imprimé à Paris, en 1694.

Fr. Jeronymo Vahia, auteur du poème intitulé : *Elisabetha triumphans.*

Retrato de Faria y Sousa, ouvrage imprimé à Lisbonne, en 1733.

Francisco Soares, auteur de l'ouvrage intitulé : *El Doctor eximio, y vener.* ; imprimé à Coïmbre en 1731.

Fr. Joaõ dos Santos, auteur de l'ouvrage intitulé : *Ethiopia oriental;* imprimé à Evora en 1609.

Fr. Gaspard de S. Bernardino, auteur de l'ouvrage intitulé : *O Itinerario da India.*

Historia Universal de Vallemont, ouvrage imprimé en 1737.

Theodoro de Almeida, auteur de l'ouvrage intitulé : *Recreaçaõ Philosophica;* imprimé à Lisbonne en 1757.

Fr. Joaõ dos Prazeres, auteur de l'ouvrage intitulé : *Emprezas de S. Bento;* imprimé en 1685.

Cordel triplicado, etc.

Arte Minima, ouvrage imprimé en 1685.

Estrangeiros no Lima, ouvrage imprimé à Coïmbre en 1785 et 1791.

Memorias dos Templarios.

Manoel de Campos, auteur de l'ouvrage intitulé : *Geometria de Euclides.*

Geografia Historica.

D. *Thomaz da Encarnaçaõ,* auteur de l'ouvrage intitulé : *Historia Ecclesiastica Lusitana;* ouvrage imprimé à Coïmbre en 1759.

Miguel Leitaõ de Andrada, auteur de l'ouvrage intitulé : *Miscelanea;* imprimé à Lisbonne en 1629.

Vida e martyrio de S. Quiteria, ouvrage imprimé à Coïmbre en 1651.

Viterbo, auteur de *l'Elucidario.*

Vida do Vener. Arcebispo de Braga D. Fr. Bartolomeu dos Martyres, ouvrage imprimé à Vienne en 1619.

Breviarium Romanum, ouvrage imprimé à Lisbonne en 1815.

Retratos dos Grandes Homens da naçaõ portugueza.

Vida de Santa Rita, ouvrage imprimé à Lisbonne en 1735.

Estatutos da Universidade de Coimbra de 1654.

Descripçaõ funebre das Exequias de el Rei D. Joaõ V.

Antonio Teixeira Rebello, traducteur de l'ouvrage intitulé : *Artilharia*, Lisbonne, en 1792.

Baltazar Telles, auteur de l'ouvrage ayant pour titre *Chronica da Companhia de Jesus.*

Harmonia scripturæ Divinæ, ouvrage imprimé en 1646.

Antiguidades de Braga, ouvrage imprimé en 1738.

André de Barros, auteur de l'ouvrage intitulé : *Vida do Padre Vieira*; imprimé en 1746.

Diniz de Mello e Castro, auteur de l'ouvrage intitulé : *Historia Panegyrica*; imprimé à Lisbonne, en 1721.

Codex Titulorum S. Eccl. Lisbon. Patriarch., ouvrage imprimé en 1746.

Merveilleux, auteur de l'ouvrage intitulé : *Historia Natural de Portugal.*

Historia da Academia R. da Historia Portuguesa.

Memorias Eccles. de Braga, ouvrage imprimé en 1732.

Prendas da Adolescencia, ouvrage imprimé en 1749.

Historia do Senhor de Mathozinhos.

Missal Romano, ouvrage imprimé en 1820.

Distribucion de los Premios..... — *de la R. Academia de S. Fernando.* 1781.

Franco, auteur de l'ouvrage intitulé : *Imagem de Virtude em o Noviciado da Companhia de Jesu.*

Cardoso Agiologio Lusitano.

Antonio Leite, auteur de l'ouvrage intitulé : *Historia da appariçaõ, e milagres da Lapa* (1639).

Joaõ Baptista de Castro, auteur de l'ouvrage intitulé : *Mappa de Portugal* (1763).

Cenaculo, auteur de l'ouvrage intitulé : *Memorias historicas do ministerio do Pulpito.*

Discurso sobre a utilidade do Desenho, (1788).

Dialogo da Vida Solitaria.

Joaõ Baptista de Castro, auteur de l'ouvrage intitulé : *Roteiro terrestre de Portugal* (1767).

Francisco Vieira, Lusitano, auteur de l'ouvrage intitulé : *O Pintor insigne, e leal amante*; imprimé à Lisbonne en 1780.

Garcia de Rezende, auteur de l'ouvrage intitulé : *Vida de el Rei D. Joaõ II.*

Jeronymo Corte-Real, auteur du poème intitulé : *Segundo Cerco de Diu* (1574).

Cladera, auteur de l'ouvrage intitulé : *Investigaciones historicas sobre los principales descobrimientos de los Espanoles etc.*; imprimé à Madrid en 1794.

Summario da Bibliotheca Lusitana de Barbosa.

D. Franc. Manoel, auteur de l'ouvrage intitulé : *Hospital das Letras...*

Antonio Fernandes, auteur de l'ouvrage : *Arte da Musica de canto de orgaõ e a Theoria do manicordio.*

Fr. Joaõ Rodrigues, auteur de l'ouvrage intitulé : *Arte do Canto-chaõ* (1560).

Manoel Mendes, auteur d'un ouvrage intitulé : *Arte de Canto-chaõ.*

Manoel Nunes da Silva, auteur de l'ouvrage intitulé · *Arte Minima ;* ouvrage imprimé à Lisbonne, en 1685.

Fr. Manoel Ponsaõ, auteur de l'ouvrage : *Liber Passionum ;* imprimé à Lyon, en 1576.

Manoel Rodrigues Coelho, auteur de l'ouvrage intitulé : *Flores de Musica ;* imprimé à Lisbonne, en 1620.

Nicolao Diâs Velasco, auteur de l'ouvrage *Nuevo modo para tañer la guitarra.* (Napoles 1640.)

Rodrigo Ferreira da Costa, auteur de l'ouvrage intitulé : *Principios de Musica, ou Exposiçaõ e execuçaõ. (Lisbonne 1825.)*

Thomaz Pereira, auteur de l'ouvrage intitulé : *Tratado de Musica especulativa e pratica ;* publié en Chine.

Vicente..., auteur de l'ouvrage intitulé : *Introduzione felicissima di canto fermo.*

Henrique Guilherme de Oliveira, auteur de l'ouvrage intitulé : *Memoria, em a qual se mostra o estado da Real Valla de Alpiuça, e sitios adjacentes, seu melhoramento, e utilidades que delle resultam* (1800.)

Ant. Pinto Pereira, auteur de l'ouvrage intitulé : *Historia da India, etc.*

Gregorio Paez do Amaral, auteur de l'ouvrage intitulé : *Exemplares de letra ingleza* (1794).

Francisco de Assis Rodrigues, auteur des ouvrages intitulés : *Memoria de Esculptura :* et *Methodo das Proporçoës, e Anatomia do corpo humano, dedicado à Mocidade estudiosa, que se applica ás Artes do Desenho (Lisbonne,* 1836).

Paul Botelho, voyez Salla (Félix).

Paul (George de S.), voyez George de S. Paul.

Paul (Marc), *auteur.* « Extrait du livre de Marc Paul, par Valentin

Ferdinand, écuyer de S. M. la reine D. Éléonore, adressé au roi D. Emmanuel. A la fin, se trouve une vignette gravée sur bois avec un lion, au cou duquel est pendu un écu, et tout autour une bordure. On y lit la déclaration suivante :

« Le livre de Marc Paul a été terminé avec celui de Nicolas Vénitien, et il a été de même que l'autre extrait d'une lettre d'un marchand génois. Ils avaient tous deux écrit sur l'Inde, pour la gloire de Dieu et pour l'information de ceux qui voyagent dans ce pays-là, et ils supplient humblement tous les voyageurs de corriger les imperfections de leur travail, quant au style, à la nomenclature et à la description des provinces, royaumes, villes, îles, distances, etc. Imprimé par Valentin-Fernandes Alemaõ à Lisbonne, 1502, 4 février. » (*Communication de M. le vicomte de Juromenha.*)

PAUL MATHEI, voyez OLIVEIRA BERNARDES (Ignace de).

PAUL (VINCENT), *peintre d'ornemens*, voyez ANDRADE (Jérôme). C'est probablement le même que Vincent Paul da Rocha.

PAVONA (FRANÇOIS), *peintre* italien, arriva à Lisbonne en 1735, fut introduit par Guarienti chez les grands, et exécuta en Portugal divers ouvrages de peinture. Il y fit aussi beaucoup de portraits au pastel. (*Lettres, p.* 323.)

PAYO (JOACHIM-JOSEPH DE S.), *peintre*, voyez ALEXANDRINO (Pierre).

PAYO (JOSEPH-IGNACE DE S.), *peintre*, voyez ALEXANDRINO (Pierre).

PAYO (MICHEL-ANTOINE DE S.), *peintre*, voyez ALEXANDRINO (Pierre).

PECOBARO (ANTOINE), *sculpteur*, élève de Giusti et son parent ; vivait vers 1750. (*Cyrillo, p.* 262.)

PEDEGACHE (PARIS et), voyez PARIS et PEDEGACHE.

PEDRO, voyez PIERRE.

PEDRO AFFONSO, était *architecte* du monastère de Sainte-Croix à Coïmbre, en 1436, sous le règne du roi Édouard. (*Communication de M. l'abbé de Castro.* Extrait des mémoires sur l'existence de ce monastère, 1839, *p.* 15. — Voyez l'article Pierre Alphonse où il est encore question de deux autres individus de ce nom.)

PEDRO (ALVARO DE), *peintre*. Taborda, *p.* 143, dit que Pedro « est le peintre le plus ancien dont on ait pu découvrir des notices. Il florissait vers 1450; ce qui correspond au règne d'Alphonse V. Vasari, dans la vie de Taddeo Bartolo, dit que la manière de peindre de Pedro ressemblait à celle de Taddeo; que cependant ses tons étaient plus clairs et ses figures moins caractéristiques. Alvaro de Pedro a exécuté divers tableaux à Volterra, à Pise et dans d'autres villes d'Italie. »

PEETERS (BONAVENTURE), *peintre* d'Anvers. Guarienti a vu à Lisbonne des ouvrages de Peeters qui, selon cet auteur, vivait vers 1614. (*Lettres, p.* 317.)

PELLEGRINI (Dominique), *peintre*, « naquit à Venise en 1764. Il alla à Rome, en 1789. Quatre ans après, il fit le voyage de Paris; puis il revint à Venise et passa plus tard à Londres. Après avoir fait plusieurs autres voyages, et avoir connu Vanloo, madame Lebrun et David, il se rendit à Lisbonne, en 1803, où il fit un grand nombre de portraits. En 1810, il fut obligé de partir avec Urbino Pizzette, peintre piémontais, et beaucoup d'autres qui se rendirent suspects au gouvernement. » (*Cyrillo, p.* 137.)

J'ai vu chez le comte Farrobo, un tableau de Pellegrini, représentant *le baron Quintello, sa femme et ses deux fils*, enfans, grandeur naturelle. Quoique la touche et la couleur de ce tableau soient lâchées, cependant ce ne sont pas de mauvais portraits. De toutes les figures, c'est celle du baron qui m'a le plus satisfait.

J'ai vu aussi chez la comtesse d'Anadia, une *Vénus* ébauchée, que j'ai trouvée extrêmement faible. (*Lettres, p.* 286.)

PENAFIEL ou **PENHAFIEL** (Jean de), *calligraphe et enlumineur*.

Voici ce que M. le vicomte de Juromenha m'a communiqué au sujet du manuscrit *Escripturas da Ordem do Christo,* dont il est question dans mes *Lettres, p.* 346 et 348.

Le titre de l'ouvrage est ainsi conçu : « Cadastre (*tombo*) des biens, « rentes, droits et documens du couvent de Thomar, chef-lieu de l'or- « dre du Christ, que le roi Jean III, administrateur du même ordre, « fit faire par le docteur Pedro Alvares (1), son *desembargador da* « *caza da suplicaçaõ* (juge) par *alvará*, dont la teneur suit : »

Ici est rapporté l'alvará qui porte la date de 1542. Le roi Emmanuel avait commencé cette collection, ainsi que cela se voit dans le même livre. Il y est dit que dans le temps où il l'entreprit, il n'a pu trouver d'écrivain qui sût mieux écrire le latin sans faire de fautes, la plupart des pièces étant rédigées dans cette langue, et qui eût une meilleure écriture que frère François de l'ordre *dos pregadores* du monastère de S. Dominique, etc. Cet ouvrage se trouvant renfermer des fautes, et n'ayant pas été achevé au temps de Jean III, comme il l'avait ordonné, le même travail fut entrepris sous l'inspection du même Pedro Alvares, pendant le règne du roi Sébastien. Au commencement du livre, on voit un alvará de ce roi adressé à Pedro Alvares pour lui enjoindre de faire le livre. Cette pièce désigne comme écrivain, Gaspard Garro, *moço da Camera* de l'infante D. Isabelle, tante du roi. Elle porte la date de 1560. Elle est suivie d'une apostille qui mon-

(1) Pedro Alvares Seco.

tre que Pedro Alvares fit écrire le livre et faire les enluminures par Jean de Penafiel, parce que Gaspard Garro ne savait pas faire de lettres rondes. Ce dernier fut cependant chargé d'écrire un autre livre en caractères de *marca maior*, et sur papier, destiné à la *meza do despacho*. Cette apostille porte la date de 1568. Voyez SECO (Pierre-Alvares) et *Lettres, p.* 346 et 348.

PEREGRINO PARODI, voyez PARODI (PEREGRINO).

PEREA (BLAISE DE), voyez PEREIRA (Blaise).

PEREIRA (ANTOINE), « *graveur*. Dans l'ouvrage intitulé : *Tyrocinium Theologiæ*, imprimé à Lisbonne en 1668, on voit une estampe signée de Pereira Antoine. » (*Patriarche*, Liste des artistes, *p.* 13.)

PEREIRA (ANTOINE), *peintre*.

« Le 19 février 1755, le roi D. Joseph, d'heureuse mémoire, fit délivrer à Pereira son diplome de peintre à l'huile et à la détrempe de la maison royale, aux appointemens de 6,000 réis, et un muid de blé payable sur péage le (*almoxarifado*) de Santarem, conformément à l'ordonnance du 8 août 1754. Ce diplome est enregistré à la chancellerie du roi D. Joseph Ier, *liv.* 66, *fol.* 344. — Archives royales. » (*Taborda, p.* 228.)

PEREIRA (ANTOINE), *peintre*. « Nous devons le considérer comme contemporain de Dominique Vieira en 1628. Il était peintre des églises des ordres militaires, sous Philippe III. — Archives royales, *livre* 12 *de l'ordre de S. Jacques, feuille* 54. » (*Taborda, p.* 193.)

PEREIRA (ANTOINE-JOSEPH), *peintre*, jeune homme de 26 ans à peu près, n'était pas encore sorti, en 1844, de Vizeu, sa ville natale. Il s'occupe avec succès de dessin et de peinture. (*Lettres, p.* 372.)

PEREIRA (ANTOINE-PINTO), *auteur*, voyez PINTO PEREIRA et *Patriarche*.

PEREIRA (BLAISE, **BRAZ**), était fils de Ferdinand Brandaõ. Il est cité par Cyrillo, p. 18, comme appartenant à la cour de l'infant D. Ferdinand (né en 1507), fils du roi Emmanuel. Il doit, d'après cet auteur, avoir cultivé les arts en amateur. Bermudez, tom. 4, *p.* 61, l'appelle *Perea* (Blas de), fils de Ferdinand *Blandon ;* mais il est évident que c'est l'orthographe de Cyrillo qu'il faut adopter aussi bien pour le père que pour le fils. Taborda, p. 168, dit que Pereira était lié d'amitié avec François de Hollande, et qu'il vivait vers 1560.

PEREIRA DE CARVALHO (DOMINIQUE), voyez CARVALHO (Dominique-Pereira de).

PEREIRA (EMMANUEL), *sculpteur* portugais ou espagnol, selon Guarienti, a fait beaucoup de statues en Espagne et est mort en 1667, âgé de 67 ans. Voyez Palomino, Bermudez, Nagler et Cyrillo, p. 249-251. Il était né en Portugal, mais il a passé toute sa vie en Espagne.

Selon Bermudez, la plus célèbre de ses statues est celle de *S. Bruno* qui se trouve à la Chartreuse *del Paular*. Palomino parle aussi avec éloge de celle de *S. Jean de Dieu*. (*Lettres, p.* 242, 440.)

Pereira (Emmanuel **Ribeiro**), né à Vizeu, *auteur* d'un manuscrit intitulé : *Dialogues moraux, historiques et politiques*, 1650. (*Lettres, p.* 180 *et suivantes, et* 366.). — La *Bibliothèque lusitanienne* l'appelle Manoel-Botelho Ribeiro, mais le manuscrit ajoute aussi le nom de Pereira.

Pereira (François-Pinto), voyez Pinto Pereira.

Pereira (Jacques), selon Guarienti et Cyrillo, *peintre d'incendies, de purgatoires, d'enfers et d'autres sujets analogues*. Il existe de lui un grand nombre d'ouvrages en Portugal. Il est mort à l'âge de plus de 70 ans, vers 1640. Parmi les ouvrages attribués à ce peintre que j'ai vus, je n'en ai pas rencontré un seul qui m'ait paru digne d'éloges (*Lettres, p.* 241, 322.)

Taborda, *p.* 185, dit qu'il peignait aussi des paysages, avec de petites figures exécutées avec goût.

Pereira (frère Joseph) de Santa-Anna, *auteur de la Chronique du Carme*, voyez Taborda. Il est également cité par le Patriarche dans sa Liste des artistes.

Pereira (Louis-Gonsague), *graveur* de la Monnaie en 1846, âgé à peu près de 56 ans.

Pereira (Louis) de Menezes, voyez Menezes (Louis-Pereira de).

Pereira (Luc-Joseph dos Santos), voyez Santos (Pereira).

Pereira dos Reis (André), « *cosmographe*, natif de Macao. Il a écrit, en 1656, des discours et des traités (*demonstraçoes*) sur divers pays, où sont marquées avec beaucoup d'exactitude les longitudes et les latitudes. Le manuscrit se trouvait dans la Bibliothèque du marquis de Castello-Melhor. » (Voyez *Bibliothèque lusitanienne. — Communication de M. le vicomte de Juromenha.*)

Pereira Rezende (Louis-Joseph), *peintre* de miniature, âgé, en 1846, de près de 80 ans. Il est attaché à l'Académie de Lisbonne. (*Lettres, p.* 114.)

Pereira (Ribeiro), voyez Ribeiro Pereira.

Pereira (Thomas), *auteur* de l'ouvrage intitulé : *Tratado de muzica especulativa e pratica*. Voyez Patriarche.

Pereira (Vasco), *peintre* portugais, cité par Bermudez, était établi à Séville et appartenait à la fin du seizième siècle. Son origine, l'époque de son activité et la réputation dont il a joui en Espagne, m'avaient fait croire qu'il n'était autre que le Vasco Fernandes ou Graõ-Vasco, dont on ne connaît, en fait d'ouvrages authentiques, que ceux qui se trouvent à la cathédrale de Vizeu, et dont on a conservé un souvenir si vague, mais si cher en Portugal ; cependant dans mon voyage à Séville j'ai acquis la certitude du contraire. Il y avait à Séville un ouvrage de Vasco Pereira portant la date de 1594, et un autre de 1598. Il a peint à fresque une *décollation de saint Jean* dans le cloître de S. Pablo. Tous ces tableaux ont disparu. (*Lettres, p.* 505.)

PEREZ (GENARO DE) VILLA-AMIL, voyez VILLA-AMIL.

PERO, voyez PIERRE.

PERRET OU **PERETO** (PIERRE), *graveur,* cité par le Patriarche dans sa Liste des artistes, à propos d'un ouvrage qui porte la date de 1602. Nagler fournit quelques renseignemens sur ce graveur et s'appuie sur Basan. Ce dernier fixe à l'année 1549 la naissance de Perret, et prétend qu'il est né à Oudenarde.

« *Pedro Pereto*, sculpteur qui vivait encore vers l'an 1602. Voyez vie de D. Fr. Barthélemi des Martyrs, archevêque et seigneur de Braga, primat d'Espagne, liv. 2, ch. 17, par Fr. Louis de Sousa. » (*Communication de M. l'abbé de Castro.*)

Il est évident que c'est le même que Pierre Perret.

PERYM (DAMIEN DE FROES), voyez FROES PERYM (Damien de).

PETERS, voyez PEETERS.

PEVIDES (JEAN DA **SILVA**), *sculpteur,* élève de Giusti (Alexandre). (*Cyrillo, p.* 263.)

PHILIBERT-ANTOINE BOTELHO, voyez BOTELHO (Philibert-Antoine).

PATRICIO (JOSEPH) MAFRENSE, *sculpteur*. « Fils de Pierre-Antoine de Lucque. Il fut en 1767 élève de Giusti (Alexandre), et entra dans le couvent de Saint-Vincent. » (*Cyrillo, p.* 263.)

PHILIPPA (Dona), infante, fille de D. Pedro, duc de Coïmbre, fils de Jean Ier qui périt à la bataille d'Alfarrobeira, en 1447. On voyait au couvent d'Odivellas un manuscrit de Dona Philippa. (*Lettres, p.* 206, 211.)

Le Patriarche, dans sa *Liste des artistes*, rubrique *Peintres*, article *D. Felipa*, dit : « Les compositions littéraires de cette princesse sont connues, et je trouve, dans des mémoires particuliers, qu'elle a légués aux religieuses d'Odivellas un manuscrit dont elle était auteur, et qui contenait diverses *images et figures dessinées par elle*, avec la perfection qui était propre à son habileté pour cet art. »

PHILIPPE DAS CHAGAS, voyez NUNES (Philippe).

PHILIPPE-ÉDOUARD OU UDUARTE, voyez UDUARTE PHILIPPE.

PHILIPPE GHERARDI, voyez GHERARDI (Philippe).

PHILIPPE HENRIQUES, voyez HENRIQUES (Philippe).

PHILIPPE JUVARA, voyez JUVARA et LUDOVICE (Frédéric).

Philippe Nunes, voyez Nunes (Philippe).

Philippe Parodi, voyez Parodi (Philippe).

Philippe Terzo, Tercio, Tersio ou Estercio, *architecte et peintre* italien. Il servait, comme peintre, le cardinal roi Henri vers 1580, et était architecte de Philippe II. « Il a construit pour ce dernier la partie du palais du roi à Lisbonne, qui s'appelait *le fort* ou la grosse tour de la maison des Indes (*Torreaõ da Casa da India*) (1). Le cardinal roi le fit chevalier du Christ, et le roi Philippe commandeur. » (*Cyrillo*, *p.* 162.)

Le Patriarche, Liste des artistes, *p.* 2, lui attribue le *fort* des 5 bastions à *Villa de Conde*; *l'aqueduc* de la même ville et celui de Coïmbre. D'après ce même auteur, Terzo a accompagné le roi Sébastien dans son expédition d'Afrique, et fut fait prisonnier le 4 août 1578. Le cardinal-roi écrivit à D. Rodrigo de Menezes, qui fut chargé du rachat des prisonniers, ce qui suit : « Vous aurez soin de vous rappeler Filipe Tercio qui est un ingénieur italien, qui accompagna l'armée de mon neveu; et vous le délivrerez aussitôt, parce qu'il est homme utile et que cela convient au service de sa profession. »

Le Patriarche, Liste des artistes, *p.* 6, article *Nicoláo de Frias*, dit que « frère Bernardo da Cruz l'appelle, dans ses *Chroniques*, Phelipe Estercio italiano. »

« En 1572, il fut nommé maître des travaux royaux après la mort de Antoine Rodrigues. Il a accompagné le roi Sébastien en Afrique, comme ingénieur des campemens, et fut fait prisonnier à la bataille de Alcaçar-Kebir.

« En 1590, il obtint la patente de maître des travaux royaux, architecte et ingénieur, emplois que réunissait avant lui Antoine Rodrigues. Cela résulte d'un alvara *do ordenado*, L. 16 de Philippe Ier, f. 407; et d'un alvara de 500 cruzades, L. 9 du même roi, f. 44.

« En 1598, il était probablement mort, car ce fut cette même année qu'il fut remplacé par Léonard Furiano. » (*Communication de M. le vicomte de Juromenha.*)

Terzo est cité par Barbosa Machado, comme un artiste qui fait honneur à son pays. Je ne sais plus où j'ai lu qu'il a été architecte de l'église de S. Roch. (*Lettre* 10me, *App.* 9me.)

Philippe Uduarte ou Edouart, voyez Uduarte (Philippe).

Piedade (François de), *modelait en terre*. L'histoire de *Santarem edificada* cite de lui un *S. Pierre* modelé en terre, fait vers l'an 1700. Dans ce même livre il est dit qu'il était moine de l'ordre de la Trinité, grand artiste, et né à Santarem. (*Lettres, p.* 250.)

---

(1) Ce palais a été ruiné de fond en comble par le tremblement de terre de 1755 et il n'en reste pas de trace.

PIEDADE (IGNACE DE) VASCONCELLOS, voyez VASCONCELLOS.

PIERRE (MAITRE), *peintre* de l'infant D. Henri, je présume du célèbre navigateur fils de Jean Ier; car l'infant D. Henri cardinal roi, fils du roi Emmanuel, est né en 1512 et est mort en 1580, époque où les travaux de Batalha ne se continuaient plus, tandis que ce maître Pierre est cité parmi les artistes de ce couvent, ainsi que cela se voit dans la Liste des artistes du Patriarche, *p.* 43. (Voyez *Lettres, p.* 205, 211.)

M. le vicomte de Juromenha suppose qu'il était aussi *cosmographe* de ce prince.

PIERRE D'ALCANTARA, voyez ALCANTARA (Pierre d') et MAGINA (Jacques).

PIERRE D'ALCANTARA DA CUNHA D'EÇA, voyez EÇA.

PIERRE ALEXANDRINO, voyez ALEXANDRINO (Pierre).

PIERRE ALPHONSE, voyez PEDRO AFFONSO.

M. de Balsamaõ cite encore deux Pedro Affonso, dont l'un *Mestre dos Calafates* de Porto, livre 36 d'Alphonse V, f° 132, et un autre *Mestre das Vallas* de Azambuja, livre 11 d'Alphonse V, f° 76; mais je ne sais pas si on peut ranger ces deux individus parmi les artistes.

PIERRE ALVARES, voyez ALVARES (Pierre).

PIERRE-ALVARES SECO, voyez SECO.

PIERRE ANNES ou EANES, voyez ANNES (Pierre). Il y en a trois du même nom.

PIERRE-ANTOINE QUILLARD ou GUIGLIARD, voyez QUILLARD (P. A.)

PIERRE-BARRETO DE REZENDE, voyez REZENDE (Pierre-Barreto de).

PIERRE CAMPANA, voyez CAMPANA (Pierre).

PIERRE DE CARVALHO, voyez CARVALHO (Pierre de).

PIERRE CERVEIRA, voyez CERVEIRA (Pierre).

PIERRE CHANTOFORO, voyez GROSSI (Jean).

PIERRE FERNANDES, voyez FERNANDES (Pierre).

PIERRE FERNANDES DE TORRES, voyez FERNANDES (Pierre) DE TORRES.

PIERRE DE FRIAS, voyez FRIAS (Pierre de).

PIERRE GUALTER, voyez MARDEL.

PIERRE GUARIENTI, voyez GUARIENTI (Pierre).

PIERRE (JOACHIM) D'ARAGAÕ, voyez ARAGAÕ.

PIERRE (JOACHIM) DE SOUSA, voyez SOUSA (Joachim-Pierre de).

PIERRE DE SAINT-MARTIN, voyez MARTIN (Pierre de Saint).

PIERRE DE MEADA, voyez MEADA (Pierre de).

PIERRE NUNES, voyez NUNES (Pierre).

Pierre pereto ou Perret, voyez Perret (Pierre).

Pierre Rodrigues, voyez Rodrigues (Pierre).

Pierre Taca, voyez Taca (Pierre).

Pietra (Schiappa), voyez Schiappa Pietra.

Pillement, voyez Pilman.

Pillman, voyez Pilman.

Pilmant (Jean), ou **Pillman**, ou **Pillement**, français, *peintre de paysage* du dix-huitième siècle, a fait plusieurs séjours en Portugal et y a laissé beaucoup d'ouvrages au pastel et à l'huile. Ce fut en 1780 qu'il vint en Portugal pour la dernière fois. Quand il quitta Lisbonne, à la fin de ce voyage, il avait plus de 70 ans. (*Lettre seizième.*)

Cyrillo, p. 211, parle d'une nièce de Pilman qui s'appelait mademoiselle Louvete, qui faisait des portraits en miniature et gravait à l'eauforte; Cyrillo parle aussi des disciples que Pilman eut à Lisbonne, savoir : Joachim da Costa, frère de Manoel da Costa et Joachim Mellisent.

J'ai vu de lui, à Lisbonne et à Porto, beaucoup de paysages à l'huile et à la guache, très maniérés, mais dénotant beaucoup de savoir-faire. (*Lettres, p.* 286, 385 *et autres.*)

Nagler dit que Pilman vivait encore à Lyon en 1809, âgé de 90 ans, mais il ne fait pas mention de son séjour en Portugal.

Pimenta Cardote (D. Ignacia), *peintre.* « Dans le musée de tableaux du monastère des Bénédictins de Saint-Martin de Tibaës existait un beau tableau de la *sainte Famille,* signé *D. Ignacia Pimenta Cardote a fez an :* 1717. » (*Patriarche,* Liste des artistes, rubrique Peintres, article D. Ignacia Pimenta Cardote.)

Jusqu'à quel point cette femme peintre mérite-t-elle d'être arrachée à l'oubli ? C'est ce qu'il serait assez difficile de préciser sans avoir vu ses ouvrages.

Pimenta Rolin (Antoine), *peintre de perspective et d'architecture,* voyez Baccarelli (Vincent).

Pina (Ruy de), *auteur,* voyez Rezende (Garcia de). Dans mes Lettres, *p.* 208, j'ai fait mention de ses morceaux inédits de l'*Histoire de Portugal,* chronique de Jean II, *p.* 126.

Pinhaõ (Joseph), **de Mattos,** *peintre d'ornemens, de plafonds et de perspective,* voyez Narciso (Joseph-Antoine).

Pinhero (l'Évêque), *auteur d'œuvres diverses,* cité par le Patriarche, Liste des artistes, rubrique Architectes, article Diogo de Torralva.

Pinho (Joseph-Gaétan de) et Silva. « Cladera dans ses *Investigations historiques sur les principales découvertes des Espagnols. (Madrid,* 1794), dit que le portrait du Duc de Alcudia dont il orna son ouvrage fut dessiné d'après l'original de Joseph-Gaétan de Pino et Silva né à Porto. » (*Patriarche*, liste des Artistes, rubrique Peintres, article Joseph Caetano de Pinho.)

Pinto (Antoine), *sculpteur en bois*. Il m'a été indiqué par M. le professeur François d'Assise Rodrigues. Il était contemporain de Jean-Chrysostôme-Policarpe da Silva et mourut entre les années 1818 et 1820, âgé de plus de 60 ans.

Pinto (Antoine), *graveur*. « Dans l'ouvrage intitulé : *Histor. do apparecimento de N. Senhora da Luz*, imprimé à Lisbonne par Pierre Craesbeck en 1610, on voit une estampe de *la Vierge* signée par Antoine Pinto. » (*Patriarche, liste des artistes, p.* 13.)

Pinto (Jean Teixeira), voyez Teixeira.

Pinto (Nicolas), *sculpteur en bois* du commencement de ce siècle. (*Communication de M. le professeur François d'Assise Rodrigues.*) Voyez Silva (Jean-Chrysostôme-Polycarpe da).

Pinto Pereira (Antoine), *auteur* de l'ouvrage intitulé : *Historia da India*, etc. Voyez Patriarche.

Pinto Pereira (François) « était un *peintre* de portraits très estimé dans son temps. Ses tableaux d'histoire sont peu nombreux et mauvais. Le meilleur de tous est le *saint Antoine* de l'église de Necessidades. Il entra dans la confrérie de Saint-Luc en 1720 et mourut en 1752. Il eut pour élèves Miguel Antonio do Amaral, peintre de portraits et Domingos da Rosa. » (*Cyrillo, p.* 108.)

Pintura (*A nobreza da*), voyez Macedo (Jacques Rangel de).

Pintura (*parecer em defeza da*), voyez Leaõ (Jean Rodrigues de).

Piolti (Emmanuel), italien, *peintre* de décorations vers 1780. (*Cyrillo, p.* 191 *et* 238.)

Pires (Alphonse), « maître des *tailleurs de pierre* des travaux royaux de Santarem, au temps de Jean II et de son père Alphonse V. Il était mort en 1504. Voyez Nunes (Pierre). » (*Communication de M. le vicomte de Juromenha.*)

Pires (Alvaro), *peintre* des rois Emmanuel et Jean III. (*Cyrillo, p.* 59.) Voyez Lopes (Grégoire), voyez aussi *Lettres, p.* 217.

Pires (André), « maître des travaux de pierre de Lisbonne. Sa patente est de l'année 1516. (Livre 24 du roi Emmanuel, f. 53 et l. 25, f. 54. » — *Communication de M. le vicomte de Juromenha.*)

Pires (François). « Est appelé *Grande mestre das Obras*, par Gaspard Correa (*Lendas da India* manuscrit, t. IV, *p.* 343). Il fut mandé par Jean III aux Indes, et devait faire bâtir, à Mozambique, un fort qui ne s'exécuta point, mais il construisit par ordre de Jean de Castro celui de *Diu*. La première pierre de ces fortifications fut posée en 1546. » (*Pa-*

triarche, liste des artistes, rubrique Architectes, article Francisco Pires.)

PIRES (JACQUES) *o moço* (le jeune) *sculpteur.* « Fit le *tombeau de Don frère Jean Coelho,* commandeur de Leça, mort en 1515. On y voit la statue en relief et l'écusson de Coelho avec l'inscription en face *Diogo Piz o moço a fez.* On doit lui attribuer aussi le baptistère et le tombeau qu'on voit dans l'église de *Leça do Ballio,* ainsi qu'un crucifix et l'inscription de l'année 1514. » (*Patriarche, liste des Artistes, p. 52.*)

PIRES (JEAN), **DA FONTE,** *professeur d'architecture* de l'Académie de Lisbonne, âgé en 1843 de plus de 50 ans. Architecte *das obras publicas.* J'ai parlé de lui dans mes Lettres, *p.* 96, 114.

PIRES (MARC), *architecte,* « maître des travaux royaux de Coïmbre, où il demeurait (1477), Il en est mention au livre 9 de D. Emmanuel, f. 28. Il était mort en 1527. Voyez Castilho (Jacques). » (*Communication de M. le vicomte de Juromenha.*)

Il était architecte vers 1518, et restaura les douze chapelles du cloître de Sainte-Croix de Coïmbre. *Lettre* 10ᵐᵉ, *app.* 1ᵉʳ.

PIZZETTE URBINO, *peintre* piémontais, voyez PELLEGRINI.

PLURA, *stucateur,* voyez GROSSI (Jean).

POLYCARPE DE OLIVEIRA, voyez OLIVEIRA BERNARDES (Ignace de).

POMPEO BATONI, voyez BATONI.

PONSAÕ (frère EMMANUEL), *auteur* de l'ouvrage intitulé : *Liber Passionum,* voyez Patriarche.

PONTEZYLHA (RODRIGUE DE), *architecte,* chargé du portail de la salle du chapitre du monastère de Belem. Voyez *Lettre* 14ᵐᵉ, *app.* 2.

PONTREAU (NOEL-ANTOINE **APURIL DU**), « né à Rennes, le 11 mai 1740, appartenait à la congrégation de Sainte-Geneviève de Paris et était prieur de Notre-Dame, dans le diocèse du Mans. Il chercha, en Portugal, un asile pour se soustraire aux poursuites dirigées contre lui dans sa patrie, lors de la révolution de 1792, à raison de ses opinions politiques. Il fut accueilli par les chanoines réguliers de l'ordre de Saint-Augustin au couvent de Serra do Pilar où il écrivit l'ouvrage intitulé :

« Réflexions et mémoire sur un pont de pierre à construire sur le
« Douro à Porto, avec idées et devis d'un plan sur cet objet intéres-
« sant, enrichi de figures,

    « Dédié

« A MM. les illustres magistrats et respectables citoyens de Porto et
« Villa-Nova.

« Par un vieillard, chanoine français, amateur des beaux-arts, franc
« royaliste, né à Rennes, le 11 mai 1740, déporté en Guiane pour son

« amour envers sa foi, sa patrie et son roi, embarqué en septem-
« bre 1792; fait au monastère de la Serra, près Porto, 18 de décem-
« bre 18**. » (*Communication de M. le vicomte de Juromenha.*)

Ponz (Antoine), *auteur* du *Voyage en Espagne*, naquit à Bexix,
dans le royaume de Valence, en 1725. Il commença son voyage en
1771. Cet ouvrage forme 18 volumes in-douze, accompagnés de gravures. Il mourut en 1792. L'édition que j'ai eue en main, commence en
1787 et se termine en 1794. Le dernier volume est posthume. Voyez
Bermudes.

Ponzoni (Charles-Marie), *dessinateur* milanais, voyez Costa
(Joseph da), et Silva. Il était maître de dessin au collége noble de Lisbonne, vers 1760. Voyez Carneiro da Silva (Joachim.)

Pope ou **Poppe** (Élias-Sébastien). « *architecte* surnuméraire
des travaux des palais et maisons de campagne royales (1761). La patente qui lui a conféré cet emploi est conservée au livre 27 du roi Joseph, f. 284. » (*Communication de M. le vicomte de Juromenha.*)
Voyez Mardel.

Porto (Joseph-Joachim do), *sculpteur* en bois. Il m'a été indiqué
par le professeur François d'Assise Rodrigues. Porto vivait à la fin du
dix-huitième et au commencement du dix-neuvième siècle.

Portuense (François Vieira), voyez Vieira (François), appelé
Vieira Portuense.

Possolo (Nicolas-Joseph), **Lecoingl**, *sculpteur* portugais; a
appris le dessin et la sculpture chez le professeur Faustin-Joseph Rodrigues. Les changemens politiques dont le Portugal a été le théâtre
ont influé sur ses destinées. Il donne maintenant des leçons de latin,
de français, de dessin et de lithographie. (*Communication de M. Santos, graveur.*)

Potassi, voyez Boytaca.

Prado (Blaise de), selon Guarienti, *peintre* de Tolède, au service de Philippe II, mourut en 1557, âgé de 60 ans (1). (*Lettres, p. 317.*)

Prado (frère, Jean de Saint-Joseph do), *auteur* d'un ouvrage intitulé : *Fabrica e Sagraçaõ da Basilica de Mafra* (1751). *Lettres,
p. 350.*

Prazeres (Fr. Jean dos), *auteur* de l'ouvrage intitulé : *Emprezas de Saint-Bento,* voyez Patriarche.

*Premios... — de la R. Academia de S. Fernando 1781 (Distri-
bucion de los),* voyez Patriarche.

____

(1) Philippe II est monté sur le trône en 1555.

Prendas da Adolescencia, voyez Patriarche.

Preto (Gaspard), *prêtre*, a édifié en 1540 la chapelle de Monserate, près de Cintra. (*Lettre* 10ᵐᵉ, *app.* 4.)

Priaz (Jean-Vincent), *graveur*, voyez Bartolozzi.

Prim (Abraham), *peintre*. Ce nom se lit sur un des tableaux provenant de l'église de Paraiso à Lisbonne, qui se trouvent à l'Académie des arts. Ces tableaux appartiennent à l'époque de Jean III (1521-1557), ainsi que l'indiquent l'architecture, et les monnaies de la coupe qu'un des Mages offre à Jésus. Ils représentent la *vie de la Vierge* et sont peints sur bois. Ces tableaux ont du mérite et sont pour la plupart bien conservés. Le nom de Prim, qui se lit sur le gouleau d'un vase placé sur le devant du tableau de l'Annonciation, pourrait bien être aussi celui du donataire; cependant, jugeant par analogie, il est plus probable qu'il est celui de l'auteur. Le nom d'Abraham paraît indiquer l'origine flamande du peintre, cependant il me paraît vraisemblable, à en juger par beaucoup d'indices, correspondans avec les détails d'autres tableaux et se trouvant en Portugal, que ceux qui nous occupent, quoique l'œuvre d'un peintre étranger, ont été faits dans ce pays-ci. Le duc de Palmella possède huit tableaux, représentant également la *vie de la Vierge*, qui me paraissent d'un mérite inférieur mais qui pourraient bien être du même auteur; il me paraît probable du moins qu'ils sont nés sous son influence. Je n'ai pu découvrir le nom d'Abraham Prim dans aucun des livres traitant de la Peinture que j'ai ici, dans Nagler, Brulliot, Bermudez, Guarienti, etc. L'Académie a fait graver en 1845 deux des tableaux appartenant à la catégorie des Abraham Prim. Les huit tableaux, signés du nom d'Abraham Prim, ont toujours été attribués à Gran-Vasco, comme c'est le cas de la plupart des vieux tableaux sur bois qui se rencontrent ici en si grand nombre. La préoccupation était si forte que dans l'inscription, dont les caractères sont cependant très gros et très distincts, on ne lisait pas ce qui s'y trouve, c'est-à-dire le nom d'Abraham Prim; mais on croyait découvrir les mots *Ave Maria*. On est encore aujourd'hui à chercher s'il n'est pas possible d'interpréter cette inscription d'une manière qui n'exclue pas la supposition à laquelle on s'était arrêté sans aucune preuve, et d'après laquelle ces tableaux seraient l'ouvrage de Gran-Vasco. Les tableaux du duc de Palmella portaient toujours aussi le nom de Gran-Vasco lorsqu'ils faisaient partie de la collection du marquis de Penalva, et beaucoup de personnes le leur conservent encore.

M. l'abbé de Castro, à qui j'ai demandé s'il connaissait des Portugais du nom d'Abraham, m'en a fourni une liste qu'il a extraite de la *Encyclopedia portugueza;* mais plusieurs d'entre eux étaient juifs, et relativement aux autres il y a de fortes présomptions qu'ils l'étaient également. Ainsi il cite Abraham Pereira, juif, mort à Amsterdam en

1699 ; Abraham Ferraz, médecin à Porto, qui, en 1627, publia un ouvrage sur la loi judaïque; Abraham Sabaa, fameux rabbin de Lisbonne qui fut expulsé du royaume avec ses coreligionnaires sous le roi Emmanuel et qui mourut misérablement à Fez en 1509. Il cite, en outre, Abraham de Fonseca qui mourut en 1671 et qui a publié, à Amsterdam, un ouvrage; et Abraham Coen Pimentel qui en publia un autre dans cette même ville en 1699. Depuis l'expulsion des juifs du Portugal, beaucoup d'entre eux se sont établis à Amsterdam et il y en a jusqu'à présent dans cette ville un grand nombre qui ont conservé leur croyance et leurs noms portugais et qui y forment une caste à part. J'en ai vu moi-même à Amsterdam qui jouissent d'une grande fortune et de beaucoup de considération. Si j'ai été bien informé, ces juifs portugais ne se mêlent pas avec les juifs allemands. Il y en a aussi à Copenhague un assez grand nombre qui ont conservé leurs noms portugais. Ce que je voudrais qu'on me montrât, pour me prouver qu'à l'époque d'Abraham Prim (1500-1550) il y eut des chrétiens en Portugal du nom d'Abraham, ce serait un *fidalgo* ou un prêtre portant ce nom ou tout autre nom appartenant exclusivement à l'ancien Testament, comme : Moïse, David, etc. Or, si Abraham Prim était juif, on ne lui aurait certainement pas fait exécuter en peinture la vie de la Vierge ; mais s'il était flamand, il a pu s'appeler Abraham et exercer son art en Portugal sans être juif pour cela, car ce nom et d'autres noms de l'Ancien-Testament ont été de tout temps communs parmi les Hollandais, et ils se rencontrent non-seulement parmi les protestans mais aussi parmi les catholiques des autres pays. Voyez *Lettres, p.* 122, et autres passages indiqués dans la table alphabétique du même ouvrage.

Princessa Viuva, voyez Benedicta (Princesse).

Ptolomeus, *peintre*, auteur d'une *tabula deaurata* et d'une autre où se trouvait peinte l'*Annonciation de la Vierge*. Le nom fait croire que ce peintre était Grec, mais il exerçait son art à Coïmbre. Il est cité dans un manuscrit de 1168, intitulé *livro preto.* (*Lettres, p.* 421.)

Purificaçaõ (Emmanuel da), « chanoine régulier de saint Jean l'Evangéliste, a écrit et enluminé avec perfections des livres de chœur et d'armoiries au commencement du douzième siècle. » (*Communication de M. l'abbé de Castro*). (*Lettres, p.* 435.)

Q

Queiros (Gregorio-Francisco), *graveur,* est mort en 1845, âgé de 77 ans. « Il était né à Lisbonne. Il eut pour premier maître de dessin et de gravure à l'eau-forte, Jérôme de Barros Ferreira. En 1796, la cour l'envoya à Londres avec une pension annuelle de 600,000 réis; il y passa trois années comme élève de Bartolozzi, et trois autres années dirigeant lui-même ses études.

« Il a fait de nombreuses gravures, tant en Angleterre qu'à Lisbonne : l'une des plus importantes est celle de *la soupe économique* que le gouvernement faisait distribuer aux émigrés des provinces lors de l'invasion de Masséna. » (*Cyrillo, p.* 293.) — La composition est de Sequeira. Cette gravure est bien dure. (Voyez Sequeira.)

Le Patriarche, *Liste des artistes*, rubrique *Graveurs*, article *Gregorio Francisco de Queiros,* dit à son sujet ce qui suit :

« L'ouvrage le plus ancien que nous ayons vu de Queiros est le *portrait de D. Eusebio Luciano de Carvalho Gomes da Silva,* évêque de Nankin, gravé en 1792. La gravure qui représente *la mort de S. Louis de Gonzague,* dont le dessin est de Sequeira, 1799, a été faite par lui, de même qu'un *Ecce homo* gravé en 1827, et le *portrait de Cyrillo* qui se voit en tête de ses mémoires portant la date de 1823. »

Cette dernière gravure me paraît médiocre, et l'inscription qui se lit au bas est une de ces exagérations que j'ai été si souvent dans le cas de signaler. Elle porte : « Voici *l'insigne* peintre, le docte Cyrillo, aussi grand dans l'enseignement que *dans le style.*»

Le *portrait de D. Louis da Cunha,* auquel il a travaillé pendant bien des années, porte la date de 1841, et est dédié au duc de Palmella. Le fond en est sale, et la figure laisse beaucoup à désirer, mais l'habit est bien gravé.

Il a entrepris de graver au pointillé le dessin allégorique de *l'arrivée de Jean VI en Portugal,* par Sequeira ; mais il n'a pas terminé cette planche. (Voyez Sequeira.)

QUENTAL (Aires do). D'après une tradition généralement accréditée à Thomar, Quental a été l'architecte du couvent de l'ordre du Christ au temps du roi Emmanuel. Sa statue se voit au frontispice de l'église. Il existe encore des descendans de cet architecte à Santarem. (*Communication de M. l'abbé de Castro.* Voyez *Lettres, p.* 333.)

QUILLARD (Antoine) ou Quigliard, *peintre et graveur.* Selon Guarienti, parisien, *peintre de fleurs* au service de Jean V, mourut à Lisbonne en 1735. Cet auteur a vu beaucoup d'ouvrages de Quillard à Lisbonne. (*Lettres, p.* 326.) D'après M. l'abbé de Castro, plusieurs des carosses de la cour auraient été peints par Quillard. Suivant Cyrillo (p. 96), Quillard était aussi peintre de portraits. Il peignait dans le genre de Wateau des *festas galantes* : des sujets qui, au milieu de fabriques, de jardins et de paysages, représentent les mœurs et les coutumes de l'époque où il a vécu. Cyrillo lui trouvait tant d'analogie avec Wateau, qu'il le croyait élève de ce maître. Il a aussi exécuté de grands tableaux et des plafonds. Il était peintre du roi et dessinateur de l'Académie avec un traitement de 60,000 réis par mois, environ 4,500 fr. par an. Il a gravé à l'eau forte *le service funèbre du duc de Cadaval,* ouvrage qu'il a exécuté avec un très grand soin, et un *S. Luc* pour les patentes de la confrérie de S. Luc.

(Voyez aussi CARNEIRO DA SILVA (Joachim).

Le Patriarche dit, dans sa *Liste des artistes,* rubrique *Graveurs,* article *Antonio Quillard,* qu'il existe beaucoup de gravures de cet artiste et de ses associés dans divers ouvrages de l'Académie royale d'histoire. D'après cet auteur, il est venu en Portugal avec un naturaliste suisse, nommé Merveilleux.

Quiteria (*Vida e martyrio de S.*), voyez PATRIARCHE.

R

RAFAEL (JOACHIM), *peintre* de l'Académie de Lisbonne, âgé de près de 70 ans. Il existe de lui beaucoup de tableaux d'église à Porto et dans d'autres lieux en Portugal.

Mes *Lettres* renferment des renseignemens sur lui et sur ses ouvrages, *p.* 93, 114, 384.

Ses trois esquisses dont j'ai fait mention, *p.* 93, sont dignes d'éloges.

RAIMOND DA COSTA, *sculpteur,* voyez BARROS LABORÃO (Joachim-Joseph de).

RAIMOND-JOACHIM DA COSTA, voyez COSTA (R. J. da).

RAIMOND-JOSEPH D'AZEVEDO, voyez AZEVEDO (Raimond-Joseph d').

RAMALHO (JOACHIM-JOSEPH), *peintre et graveur.* Voyez CARNEIRO DA SILVA (Joachim).

RAMBOIS, français, *architecte, dessinateur et peintre,* âgé à peu près de 50 ans; il est attaché au théâtre de S. Charles comme peintre de décorations, et comme tel il déploie un talent très distingué. Il fait ces ouvrages en commun avec M. Cinati. Je ne sais auquel des deux appartient la plus grande part d'éloges. Ces Messieurs dirigent aussi les travaux architectoniques et décoratifs de l'hôtel du duc de Palmella du *largo do Calhariz. L'Académie des arts* n'a pas, chose inouïe, de professeur de perspective : elle en a cependant plus besoin que du nom pompeux d'Académie des arts, d'expositions triennales et de séances solennelles : un professeur de perspective est tout trouvé dans la personne de M. Rambois ou de M. Cinati. (Voyez *Lettres, p.* 399 et autres.) Depuis deux ans ces Messieurs dirigent aussi, conjointement avec M. Silva, architecte de la cour, les travaux d'embellissement qui s'exécutent au palais de Necessidades, et qui sont fort près d'être achevés. A l'article *J. Silva* je porte un jugement sur ces travaux. J'écris ceci le 18 juin 1846. Voyez CINATI.

RANG, *peintre de portraits*, voyez CARNEIRO DA SILVA (Joachim).

RANGEL DE MACEDO (JACQUES), voyez MACEDO (Jacques Rangel de).

RAPHAEL, voyez RAFAEL.

RAPHAEL DE LEMOS, voyez LEMOS (Rafael de).

RAPHAEL D'URBINO. La *Madone* qu'on voit à l'Académie de Lisbonne, et qu'on prétend l'œuvre de Raphaël, ne peut pas, selon moi, être attribuée à ce maître. (Voyez *Lettres, p.* 263, 519.)

RAPOSO (GASPARD-JOSEPH), *peintre de décorations*, voyez NUNES (Simon-Gaétan).

RASQUINHO (le chanoine), *peintre*, fils de Joachim-Joseph Rasquinho, voyez MAGINA.

RASQUINHO (JOACHIM-JOSEPH), *peintre*, voyez MAGINA.

RATTO (GRÉGOIRE-LOUIS-MARIE), *peintre*, fils de Joachim-Grégoire da Silva Ratto, a exposé à Lisbonne en 1843. Il est âgé de 40 ans environ; élève de son père J. G. da Silva Ratto, il a, comme lui, travaillé à Ajuda, et a fait la partie inférieure de la copie de *la Transfiguration* dont il a été question dans mes *Lettres* à propos de l'exposition de 1843, *p.* 95-96 et 114.

RATTO (JOACHIM-GRÉGOIRE DA SILVA), *peintre*, a exposé à Lisbonne en 1843; il est âgé de 70 ans environ; il a été élève de Sequeira et a travaillé dans le palais d'Ajuda. J'ai parlé de lui dans mes *Lettres, p.* 96, 114 et 269.

RAVENA (BENOIT DE), *architecte*, « fut envoyé par Jean III, à D. Alphonse de Noronha pour fortifier Ceuta, en 1541. Une lettre de ce même D. Alphonse au roi, dit que c'est un homme fort remarquable et fort instruit dans l'art de fortifier des villes et dans les machines de guerre. » (*Corp. chron., part.* 1, *paquet* 69, *doc.* 125. — *Communication de M. le vicomte de Juromenha.*)

REAL (CORTE), voyez CORTE REAL (Jérôme).

REBELLO (ANTONIO TEIXEIRA), *traducteur* de l'ouvrage intitulé : *Artilharia*, voyez PATRIARCHE.

REBELLO DA COSTA (AUGUSTIN), *auteur*, est nommé par M. Ferdinand Denis à propos du *château da Feira*, qu'on prétend avoir été fondé par le roi des Suèves Théodomir en 559. Cet auteur cite *in extenso* une inscription qui se lit sur ce château et qui atteste ce fait. Voyez l'article de M. Ferdinand Denis dans l'*Univers*, 1366me *livraison, p.* 589.

Sans avoir vu cette inscription, j'ose affirmer qu'elle est d'une date moderne, j'en juge par analogie. Mes Lettres et ce Dictionnaire prouvent assez avec quelle circonspection il faut, dans ce pays, accepter les renseignemens que fournissent les traditions, les chroniqueurs, voire les inscriptions lapidaires.

Le Patriarche, dans sa Liste des artistes, rubrique Architectes, article VALENTIN, cite Rebello et son livre *de la Description de Po to*. Rebello prétend (voyez l'article cité par M. Ferdinand Denis) que l'église de *Cedofeita* n'a subi aucune altération notable depuis douze siècles. L'observation que je viens de faire au sujet du château de Feira s'applique aussi à cette inscription, et, relativement à celle-ci, je me réfère à l'avis de M. Hercolano. Voyez *Lettres, p.* 379 et suivantes.

« Le titre de l'ouvrage susmentionné de Rebello est : *Descripçaõ topografica e Historica da cidade do Porto,* etc., por *Agostinho Rebello da Costa Presbytero Bracharense, Doutor em Theologia e Cavalleiro professo na ordem de Christo, Porto anno de* 1789. »

« Ce livre contient deux estampes représentant des *entrées de Porto* et une *vue de la ville,* toutes deux portant cette signature : *T. S. Maldonado, delin : Porto-Godinho sculp.* » (*Communication de M. le vicomte dē Juromenha.*)

REBELLO (JOSEPH D'AVELAR), voyez AVELAR (Joseph de).

Recreaciones arquitectonicas, ouvrage traduit de l'anglais par *D. José de Urcullu,* voyez SALVA (Vincent).

Regimento do santo officio da Inquisiçaõ, voyez PATRIARCHE.

REINALDO, voyez RENAUD.

REINALDO ou **RENAUD,** *architecte,* voyez SOUSA (Emmanuel Gaétan).

REINOSO (ANDRÉ), *peintre.* Selon quelques auteurs, son nom de baptême était Diogo. Cyrillo lui attribue les tableaux représentant la *vie de saint François Xavier,* qui se trouvent dans la sacristie de l'église de Saint-Roch. Il vivait vers l'an 1641 (*Lettres, p.* 137, 289).—Taborda qui, page 171, lui donne le nom de Diogo, dit qu'on n'a pas de renseignemens bien certains sur ce peintre ; il rapporte cependant la mention honorable qu'en ont faite l'archevêque Cenaculo et Diogo Barbosa Machado. — Le Patriarche, Liste des artistes, *p.* 44, croit qu'il y a eu deux peintres de ce nom : l'un aurait été Diogo, et l'autre André : ce dernier étant postérieur à l'autre.

J'ai cité avec éloge, dans mes Lettres, *p.* 289, l'*Adoration des Mages* et la *Nativité,* qui sont attribuées à Reinoso, et qui se trouvent dans une des chapelles de l'église de Saint-Roch. Les tableaux de la sacristie dont j'ai parlé plus haut ne m'ont pas paru du même pinceau que ceux de la chapelle.

Reinoso (Jacques), *peintre*, voyez Reinoso (André).

Reis (Constantin-Joseph dos), *sculpteur*, « élève de Machado (Joachim) de Castro. » (*Communication de M. le professeur Assis.*)

Reis (Joachim dos), *sculpteur d'ornemens en bois*. Il était très estimé et mourut vieux au commencement de ce siècle. (*Communication de M. le professeur Assis.*)

Reis (Joseph-Antoine dos), voyez Magina, où il n'est pas dit positivement s'il était *peintre* ou *sculpteur*.

Reis (Maxime-Paulin dos) *peintre*, né en 1781, a beaucoup travaillé à Ajuda et a fait ses études à Rome. Voyez *Lettres, p.* 268, 269, où il est appelé par son nom de baptême, Maximo, car c'est sous ce nom qu'il est connu à Lisbonne. Cyrillo lui a consacré un article, *p.* 154. Voyez Maximo.

Reis (Melchior Gaspar dos), *sculpteur en bois*, agrégé à l'académie de Lisbonne, mort en 1845, âgé de 70 ans. (*Lettres, p.* 115.)

Reis (Simon Gomes dos), voyez Gomes et Narciso (Joseph-Antoine).

Remigio (François), *architecte*, voyez Mardel.

Renaud (Emmanuel dos Santos), voyez Santos (Emmanuel Renaud), et voyez Mardel.

Retratos de los Españoles illustres, voyez Salva (Vincent).

Retrato de Faria y Sousa, voyez Patriarche.

Retratos dos Grandes Homems da naçaõ portugueza, voyez Patriarche.

Rezende (André de), prêtre, *historiographe*, littérateur, chargé de l'éducation des plus jeunes enfans du roi Emmanuel, était l'historien le plus renommé d'Evora. Il est mort en 1573. — Son ouvrage le plus estimé est intitulé *De antiquitatibus Lusitaniæ*. Ses *Lettres latines adressées à quelques savans de son temps* sont remplies d'érudition. Il a laissé beaucoup de manuscrits qui se sont perdus; de ce nombre est celui qui avait pour titre : *As antiguidades de Evora*. Voyez *Lettre* 15ᵉ et *Appendice*.

« Il était fils de Pedro Vas de Rezende et de Angela Vas de Goes, tous deux de familles illustres. Il a publié, par ordre de Jean III, une traduction de Leaõ Bautista *sur l'architecture*, et deux livres *sur les aqueducs* dédiés au Roi en 1543 à l'occasion de l'achèvement de celui d'Evora. » (*Communication de M. le vicomte de Juromenha.*)

« Joseph-Charles Pinto de Sousa, dans son ouvrage intitulé : *Bibliotheca historica* (Lisbonne, 1801), page 10, § 8, rapporte que le père André de Rezende, dominicain, était né en 1498, et qu'il mourut en 1573. Il nie qu'André et Garcia aient été frères, ainsi que Barbosa l'a d'abord avancé, pour se rétracter plus tard. Voyez Garcia de Rezende. » (*Communication de M. Famin*).

M. Ferdinand Denis, dans l'*Univers*, 1366me *livraison*, *page* 386, en parlant des monumens d'origine romaine du Portugal, appelle André de Rezende l'antiquaire par excellence de ce pays.

REZENDE (GARCIA DE), *auteur*, né à Evora, était chroniqueur de Jean II. Il a fait le dessin de la tour de Belem, qui a été bâtie plus tard par le roi Emmanuel. Il était habile dessinateur : Jean II lui commandait souvent des dessins. — Garcia de Rezende et Ruy (Rodrigue) de Pina ont décrit, dans un ouvrage inédit, les fêtes qui eurent lieu à l'occasion du mariage de D. Alphonse, fils de Jean II.

Taborda, page 152, dit que Rezende mourut à Evora, et que ses restes reposent dans le couvent d'Espinheiro qu'il a fondé en 1520. Son épitaphe se compose de ce peu de mots : « *Sepultura de Garcia de Rezende.* »

Voici encore ce que nous apprend Taborda : « Garcia de Rezende était fils de François de Rezende, cavalier du temps d'Alphonse V, et de Brités Boto, ainsi que nous l'apprend Diogo Barbosa Machado, qui rétracte dans le IVe tome, page 149, de sa *Bibliothèque lusitanienne*, ce qu'il avait rapporté tome Ier, page 327, où il dit qu'il était fils de Pedro Vas de Rezende et frère de André de Rezende. Il abandonna très jeune la place de *moço da camera* (page) de Jean II, pour entrer au service de son fils l'Infant D. Alphonse, en 1490. Après la mort de ce prince, il rentra au service du Roi comme *moço escrivaõ* (écrivain ou secrétaire); et il vivait tellement dans l'intimité du roi Jean II que, même au moment où ce prince était sur son lit de mort, Rezende se tenait encore, ainsi qu'il le rapporte lui-même dans ses Chroniques du même Roi, chapitre 213, près de la porte et en dehors de la chambre du Roi avec ses plumes et son canif en main, attendant qu'il l'appelât. » Il paraîtrait, d'après la date ci-dessus, que Garcia de Rezende est né vers l'an 1470.

Garcia de Rezende dit dans sa *Vie de Jean II* (1481-95), chapitre 200, page 107 : «Je dessinais bien, et lui (le Roi) s'en réjouissait beaucoup : il m'occupait toujours, et bien des fois je dessinais devant lui des objets qu'il me faisait faire; et, comme je trouvais du plaisir à ce travail, il me dit un jour, devant beaucoup de personnes, que je devais en être fier; que c'était un talent qu'il désirait beaucoup posséder; que l'empereur Maximilien, son cousin, était grand dessinateur et se glorifiait de l'être. » *Lettres, p.* 79. — Ceci est tiré de Taborda, page 151, qui lui-même l'a extrait des archives royales.

Dans ses *Mélanges*, édition de 1554, page 19, on trouve des vers dont voici la traduction littérale.

> « Les peintres, les enlumineurs
> Maintenant à l'apogée se trouvent.
> Les orfèvres, les sculpteurs
> Sont plus subtils et meilleurs

Que ceux des temps passés.
Nous avons vu le grand Michel
Albert et Raphaël :
Et en Portugal il y en a
De si grands et de si naturels,
Qu'ils atteignent presque à leur hauteur. (*Lettres, p.* 80.)

J'ai eu tort quand, sur les renseignemens qui m'ont été fournis en 1844, j'ai dit dans mes *Lettres,* page 80, que « Garcia de Rezende était fils de Pedro Vaz de Rezende, et de Léonore Angela Vaz, et frère du fameux antiquaire André de Rezende. En revanche, ce qui suit dans cette même page ne se trouve pas contredit : à savoir, qu'il était *moço da camera* de D. Jean II et gentilhomme de sa cour, et qu'il fut nommé secrétaire auprès de Tristan da Cunha (non pas d'Acunha), ambassadeur près de Léon X, en 1514, sous le règne de D. Emmanuel. » Taborda a extrait ce dernier renseignement de la *Chronique de Jean II* par Damien de Goes, partie 3, chapitre 55, et il sert de rectification à ce que rapporte à ce sujet le Père Barthélemi Guerreiro dans sa *Gloriosa Coroa,* où il dit que l'ambassade en question aurait été remplie par Édouard Galvaõ auprès de Jules II.

« Joseph-Charles Pinto de Sousa, dans son ouvrage intitulé : *Bibliotheca historica,* Lisbonne, 1801, pages 257, 323, n'admet pas non plus que André et Garcia de Rezende aient été frères. » (*Communication de M. Famin.*)

Voyez aussi *Lettres,* page 208, 211 et 523, où il est question de son *Cancioneiro* qui forme un volume in folio, et porte la date de 1516.

M. Ferdinand Denis s'exprime sur notre Rezende, ainsi qu'il suit : « Le chroniqueur par excellence de la fin du quinzième siècle, Garcia de Rezende qui était un peu le factotum de Jean II, et qui nous raconte avec tant de naïveté les mille petits services qu'il rendait à ce prince, si fougueux et si impatient, Rezende, le poëte, le page de l'écritoire, comme on disait alors, fut aussi un habile architecte. » *L'Univers,* 1366, *livraison, p.* 599.

Rezende (Louis-Joseph Pereira), *peintre de miniature,* et agrégé à l'académie de Lisbonne, âgé de près de 80 ans. *Lettres, p.* 114. Voyez Pereira Rezende, et *Lettres, p.* 114.

Rezende (Pierre **Barreto** de), *auteur* de l'ouvage intitulé : *Tratado dos Vizo Reys da India* 1635, grand in folio, manuscrit de la bibliothèque royale de Paris : ce manuscrit renferme des peintures et des plans. M. Ferdinand Denis présume que ces derniers sont d'un moine français, Denis Berthelot de Honfleur, qui, après avoir fait le métier de corsaire, était devenu cosmographe des Indes et se trouvait employé à Goa en cette qualité. M. Jules Droz, sculpteur, s'occupe de reproduire quelques-uns des portraits renfermés dans cet ouvrage. Il a déjà donné, d'après un dessin de la chronique d'Azurara, le buste de l'Infant D. Henri que l'on a accueilli avec empressement. (*Lettres, p.* 207, 523.)

RHODES (JEAN DE), *peintre d'ornemens,* voyez BAPTISTA (Louis).

RIBEIRO, *peintre de portraits,* et, en 1844, directeur de l'école polytechnique à Porto. Voyez *Lettres, p.* 590.

RIBEIRO (ANTOINE) **DOS SANTOS** était *bibliothécaire* à Lisbonne en 1795; il était alors déjà très avancé en âge. La bibliothèque possède de lui de volumineux manuscrits, dont quelques-uns se trouvent cités et jugés à l'article de Loureiro (François de Sousa). Voyez aussi *Lettres, p.* 144.

RIBEIRO (JEAN-PIERRE), *écrivain* cité par M. Herculano pour son érudition et sa scrupuleuse exactitude (*Lettres, p.* 421).

RIBEIRO (NORBERT-JOSEPH), *peintre,* agrégé à l'académie de peinture à Lisbonne, mort en 1844, âgé environ de 70 ans. Il a beaucoup travaillé à Ajuda et était disciple de Taborda, *(Lettres, p.* 114).

RIBEIRO PEREIRA (EMMANUEL), voyez PEREIRA (Emmanuel Ribeiro).

RIBEIRO (SÉBASTIEN), « *peintre,* a vécu sous le roi Sébastien et a été maître du peintre Louis da Costa. Voyez COSTA (Louis). » *(Communication de M. le vicomte de Juromenha.)*

RIOS (GUTIEREZ DE LOS), *auteur* de l'ouvrage intitulé : *Noticia general para la estimacion de las artes,* etc., voyez SALVA (Vincent).

Rita (Vida de Santa), voyez PATRIARCHE.

RITE OU **RITA** (ISABELLE-MARIE), « *peintre,* née à Porto, était fille de François Rite et de Jeanne Pignerim, et fut baptisée dans l'église de Saint-Nicolas de cette ville. Elle jouissait d'une grande réputation parmi les peintres les plus habiles, surtout pour la miniature qu'elle exécutait avec netteté et correction. Elle passa en Espagne au commencement du dix-huitième siècle, et vivait encore vers 1735. » Voyez *Theatro heroino,* tome Ier, *p.* 534; *Diccionario historico de Bermudez,* tome 4, page 202, et *Taborda,* page 222.

RIVA (NICOLAS-LOUIS-ALBERT DE LA), *peintre,* « est né à Lille en 1755. Il était élève de Heinsius, allemand, et de Casanova, italien. Il peignait des batailles, des bambochades, des paysages et des animaux. Il vint en 1792 à Lisbonne; cinq ans plus tard il passa en Espagne, et revint en 1800 à Lisbonne où il fit divers portraits et où il mourut en 1818. Il eut la bonne fortune d'acheter à bas prix, dans une foire, un vieux tableau *fait par un imitateur de Gaspar Dias, dans lequel un général anglais crut reconnaître une œuvre de Raphael, et pour lequel il lui paya* 20,000 *crusades :* près de 60,000 francs (*Cyrillo. p.* 225). » Cela m'a l'air d'un conte. Je voudrais bien savoir comment Cyrillo a fait pour bien connaître Gaspar Dias. A lire son article sur ce peintre, on ne dirait pas qu'il le connût beaucoup.

RIVA (TORIO DE LA), *auteur* de l'ouvrage intitulé : *Arte de escribir por reglas y con muestras*, etc., voyez SALVA (Vincent).]

RIVARA (J. H. DA CUNHA). M. Rivara, *bibliothécaire* d'Evora, est âgé de 30 ans environ. Il remplit avec zèle l'emploi qui lui a été confié, s'occupe de travaux littéraires, et m'a fourni sur Evora les renseignemens curieux qu'on a vu dans mes *Lettres,* pages 358, 360, 362, 434, 441. Voyez aussi CENACULO.

RIVARA (JEAN-GAÉTAN), *graveur,* « naquit à Lisbonne de parens étrangers, et suivit dans cette ville les cours de l'école du château. En 1788, il fut pensionné par l'Intendance, et se rendit à Rome où il fut élève, pendant trois années, de Lambruzzi; après quoi il suivit l'école du vénitien Pierre Vitali, et celle du fameux graveur Volpato. Il grava *une sainte famille* de Titien, et *un berger et une bergère* d'après Teniers, figures demi-corps; le *buste de Antenori* en petit ovale, etc. Rentré à Lisbonne en 1799, il passa bientôt à Londres avec 600,000 reis d'appointemens, et y étudia sous Bartholozzi. Il y grava les *portraits de la reine et du prince régent* de Portugal. Il imitait le faire de Strange, et c'est en ce genre qu'il dessina à la plume *un Faune et une bacchante,* qui furent placés dans le cabinet de la secrétairerie d'État d'Antoine de Araujo Azevedo. En 1803, il revint à Lisbonne, et, devenu professeur de gravure du jardin botanique, il y grava des plantes et d'autres objets d'histoire naturelle. »

ROBERT (MAITRE) **DE LISBONNE,** *architecte*, qui a exercé son art à Coïmbre, et qui est cité dans un manuscrit de l'année 1168, intitulé *Livro preto*. (*Lettres, p.* 421.)

ROBERT-LOUIS DA SILVA, voyez SILVA (Robert-Louis da).

ROCH, voyez ROQUE.

ROCH VICENTE, voyez VICENTE (Roch).

ROCHA (ANTOINE-PIERRE DA), *sculpteur d'ornemens en bois*. Il jouissait d'une certaine réputation. Il a eu pour élève Emmanuel Honoré, et est mort vieux au commencement de ce siècle. (*Communication de M. le professeur Assis.*)

ROCHA (FÉLIX DA), Brésilien, *peintre en miniature,* qui a étudié à Rome, voyez GROSSI (Jean).

ROCHA (JEAN-FRANÇOIS), voyez ROCHA (Joachim-Emmanuel).

ROCHA (JOACHIM-EMMANUEL da), *peintre et graveur,* élève de André Gonsalves. Cyrillo lui consacre un long article, *p.* 116-120, en voici un extrait : « Vers 1760, Rocha a peint *la toile du théâtre* do Bairo. Le plus souvent il peignait et très bien, des incendies, la nature morte, les coquilles. On a de lui beaucoup de tableaux d'églises, dont Cyrillo donne l'énumération. Il a peint aussi le portrait. Il est mort en 1786. Il a eu pour disciples :

Bernardin da Costa Lemos.

Joachim-Léonard da Rocha, son fils aîné, né en 1756, qui en 1780, alla en Chine, puis devint peintre du marquis d'Alorna et en 1808 se rendit à Madère, où il forma une école de dessin.

Jean-François da Rocha, son second fils, qui naquit en 1760.

Joseph Jacinte, chanoine à Evora.

D'après Taborda, *p.* 235, il est né en 1730.

Cyrillo parle d'une *Conception* dont il est l'auteur et qui se trouve à l'église de Sainte-Isabelle. J'en parle dans mes *Lettres, p.* 293 ; mais je crains de m'être rendu coupable d'un quiproquo. Je n'ai pas cherché à m'en assurer ; car la chose ne me paraît pas en valoir la peine. Rocha était un peintre très médiocre. Cyrillo, dit de lui et d'un de ses fils, à l'article Joachim Carneiro da Silva, qu'ils s'étaient consacrés aussi à la gravure. Voyez Carneiro da Silva (Joachim).

J'ai cité (*Lettres, p.* 357) un *portrait de l'archevêque Cenaculo* et *un autre du marquis de Pombal*, qui se trouvent à la bibliothèque d'Evora et qui lui sont attribués.

ROCHA (JOACHIM-LEONARD DA), *peintre*, voyez ROCHA (JOACHIM-EMMANUEL).

ROCHA (M.-A. COELHO DA), *auteur* de l'ouvrage intitulé *Ensaio sobre a historia do Governo e legislação de Portugal*. Coimbra, 1843, qui se distingue par la bonne foi et la saine critique, et qui est exempt d'exagérations et de déclamations. Voyez *Lettres, p.* 119.

ROCHA (VINCENT-PAUL DA), *peintre d'ornemens*, voyez GOMES TEIXEIRA (Jérome).

ROCHEFORT (CHARLES DE), *graveur.* Voyez CARNEIRO DA SILVA (JOACHIM). Le patriarche, dans sa liste des artistes, *p.* 14, dit que Rochefort « fut un des graveurs qui travaillèrent en Portugal, sous le règne de Jean V ; il était fils de Pierre de Rochefort, et dans *l'histoire universelle de Vallemont*, traduite en portugais et imprimée en 1737, on voit des gravures signées Carlos de Rochefort, filho 1783 ; dans le second tome du même ouvrage, on trouve une estampe signée, C. de Rochefort, filius. sculpsit. »

Il me paraît qu'il y a erreur dans les dates : comment l'ouvrage peut-il être de l'année 1737 et renfermer une gravure de 1783?

RODERICI ou peut-être **RODRIGUES** (LOUIS), *graveur sur bois*, au temps du roi Emmanuel. Son nom se trouve au frontispice « du réglement sur la manière dont les contrôleurs des Comarques « devront pourvoir les chapelles, les hôpitaux, les confréries, etc., « nouvellement coordonné et compilé par S. M. D. Emmanuel. Fait « imprimer par Jean-Pierre Bonhommi de Cremona par ordre et « avec privilége du Roi. »

Ce règlement porte la date de 1514; le titre précité a un frontispice de toute la grandeur de la feuille. Du côté droit se trouve la sphère avec cette légende : *Spera in Deo et fac bonitatem*, à gauche les armes royales avec le dragon au-dessus de la couronne, et tout au tour une vignette de feuillages. A la fin dudit règlement, on voit un arbre au haut duquel grimpe un dragon, et à la base du tronc on lit le nom du graveur Ludovicus Roderici. (*Communication de M. le vicomte de Juromenha.*)

RODRIGO, voyez RODRIGUE.

RODRIGUE (ALPHONSE), voyez ALPHONSE RODRIGUE.

RODRIGUE ANNES OU EANES, voyez ANNES OU EANES (Rodrigue).

RODRIGUE FERREIRA DA COSTA, auteur de l'ouvrage intitulé : *Principios de Muzica, ou expoziçaõ*, etc., voyez Patriarche.

RODRIGUE (OU RUY) DE PINA, voyez REZENDE (GARCIA).

RODRIGUE DE PONTEZYLHA, voyez PONTEZYLHA (Rodrigue de).

RODRIGUE (OU RUY) SOARES, voyez SOARES (RUY).

RODRIGUE (ANDRÉ) *architecte*, « Il a tracé le plan de la forteresse de Tanger. Le roi avait prescrit la manière dont cet ouvrage devait être exécuté, mais Rodrigues ne tint compte du plan du roi et le fit à sa tête. Cependant le capitaine et les autres employés ayant ouï l'avis des habitans de la ville dont aucun ne savait dessiner, ni faire des plans, lui firent faire ceux de toute la ville et des fortifications pour être soumis à Son Altesse. » Lettre du même au roi sur l'état des ouvrages de cette forteresse (1546). (*Corp. chron. p. 1, paquet 78, doc. 5.*)

Lettre sur la nécessité d'une maison convenable pour la douane de l'île San Tiago et sur la nécessité d'armer ces ports avec de l'artillerie (1547). (*Corp. chron. partie 2e, paquet 241, doc. 102.*» *Communication de M. vicomte de Juromenha.*)

RODRIGUES (ANTOINE). « Cavalier de la cour. Ayant égard à ses services le roi le nomme *maître des travaux* royaux en remplacement de Michel de Arruda qui mourut en 1565. (*Livre 15, du roi Sébastien, f.* 188.) Rodrigues était mort en 1572. Voyez Felippe Tercio. » (*Communication de M. le vicomte de Juromenha.*)

RODRIGUES (ANTOINE-FERNANDES), *sculpteur,* né au Brésil, vint à Lisbonne en 1758, et se rendit à Rome l'année suivante. Il a étudié la sculpture, l'architecture, et la gravure. Il a fait, en honneur de Pombal, un dessin qui a été gravé en France par Tassard. Rodrigues mourut en 1804, à l'âge de près de 80 ans. *Cyrillo, p.* 288.

RODRIGUES (AUGUSTIN), « *maître tailleur de pierre* du palais « de la Ribeira. Il était mort en 1653. Voyez FALLARDO (Jean). » (*Communication de M. le vicomte de Juromenha,*)

RODRIGUES (Barthelemy), *architecte*. « Maître des travaux du palais *dos Estãos*. On conserve un ordre de Barthélemy da Paiva adressé à Alphonse Monteiro, *Almoxarife* des travaux du roi dans la maison des Indes, par lequel il lui est enjoint de la part du roi de donner à Barthélemy Rodrigues le bois qui lui sera nécessaire pour achever le palais de l'inquisition. (*Lettres, Missives, paquet* 10, *n*º 457. » — *Communication de M. le vicomte de Juromenha.*)

RODRIGUES (Barthélemy), « *peintre*, neveu de François Henriquez. Il était peintre du cardinal Henri et demeurait dans la paroisse de Sainte Justa. Il était expert de l'inquisition et fut chargé en cette qualité de donner son opinion sur les ouvrages de son oncle (1540). *(Corp. Chron. p. 3, paquet* 15, *doc.* 13. » — *Communication de M. le vicomte de Juromenha.*)

Il me paraît que c'est le même que Rodrigues (Christophe).

RODRIGUES (Christophe), *peintre* du cardinal Henri et neveu de François Henriquez. Il vivait vers 1540. *Lettres, p.* 214. Il me paraît que c'est le même que Rodrigues (Barthélemy). Peut-être y a-t-il erreur dans l'un de ces noms, peut-être avait-il deux noms de baptême.

RODRIGUES COELHO (Emmanuel), *auteur* de l'ouvrage intitulé : *Flores* de *muzica,* voyez Patriarche.

RODRIGUES, frère (Dominique), *peintre*. « Religieux de l'ordre de Saint-Angustin. Né en Portugal, il se fixa vers 1632 à Salamanque où il fit plusieurs tableaux qu'on voit dans le cloître de son ordre et qui représentent le *martyre des saints* du même ordre. Ces ouvrages sont signés de lui et portent la date de 1682. Il était bon coloriste et dessinateur correct. Tome 12, page 245, Ponz, *Voyage en Espagne;* et Bermudez ; *Diction. hist.* tom. 4, page 216.» (Page 207.)

RODRIGUES (Emmanuel), *peintre*, voyez Oliveira Bernardes (Ignace).

Rodrigues (Emmanuel-Louis), Vianna, voyez Figueiredo (Jean de).

Rodrigues (Emmanuel) dos Santos, voyez Santos (Emmanuel Rodrigues dos).

RODRIGUES (Faustino-Joseph), *sculpteur* de Lisbonne, naquit en 1760 et mourut en 1829. Il fit le *tombeau de Marie I*ʳᵉ qu'on voit dans le couvent d'Estrella. Les statues allégoriques dans le vestibule d'Ajuda de la *Vertu,* du *Patriotisme* et de l'*Intrépidité* sont de lui. Il a fait encore beaucoup d'autres ouvrages de sculpture. J'ai extrait cette notice d'un article de son fils, le professeur François d'Assis Rodrigues, inséré dans la *Revista universal,* 21, page 258, 17 novembre 1842 et 9 juin 1843. Selon Cyrillo, il aurait aussi exécuté des ouvrages de peinture. Voyez aussi Machado (Joachim) de Castro.

RODRIGUES (François-d'Assise), *professeur de sculpture*, à l'Académie de Lisbonne, en 1843, âgé de 43 ans environ, élève de son père Faustino J. Rodrigues. Il est plus connu sous le nom d'Assis. Il existe de lui, au nouveau théâtre du Rocio, des bas reliefs d'un effet satisfaisant. Ils ont été composés par le professeur Fonseca. On a vu de lui, à Lisbonne, à l'exposition de 1843, sa composition du *génie de la nation portugaise couronnant Camoës*. J'ai vu de lui à l'Académie, le modèle du bas-relief qui doit surmonter l'architrave des colonnes formant la façade principale du théâtre du Rocio. Parmi les figures de cette composition allégorique il y en a qui méritent des éloges. Le dessin et la composition sont du professeur Fonseca.

M. Rodrigues est un artiste appliqué, studieux et qui ne manque pas d'habileté. Il est question de lui dans mes Lettres, *p.* 104-114.

RODRIGUES (Jean), *architecte*. « Patente de maître des travaux « du palais de Cintra, après décès de son père Martin Rodrigues (1490). (*Livre 9 de Jean II, f.* 30. » — *Communication de M. le vicomte de Juromenha.*)

C'est le même qui a succédé à Mathieu Fernandes, en 1480, comme maître des travaux de Santarem. Voyez Fernandes (Mathieu).

RODRIGUES (frère Jean) *auteur* de l'ouvrage intitulé : *Arte do Canto-Chão*, voyez Patriarche.

RODRIGUES (Jean), *sculpteur en bois*, est mort en 1826, âgé de plus de 70 ans. Il a beaucoup travaillé à Sétubal.

Rodrigues de Leaõ (Jean), voyez Leaõ (Jean Rodrigues de).

Rodrigues (Louis), voyez Roderici (Louis).

RODRIGUES (Martin), « *maître des travaux* du palais de Cintra, était mort en 1490, époque à laquelle son fils Jean Rodrigues lui succéda dans cet emploi. Voyez Jean Rodrigues. » *(Communication de M. le vicomte de Juromenha.)*

Rodrigues de Oliveira (Emmanuel), voyez Oliveira Bernarde (Ignace).

RODRIGUES (Pierre), *peintre*, vivait au temps du roi Emmanuel vers 1489 et 1508. *Lettres, p.* 216, 217.

RODRIGUES (Simon), *peintre* cité par Cyrillo ; Félix da Costa en parle également et dit qu'il florissait dans les seizième et dix-septième siècles.

Le chanoine Villela da Silva prétend n'avoir « découvert qu'un seul tableau de ce peintre, c'est celui de la crèche ou de la *Naissance de Notre Seigneur*, qu'on voit dans le réfectoire du monastère de Belem et que quelques-uns attribuent à Amaro do Valle. L'opinion penche plutôt en faveur du premier. » *Lettres, p.* 241. Qu'il me soit permis de n'admettre ni la découverte de M. le chanoine, ni l'opinion qu'il émet, tant que nous ne saurons pas sur quoi elles se fondent. Ce tableau de la *Crèche* est aussi attribué à Marçanello peintre allemand. Voyez Amaro do Valle.

Rodrigues Vianna, voyez Vianna (Emmanuel-Louis Rodrigues).

Rois (Jean-Gualberto), *sculpteur* agrégé à l'académie, âgé en 1846 de 40 ans.

Romano (Missal), voyez Patriarche.

Roquemont (Auguste), *peintre de portraits*, né en Suisse, est âgé environ de 40 ans. Il a fait un long séjour en Italie. Il y a plus de 16 ans qu'il est en Portugal ; il a fait en ce pays d'excellens portraits, parmi lesquels je citerai surtout ceux du *comte et de la comtesse Farrobo* en pied ; de M. *Wooudhouse* à Porto ; du *colonel Sarmento* et *du baron et de la baronne Lemercier.* Il a fait aussi beaucoup de tableaux de genre, et dans le nombre il y en a qui m'ont plu. Il est doué du sentiment des arts à un haut degré et il en juge à merveille. Il est cité dans mes *Lettres, p.* 96, 127, 271, 385, 389, 410.

M. Roquemont vient de terminer (16 juin 1846) un tableau représentant les *quatre enfans* d'un négociant anglais, M. Hodgson, dans un paysage. Les figures sont de grandeur naturelle. C'est le meilleur de ses ouvrages : c'est même, sous tous les rapports, un excellent tableau digne des bons peintres flamands de l'époque de Van der Helst. M. Hodgson lui a payé ce tableau et deux autres portraits deux tiers de corps, 95 *moedas* ou 2,850 francs. Le comte Luckner possède de lui un petit tableau de genre avec beaucoup de figures, que je trouve excellent. Il représente *un curé de campagne* allant bénir les demeures de ses paroissiens au jour de Pâques. Les figures ont à peu près 14 centimètres. Un autre tableau de genre que M. Roquemont vient de faire (26 octobre 1846) représente *une scène populaire* dans le Minho ; un groupe de musiciens, un homme et une femme du peuple qui dansent et qu'entourent des spectateurs, dans un paysage. Ce dernier tableau est d'un coloris à la fois éclatant et harmonieux. Les figures ont 27 centimètres à peu près. C'est un excellent tableau de genre. Je ne sache pas que l'auteur en ait jamais fait un meilleur.

Roland le Virloys, voyez Virloys (Roland le).

Rolin (Antoine-Pimenta), voyez Baccarelli (Vincent).

Romaneti (Micheline-Archange), *peintre,* voyez Oliveira-Bernardes (Ignace de).

Romaõ (Esechiel-Anselme), « *sculpteur* en bois, apprit son art avec Joachim Valère vers 1780, et mourut vers 1820, âgé de plus de 50 ans. » (*Communication de M. le professeur Assis.*)

Romaô (Joachim), *peintre d'ornemens*, voyez Narcisse (Joseph-Antoine).

Ronind. Selon Guarienti, *peintre* flamand faisant de petites figures dans le genre de Rembrandt. Cet auteur a vu à Lisbonne, des ouvrages portant la signature de Ronind. (Voyez *Lettres, p.* 327.)

Roque ou Roch (frère) de Soveral, voyez Soveral (Roque de).

Rosa, *peintre.* Cyrillo, p. 214, cite ce peintre sans nous donner son nom de baptême. Il avance comme supposition que Rosa a visité le Portugal où l'on voit de lui, entre autres chez le marquis de Lavradio, beaucoup de tableaux représentant du *bétail.* Ces tableaux sont ici attribués à Rosa di Tivoli (Philippe-Pierre-Roos), et ils ont en effet une grande analogie avec les ouvrages de ce peintre, mais ils leur sont inférieurs ; d'ailleurs Cyrillo dit que le Rosa dont il est question dans son ouvrage appartient au dernier siècle, tandis que Rosa di Tivoli mourut en 1705. Nagler ne dit pas qu'il ait jamais visité le Portugal. Je ne serais pas étonné que personne ici ne sût bien de qui sont ces tableaux de bétail, au reste très modernes et médiocres, et qu'après les avoir baptisés du nom de Rosa di Tivoli, on ait inventé l'histoire de la présence de ce peintre en Portugal. Ce Rosa ne serait-il pas Joseph-Carvalho Rosa dont il est question à l'article Feliciano Narciso ?

Rosa (Antoine-François), *architecte* du palais d'Ajuda après la mort de Fabri. Il a déjà été associé à ce dernier dès son vivant. En 1821 sous-inspecteur de ce palais. *Cyrillo,* p. 244. Voyez *Lettres, p.* 552.

Rosa (Bernardin de Santa), *auteur* de l'ouvrage intitulé : *Mundo visivel Phisiologico, Mathematico, Politico, Polemico, Historico e Critico.* Coïmbre, 1743. Ce livre se trouve à la Bibliothèque de Jésus à Lisbonne. S'il étreint tout ce qu'il embrasse, ce doit être un livre admirable. Je ne l'ai ni lu, ni même vu.

Rosa (Dominique da), *peintre,* mourut à Lisbonne en 1796, âgé de 67 ans. Il a fait des tableaux d'autel. Il était le maître de dessin des Infans. Son fils Joseph da Rosa lui succéda dans les emplois qu'il avait à la cour. (*Cyrillo.*) Voyez Pinto-Pereira (François).

Rosa (Joseph da), *peintre,* voyez Rosa (Dominique).

Rosa (Joseph **Carvalho**), *peintre de fleurs,* voyez Feliciano Narciso.

Roteiro de Portugal, voyez Castro (Jean-Baptiste).

Rouan (Jean de), je présume qu'il faut lire Jean de Rouen, Français, *architecte* de l'église de Sainte-Croix à Coïmbre sous le roi Emmanuel. Voyez *Lettres, p.* 531.

Le Patriarche, dans sa *Liste des artistes, p.* 10, en s'appuyant sur la description du monastère de Sainte-Croix à Coïmbre, écrite à saint Vincent de Lisbonne par le prieur D. François en 1546, l'appelle

João de Ruam ; il attribue *les retables très délicats en pierre* de cette église « à lui et à d'autres grands artistes. »

Il pourrait bien se faire que la magnifique chaire de cette église fut son ouvrage.

ROUAN (Jérôme de), voyez **Ruam** (Jérôme).

ROUKS (Marie-Éléonore), *peintre*, née en 1765, peignait en miniature. Elle était la femme de M. Rouks, vice-consul de Hollande, et a cessé de peindre à l'âge de 22 ans (*Cyrillo, p.* 130).

ROUSSEAU, *graveur* français, vint en Portugal et exerça son art sous Jean V, vers 1734. (Patriarche, *Liste des artistes, rubrique Graveurs.*)

ROZA (Louise-Marie), *peintre*.

« Elle est née à Porto et était peintre distinguée. Non-seulement elle gagnait de quoi vivre avec aisance, mais elle procura le même avantage à plusieurs élèves de son sexe, qu'elle dirigeait dans son école publique au champ dit *das hortas* dans la même ville. Plusieurs de ses peintures existent encore à Porto et dans d'autres lieux. On fait surtout l'éloge de celles que renferme le cloître du couvent des Capucins de *Valle da Piedade.* Elle vivait vers 1740. » (*Theatro heroino* tom. 2, p. 40. *Taborda, p.* 224.).

RUA (da), voyez **Gonsalvés** (Jean) da **Rua**.

RUAM (Jérôme de). Je présume qu'il faut lire de Rouan ou plutôt de Rouen, *architecte*, « auquel Dona Maria, fille du roi Emmanuel, confia la construction de l'église de *Luz*, près de Lisbonne, lui recommandant que cet ouvrage *fut une des meilleures choses de l'Europe.* (Voyez *l'Histoire de l'insigne apparition de l'image de Notre-Dame,* par frère Roque de Soveral, 1610. » (Patriarche, *Liste des artistes, rubrique Architectes, article Jeronimo de Ruam.*)

Ruy, voyez **Rodrigue**.

Ruy ou **Rodrigue de Pina**, voyez **Pina** (Ruy ou Rodrigue de).

S

SÁ (J. Custodio de). « J'ai vu une estampe dont je dirai seulement qu'elle était signée J. *Custodio* de Sá, inv. et delin., 1750, et dans la description de la cérémonie funèbre de Jean V, des vignettes et des estampes signées du même nom. » (Patriarche, *Liste des artistes, p.* 18).

Je ferai observer que cette signature ne prouve pas que cet individu ait été graveur.

SÁ (frère Emmanuel de), *auteur* des ouvrages intitulés : *Memorias historicas da Provincia do Carmo* et *Memorias historicas dos escritores do Carmo de Portugal.*

Sabelico (Marc-Antoine-Cocio), voyez Cocio.

SACCHI (André), *peintre* italien. Selon Guarienti il est né en 1594. Ce dernier cite de Sacchi un fameux tableau que possède le roi Jean V. (Voyez *Lettres, p.* 315.)

SALLA (Félix), *stucateur* milanais. « L'influence de Jean Grossi et les progrès de son école s'affaiblirent beaucoup par la mort du roi D. Joseph, et la retraite du marquis de Pombal pour sa terre de Pombal en 1777. A l'époque de la construction de la cathédrale, les décorateurs en plâtre étaient divisés en deux partis, et étaient très nombreux parce qu'on avait adjoint des tailleurs de pierre et des stucateurs aux élèves de l'école. Voici ceux qui étaient le plus en crédit : Joaõ-Paulo da Silva, Paulo Botelho, Manoel José, sculpteur, José-Francisco Espaventa, Domingos Lourenço , etc. Quand Joaquini-Pedro Quintela fit bâtir son château à Laranjeiras (1) sous la direction de son oncle, le père Barthélemi Quintela de la congrégation de l'oratoire, Jean Paulo fit la plupart des plafonds d'après les dessins dudit ecclésiastique. Salla se présenta quand ces travaux étaient sur le point d'être achevés; il y prit part et s'acquitta de sa tâche d'une manière qui lui mérita l'approbation du père Quintela. Il était élève du célèbre Albertoli (2), Milanais qui renouvella en Italie les beaux ornemens du temps d'Auguste et des Grecs. Les ornemens qu'on avait introduits et qui étaient alors en usage, étaient ceux appelés français et allemands, composés d'écussons, de coquilles, de plantes et autres ornemens fantasques.

« Salla décora tous les plafonds de l'hôtel de Quintela à Lisbonne. Il passa ensuite à Cadix avec Domingos Lourenço et José Éloi pour y faire la salle de bal. De là il retourna à Milan, sa patrie. Il n'avait alors guère plus de 30 ans. (*Cyrillo, p.* 271.)

SALES (Joseph-Vincent), *graveur,* « a appris son art sous Queiros. En 1820, il a fait le *portrait de D. Miguel* qui l'a envoyé à Paris pour se perfectionner. Il y a fait le *portrait de l'Infante régente D. Isabelle.* Plus tard revenu en Portugal il en a fait un autre de D. Miguel. On ne sait pas où il est maintenant. » (*Communication de M. Santos, graveur.*)

SALLA, *stucateur* et *dessinateur*, voyez Grossi (Jean). Il a pré-

____

(1) Je crois, en 1798.

(2) Nagler fixe sa plus grande activité entre les années 1782 et 1822.

cédé Grossi dans son activité artistique. Ce n'est par conséquent pas le même que Félix Salla qui était postérieur à Grossi. Il appartient, en comparant les dates, à la fin du dix-septième ou au commencement du dix-huitième siècle, tandis que Félix Salla est venu un siècle plus tard.

Sallazar Castro, voyez Castro (Sallazar).

Salomon Coningh, voyez Coningh (Salomon).

Salvà (Vincent), *auteur*, dans son *Catalogue of Spanish and Portuguese books, with occasional Literary and Bibliographical Remarks*, nous donne la liste suivante des auteurs qui ont traité des arts dans ces deux pays:

Alberto (Léon-Bapt.). *Los diez libros de Architectura.* Madrid, 1582, petit in-4°.

Ascensio. *Colecion de muestras de letra bastarda, escritas y grabadas.* Madrid, 1816, in-4°.

Bosarte. *Viage artistico a varios pueblos de España,* con el juicio de las obras de las tres nobles artes que en ellos existen, y epocas a que pertencen. Tomo primeiro. Viage a Segovia, Valladolid y Burgos. Madrid, Imprenta Real, 1804. 800. All ever published. Red morocco, gilt leaves.

Butron. *Discursos apologeticos* en que se defiende la ingenuidad del Arte de la Pintura; que es liberal y noble de todos derechos. Madrid, 1626.

Bermudez (Cean). *Diccionario historico* de los mas ilustres profesores de las bellas artes en España, publicado por la Real Academia de San Fernando. Madrid, Viuda de Ibarra, 1800. 6 vol. in-8°.

Enguidanos (Josef-Lopes). *Colecion de las estatuas antiguas* que pose la Real Academia de Madrid. Madrid, 1794, fol. plates.

Gutierrez de los Rios. *Noticia general para la estimacion de las artes,* et de la manera en que se conocen las liberales de las que son mecanicas y serviles. Madrid, 1600, in-4°.

Jovellanos (Gaspard-Melchor). *Carta historico-artistica sobre el edificio de la lonja de Mallorca.* Palma, 1812, in-4°.

Palomino de Castro. *El museo pictorico y escala optica : theorica de la pintura.* Madrid, 1795, 2 vol. in-fol.

Parasio Tebano. *Arcadia pictorica en sueño.* Alegoria o poema prosaico sobre la teorica y practica de la pintura. Madrid, Sancha, 1789, in-4°.

Recreaciones arquitectonicas, para aprender de un modo familiar y entretenido los principios mas esenciales de la geometria solida y de alzado en la Arquitectura; como tambien el efecto de la perspectiva, luz y sombra, por medio de las secciones cubicas, figuras y diagramas.

Traducidas del inglez por D. José de Urcullu. Londres, 1825. Square 12ᵐ Plates. Bound With a box of cubic sections.

Retratos de los Españoles ilustres con un epitome de sus Vidas. Madrid, imprenta real, 1791, in-fol.

Cette collection renferme 108 portraits des plus célèbres Espagnols dans les lettres, dans les sciences, dans les arts et dans les armes. Elle a été gravée par les artistes les plus distingués de l'Espagne ; elle est intéressante non-seulement pour l'homme de lettres, mais aussi pour les amateurs des arts.

Torio de la Riva. *Arte de escribir por reglas y con muestras,* segun la doctrina de los mejores autores estrangeros y nacionales. Madrid. Harra, 1798, in-4°. Many plates. Large paper. Bound.

Vitruvio. *Los diez libros de Architectura,* traducidos al Castellano y comentados por D. José Ortiz. Madrid, imprenta real, 1787, in-fol. Plates.

Ximenes (Fr.-Andres). *Descripcion del real Monasterio de San Lorenzo del Escorial* con vistosas laminas, coronada con un apendice de los professores de las bellas artes que concurieron a su fundacion, y despues le han enriquecido con sus obras. Madrid, 1764, in-fol.

Cet ouvrage contient une description de la Bibliothèque de l'Escurial et de plusieurs des plus anciens manuscrits qu'elle renferme.

Salvador Franco, voyez Franco (Salvador).

SALZEDO, *peintre.* Selon Taborda, Salzedo florissait au seizième siècle, et a peint pour l'église de Belem. On lui attribuait l'*Assomption,* l'*Annonciation* et d'autres tableaux qu'on voyait en cette église, et qui depuis furent attribués à Ferdinand Gomes. Ce qu'il y a de sûr, dit Taborda, c'est que la reine Catherine, femme de Jean III, « légua par un codicile l'usufruit de certaines maisons à la veuve du peintre Salzedo. » Cette notice est tirée de la *partie* 16ᵐᵉ, *paquet* 1, *n*° 12, *feuille* 8 *des archives royales.* (*Taborda, p.* 166.)

SAMPAYO (Michel-Antoine ; Joachim-Joseph ; Joseph-Ignace), voyez Payo.

Sanches Coelho, voyez Coelho (Alphonse-Sanches.)

Sanctuario Mariano, voyez Maria (frère Augustin de Santa).

Sansovino, voyez Contucci (André).

Santa Maria (frère Augustin de), voyez Maria (frère Augustin de Santa).

Santa Maria (frère Joseph de), *moine,* voyez Oliveira Bernardes (Ignace de).

SANTAREM (Manoel-Francisco de Barros, vicomte de), *grand archiviste* de Portugal, membre de l'Académie des sciences de Lisbonne. Ce savant est auteur d'un travail intitulé : *Notice sur quelques* *manuscrits remarquables* par leurs caractères et par les ornemens dont ils sont embellis, qui se trouvent en Portugal (extrait du tom. 12 des Mémoires de la Société royale des antiquaires de France). Cette brochure, tirée à part, a 36 pages.

Il a publié aussi un *Atlas* composé de mappemondes et de cartes hydrographiques et historiques depuis le onzième jusqu'au dix-septième siècle, pour la plupart inédites. Paris, 1842, grand in-fol. Cet ouvrage reproduit parmi des cartes splendidement enluminées, certaines peintures qui sont précieuses pour l'histoire de l'art.

Santarem edificada (histoire de), voyez VASCONCELLOS (Ignace da Piedade).

SANTOS (ANTOINE-JOSEPH DOS), *graveur*, voyez FIGUEIREDO (Jean de).

SANTOS (ANTOINE-RIBEIRO DOS), voyéz RIBEIRO.

SANTOS DE ARAUJO (JOACHIM DOS), voyez ARAUJO (Joachim dos Santos de), et NUNES (Simon Gaétan).

SANTOS (BERNARD DOS), « *graveur*. Dans l'ouvrage intitulé : *El doctor eximio, y vener :* par Francisco Soares, etc., imprimé dans le Collége royal des arts, à Coïmbre, se trouve le portrait grossièrement gravé du P. Soares, avec l'inscription *Bernardo dos Santos o fez* 1730. » (*Patriarche*, Liste des artistes, *p*. 14.)

SANTOS E CARVALHO (VALENTIN DOS), *sculpteur en bois*, voyez SILVA (Jean-Chrysostôme-Polycarpe da).

SANTOS DA CRUZ (ANTOINE DOS), voyez CRUZ (Antoine dos Santos da), MAGINA, et SILVA (Jean-Chrysostôme-Polycarpe da).

SANTOS (DOMINIQUE DOS) **MORAES SARMENTO**, *calligraphe*. « C'était de notre temps un des hommes les plus admirables dans l'art d'écrire et de dessiner à la plume. Il a copié de cette façon la gravure de la *statue de Joseph I*er avec une exactitude qui trompe les yeux le plus exercés, et il a exécuté d'autres ouvrages du même genre. Il eut la malheureuse idée d'employer son talent à faire de faux assignats, et fut enfermé pour le reste de ses jours comme faussaire ; trop heureux d'échapper à la peine de mort qui est prononcée par la loi pour ce genre de crime. » (*Patriarche*, Liste des artistes, *p*. 6.)

SANTOS (frère EMMANUEL DOS), *auteur* de l'ouvrage intitulé : *Monarchia Lusitana*, voyez PATRIARCHE.

SANTOS (EMMANUEL-RENAUD DOS), *architecte* portugais, mourut vers 1790. Il remplaça, en 1775, Michel-Ange de Velasques comme architecte des travaux publics. Il a été l'architecte de l'église *dos Martires*, de celle du *Cœur de Jésus* et de la fontaine des *Janelas verdes*. Je présume que c'est Emmanuel-Renaud dos Santos dont il est question à l'article Mardel.

SANTOS (EMMANUEL-RODRIGUES DOS), Portugais, passait pour *architecte* distingué à Rome et à Naples. Il fut chargé, en 1751, de diriger la pompe funèbre de Jean V qui se trouve représentée dans plus de 20 gravures d'une bonne exécution. (*Cyrillo, p.* 162.)

SANTOS (EUGENIO DOS) DE **CARVALHO**, selon Cyrillo, *architecte* de la nouvelle Lisbonne et du nouveau palais qu'on devait exécuter dans le *Campolide,* tâche qui, au dire de cet auteur, « était au-dessus « des forces de Santos et aurait dû être confiée au plus grand architecte « de l'univers. » Jean Antinori, architecte romain, qui avait été à Lisbonne et s'y était marié, avait été adjoint à Santos. Cyrillo a vu chez cet Antinori un plan du palais projeté dont celui-ci se vantait d'être l'auteur. Il avait été obligé de s'enfuir de Lisbonne pour avoir parlé avec trop de liberté du marquis de Pombal. Vers 1776, il jouissait à Rome d'une certaine célébrité. (*Cyrillo, p.* 191.)

Il était capitaine ingénieur, et a été chargé, après le tremblement de terre de 1775, des réparations de la cité; c'est aussi d'après ses plans qu'on a bâti les édifices qui environnent la place du Commerce. A sa mort, il laissa un projet de statue devant servir à orner la place. Un artiste né à Malte, mais qui avait étudié en Italie, fut chargé de présenter un modèle d'après le dessin de Santos, en concurrence avec Joachim Machado qui fit le sien en cire. Le modèle de ce dernier obtint la préférence. C'est Joachim Machado lui-même qui a consigné ces faits dans un ouvrage spécial, et il avoue qu'on ne lui laissa ni la liberté d'inventer les allégories des groupes principaux, ni même celle d'altérer les accessoires de la statue équestre, et qu'il dut se contenter de corriger les fautes du dessin primitif, et de composer le bas-relief pour lequel Eugène Santos n'avait pas laissé de projet. (*M. Ferdinand Denis, l'Univers,* 1366ᵐᵉ *livraison, p.* 405.) Voyez aussi pour les détails relatifs à la statue, les articles MACHADO (Joachim) de CASTRO; COSTA (Barthélemi da), et SANTOS (Renaud-Emmanuel dos). Voyez MARDEL.

SANTOS (frère JEAN DOS), *auteur* de l'ouvrage intitulé : *Ethiopia oriental,* voyez PATRIARCHE.

SANTOS (JEAN DOS) ALA, voyez ALA et GONSALVES (André).

SANTOS (JEAN-JOSEPH DOS), *graveur* de l'Académie, âgé, en 1846, de 40 ans. M. Santos est chargé de graver un des tableaux de l'Académie qui appartiennent à la catégorie des Abraham Prim. Il représente dom Paio Peres, appelé le *Josué portugais,* demandant à la Vierge d'arrêter le soleil pour avoir le temps de terminer la déroute des infidèles.

Il m'a accompagné dans les voyages que j'ai faits dans les provinces, m'a assisté de mille manières dans mes recherches, m'a fourni beaucoup de renseignemens, et a exécuté pour moi des dessins et plusieurs gravures. J'ai parlé de lui dans mes *Lettres, p.* 115, et dans plusieurs autres pages indiquées à la table alphabétique.

SANTOS-JOACHIM (ANTOINE DOS), *peintre.* Tout extraordinaire que soit la transposition de ces deux noms de baptême, je la conserve telle qu'elle se trouve marquée dans Cyrillo. Voyez FÉLICIEN NARCISSE.

SANTOS (LOUIS-JOACHIM DOS) **MARROCOS,** a copié le manuscrit de François de Hollande, orné de dessins architectoniques et intitulé : *Fabrica que falece,* etc. L'original se trouve en |Espagne : la copie est conservé à Lisbonne dans la Bibliothèque de Jésus. Voyez l'article FRANÇOIS DE HOLLANDE.

SANTOS PEREIRA (LUC-JOSÉPH DOS), *architecte* de Lisbonne, âgé, en 1845, d'à peu près 44 ans. Il est attaché à l'Académie comme bibliothécaire. On a vu de lui des ouvrages à l'exposition de 1843. Voyez mes *Lettres, p.* 96, 114. Il a été appelé à prendre part au concours pour la construction du théâtre du *Rocio,* de la chambre municipale qui a été projetée, ainsi que du monument de D. Pedro qui également n'est encore qu'en projet.

SANTOS (RENAUD-EMMANUEL DOS), *architecte* des monumens publics, voyez MARDEL. Le transport de la statue équestre du roi Joseph lui fut confiée en 1775. Il s'acquitta de sa mission avec tout le succès désirable. Un officier chargé de la police du port, Jean dos Santos, dirigea l'appareil au moyen duquel la statue fut placée sur son piédestal. L'érection définitive de ce monument eut lieu en 1775. (*M. Ferdinand Denis, l'Univers,* 1366ᵐᵉ *livraison, p.* 405 *et suivantes.*) Voyez aussi, pour les détails relatifs à la statue, les articles SANTOS (Eugène dos) DE CARVALHO ; COSTE (Barthélemi da) ; et MACHADO (Joachim) DE CASTRO.

SANTOS (SIMON-FRANÇOIS DOS), *graveur sur pierre et sur métaux.* « Cet artiste est né à Lisbonne ; il a eu pour professeur Joseph Gaspar, flamand de nation et successeur du célèbre Mangin, premier graveur de l'hôtel de la Monnaie, aux appointemens fixes de 480,000 reis (3,000 francs), travaux payés en sus. Gaspar mourut en 1812, à l'âge de 85 ans; Simon François le remplaça, mais ses appointemens furent seulement de 200,000 reis par an, logement et travaux payés en sus. En 1802, et d'après le dessin de Sequeira, les graveurs Joseph Gaspard, Antoine Joseph do Valle, Xavier de Figueredo et Simon François, gravèrent la matrice du *portrait du prince régent* pour servir aux monnaies et médailles. Cet habile artiste a fait en outre un grand nombre de travaux, tant sur métaux que sur pierres précieuses, pour la plupart des grands du royaume et pour les tribunaux de la capitale. Il a exécuté beaucoup de gravures d'armes, d'écussons et de sceaux pour l'étranger. Il eut pour élèves Caetano-Albert Nunes de Almeida,

Louis-Gonzalga Perreira et Dominique-Antoine Candido. (*Cyrillo*, *p.* 280.)

Sanval, *auteur*, cité par M. le vicomte de Juromenha à propos des *pelourinhos*.

Sapeiro (Antoine Machado), voyez Machado (Antoine).

Sarmento (Dominique dos Santos de Moraes), voyez Santos (Dominique dos).

Schiappa Pietra (A. O.), *sculpteur* agrégé à l'Académie de Lisbonne, âgé de plus de 40 ans. (*Lettres, p.* 115.)

Schorkens (Jean), *graveur*, « né en Flandre, paraît avoir travaillé en Espagne. Dans la vie du vénérable archevêque de Braga, D. frère Barthélemy dos Martires, imprimée à Vianna en 1619, on voit le *portrait de cet archevêque* signé Schorkens. Le frontispice du même ouvrage paraît aussi être de lui. » (*Patriarche*, Liste des artistes, *p.* 17.)

Il est aussi question de lui à l'article Vieira Serraõ, où il est appelé Schorekens.

Il est aussi appelé Schorequens.

Schorequens, voyez Schorkens et Vieira Serraõ.

Schud (Corneille). Selon Guarienti, *peintre* d'Anvers, élève de Rubens, mort en 1676. Guarienti a vu des ouvrages de Schud en Portugal. (*Lettres, p.* 319.)

Scriptum (*Oxoniense*), voyez Patriarche.

Sébastien (le père). M. le vicomte de Juromenha cite le père Sébastien comme ayant fourni des renseignemens sur les *Azulejos* (carreaux de faïence) dans les Mémoires de l'Académie royale des sciences de France.

Sébastien del Piombo, *peintre*. François de Hollande étant à Rome (1539-1549) s'exprime en ces termes sur cet artiste :

« La peinture exécutée par Sébastien Vénitien, que l'on voit à S. Pierre Montorio, est très renommée. Il la fit pour entrer en concurrence avec Raphaël. » (*Lettres, p.* 22.)

Sébastien Ribeiro, voyez Costa (Louis da).

Sébastien Tibaõ, voyez Tibaõ (Sébastien).

Seco (Simon), voyez Sequo (Simon).

Seco (Pierre **Alvares**). Il y a des personnes qui supposent (voyez *Lettres, p.* 346) que Seco est *auteur* du manuscrit intitulé : *Escripturas da ordem do Christo*, etc. (1561); mais c'est une erreur. Il était juge, et, par ordre du roi, il a fait faire la compilation de ces documens ; mais c'est Jean de Penafiel qui l'a écrite et enluminée. Ce manuscrit se trouve aux Archives où je l'ai vu. C'est un grand *in-fol.* sur parchemin. Il en existe une copie à la Bibliothèque. Voyez Penafiel

(Jean de). (Voyez *Monarq. lusitana, pârt. 6, livre* 19 , *chap.* 1ᵉʳ, et *Bibliot. lusitana, tom.* 3ᵉ*, p.* 557.)

SEGERS (DANIEL). Selon Guarienti, *peintre* d'Anvers. Cet auteur a vu à Lisbonne des ouvrages de Segers. (Voyez *Lettres, p.* 321.)

SENA (LOUIS-GONSALVES DE), voyez GONSALVES (LOUIS) DE SENA.

SEQUEIRA (DOMINIQUE-ANTOINE), *peintre.*

Quatre tableaux que Sequeira a exécutés à Rome dans les années 1836 et 1837, et qui sont au nombre des derniers ouvrages de sa vie, ont été acquis par le duc de Palmella, lors de son passage à Rome en 1845. Ce seigneur les a achetés du chevalier Migueis, gendre de Sequeira, et ministre de Portugal près le S. Siége. Ces quatre tableaux, comparés aux ouvrages antérieurs du même artiste, montrent un progrès tel, qu'ils ont changé toutes mes idées sur leur auteur. Ils représentent l'*Adoration des Mages, la Descente de Croix* (1)*, l'Ascension* et *le Jugement dernier.* Ces compositions sont toutes d'une grande richesse et renferment une infinité de figures. Leur dimension est à peu près de 1 m. 33 c. sur 1 m. 8 centimètres. Les figures du premier plan ont de 25 à 33 centimètres. Les deux premiers tableaux sont seuls achevés ; les autres ne le sont pas ; néanmoins sous le rapport de l'effet, de la couleur et de la composition, ils sont parfaitement arrêtés et mis en harmonie ; ils ne font pas l'effet d'œuvres incomplètes, mais plutôt d'œuvres où tout ce qui a été exprimé d'une manière sommaire n'a besoin que d'être mieux déterminé et plus détaillé. Non-seulement je ne regrette pas que deux de ces tableaux ne soient pas achevés, mais même c'est une circonstance heureuse, car elle nous initie au génie du peintre, à sa manière de concevoir les sujets, et à ses émotions spontanées.

Sequeira était au déclin de sa vie, il avait 60 ans quand il a fait *le Calvaire,* et 70 ans quand il s'est occupé de l'*Ascension* et du *Jugement dernier ;* on comprend difficilement comment il a pu prendre un tel essor, et en même temps comment à Rome qui, plus qu'aucune autre ville d'Italie, peut être considérée comme un des grands dépôts des productions classiques de la peinture, il a pu adopter une méthode de peindre et se sentir animé d'inspirations, qui présentent la plus grande analogie avec Rembrandt, et n'en montrent aucune avec les grands maîtres de Rome ou de Florence. Je trouve que les deux tableaux achevés ne peuvent se comparer qu'à ceux des ouvrages de Rembrandt qui sont d'une exécution soignée, et dans lesquels les figures ont de petites dimensions. On peut, sans hésiter, les comparer à ceux-là,

(1) Il existe une bonne gravure de ce tableau par Biordi.

non-seulement sous le rapport du caractère général qu'ils présentent, mais même sous celui de l'exécution et de l'habileté technique. Ces deux sujets ont aussi de l'analogie avec Dietrich, quand il imitait Rembrandt; mais je les trouve sans nulle comparaison moins stéréotypés. Sous le rapport de l'inspiration poétique, de la spontanéité et de la profondeur des émotions artistiques qui y règnent, ils sont bien supérieurs à tous les ouvrages de Dietrich. Par ces quatre tableaux, Sequeira s'est fixé dans ma pensée fort près de Rembrandt. J'ai voulu ainsi déterminer la hauteur à laquelle je crois qu'il mérite d'être placé, et la direction artistique qui a prévalu en lui au terme de sa carrière.

Dans son *Jugement dernier*, qui est le moins avancé, l'effet de lumière et la manière dont le sujet est traité, rappellent un peu trop plusieurs des productions bizarres et inexplicables de l'Anglais Turner, moins la négligence, l'outrecuidance et la confusion. Je veux dire que Sequeira dans cet ouvrage, qui du reste est pensé et saisi noblement, me semble avoir recherché des effets qui, à force de vouloir exprimer trop, deviennent incompréhensibles, et présentent des contrastes de couleur et une profondeur d'émotions qui frappent les regards plus qu'ils ne satisfont le sentiment, l'imagination et le goût. Il aurait voulu, comme Turner, exprimer des choses pour lesquelles il n'y a ni pinceau, ni couleur, et pour lesquelles la nature réelle ne fournit pas de modèles.

Cette critique se rapporte au bas du tableau plus qu'à sa partie supérieure; vus de près, le Christ, la Vierge et le S. Jean, et surtout la gloire d'anges sont superbes. Vue à distance, je trouve que la partie supérieure elle-même n'est pas d'un effet heureux : elle présente trop de surface d'un blanc de craie froid et cru.

Dans son *Ascension* il y a de grandes beautés; on remarque dans le groupe de gauche des figures qui sont saisies comme plusieurs figures de la partie inférieure de l'*Assomption de la Vierge* du Titien. Le ciel si serein, si beau, est grandiose dans sa simplicité; mais le Christ, quoiqu'il monte bien, m'a fait l'effet de manquer de noblesse : on croirait voir une petite poupée.

Arrêtons-nous aux deux tableaux achevés. C'est dans ceux-là que Sequeira me paraît montrer surtout une grande analogie avec Rembrandt. Le *Calvaire* présente un effet de nuit; l'*Adoration des Mages* paraît éclairée par les rayons du soleil les plus éclatans, et cependant l'étoile y est indiquée d'une manière qui non-seulement ne paraît pas en désharmonie avec le ton général du tableau, mais qui même y ajoute un charme tout particulier.

Le plus beau de tous ces tableaux est celui qui représente la *Descente de Croix*. C'est sur le corps couché du Christ que la plus grande lumière se trouve concentrée. Ce corps aussi bien que le groupe qui l'entoure m'ont causé la plus vive admiration. Sur le premier plan, un groupe de figures au-dessous de la croix est tellement rembrandtesque, que certes ce grand maître ne l'eût pas renié. A gauche il y a des figures de femmes, admirables de touche, de dessin et d'expression. J'aime infiniment entre les deux groupes que je viens de citer, la figure de cet homme, qui est coiffé d'un turban, et qui joint ses deux mains sous le menton en signe de douleur. Malgré la richesse de ces compositions, il n'y a nulle part confusion ou discordance. C'est beau de dessin, d'ordonnance, de coloris; c'est beau sous tous les rapports.

Dans l'*Adoration des Mages*, la Vierge est magnifique d'expression. C'est un bien beau tableau aussi, quoique peut-être un peu maniéré de couleur et me rappelant sous ce rapport quelques-unes des dernières productions de notre Petzel. Je n'entends pas par cette observation établir la moindre comparaison entre ces deux artistes, et je l'ai assez clairement exprimé en disant que dans ces tableaux Sequeira me paraît digne d'être comparé à Rembrandt. Or, l'*Adoration des Mages* est superbe, mais je préfère la *Descente de Croix*.

Il y a dans tous ces tableaux une fraîcheur de sentiment, une profondeur d'émotion qui me touchent vivement, et une richesse de composition que je ne me lasse pas d'admirer.

Quelqu'un m'a dit que le duc de Palmella a payé ces tableaux 40,000 fr. Il importe peu que cela soit exact ou non; cependant je veux m'expliquer sur ce sujet, car l'évaluation des tableaux donne lieu ici souvent aux assertions les plus bizarres. Or, ce prix me paraîtrait élevé; mais je ne serais pas étonné que, comme on le dit, un amateur étranger au Portugal, un Anglais, en eût voulu donner autant ou davantage. De la part du duc de Palmella, à qui il importait de conserver au Portugal les meilleures productions d'un artiste dont la mémoire est en honneur dans son pays, cette acquisition, à ce prix, serait un acte de patriotisme, je dirai même que ce serait une excellente et sage acquisition. Les Portugais peuvent maintenant juger par eux-mêmes, et prouver que Sequeira était un artiste d'un grand mérite; que son talent était d'un ordre supérieur; et que si, dès le début de sa carrière, il n'avait pas été détourné de la bonne voie par des éloges immodérés, s'il n'avait pas conçu lui-même, et trop tôt, une idée exagérée de la hauteur à laquelle il s'était déjà élevé; si surtout il n'avait pas passé sa vie à flotter entre les directions artistiques les plus opposées ou les moins homogènes avec ses dispositions naturelles, sa vie eût été plus féconde en grands résultats, et sa renommée n'aurait pas été obscurcie par des ouvrages aussi médiocres que les deux grands tableaux de l'Académie qui représentent les *saints ermites* Paul et Antoine, à qui un corbeau apporte du pain, et *S. Paul* à qui un ange présente la sainte hostie; le miracle de la *Conversion de S. Bruno*, qui se trouve également à l'Académie; les travaux d'Ajuda; *Martim Freitas*, chez la comtesse d'Anadia; à l'Académie, le portrait en pied, et de grandeur naturelle de *Jean VI*, et un autre du *même roi à cheval*, de moindre dimension, qui se voit à Ajuda.

On m'a bien dit que sa *Mort de Camoës*, qu'il a exécutée à Paris en 1824, est digne tout à fait des tableaux qui nous occupent, et que ses meilleurs ouvrages ont passé au Brésil ; mais ici il est question de ce que j'ai pu juger par moi-même et non de ce qu'on dit, ni d'articles de journaux, ou de passages renfermés dans des livres. Quand je cite, les guillemets mettent ma responsabilité à couvert, mais quand je puis me dispenser de citer, je l'aime mieux.

Les productions de cet artiste présentent des caractères si différens, qu'il serait difficile d'en reconnaître l'auteur d'après celles qui les ont précédées ou suivies. Parmi toutes celles que je connais, les tableaux du duc de Palmella et le dessin du roi, sont les seules où l'on reconnaît le même auteur.

Je dirai donc en résumé que les tableaux du duc de Palmella, et surtout les deux achevés, sont fort beaux et fort remarquables sous le rapport du coloris et du dessin ; qu'ils sont d'un intérêt majeur, d'un effet saisissant, sans cependant appartenir le moins du monde au grand style historique de l'époque classique de Rome ou de Florence, mais bien au contraire à l'influence de Rembrandt ; que le petit tableau de lord Howard a du mérite, qu'il est satisfaisant sous le rapport de l'exécution, d'une couleur suave, et qu'il a un caractère historique très déterminé participant du style des peintres italiens du dix-huitième siècle, par exemple de Batoni, mais fort peu des grands maîtres de *Cinquecento*; que le dessin du roi représentant le *Calvaire*, est éminemment rembrandtesque et digne des plus grands éloges, malgré quelques négligences et quelques incorrections qui s'y rencontrent ; que le petit tableau de Bemposta est faible sous le rapport de l'exécution, mais conçu d'une manière élevée ; que le *S. Bruno* de l'Académie est un bon ouvrage quant à la composition et au dessin, et qu'il est d'un style parfaitement historique, mais d'une exécution faible ; et qu'enfin le dessin qui se trouve chez M. Forester est conçu et traité avec goût, avec esprit, et dans le genre des bonnes aquarelles anglaises de notre époque.

Sequeira a donc, selon moi, des titres irrécusables à l'estime du monde artistique, et je ne connais de peintre portugais d'aucune époque qui ait eu plus de talent inné. Je ne dis pas plus de facilité, car Pedro Alexandrino, Bento Coelho, et d'autres *Macchianti* en avaient peut-être plus encore, mais leurs ouvrages sont de l'eau claire en comparaison des derniers ouvrages de Sequeira. Toutefois, je dois faire observer que toute comparaison entre ces artistes est impossible, ne fût-ce que parce que les seuls tableaux de Sequeira, qui le placent si haut dans mon opinion, se composent de figures exécutées dans de petites dimensions, que son talent s'y montre capricieux ou même parfois fantasque, et que, sous le rapport du faire, il s'approche du *genre* dans le sens qu'on attache maintenant à ce mot, tandis que je ne connais, au contraire, de Pedro Alexandrino que de grands tableaux avec des figures de grandeur naturelle, et d'un style soi-disant grand et historique. Sequeira me fait l'effet d'un homme de génie, tandis que chez Pierre Alexandrino je ne découvre que facilité et routine.

Je suis devenu enthousiaste de Sequeira... peut-être trop. Le fait est que ces quatre tableaux m'ont causé la plus vive admiration.

Maintenant voyons la biographie de Sequeira par Cyrillo.

« Il naquit à Belem, superbe faubourg royal de la belle Lisbonne : ses parens étaient d'humble condition, mais honorables. Il eut cela de commun avec Sixte-Quint et Maximien, qu'il eut la gloire de devenir, non comme eux, pape ou empereur, mais un très illustre peintre, et qu'il eut l'honneur d'employer dignement ses talens au service d'un roi tel que D. Jean VI.

« Sequeira fut l'un des premiers qui fréquentèrent l'école spéciale de dessin ouverte en 1781, et pendant 5 années il y obtint plusieurs prix. Plus tard il apprit à peindre chez François de Sétubal, qu'il seconda dans l'exécution de quelques plafonds du palais de João Ferreira, riche cordonnier et marchand de cuirs. Protégé par la famille des marquis de Marialva, il en obtint une pension de 300,000 reis pour ses études à Rome, où il arriva en 1788, et y choisit pour maîtres Cavalluci et la Picola. En 1791, il obtint un premier prix d'Académie : le sujet était le *Miracle de la multiplication des pains et des poissons*. En 1794, il fut reçu académicien émérite, et présenta comme pièce de réception la *Décollation de S. Jean-Baptiste*. Il peignit deux plafonds dont l'un représentait la *Bataille de Campo d'Ourique,* et l'autre le *grand tableau pour l'intendant*. Il brilla pendant quelques mois dans plusieurs villes d'Italie, et rentra dans sa patrie en avril 1796.

« Dès son arrivée à Lisbonne, il visita Pedro Alexandrino et Cyrillo, se plaignit de la décadence de l'art, et leur proposa une union dans le but de le relever, d'en augmenter la valeur et d'en répandre le goût dans le public. Il avait certainement raison en ce point : mais comment changer subitement l'opinion publique et lui faire abandonner d'anciens préjugés ? Il fut bientôt convaincu lui-même que cela n'était pas facile. Le comte de Val de Reis lui refusa 1000 moedas qu'il demandait de dix tableaux de batailles, dont le comte voulait orner une de ses antichambres. Tout le monde prétendait posséder un ouvrage de ce nouvel artiste, mais tout le monde en trouvait le prix exorbitant : de sorte que la mélancolie s'empara tellement de son esprit, qu'il alla vivre en ermite sur la Serra de Bussaco, et ne quitta cette retraite que pour se faire moine à la Cartuxa (1). Il paraissait déjà un homme perdu

---

(1) Il n'a pas fait ses vœux : il n'a été que novice.

pour le siècle quand D. Rodrigo de Souza Coutinho, qui lui portait de l'amitié, vint à son aide. Il parla de lui au prince régent qui, par décret du 28 juin 1802, le nomma premier peintre de la cour, aux appointemens de 2 contos de reis (3,200 thalers, environ 1200 francs), et sous l'obligation de diriger et d'exécuter, conjointement avec son collègue François Vieira (*Portuense*), la plupart des peintures du nouveau palais d'Ajuda.

« En septembre 1803, il fut nommé maître de la princesse D. Marie Thérèse ; il eut un équipage de la cour et fut honoré de la décoration de l'ordre du Christ. Il fit plusieurs ouvrages pour les palais royaux, et servit Sa Majesté non-seulement comme peintre, mais comme directeur dans les travaux délicats de la précieuse vaisselle dont Sa Majesté fit présent à lord Wellington. Ses travaux lui ont acquis parfois de nouveaux honneurs et de nouvelles pensions, ainsi qu'à sa fille. Il obtint aussi de S. M. quelques honoraires pour ses élèves : Joaquim-Gregorio Rato, employé actuellement au palais royal; Antoine Faustino mort en 1813, et autres. » (*Cyrillo, p.* 148-151.)

M. Roquemont, dont j'adopte volontiers les jugemens, m'a cité plusieurs ouvrages de Sequeira dont je n'avais pas connaissance.

A Braga, à l'église de Bon-Jésus, il a vu deux tableaux de Sequeria où il y a des têtes, des figures, et même des groupes qui, sous le rapport du coloris et sous d'autres rapports encore, rappellent le peintre des quatre tableaux de Rome. Ces deux tableaux lui ont paru, du reste, faibles.

Il a vu à Lisbonne, il y a à peu près 12 ans, chez une dame appelée dona Luisa, deux portraits si peu dignes de cet artiste, qu'il ne pouvait croire qu'ils fussent de lui.

A Porto, dans la *Quinta das aguas ferreas*, une ébauche représentant le *Christ* sur les genoux de la Vierge et sainte Madeleine, l'a vivement attiré, et il l'a trouvée très bien composée.

Selon M. Roquemont, M. Jean-Baptiste Ribeiro, à Porto, possède de Sequeira plusieurs bonnes esquisses à l'huile.

Je tiens du comte Lavradio, que Sequeira a envoyé son tableau de la *Mort de Camoës* au Brésil à l'empereur don Pedro, et qu'il a vu commencer ce tableau à Paris en 1822. Selon le Patriarche (*Liste des artistes*), ce tableau aurait fait partie, en 1824, de l'exposition du Louvre.

Voici d'autres renseignemens que je dois à l'obligeance du duc de Palmella.

« Le duc de Palmella étant enfant, et son père étant ministre de Portugal à Rome, c'était entre les années 1790 et 1792, se rappelle avoir vu Sequeira presque journellement dans la maison de son père. Sequeira occupait alors un petit appartement dans l'hôtel même de la Légation. Sequeira et Vieira Portuense, faisaient en ce temps conjointement leurs études dans cette ville, et ils vivaient d'une petite pension qu'ils recevaient du gouvernement portugais. Outre ces deux peintres qui, dans des genres différens, avaient un talent incontestable, il y avait alors à Rome sept ou huit autres jeunes gens qui y avaient été envoyés par l'intendant Manique, directeur de l'hospice de *la Caza Pia,* et qui se vouaient également aux arts. Ces jeunes gens furent choisis avec peu de discernement, ils n'avaient en arrivant à Rome que de faibles notions du dessin. Placés par les soins du père du duc de Palmella sous la direction d'un littérateur romain fort intelligent, nommé Giovani Gherardo de Rossi, ils formaient ce qu'on appelait alors l'Académie portugaise à Rome. Jamais Sequeira ni Vieira n'en ont fait partie. Cette Académie a produit à peine un peintre passable, et ce fut Taborda; mais le sculpteur Jean Joseph, le graveur Rivara (Jean-Gaétan), et le graveur en camées, Valle (Antoine-Joseph do), qui tous sont sortis de cette Académie ne manquent pas de mérite. Le petit tableau de Sequeira qui se trouve chez lord Howard, et dont le duc se rappelle avoir vu faire les études, doit avoir été peint par Sequeira à cette époque, vers 1792 (1). En 1814, après la conclusion de la paix, Sequeira fut chargé par la régence de diriger la confection de la magnifique vaisselle d'argent qui a été offerte en cadeau au duc de Wellington, et dont il a fait tous les dessins. En 1820, il s'enthousiasma un peu pour la révolution dans le sens patriotique et libéral, et craignant, bien à tort, d'être persécuté ou mal vu du gouvernement après la réaction de 1823, il demanda ses passeports, et ce fut le duc lui-même qui les lui fit délivrer. Il se rendit alors à Paris où il fit son tableau *de Camoës,* dont le sujet est la mort du poète. Camoës, dans son lit, entend lire par un ami le récit de la bataille d'Alcaçar et de la mort de D. Sébastien; après avoir entendu les détails de cette catastrophe, il expire en rendant grâce au ciel de ne pas survivre à la fortune du Portugal. La maison du marquis Hercolani à Rome, renferme des ouvrages de Sequeira qui datent de son dernier séjour dans cette ville. »

Le duc de Palmella possède aussi 2 petites esquisses fort intéressantes de Sequeira dont celui-ci lui fit présent. L'une représente *Susanne sortant du bain,* l'autre *Loth couché* et nu jusqu'à la ceinture, avec ses deux jeunes filles à ses côtés. Il y a bien du talent dans ces deux premiers jets, cependant je ne sais ce qui m'y frappe davantage de la verve ou du maniérisme.

Une composition de Sequeira, gravée par François de Queiros, porte

---

(1) Ce petit tableau représente : *Rendez à César ce qui est à César.* J'en ai parlé dans mes Lettres (p. 278), et j'ai douté alors de son authenticité, parce que je ne découvrais dans ce tableau aucune analogie avec les autres ouvrages de Sequeira. Mais maintenant je crois tout possible dans ce genre : d'ailleurs le duc de Palmella a vu faire es études de ce tableau.

l'inscription suivante : « Domingos Antonio de Sequeira, Luzitano.
« Primeiro Pintor da Camera e Corte de S. A. R. Mestre dos Serenis-
« simos Senores Principes e Infante. » Il fait encore suivre d'autres
titres, et l'inscription dit plus loin : « que le sujet, dessiné d'après na-
« ture, représente la *distribution des alimens* aux habitans des cam-
« pagnes qui abandonnèrent, en 1810, leurs terres dévastées par les
« troupes françaises, et qui furent accueillis et hébergés avec le plus
« noble patriotisme et la plus charitable humanité par les habitans de
« Lisbonne. » Cette composition est d'une grande richesse, mais d'un
dessin qui est loin d'être louable dans toutes ses parties, et la gravure
est dure et en même temps très faible. Les figures du premier plan
ont 8 centimètres. La gravure porte la date de 1815. Cette gravure a
81 centimètres sur 45, et renferme des centaines de figures.

Voici ce que nous apprend le chevalier Migueis sur son beau-père. Ces
renseignemens sont renfermés dans une lettre que ce dernier a adressée au comte de Lavradio, en avril 1846.

« Dominique Antoine de Sequeira, naquit le 10 mars 1768, et mourut à Rome le 7 mars 1837 (1). Il quitta Lisbonne le 7 septembre 1823,
arriva à Paris le 20 octobre suivant et y séjourna jusqu'au 26 septembre 1826. Il peignit à Paris les tableaux suivans :

« 1° *La mort de Camoës ;*

« 2° *La fuite en Égypte ;*

« 3° Les *portraits* du vicomte et de la vicomtesse de Pedra-Branca
et de leurs deux enfans.

« Tous ces tableaux existent au Brésil : le premier fut offert à l'empereur D. Pedro Ier, qui, à cette occasion, nomma l'auteur chevalier de
l'ordre du *Cruzeiro*. Les autres appartiennent au vicomte de Pedra-
Branca. Le tableau de *la Fuite en Égypte* a été lithographié.

« Sequeira arriva à Rome le 1er novembre 1826 ; il y exécuta 14 tableaux, au nombre desquels figurent les 4 tableaux que possède aujour-
d'hui le duc de Palmella. Ces tableaux ne lui furent commandés par
personne ; son but principal en les peignant était d'offrir aux artistes
de Rome, ses anciens amis, des spécimen du genre de peinture dont
ces ouvrages fournissent l'exemple et des principes d'après lesquels
ils ont été exécutés.

« 1° Celui qui représente *le Calvaire*, le premier qu'il exécuta, fut
terminé le 5 mars, à Castello-Gondolfo pendant l'été de 1827. Il fut
gravé par Antoine Biordi.

« 2° *L'Adoration des Mages* fut également exécutée en 5 mois, pendant l'été de 1828, à Castello-Gondolfo.

« 5° et 4° *L'Ascension* et le *Jugement universel*. Ces deux tableaux

(1) Et non pas le 8 mars 1839, comme l'a dit le Patriarche dans sa *Liste des Artistes,*
page 70.

furent peints ou commencés dans les derniers momens de sa vie, alors qu'il se trouvait déjà fort malade.

« Les tableaux suivans sont de moindre dimension que les premiers :

« 5° Le *Baptême du Sauveur*.

« 6° Le *Crucifiement du Christ*.

« Ces deux tableaux appartiennent au duc de Braciano.

« 7° *La Foi*. Il se trouve à Saint-Pétersbourg et est la propriété de la grande-duchesse Hélène.

« 8₀ *Sainte Véronique*, se trouve à Rome dans un couvent.

« 9° Le *Chemin de la Croix*, se trouve à Rome dans l'église de la Paix.

« 10° Une *Sainte Famille*.

« 11° *La Vierge*.

« 12° *L'ange Raphaël*, et *Tobie père et fils*.

« 13° *Saint Antoine* prêchant aux poissons.

« 14° *Le Sauveur*.

« Ces 5 derniers tableaux appartiennent au chevalier Migueis. »

Voici un autre renseignement de M. J. da Silva, architecte de la cour et ancien élève de l'école des beaux-arts de Paris.

« Étant arrivé à Paris pendant le séjour que Sequeira y a fait, j'ai vu tous les dessins et tableaux qu'il a exécutés dans cette ville.

« Le tableau de la *Mort de Camoës* était sublime d'expression ; cependant je n'en aimais pas la couleur, car elle tirait trop sur le brun. Le second tableau qu'il a peint à Paris était *le Repos en Égypte*. Il était plus fini et d'un coloris plus satisfaisant que l'autre. A l'ombre de quelques arbres, S. Joseph dort appuyé sur son coude ; la Sainte-Vierge est assise et l'enfant Jésus repose dans ses bras. On voit sur le premier plan, du côté gauche, la tête d'un âne qui s'abreuve dans un ruisseau. Je ne trouvais pas d'un effet heureux que le cadre coupât en deux le cou de ce pauvre quadrupède et qu'on ne vît pas son corps : cependant cette tête était admirablement touchée et d'un dessin irréprochable.

« Avant de passer au Brésil, ce tableau fut lithographié par mon professeur de dessin à Paris, M. Ganni, premier peintre du roi de Naples, réfugié en France et ami intime de Sequeira. C'est M. Ganni qui a proposé à Sequeira de me prendre pour élève, et il m'a rendu le même service auprès de M. Charles Percier, premier architecte de la cour de France.

« M. Ganni a lithographié les portraits de MM. Silvestre Pinheiro-Ferreira, du comte de Subserra, et du roi D. Jean VI. Ce dernier est le seul ressemblant que je connaisse de ce souverain. Ces portraits ont tous été dessinés par Sequeira. Lui-même a lithographié le portrait du comte de Lavradio, et une composition allégorique de la mort du marquis de Marialva. Cette dernière était d'un dessin hardi et d'un effet

saisissant, tandis que les lithographies de M. Ganni, manquaient de vigueur.

« Sequeira a peint un tableau de famille pour M. le vicomte de Pedra-
Branca, composé de quatre figures demi-corps, presque de grandeur
naturelle; les portraits sont assez ressemblans, mais le coloris en est
terne, rappelant un peu les peintures qu'il avait faites à Lisbonne antérieurement. J'ai aussi vu chez M. Machado, l'oncle de M. Polycarpo-
Jozé Machado, deux portraits réunis dans un seul tableau. Les figures
sont demi-corps, divinement dessinées et frappantes de ressemblance.

« A Rome, j'ai eu le bonheur de le voir travailler à ses quatre beaux
tableaux qui se trouvent maintenant à Lisbonne. Il m'a raconté l'offre
qu'un amateur anglais lui avait faite de 60,000 fr., pour les faire transporter à Londres et en faire une exposition publique. Sequeira a refusé
cette offre, parce qu'il voulait les achever et les faire graver d'après la
méthode qu'il avait déjà fait mettre en pratique sous sa propre surveil-
lance pour le *Calvaire :* voulant, comme il avait coutume de dire,
« que sa pensée et sa manière fussent rendues le mieux possible. »

J'ai vu chez M. Queiros, fils du graveur Grégoire-François Queiros,
un dessin de Sequeira à l'encre de Chine, représentant une *allégorie
de l'arrivée de Jean VI* en Portugal. Sur une espèce d'obélisque, on
lit des phrases politiques et le millésime 1810. Le roi, en habit habillé,
est assis dans les nuages et se trouve entouré, sinon de toutes les vertus, du moins d'un grand nombre d'entre elles. Le génie de la nation
portugaise se voit sur le premier plan avec d'autres figures. Il y en a
dans le nombre, qui sont d'un effet satisfaisant; le tout rappelle les
productions françaises du même genre et de la même époque et ne m'a
guère attiré. Ce dessin a environ 81 centimètres sur 64. Le graveur Grégoire-François Queiros a entrepris de graver ce sujet au pointillé, mais
il ne l'a pas achevé.

Deux grands tableaux qui se trouvent chez le comte de Farrobo, prouvent une fois de plus combien le talent de cet artiste était varié, ou pour
mieux dire, qu'il a passé sa vie à changer de style et de manière de
peindre. L'un représente la *figure allégorique de Lisbonne,* auprès
de laquelle s'est réfugiée une paysanne avec son enfant. Les figures
sont de grandeur naturelle. La figure principale ne manque pas d'une
certaine élévation de style. Le ton général du tableau est suave, mais
froid, et il présente sous tous les rapports, le contraste le plus frappant
avec les *Saints Ermites* et tous les autres ouvrages que je connais de Sequeira. Dans la figure de l'autre tableau, je crois reconnaître le *Génie de
la guerre.* C'est un jeune énergumène presque nu, à qui Sequeira a donné
une attitude fière, une physionomie féroce, des ailes énormes formées
de plumes d'oie, et il a eu soin de le faire tricolore en réunissant le
rouge et le blanc dans sa ceinture et plaçant à côté un écusson bleu. Il
y a du mérite dans ces deux tableaux; cependant, l'impression qu'ils

m'ont faite n'a pas été favorable à leur auteur, et je me suis senti fort peu disposé à déchiffrer tous les emblèmes et toutes les allusions qu'ils renferment. Cela m'a fait l'effet d'être la production d'un esprit malade. Il y a à dire de Sequeira, que quels qu'aient été les écarts dont il s'est rendu coupable comme artiste, on reconnaît toujours en lui un homme de talent.

Nous allons indiquer ici sommairement, les passages de mes Lettres qui se rapportent à Sequeira. Si on y rencontre des impressions défavorables, c'est que je les ai eues; et même dans ce moment-ci où je me trouve sous l'influence de l'enthousiasme que m'ont inspiré les derniers ouvrages de Sequeira, et après avoir donné des éloges à plusieurs autres de ses ouvrages, je ne saurais rétracter ce que j'ai dit dans mes Lettres; sans pour cela vouloir le moins du monde influencer l'opinion de personne à l'égard d'un artiste, dont la réputation intéresse vivement le sentiment national de ses compatriotes, et plus particulièrement ceux qui tiennent à lui par les liens de l'amitié ou de la parenté.

Voici les passages de mes Lettres qui se rapportent à Sequeira.

P. 279. Le tableau de la *Monnaie*. Je rétracte les doutes que j'ai exprimés au sujet de l'authenticité de ce tableau.

Même page. Les nombreux dessins de Sequeira.

P. 283. *S. François* enlevé par les anges. Petit tableau provenant du palais de Ramalhaõ.

P. 284. Collection nombreuse de dessins de Sequeira, chez son neveu, et plusieurs de ses esquisses. Divers renseignemens sur ce peintre.

P. 285. *Martin de Freitas*, chez la comtesse d'Anadia. Portrait d'*une jeune femme*, chez la même.

P. 386. Un *S. Bruno*, au Musée de Porto.

P. 387. Le beau dessin qui se trouve chez M. Forester.

P. 405. Le beau dessin que possède le roi, qui est incontestablement de Sequeira, et que Bartolozzi a gravé, mais dont la planche est restée inachevée.

SEQUEIRA (JOSEPH DA COSTA), *architecte*, professeur suppléant d'architecture à l'Académie de Lisbonne en 1843. Il était alors âgé à peu près de 44 ans. Il est question de lui dans mes Lettres, pages 96, 104, 114. Il a pris part au concours pour la construction du théâtre du Rocio et du bâtiment de la municipalité, qui jusqu'ici ne sont encore que projetés.

SEQUO ou **SECO** (SIMON), *peintre*, vivait au temps de Jean III, vers 1554. Voyez *Lettres, p.* 215.

Serafica (Chronica), voyez BELEM (frère Jérôme de).

SERRA (ANTOINE DA), *peintre*, appelé le Vieux, peignait l'architecture et les ornemens de 1670 et 1728, année de sa mort. Il fut maître de son fils Victorino Manoel da Serra, appelé le Jeune, qui suivait la même carrière avec plus de succès que son père, et qui mourut en 1747, âgé de 55 ans. Ni l'un ni l'autre ne dirigeait les travaux auxquels ils étaient employés; mais ils travaillaient sous d'autres peintres qui recevaient les commandes. (*Cyrillo, p.* 185, et *Taborda,* 225.)

SERRA (VICTORIN-EMMANUEL DA), *peintre d'ornemens,* voyez SERRA (Antoine da). Les ouvrages, très faibles du reste, de Victorin-Emmanuel se trouvent : au plafond de S. Sébastien *da Padaria;* à l'église da *Senhora da boa hora;* dans la confrérie de Notre-Dame *do monte do Carmo da rua Formosa;* dans la confrérie de Notre-Dame *da Graça,* et à l'hôpital de tous les Saints; de même qu'aux plafonds de cet hôpital; de la paroisse *da Pena,* au-dessus de la porte principale; et de l'église de *Menino Deos,* auxquels il a aussi travaillé. Il imitait Bacarelli. Si on veut l'entendre louer, il faut lire l'*Elogio funebre,panegirico-laudatorio,* etc., *do insigne pintor Victorino Manoel da Serra,* par Jeronimo d'Andrade, 1748. — Il est mort en 1747, âgé de 55 ans. Voyez *Taborda, p.* 225.

SERRAÕ (Dominique Vieira), voyez VIEIRA SERRAÕ.

SETUBAL (l'auteur des tableaux de) voyez ANDLOI, et *lettre* 7me.

SETUBAL (FRANCISCO DE), *peintre,* « est né à Valence do Minho. Il désirait beaucoup passer pour fou et ne savait pas qu'il l'était. Le nom de Setubal lui fut donné par le peuple, parce qu'il avait passé quelques années dans cette ville. Il ne reconnaissait pour amis que ceux qui le faisaient marcher de pair avec Raphaël, ou l'élevaient au-dessus de celui-ci et décriaient les autres. A son retour à Lisbonne, il se mit à peindre à fresque des figures et des vues maritimes, ce qui lui valut de fortes sommes. Il peignait aussi des tableaux de chevalet représentant des fleurs, des clairs de lune, des incendies, des marines, etc. Il en orna un cabinet de l'hôtel de Joaõ Ferreira, chez lequel il avait également dirigé les ornemens du plafond dessinés par Eleuterio Manuel de Barros. Il fut aidé dans cet ouvrage par Domingos Antonio de Sequeira, qui était alors son élève, et par Jeronimo de Andrade et Francisco Gomes. En 1780, il concourut à l'Académie de S. Joseph, et, en 1786, il fut admis au nombre des directeurs de celle qui se fondait dans la rue dos Camillos. Après avoir commencé le plafond du manége royal de Belem, il tomba gravement malade par suite d'excès, dit-on, ou d'intempérance, et alla mourir à Caldas en 1792, âgé de 45 ans. » (*Cyrillo, p.* 124.)

SETUBAL (MORGADO DE), voyez MORGADO DE SETUBAL.

SÉBASTIEN-ÉLIE POPE, voyez POPE et MARDEL.

SEVERIM DE FARIA, voyez FARIA (Emmanuel-Séverin de).

SICULUS CATALDUS, voyez CATALDUS SICULUS.

Sigismond de Sigismundis, voyez Sigismundis.

Sigismundis (Sigismond de), *enlumineur* ferrarais. Il a fait, en 1495, l'une des riches bibles de Belem, qui se trouvent maintenant à la Torre do Tombo. Une autre porte la même date et la signature d'Alexandre Verzanus; la troisième est de l'année 1496 et ne porte pas de nom d'auteur; les quatrième, cinquième et sixième ne présentent ni date, ni nom; la septième porte la date de 1497. Voyez *Lettres, p.* 237.

Silva (Antoine-Gaétan da), *peintre d'ornemens,* voyez Félicien Narcisse.

Silva (Augustine Barbosa da), voyez Barbosa da Silva (Augustine).

Silva (Cyprien da), *graveur,* voyez Figueiredo (Jean de).

Silva (Dominique-Joseph da), *graveur,* voyez Bartolozzi. « Cet artiste fut celui qui profita le plus des leçons de Bartolozzi; il l'imitait et l'imite encore parfaitement. Il est bon dessinateur. Il n'a pas exécuté beaucoup de gravures, mais celles qu'il a faites sont bonnes; telles sont : *St. Antoine de Lisbonne; Jésus crucifié,* appelé de *Boa sentença; St. Félix de Cantalicio;* les *portraits du père Augustin de Macedo,* de *Bocage,* et quelques-uns pour l'ouvrage *Varoẽs e Donas illustres,* entre autres, le *portrait de mademoiselle Sicard.* Il est maintenant professeur de gravure historique à l'Académie des arts de Lisbonne. Il a copié à la plume, de manière à imiter la gravure, le tableau classique de la *Disputa.* L'illusion produite par cet ouvrage est parfaite. Il a aussi gravé le diplôme de l'Académie, qui n'a pas encore servi, et il est en train de faire le *portrait du ministre Costa Cabral,* comte de Thomar. » (*Communication de M. Santos, graveur de l'Académie.*)

Silva est maintenant âgé environ de 60 ans. (*Lettres, p.* 114).

Silva (Emmanuel da) Godinho, *graveur,* « est celui des disciples de Joachim Carneiro da Silva qui l'imitait le mieux. Il n'était pas dessinateur, mais il gravait avec goût; cependant il n'a jamais travaillé que pour les marchands d'estampes. » *(Communication de M. Santos, graveur.)*

Silva (Emmanuel Nunes da), *auteur* de l'ouvrage intitulé : *Arte minima,* voyez Nunes da Silva et Patriarche.

Silva Geraldes (Antoine da), voyez Geraldes (Alexandre).

Silva (Francisco da), *peintre,* « fut soldat d'un ancien régiment appelé du Monteiro mor. Il peignit des ruines d'architecture, des paysages, de jolies petites figures à effet, mais exécutées avec peu de soin. Il fit des paysages dans le style de Claude Lorrain. Il séjourna quelque temps à Séville. François-Xavier Lobo faisait grand cas du talent de cet artiste. » (*Cyrillo, p.* 183.) — Bermudez parle d'un Francisco da Silva qui ne peut être le même, car celui de Bermudez était sculpteur et travaillait vers 1607; tandis que Cyrillo a vu, en 1775, des ouvrages de l'autre chez un M. Ximenes qui l'avait connu.

Silva (François da), *architecte*. « On conserve une patente par laquelle Philippe III, vu le talent de François da Silva en architecture et les services qu'il a rendus, le nomme architecte en remplacement de Louis de Frias : ce dernier, étant promu à l'emploi de maître de ses palais de Lisbonne, le premier recevra le même traitement que Frias; savoir : 50,000 reis (1634), *Livre 25 de Philippe III, f.* 411. »

« Il est mort en 1669. — Voyez Jean Antunes. » (*Communication de M. le vicomte de Juromenha.*)

Silva (François-Antoine da), *graveur*, voyez Bartolozzi.

Silva (Henri-Joseph da), *peintre*, voyez Alexandrino (Pierre). Selon *le Patriarche*, Liste des artistes, rubrique Peintres, Joseph da Silva est auteur de deux tableaux gravés par Bartolozzi, dont l'un représente *lord Wellington* entouré de figures allégoriques, et l'autre *lord Beresford* sur un piédestal, où se trouve représenté un des événemens les plus mémorables de sa carrière militaire en Portugal. Silva a fait aussi le *portrait de Bocage,* gravé en taille-douce par Bartolozzi.

Silva (Jacques Tinouco da), voyez Tinouco da Silva (Jacques).

Silva (le père Jean-Chrysostôme-Polycarpe da), *modeleur et sculpteur en bois.* Ses ouvrages sortaient de son atelier tout couverts de couleurs et de dorures. Ses statues de saints et autres sujets sacrés sont répandus sur tout le Portugal. Sans savoir dessiner, il eut des peintres pour élèves. Cyrillo cite dans l'article qu'il lui consacre pages 257-260, plusieurs autres sculpteurs en bois, savoir :

Emmanuel Vieira, né à Porto ;

Emmanuel Dias, disciple d'Emmanuel Andrade ;

Jérôme da Costa, né à Braga, également disciple d'Andrade ;

Antoine dos Santos da Cruz, né à Faro ;

Nicolas Pinto, né à Porto ;

Valentin dos Santos e Carvalho, disciple d'un autre Valentin dont Cyrillo ne sait pas le nom.

Selon Cyrillo, Silva travaillait vers les années 1770 à 1790.

Silva (Jean-Paul da), *sculpteur en pierre* ou *stucateur,* vers 1777, voyez Salla (Félix), et *Grossi* (Jean).

Silva (Joachim Possidonio Narcisse da), *architecte* de la cour, âgé maintenant de 40 ans environ. Il dirige dans ce moment (juin 1846) les nouvelles bâtisses du palais de Necessidades. La partie décorative a été confiée à M. Cinati, et il a rempli sa tâche d'une manière qui prouve, une fois de plus, qu'il est artiste d'un grand mérite. Les frais de ces restaurations s'élèvent à peu près à 100 contos, auxquels il en faut ajouter encore 40 pour achat de meubles nouveaux, tentures, etc. ;

— total : 800,000 francs. Il y a deux ans qu'on y travaille. Le professeur Fonseca a eu une grande part à ces travaux, en exécutant les divers groupes de figures qu'on voit sur les plafonds et sur les murs. Il y a des pièces qui sont du meilleur goût, et c'est le plus grand nombre ; mais j'aimerais peut-être que les deux salles de réception fussent un peu moins surchargées d'ornemens et de dorures ; car leurs dimensions ne dépassant pas celles des maisons de particuliers, tant de richesse fait paraître ces salles plus petites encore qu'elles ne sont. Il y a dans le cabinet de la Reine six paysages formant des dessus de porte, où le Roi a dessiné et peint lui-même les petites figures : les paysages ont été peints par M. Cinati. Trois de ces vues représentent : *la Pena*, près de Cintra ; deux font voir des *sites des terres du duc Ferdinand de Saxe-Cobourg*, père du Roi ; le sixième sujet est un paysage d'invention : il représente *une église* située *au milieu de montagnes* couvertes de neige.

SILVA (Jérôme da), *peintre*. « Nous possédons de cet artiste le *St. François de Sales* dans l'église des Nécessités ; le grand tableau de l'autel principal des *commendadeiras* de l'Incarnation ; le grand tableau et les figures allégoriques des *vertus* au plafond de l'église *Menino Deos ;* ceux de l'autel principal de l'église da Pena ; ceux qui se trouvent dans le chœur à St. Sébastien ; les *portraits* de l'église de St. Vincent et ceux du chapitre de *la Graça,* qui représentent des *papes*, des *cardinaux*, des *évêques* et des *vénérables* de l'Ordre : il s'en trouve parmi ceux-ci quelques-uns attribués à André Gonsalves. Silva entra dans la confrérie de St. Luc le 18 octobre 1711, et remplit divers emplois de cette corporation de 1713 à 1732. Lobo le loue en deux vers, disant qu'entre les nombreux peintres de figures, il était un des meilleurs. » (*Cyrillo, p.* 95.)

SILVA (Joseph-Antoine da), *sculpteur*, « frère de celui qui est actuellement professeur de gravure historique, Dominique-Joseph da Silva, est mort jeune, quand il avait déjà acquis de la renommée. Il avait été élève d'Antoine Machado, et se perfectionna sous François Leal Garcia. Il travaillait en pierre et en bois. Il mourut quand il n'avait guère plus de 30 ans. J'ai vu de lui une image du *Christ,* en bois, qui lui faisait honneur. Il a assisté Leal dans les travaux que ce dernier a exécutés à Runa. » (*Communication de M. le professeur François d'Assises Rodrigues.*)

Silva (Joseph-Charles da), voyez Mardel.

Silva (Joseph da Costa e), voyez Costa.

SILVA (Joseph **Soares** da), *auteur* des mémoires intitulés : *Memorias para a historia de Portugal, que comprehendem o Governo d'el rei D. Joaõ I°*, 4 vol. Voyez *Lettre* 10me.

SILVA (Dom frei Louis da), archevêque d'Evora vers 1697. Ses mémoires ont été écrits par un anonyme qui était à son service. Cet archevêque, d'après ces mêmes mémoires, paraît ne pas avoir été indifférent aux arts. Voyez COELHO (Bento).

SILVA OIRENSE, *peintre* à Porto, fait des portraits, et est âgé à peu près de 50 ans. Voyez *Lettres*, p. 385.

SILVA PEVIDES (JEAN DA), voyez PEVIDES (Jean da Silva).

SILVA (DA) RATTO (JOACHIM-GRÉGOIRE), voyez RATTO.

SILVA (ROBERT-LOUIS DA), *sculpteur*, élève de GIUSTI vers 1750. (*Cyrillo, p.* 262.)

SILVA (VENTURA DA), *graveur*, voyez CARNEIRO DA SILVA (Joachim).

SILVA (VILLELA DA), voyez VILLELA DA SILVA.

SILVEIRA (BENTO COELHO DA), voyez COELHO (BENTO).

SILVERIO CARPINETTI (JEAN), voyez CARPINETTI (Jean Silverio) et PADRAÕ.

SILVERIO MARTIUS, voyez MARTIUS (Silverio).

SILVESTRE DE FARIA, voyez FARIA (Silvestre de).

SIMOENS (ANTOINE), *peintre de perspective et d'architecture,* voyez BACCARELLI (Vincent).

SIMON (BAPTISTE), *peintre*, voyez NEGREIROS (Joseph da Costa).

SIMON-FERNANDES, voyez FERNANDES (Simon).

SIMON-FRANÇOIS DOS SANTOS, voyez SANTOS (Simon-François dos).

SIMON-GAÉTAN DA CUNHA, voyez CUNHA (Simon-Gaétan da) et NUNES (Simon-Gaétan).

SIMON-GAÉTAN NUNES, voyez NUNES (S. G.).

SIMON-GOMES DOS REIS, voyez NARCISSO (Joseph-Antoine).

SIMON (frère) DE S. JOSEPH, voyez JOSEPH (frère Simon de S.).

SIMON RODRIGUES, voyez RODRIGUES (Simon).

SIMON SEQUO ou SECO, voyez SEQUO (Simon).

SIMONEAU (LOUIS), *graveur*. « Ce fut un des étrangers qui vinrent en Portugal au temps de Jean V. On voit des gravures signées de lui dans la *Géographie historique*, 1784, dans les *Antiquités de Braga*, 1738, et dans la *Vie du père Vieira* par André de Barros, 1746. La famille de Simoneau était d'Orléans. » (*Patriarche*, Liste des artistes, rubrique Graveurs, article *Luiz Simoneau*.)

SISENANDO (ANTOINE), *graveur*, vivait vers 1760, voyez CARNEIRO DA SILVA (Joachim). Il n'est pas impossible que ce soit le même que le peintre de ce nom.

SISENANDO (ANTOINE), *peintre*. Une des obscurités en peinture citées par Cyrillo, et un de ceux dont le voyage à Rome (en 1788) a fourni peu de profit au Portugal.

SOARES ou **SUAREZ** (AUGUSTIN-FLORIAN), *graveur.* « Il existe un portique où sont représentées les armes de l'inquisition portées par deux anges, avec l'inscription suivante : » « Règlement du S. Of-« fice de l'inquisition du royaume de Portugal, décrété par ordre de « l'évêque D. François de Castro, inquisiteur général du conseil d'État « de Sa Majesté. Lisbonne, par Emmanuel da Silva, MDCXL. » « Au bas se trouve la signature du graveur. » (*Communication de M. le vicomte de Juromenha.*) Voyez SUAREZ.

SOARES (FRANÇOIS), *auteur* de l'ouvrage intitulé : *El doctor eximio y vener.* Voyez PATRIARCHE.

SOARES (JOSEPH) DA SILVA, voyez SILVA.

SOARES (RUY ou RODRIGUE), *peintre,* vivait au temps de Jean III, vers l'an 1531. Il a travaillé pendant huit jours avec vingt autres ouvriers aux réparations de la litière de la reine. (*Lettres, p.* 214.) Ce même peintre est appelé, p. 215, Ruy-Fernandes Soares, à l'article JACQUES DE CARÇA.

SOBRINHO (JACQUES). C'est ainsi qu'on appelait frère Jacques de S. Joseph, fils d'Antoine Sobrinho, natif de Bragance. Il avait été reçu bachelier à Valladolid en 1562, et mourut en 1623. Taborda, p. 184, le place parmi les artistes, mais sans indiquer aucun de ses ouvrages. Il s'appuie sur l'autorité de plusieurs auteurs qui ont parlé de ce *varaõ insigne* et *varaõ religioso,* homme insigne et religieux, comme d'un savant « versé dans l'histoire, la peinture, la poésie et les langues les plus policées de l'Europe. » (Voyez *Bibl. lusitana, t.* 1, *p.* 661.)

SOUSA (ANTOINE-GAÉTAN DE), a écrit une généalogie de la maison royale de Portugal.

SOUSA CAMPELLO (BENOÎT DE), *peintre,* voyez BERNARDES (Joseph).

SOUSA (EMMANUEL-GAÉTAN DE), *architecte,* « fut élève de Gaétan Thomas. Il succéda à Mathieu Vicente comme architecte de l'infant, et plus tard à Reynaldo comme architecte des travaux publics; il reçut à cette occasion le grade de colonel d'artillerie. Il rebâtit les églises de l'Incarnation et de S. Dominique, et la chapelle royale de Bemposta; il construisit sa propre maison et celle de Domingos Mendes, la tour de la chapelle royale d'Ajuda, etc. Il fut le maître de son fils François-Antoine de Sousa, chevalier de l'ordre du Christ, qui lui succéda dans la charge d'architecte de l'infant, du patriarcat et des trois ordres militaires.

« Il obtint la décoration de l'ordre d'Aviz, et mourut en 1802, à l'âge de 64 ans.

« Il est auteur de l'architecture de l'amphithéâtre fait à l'occasion des cavalcades des fidalgos au *Terreiro do Paço*. Ce fut alors que Eusebio de Oliveira, né à Benavente, fit les décors de la loge royale. Il avait une grande habitude de peindre pour la scène et de faire des plafonds. Il mourut à Lisbonne en 1814, âgé de 60 ans, après avoir souffert cruellement de la goutte. » (*Cyrillo, p.* 222.)

Sousa (Emmanuel-Joachim de), *architecte* agrégé à l'Académie de Lisbonne, âgé de près de 50 ans. (*Lettres, p.* 114.) Il a présenté, en concurrence avec d'autres, un plan pour le *théâtre do Rocio,* et deux autres pour la *municipalité* et pour le *monument de D. Pedro* qui ont été projetés.

Sousa (Faria e), voyez Faria e Sousa.

Sousa Faria (Joseph-Louis de), *sculpteur en bois,* disciple d'Emmanuel Laurent, est maintenant (1846) âgé environ de 50 ans.

Sousa Farinha, voyez Farinha.

Sousa (François de) Loureiro, voyez Loureiro (F. de S.).

Sousa (François-Antoine), *architecte,* âgé, en 1843, d'environ 50 ans, agrégé à l'Académie de Lisbonne, homme de beaucoup de talent dont la vie a été orageuse. (*Lettres, p.* 115.) Voyez aussi Sousa (Emmanuel-Gaétan de).

Sousa (Jacques de), voyez Magina.

Sousa (Joachim-Pierre de), *graveur.* En 1843, élève de l'Académie de Lisbonne et âgé de 22 ans. Il en est fait mention dans mes *Lettres,* p. 95. Il se trouve maintenant à Paris où il étudie la gravure.

Sousa (Frei Louis de), *auteur.* Il s'appelait avant d'entrer dans les ordres Manuel de Sousa Coutinho. Son *Histoire de l'ordre de S. Dominique* a été tirée des mémoires inédits de Frei Louis Cacegas. Je connais une édition de cet ouvrage de 1767. Selon M. Hercolano, la première partie de cet ouvrage est de l'année 1625, la seconde de 1626, et la troisième de 1628. Sousa se fit moine en 1614, et mourut en 1652. Il a écrit les *Annales de Jean III* qui ont été récemment publiées par M. Hercolano. Il est connu encore par d'autres travaux littéraires. Son style est considéré comme classique. Il est souvent cité par le Patriarche dans sa *Liste des artistes.* Mes *Lettres,* p. 81, 92, renferment quelques renseignemens sur cet illustre écrivain et des citations tirées de ses ouvrages.

Frère Louis de Sousa accuse les anciens écrivains (*Lettres, p.* 86, 87) de ne pas avoir conservé les souvenirs de leur époque, mais lui n'a pas mieux conservé ceux de la sienne, et nous n'avons pu découvrir dans son ouvrage ni dates, ni noms qui puissent servir à augmenter nos renseignemens sur les arts du Portugal.

Sousa (Verissimo-Antoine de), voyez Costa (Emmanuel da).

SOVERAL (frère Roque de), *auteur* de l'*Histoire de l'insigne apparition de Notre-Dame*, 1610. (Voyez Ruam (Jérôme de); Patriarche, *Liste des artistes;* et *Bibl. lusitana, t. 3, p.* 658.)

Souza, voyez Sousa, ce nom se rencontrant écrit tantôt d'une manière, tantôt de l'autre.

*Statue équestre du roi Joseph I*er (*Description analytique de la*), par Joachim Machado de Castro. Voyez Patriarche.

Stephen Stephenson, voyez Stephenson.

STEPHENSON (Étienne), *architecte* anglais de la fin du quatorzième siècle, qui, suivant Murphy (1), pourrait bien être le premier constructeur de Batalha. Il est vraisemblable que ce Stephenson ou tout autre, qui fut le premier chargé de cette construction, faisait partie de la corporation *des free and accepted masons* d'Angleterre. Murphy semble admettre, et je crois avec raison, que la reine Philippa, femme de Jean Ier, fille du duc de Lancaster et petite-fille d'Édouard III, a pu contribuer à faire confier cette œuvre grandiose à un architecte qui s'était déjà fait connaître avantageusement en Angleterre. Murphy appuie ses suppositions sur les renseignemens des personnes qui auraient pu les tirer des archives. Voilà des suppositions entées sur des suppositions qui éclaircissent fort peu la matière. Cependant il y aurait lieu de s'étonner que ce nom de Stephen Stephenson fût de pure invention.

STERNI (Louis), *peintre et dessinateur*, voyez Carneiro da Silva (Joachim).

Stoss (Vitt), voyez Vitt Stoss.

Strabile, voyez Glama.

Strata, *peintre*, voyez Straten (George van der).

Straten ou Strata ou d'Estrata (George van der), *peintre* flamand, « fit en 1556 le *portrait de D. Antonio*, fils du roi Jean III. » (*Lettres, p.* 215.)

Strebel, voyez Glama.

Stroberle (Jean-Glamma), voyez Glama.

STUART (lord), dont on m'a vanté le zèle pour les sciences, a fait imprimer à ses frais le *Cançoneiro du collége des nobles de Lisbonne*, qui a été écrit ou recueilli au commencement du quatorzième siècle.

SUAREZ ou **SOARES** (Augustin-Florian), *graveur*. « Dans l'ouvrage intitulé : *Regimento do S. Offic. da Inquis.*, imprimé en 1640 par Emmanuel da Silva, on voit un beau frontispice signé par ce graveur, et un autre du même en tête des sermons du père Franc. do Amaral, imprimé à Braga par Gonçalo de Basto. » (*Patriarche*, Liste

______
(1) *Travels*, 1795, p. 44.

des artistes, rubrique Graveurs, article *Agostinho-Suarez Floriano*.) Voyez Soares. C'est évidemment le même nom.

Successo do segundo Cerco de Diu, par *Jeronimo Corte-real*, voyez Patriarche.

Suerio (Maître), *architecte*, qui a succédé à maître Bernard dans les travaux de Coïmbre, et qui est cité dans un manuscrit de l'année 1168, intitulé *Livro preto*. (*Lettres, p.* 421.)

Sulpice ou Sulpicio, voyez Suplicio.

Suplicio (Italiano). Peut-être faut-il lire Sulpicio, Sulpice, *sculpteur*. Il a travaillé en Portugal au temps du roi Jean III, et a fait dans le couvent de Thomar un retable en terre représentant *la cinquième douleur de la Vierge*, avec les travaux de maçonnerie faisant partie de ce même retable. Il a aussi raccommodé et réparé un autre petit retable de S. Jérôme. Il a exécuté de plus six petites images qui manquaient dans les chapelles, et qui lui furent payées à raison de 400 reis chacune. Voyez les comptes du couvent de Thomar.

Symbom (Dom Jean), *architecte*. Il fit le plan de divers travaux de fortification au château de Arrayolos sous le règne de D. Denis, ainsi qu'il appert d'un document par lequel le conseil s'oblige à faire 207 brasses de mur autour de ladite ville, au prix de 2000 livres données par le Roi à cet effet. Ce document commence ainsi :

« Que tous ceux qui verront l'acte présent, sachent que nous Joham Annes et Martim Fernandes, habitans d'Arrayolos, procureurs de ce district, ainsi qu'il est énoncé dans notre procuration, nous nous obligeons à construire 207 brasses de mur autour de la ville d'Arrayolos d'après le plan de D. Joham Symbom ; lequel mur devra avoir 5 brasses de hauteur sur 1 brasse d'épaisseur. Nous prenons également l'engagement de faire à ce mur 2 portes en arche et à deux battans. Et ce, nous le faisons pour le service de Dieu, de notre seigneur le Roi et dans l'intérêt du district, pour lequel ouvrage le Roi nous a donné 2000 livres, etc., etc. »

Suit la procuration passée en présence du maître d'Avis, le commandeur général Alphonse Sanches, Fernam Sanches, Martim Annes, Giral Peres, notaires. Elle est signée par le notaire Rodrigo Annes.

Syriaco (Joseph-Gaétan), *peintre*, voyez Padraõ.

T

T. Bomvfus Andloi, voyez Andloi (T. Bomvfus).

Taborda (Joseph da Cunha), *peintre*, né en 1766, a été à Rome en 1788. Il est revenu à Lisbonne en 1797, et a été nommé, en 1805, peintre du Roi, en même temps que Calisto et Foschini, avec un traitement de 700,000 reis, ou à peu près 1000 thaler (environ 3700 francs). Parmi ses peintures d'Ajuda, il y en a qui, sous certains rapports et dans quelques-unes de leurs parties, ne sont pas sans mérite. J'ai surtout trouvé d'un effet général assez satisfaisant la *Proclamation de Jean IV*. Son livre *Regras da arte da pintura* (1815) renferme des notices sur à peu près cent peintres portugais.

Taborda, dans son ouvrage, s'appuie sur un grand nombre d'auteurs dont je donne ici la liste, pour prouver qu'il a fait des recherches sérieuses sur le sujet qu'il a traité, et pour indiquer à mes lecteurs les sources auxquelles il a puisé ses renseignemens.

Barboza (D. Joseph), Elogio funebre do Desembargador Belchior do Rego de Andrade.

Barboza (Fernando-Antonio da Costa de), Elogio historico do primeiro Patriarcha.

Barbosa Machado (Diogo), Bibliotheca lusitana.

— Censura da Carta apologetica e analitica de Joseph Gomes da Cruz.

Bellem (Fr. Jeronimo de), Chronic. serafic.

Bem (Thomas-Gaétan de), Memorias historicas e chronologicas.

Benedicto (Joaquim-Duarte) [pseudonyme], Elogio do grande Apelles Portuguez Luiz Gonsalves de Sena.

Bermudez, Dictionario historico.

— Theatro heroino, sans nom d'auteur. Voyez *Froes Perym* (Damieu de).

Brandaõ, Monarchia lusitana.

Brito (Bernardo de), Elogio dos Reis de Portugal.

Castro (Frei Manoel-Baptista de), Chronica da sua ordem.

Castro (Jean-Baptiste de), Mappa de Portugal.

Cenaculo (Frère Emmanuel do), évêque de Beja et archevêque d'Evora, *Cuidados litterarios.*

— Mem. hist. do ministerio do Pulpito.

Conca (D. Antoine), Descrizione odeporica della Spagna.

Conceiçaõ (Frei Apollinario da), Demonstraçaõ historica da real Parochia de Nossa senhora dos martyres de Lisboa.

Costa (Augustin Rebello da), Descripçaõ da Cidade do Porto.

Cruz (Joseph Gomes da), Carta apologetica e analitica.

Esperito santo (Cecilia do), Colloquios de um peccador arrependido com Christo crucificado.

Franco (le père), Imagem de virtude do collegio de Coimbra.

Guarienti, Abecedario pictorico.

Hollande (François de), Fabrica que falece a Cidade de Lisboa, Manuscrits.

Lacerda, Vie de la reine sainte Isabelle.

Mello (D. Francisco Manoel de), Hospital das Letras.

Moia (Jean Pires da), auteur de l'ouvrage intitulé : *Das santas e illustres mulheres.*

Monteiro (Pierre), Claustro dominicano.

Nicolas-Antoine, auteur de Chronica dos Conegos regrantes.

Nicolas-Antoine, Bibliotheca Hispanorum.

Nunes (Édouard), Descripçaõ de Portugal.

Nunes (Philippe), Arte poetica e da pintura, etc.

Palomino, Museo pictorico.

Pedegache (Miguel Tiberio), Carta a os socios do jornal de Pariz.

Pereira (frère Joseph) de Santa Anna, Carmelita Calçado, *Chronique de son ordre.*

Ponz (D. Antoine), Viage de Espanha.

Sá (frei Emmanuel de), Memorias historicas da provincia do Carmo de Portugal.

— Memorias historicas dos escritores do Carmo de Portugal.

Sampaio (Bernardino de), Vida do irmaõ Domingos da Cunha.

Santa Anna (frei Joseph Pereira de), Chronica da sua ordem.

Santa Catharina (frei Lucas de), Historia de S. Domingos.

Santa Maria (frei Agostinho de), Santuario Marianno.

Santa Maria (le père), Chronica.

Sousa (Antoine-Gaétan de), Provas da historia genealogica da Casa real.

Sousa (frère Louis de), Histoire de saint Dominique.

Vega (Lope de), auteur de *Laurel de Apolo.*

Taborda ne s'est pas borné à consulter ces livres ; beaucoup d'articles renfermés dans son ouvrage s'appuient sur les documens des archives royales.

Je trouve Taborda bien plus recommandable comme écrivain que Cyrillo. Ce dernier nous a fourni des renseignemens très nombreux....... trop nombreux, peut-être, sur l'époque moderne ; mais Taborda a fait bien plus de recherches sur l'époque ancienne, sur celle où les arts avaient de l'éclat en Portugal.

La table alphabétique de mes Lettres cite les passages qui ont rapport à Taborda et à ses productions artistiques. Cyrillo lui consacre un article, p. 146-148.

TACA (Antoine), *peintre.* Le cardinal Patriarche parle de trois peintres sur verre de ce nom, qui ont travaillé à Batalha. Le premier est cité dans des documens des années 1532, 1535, 1536, 1538, et il était mort en 1543. Son fils est cité entre les années 1566 et 1596. Le même nom reparaît en 1608. (*Lettres, p.* 227, 228.)

TACA (FRANÇOIS), *peintre* à Batalha en 1566. (*Lettres, p.* 229.)

TACA (PIERRE), *sculpteur d'ornemens en bois (entalhador)* à Batalha en 1549-1561. (*Lettres, p.* 229.)

TACQUESI (VINCENT), *stucateur* suisse, vint en Portugal en 1805. Il se disait élève de Canova. Il travaillait en stuc et fit de bons bas-reliefs. Un des meilleurs représente l'*entrée de Junot à Lisbonne*. Dans ce bas-relief, le génie de la révolution précède l'armée d'invasion. Après la restauration, il fut enfermé deux fois, et enfin expulsé en 1810. Cyrillo termine l'article relatif à cet artiste, en disant que l'art du stucateur est presque perdu en Portugal. (*Cyrillo, p.* 273).

TAVARES (EMMANUEL), *graveur*, voyez FIGUEIREDO (Jean de).

TAVORA (dom frère FERDINAND DE), voyez JERONIMO (frère Henri de S.).

Ce que j'ai rapporté dans mes *Lettres*, page 251, sur le talent artistique de ce moine, me paraît mériter peu de confiance. Il est auteur de quelques commentaires sur l'Évangile de saint Jean.

TAYLOR (LE BARON J.), *auteur* du *Voyage pittoresque en Espagne et en Portugal*, etc.; Paris, 1826. Cet ouvrage est souvent cité par M. Ferdinand Denis dans l'*Univers*, 1366me livraison, page 385 et suivantes.

TEBANO (PARASIO), *auteur* de l'ouvrage intitulé : *Arcadia pictorica en sueño*. Voyez SALVA (Vincent).

TEIXEIRA (ANTOINE REBELLO), voyez REBELLO (Antoine Teixeira).

TEIXEIRA BARRETO (DOMINIQUE), *peintre*, père de Joseph Teixeira Barreto.

TEIXEIRA BARRETO (JOSEPH), *graveur*, « est né à Porto en 1767. A l'âge de quinze ans, il prit l'habit de bénédictin au couvent de Tibaës, sous le nom de Fr. Joseph de la Présentation. Quatre ans après, il passa à saint Benoît *da Saude* de Lisbonne. Les prélats lui firent suivre un cours de dessin chez Rocha, et l'envoyèrent, en 1790, à Rome où il eut pour maîtres Joseph Cadiz (1) et M. Gagneraux, peintre d'histoire et pensionnaire français établi dans ladite ville. En 1791, il se consacra à la gravure et fit au trait les planches pour les *Scherzzi poetici de Rossi*. Il a gravé aussi divers sujets qu'il avait composés lui-même, tels que : *Moïse enfant* livré aux eaux ; la *femme de Darius* devant Alexandre ; le *repos en Égypte ; Vénus et les nymphes*, etc. Il rentra en 1797, et,

____
(1) Cyrillo a voulu dire Joseph Cades.

huit années après, il succéda à Vieira comme directeur de l'Académie de Lisbonne. Il eut pour suppléant Raimond, qui lui succéda après sa mort. Jean-Baptiste, qui était aussi élève de l'Académie (1), succéda à ce dernier. (*Cyrillo, p.* 298.)

Il mourut, selon Taborda (p. 242), en 1810.

Le Patriarche, Liste des artistes, rubrique Graveurs, dit qu'il y avait dans le monastère de Tibaẽs et dans celui de S. Tirso beaucoup de tableaux exécutés par cet artiste, avant et après son voyage de Rome. Le Patriarche possédait de Teixeira plusieurs estampes et un tableau de *la Résurrection de Lazare*, dont l'artiste lui-même lui avait fait présent. Joseph Teixeira Barreto a légué un grand nombre de ses tableaux au couvent de Tibaẽs.

Teixeira (frère Emmanuel), *sculpteur*, modelait en terre avec beaucoup d'art. Il était élève d'Antoine Ferreira, et à l'article de ce dernier il est parlé de Teixeira. Le chanoine Villela da Silva cite parmi les ouvrages de cet artiste : les statues qui existaient dans l'église du couvent de la Trinité à Santarem. « Elles montraient, dit-il, « jusqu'où peut atteindre le talent, le génie des Portugais. » (*Lettres, p.* 243.)

Teixeira (François-Gomes), voyez Bernardes (Joseph).

Teixeira (Jacques), *peintre*. Cyrillo, page 68, en citant Felix da Costa, dit de Teixeira qu'il fit des choses excellentes au temps du roi Sébastien.

Teixeira (Jérôme Gomes), voyez Gomes Teixeira (Jérôme) et Bernardes (Joseph).

Teixeira pinto (Jean), *peintre* et *sculpteur*. « Cet artiste est né à Lisbonne. Il manifesta dès sa plus tendre enfance d'heureuses dispositions et du goût pour la peinture et pour la sculpture. Il débuta en copiant des estampes, en modelant et en sculptant. Il acquit bien-tôt une telle réputation, qu'on lui confia l'exécution de plusieurs ouvrages de sculpture pour la maison royale. Il fit un *saint Pierre* d'Alcantara et un *saint Michel*, tous deux en argent, et destinés au baptême du prince D. Pierre d'Alcantara et à celui de l'infant D. Miguel. Il coopéra aussi aux travaux des prie-Dieu de Leurs Majestés. Il eut ensuite le poste de suppléant de Joachim Machado à l'école de sculpture. Il a exécuté divers travaux au palais de Queluz, et travaille actuellement au palais d'Ajuda. » (*Cyrillo, p.* 300.)

Teixeira Rebello (Antoine), *traducteur* de l'ouvrage intitulé : *Artilharia*. Voyez Patriarche.

Telles (Balthasar), *auteur* de l'ouvrage intitulé : *Chronica da Companhia de Jezus*. Voyez Patriarche.

(1) Je présume que c'est Jean-Baptiste Gomes.

Telles (Jacques), « *ingénieur* qui fut chargé conjointement avec D. Pedro Mascarenhas et Michel d'Arruda, d'examiner si on devait quitter Alcacer et abandonner le fort du Seinal. » Voyez *Arruda*. (*Communication de M. le vicomte de Juromenha*.)

Telles a séjourné en Allemagne où il a servi l'empereur pendant plusieurs années. Il y jouissait d'une bonne réputation. Jean le chargea d'accompagner Michel de Arruda en Afrique pour examiner les lieux propres à être fortifiés. (*Andrade, Chroniques de Jean III, p.* 4, *chap.* XLIV. — *Patriarche, Liste des artistes, p.* 2.)

Tenobio (Joseph), *peintre d'architecture et d'ornemens,* voyez Grossi (Jean).

Teniers (David), *peintre.* Guarienti a vu à Lisbonne des ouvrages de Teniers. (*Lettres, p.* 320).

Theatro Heroino, voyez Froes Perym (Damien de).

Theatro Histor. Geneal. y Panegyr., par Emmanuel de Sousa Moreira, voyez Patriarche.

Theodora Maria Andrino, *peintre,* mariée à André Mendonça « née en 1692, fille de Jean Rodrigues Andrino, peintre *insigne*. Nous la croyons disciple de son père, et d'après l'auteur du *Theatro Heroino* elle a sinon surpassé du moins égalé son père. Ce même auteur lui attribue un tableau de *Nossa Senhora da Graça* qui doit être d'un grand mérite. Elle est morte en 1716. » (*Taborda, p.* 219.) Voyez Magina.

Théodore de Almeida, *auteur* de l'ouvrage intitulé : *Recreaçaõ Filosofica,* voyez Patriarche.

Théodore da Fonseca, voyez Magina.

Théodore, *peintre en miniature,* voyez Alexandrino (Pierre).

Théodore-Antoine de Lima, voyez Bartolozzi.

Theodosio (le Prince Dom), fils de D. Jean IV, né à Villaviçosa en 1634. Ce prince cultivait avec succès les belles-lettres, les arts, et principalement la peinture. « La reine ayant commandé un portrait de l'Infant D. Alphonse, le prince (D. Théodose) l'envoya en y joignant une lettre et un autre portrait peint par lui-même, etc., etc. *Vida do Principe D. Theod., par Jean-Baptiste Domingues, p.* 40. » On lit dans ce même ouvrage, p. 43 : « Ce portrait de l'Infant D. Alphonse ne fut pas le seul ouvrage du prince dom Theodosio, il peignit encore un tableau *de saint Michel* qui apparaît au-dessus d'un château, etc.»; et p. 47 : « Il fit encore plusieurs images de la Vierge et de Saints qui sont d'une exécution excellente. Un jour, un de ses tableaux ayant été présenté au Roi son père, celui-ci dit : « J'aimerais mieux le voir bon prince que bon peintre. » D. Theodosio mourut âgé de 19 ans. » (*Communication de M. Santos, graveur.*)

Theologiæ (*Tyrocinium*), voyez Patriarche.

Thiago, voyez Jacques.

Thomar (*l'auteur* des huit grands tableaux de l'église de Saint-Jean à Thomar). On voit dans la *capella mor* de l'église de Saint-Jean à Thomar, huit grands tableaux gothiques sur bois, d'un mérite très contestable et sur l'auteur desquels je n'ai pu me procurer aucun renseignement acceptable. Dans l'église de l'ordre des Templiers et plus tard du Christ, on voit encore plusieurs tableaux de fort grande dimension dont je connais tout aussi peu l'auteur et qui, s'ils sont très anciens, paraissent du moins avoir été nouvellement et indignement repeints. Un bon nombre de tableaux qui se trouvaient autrefois à Thomar ont été transportés à l'Académie des arts de Lisbonne. Ils s'y trouvent entassés et sont en partie détruits. Cependant on en voit quatre en assez bon état dans l'une des salles de l'Académie. Ils me font l'effet d'être nés sous l'influence de Durer. Je crois même découvrir dans les traits, dans le costume et dans la chevelure du *Centurion*, qui forme l'un des sujets de ces quatre tableaux, le portrait d'Albert Durer. Cette particularité, qu'au reste je n'oserais pas garantir, me ferait croire que c'est le peintre espagnol Fernando Gallegos qui en est l'auteur. Bermudez dit de Gallegos, qu'il imitait le style de Durer. Selon le même auteur, Gallegos naquit à Salamanque vers le milieu du quinzième siècle. Selon Guarienti, le Portugal posséderait beaucoup de ses ouvrages. Voyez *Lettres, p.* 126 et d'autres passages indiqués dans la table alphabétique de ce livre sous le nom de Thomar. Voyez aussi Lopes (Grégoire) dans ce Dictionnaire.

D'après une autre supposition, dont je garantis tout aussi peu la justesse, ces quatre tableaux pourraient aussi être l'ouvrage de Cam ou Caõ. Voyez Centurion.

Thomas est cité dans un document de 1512 comme ayant pris part aux travaux de Batalha, sans désignation de profession. *Lettres*, p. 228.

C'est lui sans doute que nous voyons cité par M. Ferdinand Denis, (*l'Univers*, 1366me livraison, p. 592), sous le nom de *Thome velho* (vieux), fameux architecte du temps de D. Emmanuel, qui a élevé la tombe de D. Theatino dans un des cloîtres de Sainte-Croix de Coïmbre.

C'est peut-être le même que Thomas Fernandes.

Thomas d'Aquin, *sculpteur,* « était un habile artiste. Il a fait le *cercueil* dans lequel on dépose le Christ mort qu'on montre le vendredi saint, et qui est conservé aujourd'hui dans le couvent *das Francezinhas* où se trouve établie la confrérie du Saint-Sacrement qui autrefois l'était à Sainte-Catherine. Il est mort en 1817, à l'âge de 53 ans.» (*Communication de M. le professeur François d'Assis Rodrigues*).

Thomas (Dom) da Encarnaçaõ, *auteur* de l'ouvrage intitulé : *Historia Eccleziastica Luzitana*. Voyez Patriarche.

Thomas Fernandes, voyez Fernandes (Thomas).

Thomas (Gaétan), voyez Gaétan Thomas.

Thomas-Gaétan de Bem, voyez Bem.

Thomas-Joseph de Annunciaçaõ, voyez Annunciaçaõ.

Thomas (frère Leaõ de S.), voyez Leaõ (frère) de Saint-Thomas.

Thomasio (Nunes), voyez Nunes (Thomasio).

Thomas Pereira, *auteur* de l'ouvrage intitulé : *Tratado de Muzica especulativa, e pratica.* Voyez Patriarche.

Throno (Joseph), *peintre de portraits,* né à Turin en 1739. Il passa à Lisbonne en 1785, il y fit beaucoup de portraits. Il a copié en miniature des tableaux de grands maîtres. Il est mort en 1810. (*Cyrillo, p.* 129).

Tibaõ (Sébastien), « est appelé *grand ingénieur* par Jacques de Couto, *Decad.* 12, *liv.* 4, *chap.* 1, qui le croit Flamand. D'après ce même auteur, il a servi aux Indes, vers 1599. (*Patriarche*, Liste des artistes, *p.* 6.)

M. Santos a en vain cherché à s'assurer de l'exactitude de cette citation ; ces décades ne dépassent pas le nombre 7.

Tinouco ou **Tinoco** (Jean Nunes), *architecte* sous Philippe II d'Espagne, fit le plan des nouvelles constructions exécutées en 1582 au monastère de *S. Vicente de fora.* Ces dessins se trouvent à l'Académie des arts. (*Communication de M. l'abbé de Castro.*)

Tinouco da Silva (François), *architecte,* voyez Tinouco da Silva (Jacques).

Tinouco da Silva (Jacques), *architecte.* « Ayant égard aux études qu'il a faites en architecture civile chez son oncle le père *François Tinouco da Silva,* architecte et maître du palais de Ribeira, et au talent qui le rend propre à servir en la même qualité, la place d'élève en architecture civile lui est accordée. Cette place était devenue vacante par la promotion d'Emmanuel da Costa, au grade de maître et architecte de la ville de Salvaterra de Magos, d'Almeirim et du Monastère de Batalha ; l'obligation lui est imposée d'étudier chez son oncle et de faire tous les travaux scientifiques qui lui seraient commandés par l'inspecteur (*Provedor*) des travaux publics (1690). (*Communication de M. le vicomte de Juromenha.*)

Tirinanzi, *peintre* et *restaurateur* italien, établi en Portugal depuis de nombreuses années. Il a été cité plusieurs fois dans mes Lettres, entre autres p. 249, 399.

Tinoco, voyez Tinouco.

Tivisio de Nasaozarco, voyez Nasaozarco (Tivisio de).

Tolède (Jean Garcia de), voyez Garcia (Jean).

Tolentino (Nicolas) **Botelho,** *peintre*, voyez Geraldes (Alexandre).

Tolosa (Jean de), né en Biscaye, *architecte* de l'église de Notre-Dame de l'Annonciation de la ville de Caminha dans le *Minho*, au temps de Jean III. (*Communication de M. l'abbé de Castro ;* extrait du *Panorama*, n° 120, 13 avril 1844.) Voyez aussi *Lettres*, p. 413, où il est dit que la première pierre de cette église fut posée en 1488.

Toralva (Gonsalve de), en 1547 *architecte* de la cathédrale de Miranda. Voyez *Lettres*, p. 220.

Toralva ou **Torralva** (Jacques de), *architecte* et maître des travaux du couvent de Belem vers 1557. Il était probablement frère de Gonsalve de Toralva. (*Lettres, p.* 220).

Le Patriarche dans sa Liste des artistes, p. 1, dit : « que Toralva était architecte de Batalha en 1557, époque où devait se faire la translation des ossemens du roi Emmanuel. » Voyez la *Translation des ossemens* (par l'évêque Pinhero, 1784, t. II).

Torio de la Riva, *auteur* de l'ouvrage intitulé : *Arte de escribir por reglas y muertras, or.* Voyez Salva (Vincent).

Torres (Pierre Fernandez de), voyez Fernandez (Pierre) de Torres.

Tortorino (François). Selon Guarienti, *graveur sur pierre* milanais. Cet auteur a vu à Lisbonne un bel ouvrage en cristal, gravé par Tortorino. Voyez *Lettres, p.* 523.

Toscanelli, *peintre*, cousin de Grossi, disciple de Corrado. Il a gagné des prix de dessin à l'Académie de Saint-Ferdinand, à Madrid. Il a, peu après, exécuté au plafond de l'église des Paulistes, un sujet historique et des bas-reliefs. (*Cyrillo, p.* 270.) Voyez Grossi (Jean). Il est possible que ce Toscanelli ne soit autre que Toscano (Blaise) de Mello qui a étudié à l'école de sculpture de Giusti en 1756.

Toscano (Blaise) de Mello, *sculpteur*, élève de Giusti (Alexandre) en 1756. Il était natif de Alvito. (*Cyrillo, p.* 9 *et* 263.)

Trindade (Augustin-Joseph da), « *sculpteur d'ornemens*, employé à l'arsenal de la marine avec le titre de *mandador* (inspecteur), est maintenant (1846), âgé à peu près de 50 ans. » (*Communication de M. le professeur Assis*).

Tron (Chevalier), ambassadeur vénitien. Voyez Lippomani.

Turreano (frère Jean), *architecte*, « entra dans l'ordre des Bénédictins en 1629, à l'âge de 18 ans, fut nommé professeur de mathématiques à l'Université de Coïmbre, par Jean IV, et dirigea la construction des chapelles principales des cathédrales de Vizeu et de Licira, et les travaux des fortifications du royaume, du monastère d'Alcobaça et de beaucoup d'autres. Il mourut en 1679. » *Patriarche,* Liste des artistes, p. 4.

Il était fils de Turriano (Léonard), voyez ce dernier.

TURRIANO ou **TURIANO** (LÉONARD), *architecte* « était père de frère Jean Turiano. On conserve aux archives royales un décret par lequel Léonard Turiano est nommé architecte général en remplacement de Philippe Tercio décédé. Aux termes de cet acte il lui était alloué 24,000 reis de traitement et 18,000 pour louer une maison, ainsi que les percevait Philippe Tercio. Il jouira de ce traitement, dit le décret, tant qu'il résidera à la cour de Lisbonne (1599). Cette pièce est accompagnée d'une apostille par laquelle il est dit qu'au lieu de la charge d'architecte général il aurait celle d'ingénieur général (1598) (1) (*Livre 27 de Philippe I, f.* 140). »

« Parmi les manuscrits de la bibliothèque de Saint-Paul de Coïmbre, se trouvait un livre contenant des plans dessinés par cet architecte, ainsi que des renseignemens relatifs aux fortifications des îles Açores. (*Communication de M. le vicomte de Juromenha.*)

Tyrocinium Theologiæ, voyez PATRIARCHE.

U

UDUARTE, voyez ÉDOUARD.

UDUARTE ou **EDOUARD** (PHILIPPE), Français, *architecte* de l'église de Sainte-Croix à Coïmbre, sous le roi Emmanuel. (*Lettres,* p. 331.)

URBINO PIZZETTE, voyez PELEGRINO.

UTRECHT (CHRISTOPHE D'), *peintre* hollandais, né en 1498, vint en Portugal et fut fait chevalier du Christ en 1550. Il y mourut en 1557. Il était peintre d'histoire et de portraits. Voyez MORO, le monogramme X. V. et *Lettres,* p. 201, 253 et suivantes.

Bermudez, Guarienti, Taborda et Cyrillo en font un élève de Antoine Moro; mais cela paraît impossible, car Moro avait au moins 14 ans de moins que Christophe d'Utrecht. Quelques auteurs même, au dire de Nagler, fixent la date de la naissance de Moro à l'année 1518 ou 1519. A cette époque Christophe d'Utrecht était déjà âgé de 20 ou même 21 ans. Taborda dit, p. 160, que Christophe d'Utrecht travaillait en Portugal pour des églises et des palais, et qu'il acquit tant de réputation qu'on l'appelait le Gram-Vasco d'Utrecht. Or, remarquez que

---

(1) Je présume que ce doit être 1599 comme plus haut, ou bien que l'erreur se trouve dans l'autre date, car il n'est pas possible que l'apostille soit plus ancienne que la pièce principale.

Vasco Fernandez n'avait que 5 ans quand Christophe d'Utrecht mourut.

Je n'ose affirmer avec certitude, mais je crois que les tableaux d'Evora du palais archiépiscopal, sur lesquels on remarque les monogrammes X. V., peuvent avec beaucoup de vraisemblance être attribués à Christophe d'Utrecht. (*Lettres, p.* 353.) Néanmoins je ne pense pas qu'il existe en Portugal de tableau reconnu d'une manière authentique comme l'œuvre de ce peintre, et en l'absence de ce point de comparaison on ne peut faire que des conjectures. Voyez l'article MORO (Antoine) et *Lettres*, p. 319, où se trouve l'article extrait de Guarienti. Mais cette citation renferme de grandes invraisemblances.

UTRECHT (CONSTANCE VAN), *peintre de fruits.* Guarienti a vu à Lisbonne un tableau signé de ce nom, qu'il dit très bien peint. (Voyez *Lettres, p.* 319.)

V

VACCARI (ANDRÉ). Selon Guarienti, *peintre* de Rome ou de Gênes, dont il a vu un tableau à Lisbonne. (*Lettres, p.* 315.)

VAHIA (frère JÉRÔME), *auteur* du poème intitulé : *Elisabetha triumphans.* Voyez PATRIARCHE.

VALENTIN, *sculpteur,* élève, vers 1770, de Machado de Castro (Joachim). (*Cyrillo, p.* 264.)

VALENTIN, « *architecte,* est cité par Rebello dans sa description de Porto, p. 58, comme élève de Michel-Ange et auteur de l'*admirable fabrique de la cathédrale de Porto.* » (Patriarche, *Liste des artistes,* rubrique *Architectes,* article *Valentin.*)

VALENTIN DOS SANTOS E CARVALHO, voyez SILVA (J. C. P. DA).

VALÈRE (JOACHIM), voyez JOACHIM (Valère).

VALÈRE DE VICENCE, *graveur sur pierres,* Italien. François de Hollande nous apprend dans son manuscrit de 1549, qu'étant à Rome il rencontra cet artiste chez Jules de Macédoine. Il dit à ce sujet : « Valère me serra dans ses bras ne m'ayant pas vu depuis son retour de Venise. C'était un homme âgé, encore robuste, gentilhomme de très aimable société, et de plus un de ceux qui, dans ces derniers temps, se sont le plus approchés des anciens dans l'art de graver des médailles en creux et en demi-relief, soit sur or, soit sur cristal ou sur acier. Il tira de la poche de son justaucorps de velours une cinquantaine de médailles d'or, travaillées de sa main, semblables aux antiques, si admirablement gravées et si bien frappées, qu'elles me firent perdre beaucoup de l'opinion que j'avais de l'antiquité. Parmi ces médailles, il m'en montra une d'*Artémise*, à la manière grecque, avec le mausolée sur le revers, puis une autre de *Virgile,* dans le style romain, ayant au revers quelque objet pastoral.Ces deux médailles me plurent par-dessus tout, et depuis lors je considérais maître Valère comme plus grand artiste que je ne l'avais cru jusqu'alors. » (*Lettres, p.* 44 et 45.)

Il est cité une seconde fois par François de Hollande au nombre des célèbres graveurs de médailles. (*Lettres, p.* 87.)

Guarienti le cite sous le nom de Vicentino (Valerio). D'après cet auteur il est mort à Vicence en 1546, et Guarienti a vu à Lisbonne, dans la collection du marquis d'Abrantès, un *vase de cristal* gravé par Valère de Vicence. (*Lettres, p.* 327.)

Valérien de Frias de Castilho, voyez Frias de Castilho (Valérien de).

Valle (Amaro do), *peintre*. Selon Cyrillo, p. 70, cet artiste étudia la peinture à Rome, et mourut pauvre dans sa patrie en 1619. Il était peintre de Philippe III d'Espagne. Le tableau de *S. Luc* qui se trouve dans l'église de Sainte-Jeanne, lui est attribué. Il est très retouché.

D'après Taborda, p. 190, « la tradition lui attribue un tableau très retouché, représentant le *Christ sur la Croix,* placé sur l'un des autels du couvent de S. François à Lisbonne, et *la Crèche* du réfectoire de Belem. Ce dernier tableau avait aussi été attribué à Marçanello, peintre allemand, mais on a reconnu que cette opinion était erronée ; en effet, on a trouvé dans un livre un dessin signé de Amaro do Valle et représentant le même sujet. Cela est attesté par la chronique manuscrite de frère Emmanuel-Baptiste de Castro, que l'on conserve à la Bibliothèque de Belem. Le livre 43 de la chancellerie de Philippe III, feuille 216, archives royales, nous apprend que Dominique Vieira lui a succédé en 1619 dans l'emploi de peintre du roi. D'après cela il paraîtrait qu'il est mort cette année. » Le tableau de *la Crèche* est attribué par le chanoine Villèle da Silva à Simon Rodriguez. (*Lettres, p.* 241.) Voilà encore un tableau attribué à trois peintres : à Amaro do Valle, à Marçanello et à Simon Rodriguez. Selon le chanoine, ce tableau est d'un grand mérite. Taborda le trouve très restauré ; quant à moi, il me semble, dans l'état où il est, ne mériter en aucune façon qu'on s'en occupe. Faute de preuves suffisantes, je m'abstiens de dire à quel peintre il peut être attribué. Néanmoins il faut convenir que la notice citée par Taborda est encore celle qui mérite le plus d'attention.

Amaro do Valle est encore cité par Barbosa parmi les coryphées de la peinture. (*Lettres, p.* 137, 288.)

Valle (Antoine-Joseph do), *graveur en médailles*, voyez Santos (Simon-François do), Valle (Bruno-Joseph do) et Sequeira (Dominique-Antoine).

Valle (Anastase-Joseph de), *peintre*, voyez Valle (Bruno-Joseph do) dont il était le fils.

Valle (Bruno-Joseph do), *peintre*. Cyrillo, p. 123, dit que Bruno do Valle avait beaucoup de talent, mais peu d'application, qu'il était l'émule de Pedro Alexandrino (vers 1762), qu'il a peint des carrosses (genre dont on voit dans les remises de la cour de fort beaux spécimens de diverses époques et de divers artistes). Il a traité des sujets allégoriques et des sujets sacrés. Cyrillo en cite un bon nombre. Il imitait son maître Joseph da Costa Negreiros, avec plus de force, plus de feu, mais moins de délicatesse. Il a fait aussi de bons portraits, et il est mort vers 1780. Ses élèves ont été Manoel Antonio et François de Sétubal, ainsi que ses deux frères : Antoine-Joseph do Valle et Anastase-Joseph de Valle.

Valle (Joseph-Antoine do), *peintre*, voyez Valle (Bruno-Joseph do) dont il était fils.

Vallemont, *auteur* de l'ouvrage intitulé : *Histoire universelle*. Voyez Patriarche.

Van Eyck (Jean), voyez Eyck (Jean van).

Vanegas (François), *peintre*. Cyrillo, p. 60, en citant le manuscrit de Félix da Costa, dit que « Vanegas était Castillan, mais qu'il a toujours vécu à Lisbonne ; qu'il imitait le Parmesan et que le tableau de la *Capella mor da Luz* est son ouvrage. »

Ce fut en 1575 que l'infante Dona Maria orna cette église de peintures, ce qui fixe à cette époque l'activité de Vanegas. (Voyez *Lettres*, notes, *p.* 158 et 159.)

M. Loureiro (*Lettres*, *p.* 169) affirme que le roi Emmanuel envoya Vanegas étudier à Rome, conjointement avec Gomes Dias et Campello.

Vanella (François). Selon Guarienti, *peintre de paysage* de Séville, et dont il existe beaucoup de tableaux en Espagne et en Portugal. Il mourut en 1655. (*Lettres*, *p.* 525.)

Vanvitelli, *architecte* italien de la chapelle de S. Jean-Baptiste à l'église de Saint-Roch ; cette chapelle d'une grande richesse et d'un très bon goût, est du milieu du dernier siècle. (Voyez *Cyrillo*, *p.* 172.)

Varchi (Benoît), *auteur* de l'ouvrage intitulé : *Liçoēs sobre a Pintura*, a écrit entre les années 1549 et 1590. (*Lettres*, *p.* 148.) Voyez aussi à l'article Loureiro (François de Sousa) le jugement porté par lui sur Benoît Varchi.

Varnhagen (Adolphe). M. de Varnhagen, jeune homme d'origine allemande, neveu du célèbre écrivain M. Varnhagen von Ense de Berlin, est âgé à peu près de 28 ans. Il est attaché à la mission du Brésil à Lisbonne, et il s'est déjà fait connaître par des publications qui prou-

vent un grand zèle pour les investigations historiques et des études sérieuses. (*Lettres, p.* 411.)

Vasco, *enlumineur,* vivait au temps d'Alphonse V. Voyez sa patente de l'année 1455. (*Lettres, p.* 160, 211.) Longtemps il a passé pour
être Gram-Vasco qui a été l'objet de tant de fables. Le directeur de
l'Académie, M. Loureiro, soutenait encore cette thèse en 1843. Voyez
Eanes (Vasco).

Vasco Eanes, *peintre,* 1450, voyez Eanes (Vasco).

Vasco Fernandez, voyez Fernandez (Vasco).

Vasco Fernandes de Cazal, voyez Cazal (V. F.)

Vasco (Graõ), voyez Gram-Vasco et Fernandes (Vasco).
Le frontispice de ce Dictionnaire représente le *Calvaire,* lithogra-
phié d'après le tableau original de Vasco Fernandes, qui se voit à
Vizeu.

Vasco Gonsalves, voyez Gonsalves (Vasco).

Vasco-Joseph Vieira, voyez Alexandrino (Pierre).

Vasco Pereira, voyez Pereira (Vasco).

Vasco Pinto de Balsemaõ, voyez Balsemaõ.

Vasconcellos (le chanoine Ignace da Piedade e) a modelé en
terre de nombreuses statues; il savait aussi fondre les métaux. Il vivait, selon Cyrillo, p. 253, vers 1732. Il est auteur de l'histoire de
Santarem edificada (Lisbonne, 1740), et d'un ouvrage sur les arts
intitulé : *Artefactos, symetriacos e geometricos.* (*Lettres, p.* 242,
249, 250.)

Vasconcellos (Louis-Mendes de), *auteur* de l'ouvrage intitulé :
Sitio de Lisboa, cité par le Patriarche dans sa *Liste des artistes,* rubrique *Sculpteurs,* article *Nicolao Francez.*

Vasques, père et fils, *graveurs ;* selon Nagler (article Antoine
Moor), ils ont gravé, en 1795, d'après Moor, deux *portraits de
femmes,* dont une tient une rose et l'autre un chien. Je ne sais si ces
deux Vasques étaient Portugais ou Espagnols.

Vasques, « *peintre* portugais. Sur l'autel de S. Sébastien de la
paroisse de S. Lucar de Barrameda, il existe un tableau représentant le
Martyre de ce saint, avec l'inscription suivante : *Vazquez Lusitanus
tunc incipiebam,* 1562. On voit aussi une *Descente de croix* du même
pinceau dans cette même église. Ces deux peintures prouvent que leur
auteur a étudié l'anatomie et les proportions du corps humain, mais ils
sont d'un style dur. » (*Bermudez, t.* 5, *p.* 142.) Taborda en parle
p. 169.

Vasques. Nom sous lequel a été souvent désigné le peintre Vasco
Fernandes, ou plutôt l'être idéal que l'opinion publique s'est créé sous

le nom de Gram-Vasco, et à qui on a attribué tant de tableaux et tant de choses merveilleuses. (Voyez *Murphy* et *Lettres, p.* 162.)

VASQUES (ÉTIENNE), « *official tailleur de pierres*, qui, suivant les informations parvenues au connétable Pereira, était un des meilleurs de ceux auxquels il confia les travaux du couvent qu'il faisait construire. » (*Communication de M. le vicomte de Juromenha.*)

VASQUES (GIL), *graveur* à la Monnaie de Lisbonne, sous Alphonse V et D. Édouard. Voyez GONSALVES (Vasco).
(*Communication de M. le vicomte de Juromenha.*)

VASQUES (MARTIN), d'Evora, *architecte*, maître des travaux de Batalha. Son activité comme architecte de Batalha, remonte au delà de 1448, car en 1448 il était déjà mort. (*Lettres, p.* 226.)
Selon le Patriarche (*Liste des artistes*), Vasques a succédé à maître Huet ; il était déjà employé du vivant de Jean Ier, et a continué son activité sous les rois Édouard et Alphonse V.

VAZ (JACQUES), *peintre*, fit les travaux de la sacristie d'Alcobaça. Il vivait en 1538. ((*Lettres, p.* 218.)

VAZ (LÉONARD), *architecte*, chargé de l'érection du réfectoire de Belem, vers 1517. (*Lettre* 14me, *app.* 2.)

VELASCO (NICOLAS-DIAS), *auteur* de l'ouvrage intitulé : *Nuevo modo para tañer la guitarre*. Voyez PATRIARCHE.

VELASQUES (MICHEL-ANGE DE), *architecte*, voyez MARDEL.

VELHO (BARTHÉLEMY), « *cosmographe* de Jean III. Il a fait une carte générale du globe, qu'il termina en 1562. Cette carte est manuscrite et accompagnée d'une note justificative, où il est parlé de la bonne foi avec laquelle on a agi dans les affaires de la colonie du sacrement, dans la capitainerie de S. Vincent. *Bibliothèque lusitanienne.*» (*Communication de M. le vicomte de Juromenha.*)

VENTURA DA SILVA, *graveur*, voyez CARNEIRO DA SILVA (Joachim).

VERDES, voyez GROSSI (Jean).

VEREA ET AGUILAR (DOM JOSEPH), *auteur*. Dans son histoire de la Galice (Ferrol, 1858), il fournit des renseignemens sur les *Castros* ou *Crastos* du pays de Tras-os-Montes, enceintes circulaires de pierres élevées ordinairement au milieu des plaines, et qui sont supposées, comme les *Antas*, d'origine celtique. Les *Mamoas* ou *Modorras*, élévations circulaires de terre, *Tumuli*, qui indiquent les tombes des chefs celtes, peuvent être rangés dans la même classe. (*Ferdinand Denis,* l'Univers, 1566me *livraison, p.* 386.)

VERISSIMO ANTOINE DE SOUSA, voyez COSTA (Emmanuel da).

VERZANUS (ALEXANDRE), *enlumineur*, voyez SIGISMUNDIS.

Veterano (André), *graveur*. « Dans l'ouvrage intitulé : *Oxoniense scriptum*, etc., imprimé à Coïmbre, par Diogo-Gomes Loureiro, en 1609, on voit un frontispice d'une exécution délicate et de quelque mérite, signé de Andreas Veteranus. » (Patriarche, *Liste des artistes, p. 13.*)

Viale (Joseph), *peintre de miniature*, né à Gênes, vint, vers 1802, à Lisbonne où il fit beaucoup de portraits.

Vianna (Emmanuel-Louis **Rodrigues**), *graveur*, voyez Figueiredo (Jean de).

« Il était disciple de Joachim Carneiro da Silva dans l'*Arco do Cego*. Il a gravé dans tous les genres, des figures, des paysages, des fleurs, des oiseaux. Ce qu'il sait le mieux graver, ce sont les caractères d'écriture. Il est maintenant (1846) employé à l'Imprimerie nationale. » (*Communication de M. Santos, graveur.*)

Vicence (Valère de), voyez Valère de Vicence.

Vicente (Mathieu), *architecte*, dont Cyrillo, p. 198, fait peu d'éloge. Une partie du *palais de Queluz* est son ouvrage, ainsi que le *couvent* et l'*église du Cœur de Jésus*. Il mourut fort âgé en 1786. Voyez aussi Sousa (Emmanuel-Gaétan de).

Vicente (Roch), *peintre* « était disciple de Joachim-Emmanuel da Rocha à l'école de Dominique Nunes. Il a fait de beaux *portraits du marquis et de la marquise de Pombal*. A l'église de Sainte-Isabelle il y a trois tableaux de lui, faits vers 1764, savoir : *Jésus, Marie et Joseph, sainte Anne* et *S. Antoine*. Dans les deux derniers il y a des figures de Pedro Alexandrino qui se distinguent des autres. »

Vicentin (Valère), *graveur sur pierres*, voyez Valère de Vicence.

Victor ou Victorin (Emmanuel da Serra), voyez Serra (Victorin-Emmanuel) et Serra (Antoine da).

Vida e martyrio de S. Quiteria, voyez Patriarche.

Vida solitaria (Dialogo da), voyez Patriarche.

Vida do Vener. Arcebispo de Braga Dom Frei Bartolomeo dos Martyres, par frère Louis de Souza. Voyez Patriarche.

Vieira (Antoine), *peintre sur verre*, à Batalha, entre les années 1617 et 1659. (Voyez *Lettres, p. 228.*)

Vieira (Catherine), *peintre*, voyez Vieira (François) de Mattos, appelé Vieira Lusitano.

Vieira (Dominique-François), *peintre de paysage*, père de Vieira Portuense, voyez ce dernier.

Vieira (Emmanuel), *sculpteur en bois*, voyez Silva (J. C. P. da) et Barros Laboraõ (J. J.). Il est mort au commencement du dix-neuvième siècle. Il était contemporain d'Emmanuel Laurent.

VIEIRA (FRANÇOIS) DE **MATTOS**, appelé **VIEIRA LUSITANO**, « *peintre* portugais, pouvait rivaliser avec bon nombre des artistes étrangers les plus célèbres. Né à Lisbonne, le 4 octobre 1699, il montra, dès ses jeunes années, qu'il deviendrait aussi célèbre par ses aventures amoureuses que par son talent pour la peinture.

« Nous ne raconterons pas le commencement de ses rapports amoureux avec dona Inez, l'enlèvement de cette jeune personne, son mariage secret ; nous ne dirons pas comment, furieux de cette liaison, les parens d'Inez la reléguèrent dans le cloître de Sainte-Anne, et l'obligèrent, contre sa volonté, d'y faire ses vœux ; de quelle manière enfin il parvint quelques années après à l'en retirer. Ce sont des détails qui nous paraissent superflus, non-seulement parce qu'ils sont bien connus, mais aussi parce qu'ils sont exactement rapportés dans l'ouvrage de cet insigne artiste. Nous dirons cependant un mot à l'égard de ses progrès artistiques.

« Le marquis d'Abrantes ayant remarqué les heureuses dispositions de Vieira le conduisit, avec l'assentiment de ses parens, à Rome où il se rendait comme ambassadeur extraordinaire de D. Jean V, près de Sa Sainteté Clément XI. Là, Vieira fut élève de Lutti, puis de Trévisani. Après sept années d'étude et de séjour à Rome, il obtint un premier prix à l'Académie. De retour en Portugal, le roi lui commanda un grand tableau du *Très Saint-Sacrement,* ainsi que d'autres peintures pour l'église patriarcale, qu'il ne termina pas ; et, sans avertir personne, il reprit le chemin de Rome, dans le but, qu'il n'atteignit point cette fois, de retirer son épouse du monastère. On voit dans l'église de Saint-Roch, deux tableaux de *S. Antoine prêchant aux poissons,* qui sont de son faire primitif, moins achevé et d'un plus grand effet de coloris que ses ouvrages postérieurs. Pierre Alexandrino vantait beaucoup la distribution du jour de ce tableau. Le corps nu de Lucifer est une magnifique Académie consciencieusement peinte, et qui dénote une grande intelligence anatomique.

« Le 22 octobre 1719, avant son second voyage, il était entré dans la confrérie de S. Luc, où il est désigné, sur le contrôle, sous les noms de François Vieira de Mattos. L'année suivante il fut fait membre du conseil administratif de cet institut. Après 6 années de séjour à Rome, il fut nommé académicien émérite de S. Luc, et fut enfin réuni à sa femme, qui sortit du cloître travestie en homme. Il reçut pourtant une grave blessure d'un coup de pistolet que lui tira le frère de sa femme.

« L'agresseur ayant abandonné le Portugal, fut en proie à la pauvreté, et vint enfin mendier son pain chez celui qu'il avait maltraité d'une manière si atroce (1). Vieira redoutant une nouvelle agression, se retira

(1) Nous tenons ce fait de la bouche même de Vieira.

pendant quelque temps au couvent des Paulistes où, en 1730 et 1731, il peignit les fameux *ermites* pour la grande nef de l'église (1).

« Afin de vivre tranquille il projeta un troisième voyage à Rome, et arriva à Séville en 1733, d'où ayant été rappelé, il revint à Lisbonne comme peintre du roi, aux appointemens de 60,000 reis mensuels, travaux payés en sus. Beaucoup de ses tableaux ont été brûlés lors du tremblement de terre ; cependant il nous reste de lui : *Un S. Augustin,* sous le portique de la Grâce, magnifique tableau peint en 1736 ; les très beaux ouvrages de Povolide représentant *S. Antoine, S. Pierre, S. Paul, la sainte Famille et sainte Barbe,* exécutés de 1736 à 1740 ; la superbe *sainte Famille* qu'on voit chez le comte d'Assumar ; le grand tableau de *S. François dépouillé des vêtemens séculiers,* qui se trouve au couvent de *Menino Deos ;* le tableau également admirable du maître-autel de la Cartuxa.

« Sur le maître-autel de Saint-François-de-Paule se trouve encore ce même saint. Les chapelles latérales contiennent *Notre-Dame-de-la-Conception, la sainte Famille et un S. Antoine,* tous exécutés en 1765. La chapelle des sept autels de l'église de Mafra a aussi un grand tableau de *la sainte Famille.* La chapelle de S. Joachim, au Calvaire, possède également un de ses plus beaux ouvrages, c'est celui de la *sainte Famille* placé au-dessus de l'autel. Le comte de la Lippe visita Vieira en 1762, et obtint de lui un *S. Antoine* qu'il emporta en Allemagne. Guillaume Hudson emporta également en Angleterre son excellent tableau de l'*Adoration des Mages.* A la Junte du commerce se trouve de lui la *Conception.* Braz Toscano de Mello, sculpteur, employé à Mafra, possède un *S. Antoine* de cet auteur. Pierre Alexandrino lui attribue le tableau que l'on voit dans la galerie de Borba, et qui représente le même sujet. Parmi les ouvrages de cet artiste, qui devinrent la proie des flammes lors du tremblement de terre, on cite *le fameux plafond des Martyrs* exécuté en 1750, dont nous avons encore le dessin. Il représentait *la conquête de Lisbonne* sur les Maures, par D. Alphonse Ier et Guillaume, surnommé Longue-Épée, protégés par Notre-Dame-des-Martyrs. Cette peinture coûta 1 million de reis. Les cabinets particuliers renferment quelques petites ébauches de lui. Il est auteur d'un nombre prodigieux de très beaux dessins, qui se trouvent, pour la plupart, en Angleterre où les amateurs les payaient fort cher, et où beaucoup d'entre eux furent gravés. Il en grava luimême plusieurs à l'eau-forte : les plus beaux sont ceux de *Neptune* et *Coronis,* et celui des *Parques* tranchant le fil de la vie de leur frère.

---

(1) *Note de l'auteur de ce Dictionnaire.* J'ai eu donc tort d'émettre des doutes sur l'authenticité de ces tableaux. Voyez *Lettre XIme,* p. 294, et j'ai exprimé à leur égard une supposition fausse. Vieira les a faits quand il n'avait que 52 ans et ce sont de très bons tableaux : bien de style, d'une bonne exécution, d'un bel effet.

« Il était également bon architecte, ainsi que l'attestent beaucoup de ses ouvrages, et particulièrement le dessin qu'il fit d'une fontaine de *Neptune*, entre deux maisons de plaisance, pour un jardin d'Alexandre de Gusmaõ. Nous avons vu, à Rome, de lui, plusieurs tableaux et quelques estampes.

« Vieira fut fait chevalier de S. Jacques en 1744. Devenu veuf en 1775, il abandonna la peinture et quitta Mafra, où sa jeune femme venait de mourir; et, navré de douleur, il alla demeurer à Beato-Antonio, n'éprouvant d'autre désir que de rejoindre la compagne qu'il avait idolâtrée. En 1780, il publia son livre de *Pintor insigne e leal amante*, et finit ses jours trois années après, ayant vécu d'une manière exemplaire, charitable et chrétienne.

« Il eut quelques élèves et beaucoup d'imitateurs : parmi ces derniers, l'on cite Joachim Manoel da Rocha, qu'il préférait, sous le rapport de la composition, même à Raphaël (ce qui semble fort exagéré); Antoine-Joachim Padraõ, Pedro Matheos et d'autres.

« On peut aussi compter parmi ses élèves sa sœur Catherine Vieira et le Morgado de Sétubal.

« Un oratoire de la maison de *Moreira Dias*, rue de la Foi, renferme deux tableaux représentant : l'un *S. Luc*, et l'autre *S. Jean l'Évangéliste*, exécutés et signés par Catherine Vieira. Son frère en fait l'éloge dans son livre, p. 295. Nous avons ouï dire par quelques vieux peintres que Catherine Vieira et dona Anna de Lorena, avaient concouru à l'exécution d'une grande partie des tableaux d'invention de Vieira pour la chapelle de S. Joachim.

« Quelques peintres enfin l'ont parfois aidé dans ses travaux, entre autres D. André Rubira qu'il avait amené de Séville, et qui l'assista dans le grand tableau de la Cartuxa, et fit le *S. Joseph* et le *chemin de S. François* pour l'église de *Menino Deos*. » (*Cyrillo, p.* 99-104.)

Taborda a consacré un long article à cet artiste, p. 230, 235.

Je possède une eau-forte de Vieira, dont la grandeur est de 27 centimètres sur 17 et demi, qui m'a l'air d'avoir été faite pour servir de frontispice à un livre. Un génie ailé, couronné et assis sur un piédestal, s'appuie sur un écusson aux armes de Portugal. Un ange planant au-dessus de cette composition, montre des doigts une bande au-dessus de sa tête, sur laquelle on lit ces mots : *restituet omnia*. D'autres figures allégoriques forment le sujet principal de cette composition, qui est signée Fran : Vieira Luzitano inven : e esculp. Lisboa, 1728.

Il existe un portrait de Vieira faiblement dessiné, lithographié par Caggiani, qui le représente dans un âge très avancé avec la croix d'avis au cou.

Voici le sommaire des passages de mes *Lettres* qui se rapportent à cet artiste.

Un tableau de *S. Antoine*, que le comte de la Lippe a emporté en

Allemagne ; l'*Adoration des Mages*, achetée par M. Guillaume Hudson, Anglais ; *Ines de Castro* et *Duarte Pacheco; S. Augustin*, à l'entrée du couvent de la Graça ; *S. François*, près du maître-autel de l'église de *Menino Deos; S. Pierre* et *S. Paul,* chez le comte de Povolide ; et d'autres qui embellissent les églises de Saint-François-de-Paule et des religieux de S. Paul l'ermite. (*Lettres, p.* 241.)

Dans la seconde chapelle de l'église de S. Roch, à main gauche, en entrant, on voit deux très bons tableaux de cet auteur : *S. Antoine préchant aux poissons,* et *le même saint en prière devant la sainte Vierge.* (*Lettres, p.* 290.)

S. Antoine, et d'autres figures avec signature et date (1763), se trouvent à l'église de Saint-François de Paule, au-dessus du premier autel à gauche en entrant. C'est un excellent ouvrage. (*Lettres, p.* 295.)

Guarienti en cite plusieurs, exécutés par Vieira au début de sa carrière. (*Lettres, p.* 322.)

Il existe une grande collection de ses dessins à la Bibliothèque d'Evora. (*Lettres, p.* 357.)

VIEIRA (FRANÇOIS), appelé **VIEIRA PORTUENSE,** *peintre.*

« Vieira commença à cultiver la peinture à Porto, sa ville natale, et s'appliqua à la figure et au paysage. Dans ce dernier genre, il eut pour maître son propre père, Domingos Francisco Vieira, droguiste, lui-même peintre de paysages, imitateur de Pilement, qui quitta Porto vers 1782. Joaõ Glama fut son maître pour la figure. Ayant fait des progrès, il obtint de la compagnie du Haut-Douro, en 1789, une pension de 300,000 reis, à l'aide de laquelle il alla se perfectionner à Rome, où il choisit pour maître, Domingos Corvi, dessinateur correct, mais froid coloriste. Il ne pouvait alors faire à Rome de meilleur choix. En 1791, il remporta un 1ᵉʳ prix de draperie. Il se rendit ensuite à Parme, pour y étudier le coloris du Corrège (1), et y devint un des directeurs de l'Académie; il donna des leçons de dessin à une des filles du duc, et copia la fameuse *Magdeleine;* c'est cette copie que posséda plus tard M. Louis Pinto de Balsamaõ. En 1794, il revint à Rome d'où il sortit 5 ans après avec Barthélemi Callisto, qui le suivit dans ses excursions en Allemagne, et duquel il se sépara à Dresde. Là, il copia bon nombre de tableaux de la célèbre galerie de cette ville. Il passa ensuite à Hambourg, puis à Londres. Dans cette dernière ville, il se lia d'amitié avec Bartolozzi, fit le portrait de cet artiste, et commença à graver à l'eauforte une planche d'un grand travail et d'une grande dimension, qu'il ne termina pas. Il peignit *Viriato*, dont Bartolozzi fit une gravure offerte par lui au prince régent de Portugal, qui plus tard fut roi sous le nom D. Jean VI. Il fit aussi un grand tableau de *Notre-Dame de la Piété* et

---

(1) Ce fut alors qu'il fit l'excellente copie de *S. Jérôme* qu'on voit chez le duc de Palmella.

la Descente de la Croix, pour la chapelle de D. Joaõ d'Almeida, qui fut plus tard comte das Galveias et qui était à cette époque ministre de Portugal. Là il se maria avec une jeune Italienne, ayant une dot considérable et appartenant à la famille du célèbre graveur Bartolozzi. Il conduisit son épouse à Lisbonne en 1802, époque de la paix avec la France. Cette paix donna lieu à une grande cérémonie, à St. Dominique, où apparut le grand tableau qui lui avait été commandé à cette occasion : il représentait la *Monarchie Lusitanienne*, accompagnée de vertus, d'arts, de renommées, etc.; le portrait du régent était pendu au cou de cette figure allégorique.

« D'après l'invitation de la Compagnie des vins du Douro, il passa à Porto comme successeur d'Antoine Froes Jacomo, dans la direction de l'Académie, aux appointemens de 600,000 reis. Cependant, D. Joaõ d'Almeida et le vicomte d'Anadia ayant parlé de son grand mérite à S. A. R., il fut nommé, par décret du 28 juin 1802, premier peintre du roi, aux appointemens annuels de 2,000,000 de reis, sous l'obligation de diriger et d'exécuter conjointement avec Domingos Antonio Sequeira, son collègue, les peintures projetées pour le palais royal d'Ajuda. Tout le monde a vu les beaux tableaux qu'il a faits d'*Ines de Castro* et qu'il serait trop long de détailler dans ces mémoires.

« Il fut atteint d'une grave maladie pendant qu'il exécutait le tableau de *Duarte Pacheco défendant le passage de Cambalam* à Cochim, destiné à la salle des Découvertes au palais de Mafra. Les médecins lui conseillèrent de s'embarquer. Il se transporta à l'île de Madère, où il mourut en 1805, âgé de 39 à 40 ans, alors qu'il commençait à jouir du fruit de ses pénibles travaux. On trouve dans la collection de Borba un *S. Sébastien* qui est de lui. Nous ne pouvons dire si les ouvrages qu'il a laissés nous plaisent plus par leur grâce, qu'ils ne nous causent de regrets pour la perte de leur auteur.

« Sa veuve qui était riche, se remaria avec un militaire anglais. Elle mourut en 1817.

« La ville de Porto a de tout temps produit de bons artistes et des amateurs des deux sexes.

« D. Bernarda Ferreira de Lacerda, appelée la 10ᵉ muse, était fille du grand chancelier du royaume, et était versée dans les langues anciennes et modernes. Elle n'eut pas, dit-on, d'égale en Espagne dans l'art d'écrire et de dessiner à la plume. Elle composa entre autres ouvrages en vers et en prose « l'Espagne délivrée » dont Lope da Vega, dans son Laurel de Apollo, a dit :

> « Si pudiera tener la fama aumento,
> « Y gloria Lusitana,
> « Doña Bernarda de Ferreira fuera.
> « A cuyo Portuguez entendimiento
> « Y pluma Castellana
> « La España *libertada España* deve. »

« (Si la gloire et la renommée de la Lusitanie pouvaient encore s'accroître, Bernarda da Ferreira les aurait augmentées.

« C'est à son esprit portugais, à sa plume castillane que l'Espagne doit l'*Espagne délivrée*.)

« Elle termina sa glorieuse carrière à Lisbonne le 1er octobre 1645.

« Jorge da Camara, fils du commandeur Martim Gonçalves da Camara, embrassa l'état ecclésiastique, il était fort instruit, dessinait et peignait fort bien. Il fit aussi quelques poésies qu'il ne publia pas, la mort l'ayant surpris au moment où il allait les livrer à la presse en 1649.

« Isabelle-Marie Rita, fille de François Pequerin, Anglais, baptisée à la paroisse de St.-Nicolas, peignait la miniature, en amateur, mais d'une manière très distinguée ; elle florissait au dix-huitième siècle.

« Isabelle Broune, fille de Duarte Pequerin, femme du médecin Pierre Broune, faisait bien les portraits à l'huile. Elle était née en Angleterre, mais naturalisée à Porto. Elle vivait aussi au dix-huitième siècle.

« A la même époque, Louise-Marie Rose exerça publiquement la profession de peintre : nous ignorons quel était son mérite artistique.

« Joaquim Rafael, élève des deux Vieira, a exécuté plusieurs tableaux à S. Crépin, à la Lapa, dans d'autres églises et dans plusieurs chapelles. Il s'occupait aussi de décorations de théâtre.

« Louis-Auguste Corrêa Leal, fut élève de Francisco Vieira, Theodoro de Souza Maldonado, docteur en mathématiques : il dessinait à la plume et peignait en miniature. Il florissait vers la fin du dernier siècle.

« Domingos Teixeira, peintre de décors de théâtre et machiniste, était le père de José Teixeira Barreto, dont nous ferons mention ailleurs. » (*Cyrillo, p.* 139-144.)

« Dans une petite chapelle de la congrégation de l'oratoire de *Necessidades*, à l'étage le plus élevé de cette maison, se trouve une *Descente de Croix* de Vieira, qui est une des meilleures productions que je connaisse de cet estimable artiste. La composition rappelle la manière dont ce sujet a été mille fois traité, et ne présente pas de caractère distinctif; cependant, le dessin et l'exécution sont tout à fait louables. Le coloris ne se fait pas remarquer par la force et l'éclat, mais il ne manque pas d'agrément et il est harmonieux. Cette production annonce du soin, de bonnes études et des tendances sages. La figure de la Vierge a une belle expression : le mouvement de ses bras est d'un effet moins heureux. Tout l'ouvrage est d'un style irréprochable, sans être d'un grand style, et cette production se ressent de l'influence de l'époque à laquelle elle appartient. Ce tableau, d'après ce que m'a dit le duc de Palmella, était destiné à orner la chapelle de la légation portugaise à Londres.

« Vieira était le contemporain et l'émule de Sequeira. Il était loin d'avoir autant de talent que ce dernier; en revanche, il était incapable de donner comme lui dans des écarts. Sequeira, dans la plupart de ses grands tableaux, blesse le goût, ce que Vieira dans ses modestes tendances et dans sa marche réfléchie n'a jamais fait. Vieira était fidèle au style historique et religieux; il s'inspirait des exemples des Italiens. Sequeira puisait dans son âme ardente des inspirations nouvelles, et n'a choisi la direction qui convenait le mieux à ses émotions artistiques, qu'après avoir erré dans les voies les plus opposées, après un combat, je dirais presque un tourment intérieur, qui s'est prolongé chez lui pendant 60 ans. Il est digne de remarque, qu'il n'a pris un grand essor que quand ses sentimens étaient devenus religieux, et dans un âge très avancé. Vieira n'est jamais parvenu à une si grande hauteur, et je doute, que si même sa carrière eût été plus longue, il se fût élevé davantage; mais ses tendances ont toujours été également louables et les résultats toujours satisfaisans.

« Vieira Portuense peut tout aussi peu être comparé à Vieira Lusitano. C'étaient deux natures artistiques très différentes : le Lusitano suivait une direction plus déterminée et plus classique, sans cependant atteindre aux grands modèles de l'époque des Médicis; le Portuense dont la nature artistique manquait d'énergie, et dont les dispositions étaient modestes, tendait vers les bons modèles, mais il subissait en même temps l'influence de l'époque moderne, s'essayait dans beaucoup de genres et faisait participer tous ses ouvrages de la douceur, de l'amabilité, de la mélancolie, qui semblent avoir formé le fond de son caractère.

Le duc de Palmella possède de lui, une excellente copie du *S. Jérôme* du Corrège, qui se voit à la galerie de Parme. Vieira a fait cette copie à Parme même.

Nous allons rappeler sommairement les passages de mes *Lettres* qui se rapportent à Vieira Portuense :

Page 283, Vénus et l'Amour dans un paysage à l'imitation de l'Albane, ce tableau a été gravé par Bartolozzi ; la *comtesse d'Atouguia*, ce tableau rappelle le faire d'Angelica Kaufmann : tous deux se trouvent chez la comtesse d'Anadia.

Page 382, 383, 385. J'ai vu à Porto, dans l'église de S. François *da Terceira ordem,* quatre tableaux d'autel; chez M. Allen, 2 paysages; chez M. Silva Oirense, une esquisse représentant *un trait de la vie de Viriatus,* dont il a été parlé plus haut.

Vieira Lusitano (François), voyez Vieira (François) de Mattos, appelé Vieira Lusitano.

Vieira Portuense (François), voyez Vieira (François), appelé Vieira Portuense.

Vieira Serrað (Dominique), *peintre*, vivait sous le règne des Philippe. Il était, en 1608, dans l'âge viril, et on croit qu'il mourut vers 1641, année où Miguel de Paiva lui succéda comme peintre du roi, avec le même traitement de 5,000 reis et un demi-muid de blé. Il fit un dessin du *débarquement de Philippe II* d'Espagne en Portugal, qui fut gravé par Schorequens. (*Cyrillo, p.* 72.) Selon Taborda, p. 193, il a succédé, en 1619, à Amaro do Valle dans l'emploi de peintre du roi. La gravure mentionnée ci-dessus est citée dans l'ouvrage de Jean-Baptiste Lavanha : *Voyages de Philippe II*, 1622.

Vieira (Vasco-Joseph), *peintre*, voyez Alexandrino (Pierre).

Villa-Amil (Genaro Perez de), *auteur* de l'ouvrage intitulé : *España artistica e monumental*. Grand in-fol., Paris, 1842. C'est une collection de vues d'architecture intérieures et extérieures, et de paysages supérieurement lithographiés.

Villas Boas, voyez Cenaculo.

Villela (Nicolas), *sculpteur*, vivait vers 1770. Il a assisté Machado (Joachim) de Castro dans ses travaux. (Voyez *Cyrillo, p.* 265.) « Beaucoup de sculpteurs contemporains, entre autres Antoine Machado, lui demandaient des modèles pour les statues qu'ils exécutaient ensuite en pierre, de sorte que beaucoup d'ouvrages qui sont nés de son imagination féconde passent sous d'autres noms; et, comme il était réduit aux minces rétributions que lui accordaient ces artistes, il a toujours vécu pauvre et est mort de même. » (*Cyrillo, p.* 255.)

Villela da Silva (Louis-Édouard), *auteur*. Le chanoine Louis-Édouard Villela da Silva a publié à Lisbonne, en 1828, un ouvrage intitulé: *Observations critiques sur l'essai statistique de Balbi.* Il a publié en 1823 la collection des mémoires de Cyrillo Volkmar Machado sur les peintres, sculpteurs, etc., du Portugal. Il est aussi auteur d'une notice sur la ville *Celorico da Beira*, et des *Mémoires sur la collégiale d'Alcaçova.* Il passait dans son pays pour connaisseur en fait d'art. Il a été souvent cité dans mes Lettres et dans ce Dictionnaire. Je trouve pour ma part que ses écrits trahissent beaucoup de prétentions, et un manque total de connaissances en fait d'art ; qu'il est un de ceux qui ont donné le dangereux exemple des déclamations vides de sens, ainsi que des phrases patriotiques et des sorties véhémentes contre les étrangers, ayant pour but de constater le sentiment national de leur auteur, et ses connaissances dans une matière qu'il connaissait peu ou pas du tout. Il est mort à Lisbonne en 1843, dans un âge très avancé. (*Lettres, p.* 145, 236-243.)—Voyez aussi dans ce Dictionnaire l'article Gaspard Dias, où vous rencontrerez un spécimen des jugemens de Villela sur les arts.

Vincent, *auteur* de l'ouvrage intitulé : *Introduction* du *canto fermo*, voyez Patriarche.

Vincent Baccarelli, voyez Baccarelli (Vincent).

Vincent George, voyez Figueiredo (Jean de).

Vincent Paul, voyez Paul (Vincent), et Andrade (Jérôme).

Vincent Paul da Rocha, voyez Gomes Teixeira (Jérôme).

Vincent Salva, voyez Salva (Vincent).

Vincent (Jacquinesi, voyez Jacquinesi (V.).

Virloys (Roland le), *auteur* du Dictionnaire d'Architecture, in-4°, Paris, 1770, cité souvent par le Patriarche, dans sa *Liste des Artistes*. (*Lettres, p.* 138, 148, 345.)

Viterbo, *auteur* de l'ouvrage intitulé : *Elucidario,* voyez Patriarche.

Vitt Stoss, *peintre,* né à Cracovie en 1447. Il a exécuté un tableau pour le roi de Portugal. (*Lettres, p.* 520.)

Volgar (Charles de), selon Guarienti, appelé communément Carlo de Fiori, *peintre de fleurs* de Maëstricht, né en 1653, vivait à Rome vers 1695, a travaillé pour la cour de Portugal. (*Lettres,* p. 318).

Volkmar (Jean Pierre), *peintre,* voyez Cyrillo Volkmar Machado.

Volkmar (Henri-Pierre), voyez Cyrillo Volkmar Machado.

Volkmar Machado (Cyrillo), voyez Cyrillo.

Vos (Cornelius de), selon Guarienti, *peintre* flamand, qui vivait vers 1640, et peignait dans le style de Van Dyck. Guarienti a vu à Lisbonne un tableau signé de Vos. Voyez *Lettres, p.* 319.

Vostermans (Luc). Selon *le Patriarche,* Liste des artistes, rubrique Graveurs, article *Lucas Vostermans,* il existe dans la première partie de la Chronique de la Compagnie de Jésus, par Balthasar Telles, une Estampe formant le frontispice de l'ouvrage, signé : *Lucas Vostermans invenit et sculpsit Ulyssipone ex typograph : Pauli Craesbeck* 1645. Le Patriarche, en plaçant ce nom parmi les artistes portugais, semble admettre que Vostermans a travaillé en Portugal, ce qui me paraît dénué de toute vraisemblance. Cette inscription me ferait croire tout au plus que les planches ont été tirées à Lisbonne.

W

Wiriex (Jean), selon Guarienti, *dessinateur à la plume,* imitant Albert Dürer. Guarienti a vu à Lisbonne un dessin de Wiriex. (*Lettre* 13ᵐᵉ.)

X

X V Monogramme du tableau de la *Disputa* qu'on voit à la bibliothèque d'Evora et qui fait partie des douze tableaux de la *Vie de la Vierge* dont était ornée autrefois la *Capella mor* de la cathédrale. Ces tableaux gothiques ont quelque mérite et ils portent l'empreinte de l'influence de Van Eyck. Je crois pouvoir les attribuer à Christophe d'Utrecht, tant à cause du caractère flamand que j'y découvre, qu'à cause de la marque qui semble indiquer ces deux noms : car Christophe Christovaõ s'écrivait avec un X, et U était toujours écrit comme V. On voit souvent ce nom écrit Xpovaõ ou Xpaõ. Le mot Christ s'écrivait aussi avec un X. Ce monogramme est marqué ainsi que vous le voyez ici :

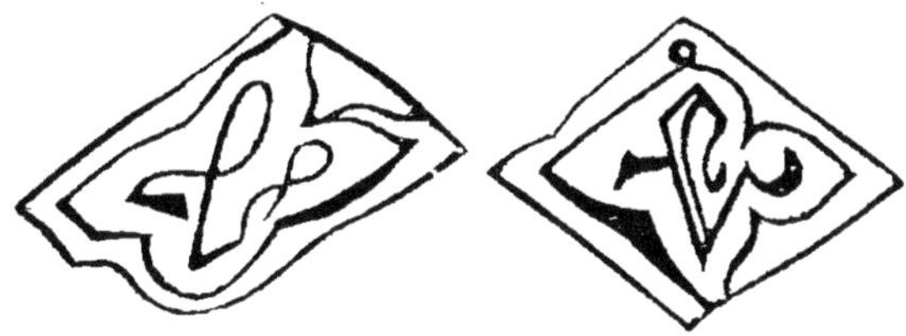

Christophe d'Utrecht a vécu en Portugal sous Jean III. Bermudez et Cyrillo rendent compte, d'une manière insuffisante, de la vie de ce peintre. Voyez Utrecht (Christophe de) et Moro. (*Lettres, p.* 201.)

Xavier de Figueiredo, voyez Santos (Simon-François dos).

Xavier (François) *sculpteur*, voyez Almeida (Joseph d') et Oliveira Bernardes (Ignace de).

Xavier (Janvier-Antoine), *graveur.* « Dans l'*Histoire Eccl. lusit.* de D. Thomas da Encarnaçaõ, imprimée à Coïmbre en 1759, on trouve des vignettes gravées signées de ce graveur. » (*Patriarche,* Liste des artistes, *p.* 17.)

Xavier (Ignace), voyez Ignace Xavier.

Ximenes (Fr. André), *auteur* de l'ouvrage intitulé : *Descripcion del real monasterio de san Lorenzo de l'Escorial,* etc. Voyez Salva (Vincent).

Ximenes (Barnabé), selon Guarienti, *peintre de batailles,* originaire d'Espagne, où il est retourné. Guarienti cite un tableau de Ximenes qu'il a vu en Portugal; et il ajoute que ce peintre est mort en 1671, âgé de 70 ans. (*Lettres, p.* 317.)

Y

.Yᴇʟ (maître Jᴇᴀɴ ᴅᴇ), voyez Eʏᴄᴋ (Jean Van).

Z

Zᴀᴍᴘᴀʟᴏᴄᴄʜɪ (DᴏᴍɪɴɪQᴜᴇ), selon Guarienti, *peintre* toscan au service de l'ambassadeur de Portugal à Rome. (*Lettres, p.* 322.)

FIN DU DICTIONNAIRE HISTORICO-ARTISTIQUE DU PORTUGAL.

ERRATA.

Page 30, ligne 6, BOTILHI (EMMANUEL), *lisez* BOTELHO.
— 31, ligne 14, ELSA, *lisez* ÉLISA.

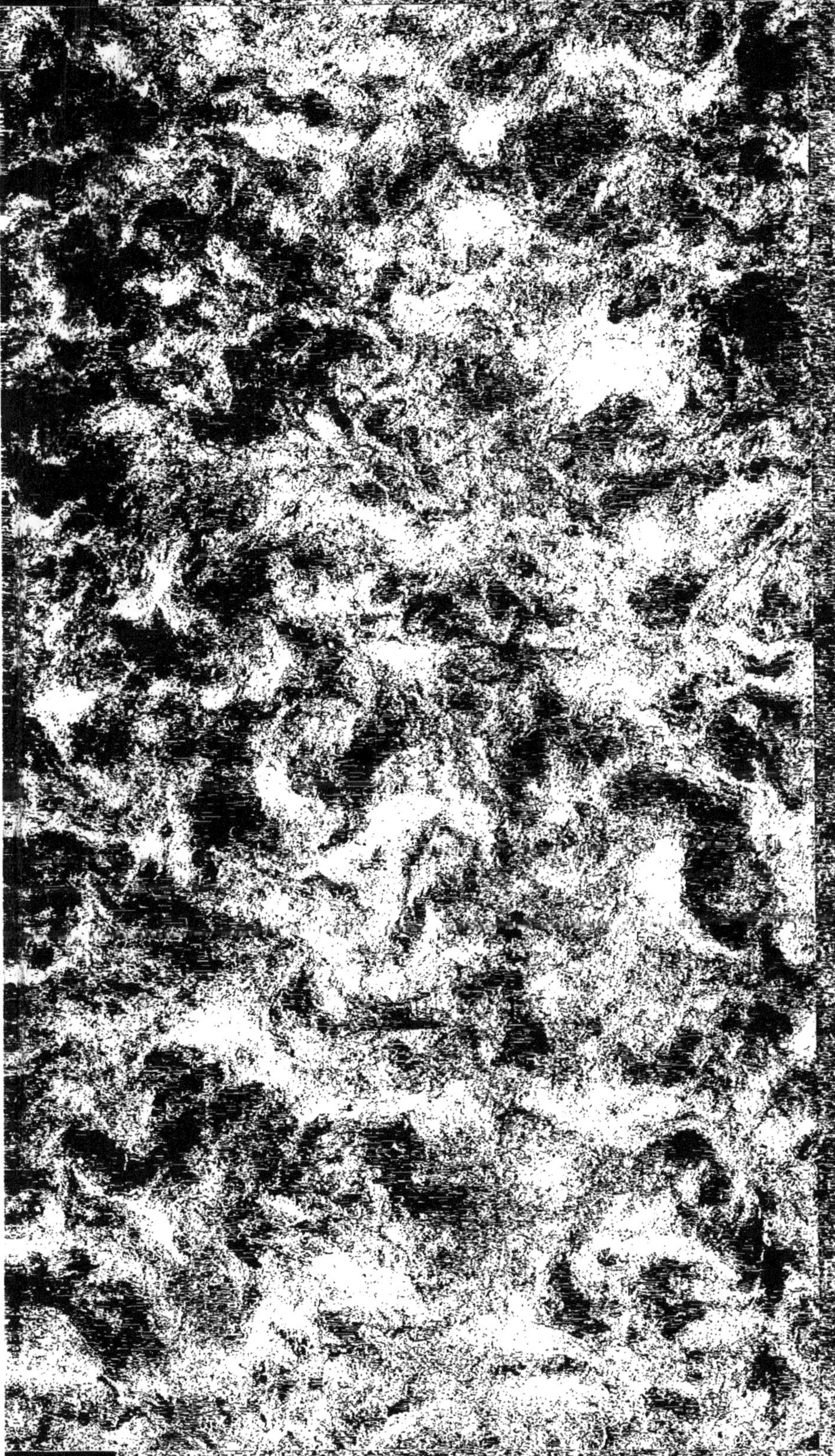